徽学与地域文化丛书

曹氏家族与汉晋社会文化变迁

吴怀东 等著

北京师范大学出版集团
BEIJING NORMAL UNIVERSITY PUBLISHING GROUP
安徽大学出版社

图书在版编目(CIP)数据

曹氏家族与汉晋社会文化变迁/吴怀东等著.—合肥:安徽大学出版社,2013.2
(徽学与地域文化丛书)
ISBN 978-7-5664-0603-3

Ⅰ.①曹… Ⅱ.①吴… Ⅲ.①家族—研究—安徽省②社会变迁—研究—安徽省—魏晋南北朝时代③文化发展—研究—安徽省—魏晋南北朝时代 Ⅳ.①K820.9 ②K295.4

中国版本图书馆 CIP 数据核字(2012)第 250026 号

曹氏家族与汉晋社会文化变迁
Caoshi Jiazu Yu Hanjin Shehui Wenhua Bianqian

吴怀东　胡秋银
丁　进　潘慧琼　著
陈丽娟　李　军

出版发行：	北京师范大学出版集团 安徽大学出版社 (安徽省合肥市肥西路 3 号 邮编 230039) www.bnupg.com.cn www.ahupress.com.cn
经　销：	全国新华书店
印　刷：	中国科学技术大学印刷厂
开　本：	152mm×228mm
印　张：	24.5
字　数：	360 千字
版　次：	2013 年 2 月第 1 版
印　次：	2013 年 2 月第 1 次印刷
定　价：	49.00 元

ISBN 978-7-5664-0603-3

策划编辑：朱丽琴　刘　强　　　装帧设计：知耕书房
责任编辑：徐　建　　　　　　　美术编辑：李　军
责任校对：程中业　　　　　　　责任印制：陈　如

版权所有　侵权必究

反盗版、侵权举报电话：0551-65106311
外埠邮购电话：0551-65107716
本书如有印装质量问题，请与印制管理部联系调换。
印制管理部电话：0551-65106311

徽学与地域文化丛书
编委会名单

编委会主任： 吴春梅

编委会副主任：（按姓氏笔画为序）

　　卞　利　　张子侠　　张能为　　鲍　恒

编　　委：（按姓氏笔画为序）

　　卞　利　　王国良　　王达敏　　王天根

　　王成兴　　李　霞　　江小角　　张子侠

　　张能为　　张崇旺　　张爱冰　　张金铣

　　吴春梅　　吴怀东　　吴家荣　　宛小平

　　陆建华　　陈　林　　徐国利　　鲍　恒

目录
CONTENTS

001 前言

001 **第一章 曹氏家族兴衰及其家学家风**
001 第一节 汉晋间沛国谯县曹氏家族的发展
024 第二节 汉晋间沛国谯县曹氏家族联姻情况
037 第三节 汉晋间沛国谯县曹氏家学家风
054 第四节 曹氏家族与汉晋间社会风气变化

064 **第二章 曹氏家族与魏晋经学、礼制**
066 第一节 曹操的经学与经术
095 第二节 曹魏宗族立嗣、封建与曹魏政权的兴衰
112 第三节 高贵乡公曹髦的经学活动
134 第四节 曹魏经学：流产的经学转型

158 **第三章 曹氏家族与汉晋间教育变迁**
158 第一节 曹氏家族的教育活动
195 第二节 曹氏政权的教育举措
204 第三节 曹氏家族在汉晋间教育观念、体制演变中的作用

217 第四章　曹氏家族与建安文学新变
- 217　第一节　汉末社会风气的递嬗与文艺精神的高涨
- 225　第二节　从即兴歌唱到书面写作
- 232　第三节　曹氏家族：一个尚文的政治军事集团
- 241　第四节　英雄和文士："魏氏三祖"的文学开创之功
- 251　第五节　曹植：建安诗歌文人化的意外完成
- 258　第六节　曹氏父子与建安文学人才的聚集
- 268　第七节　邺下风流
- 277　第八节　建安文学的历史地位与曹氏家族的重大贡献

282 第五章　曹氏家族与魏晋政治制度变迁
- 282　第一节　曹操对汉代官制的重建与改革
- 286　第二节　曹操霸府与汉魏中央官制变化
- 300　第三节　曹氏代汉后官制的变革及对后宫干政的限制
- 305　第四节　九品中正制与曹魏选官制度
- 317　第五节　曹操经济思想与屯田制度
- 332　第六节　曹氏家族与汉魏兵制变革

349 第六章　曹氏集团与地域文化
- 350　第一节　谯郡区位及其先秦地域文化源流
- 355　第二节　曹氏家族与药、酒养生文化
- 362　第三节　谯沛地区的尚武传统和领袖性格
- 364　第四节　老庄思想与曹操的文化智慧
- 368　第五节　曹操集团构成及其与汝颍集团结盟的思想基础
- 373　第六节　曹氏政权的演变与士族、寒族及儒、道之争

前　言

　　曹操及三国史研究一直是古典文史研究的热点。虽然原始资料有限，而研究成果却可以说是汗牛充栋——在这样的学术背景下，为什么还要开展曹氏家族研究并撰写这本书？在具体论述展开之前，有必要交代一下本书所涉及课题的研究背景、基本思路。

一

　　曹操是汉末动荡的社会环境下出现的英雄，他终结了北方中原群雄割据的局面，推动了历史发展的进程。曹操是风云人物，是最受社会大众关注的古代王侯将相之一，也是古今学术界研究得相当透彻的历史人物，学术界对于其生平和政治、军事活动已有充分研究，虽然对其评价还存在着很大的争论，但那是见仁见智的问题。2009年，河南安阳所谓曹操墓"高陵"的考古发现，一时闹得沸沸扬扬，再一次激起了全社会对曹操的关注。但总体来说，由于资料的有限加上既有的研究充分，所以曹操研究似乎没有多少可以开拓的空间。其实，纵览现有的研究成果，反思已有研究的思路，学术界对于曹操活动的社会性根源的关注还不够，特别是对他家族背景及其深远的社会影响的认识都还需要深化，这方面尚存一定的可开拓的空间。

　　其实，家族是20世纪魏晋南北朝史研究的一个经典研究

视角。作为20世纪最有影响的史学大师,陈寅恪先生对于魏晋南北朝史的研究特别具有学术示范的意义,他指出:

> 盖自汉代学校制度废弛,博士传授之风气止息以后,学术中心移于家族,而家族复限于地域,故魏、晋、南北朝之学术、宗教皆与家族、地域两点不可分离。①

另一位史学大师钱穆先生也指出:

> 魏晋南北朝时代一切学术文化,其相互间种种复杂错综之关系,实应就当时门第背景为中心而贯串说之,始可获得其实情与真相。
>
> 当时一切学术文化,可谓莫不寄存于门第中,由于门第之护持而得传习不中断,亦因门第之培育,而得生长有发展。门第在当时历史进程中,可谓已尽其一分之功绩。②

中国文化重视血统所导致的必然结果之一,就是对家族与地域同一性的重视,在此背景下,汉代以来出现了以地域和血缘为纽带构成的世家大族,他们既有很强的经济实力,也有独特的精神文化,在社会生活中发挥着更为重大的作用。曹操的成长与曹氏家族是密切相关的:曹氏家族本来默默无闻,后来因为曹腾的作用,曹氏家族得以快速兴起;再通过曹操的努力及曹操在政治、军事上的成功,使整个曹氏家族及其既有血缘联系又有地域亲近性的夏侯氏家族很快登上权力的高峰,可见曹氏家族无疑是汉晋间最重要的家族。曹氏家族除了掌握了至高无上的权力之外,其特有的家学门风自然深深地影响着社会风气,影响着社会文化的演变。

任何个体的活动既是被社会选择的结果,也是其主观努力的结果,而其活动又必然影响着社会:一个重要的人物,一个重要的集团(包括家族),必然推动历史的发展,甚至改变历史的

---

① 陈寅恪:《隋唐制度渊源略论稿》,石家庄:河北教育出版社,2002年,第20页。
② 陈寅恪:《略论魏晋南北朝学术文化与当时门第之关系》,载《中国学术思想史论丛》第三卷,合肥:安徽教育出版社,2004年,第184、185页。

走向。将曹操的活动置于家族文化乃至其家族活动的空间——地域文化的背景下进行考察,这更多的是关注曹操所受到的制约性因素或影响。

有鉴于此,我们认为,要推动曹操研究走向深入,必须拓宽视野,转换思路,加强对曹氏家族的研究,加强对曹操活动得以出现的背景性条件的研究。

二

我们将曹操的活动限定在汉晋这个时段背景上进行考察,也有着特定的考虑。

从两汉帝国的大一统到魏晋南北朝的大分裂,这个变化是相当明显的。但是,魏晋和南北朝也存在不同之处:前一时期,至少还是汉族在中原地区当权,可是,经过永嘉之乱,司马氏渡江,北方少数民族政权先后入主中原,所以,如何看待魏晋社会的特征确实是一个重要的历史问题。刘汝霖编撰《汉晋学术编年》及《东晋南北朝学术编年》、劳干《汉晋西陲木简新考》,同样使用了"汉晋"的概念。当代学者亦习用这个概念,如卢云撰写的《汉晋文化地理》一书,在"绪论"中就提出:"本书的时代断限是从西汉至西晋。因为从文化地理的角度说,这是一个较为完整的历史阶段。永嘉乱后,匈奴、鲜卑、羯、氐、羌相继在中原的立国与大批北方士民向周边的流徙,极大地改变了各地经济与文化的面貌,从而开始了文化分布上的新格局。"[①]卢云从人口迁徙和民族融合的角度注意到魏晋与南北朝的不同,强调了曹魏、西晋与汉代在社会文化层面的相对继承性和发展连续性。阎立民研究这个时期家族的专著《汉晋家族研究》[②],亦将"汉晋"连称。

有趣的是,"汉晋"合称这个概念并不是今人的发明。早在

[①] 卢云:《汉晋文化地理》,西安:陕西人民教育出版社,1991年,第7页。

[②] 阎立民:《汉晋家族研究》,上海:上海人民出版社,2005年。

东晋,习凿齿撰《汉晋春秋》,首先使用了这个概念。习凿齿,字彦威,东晋襄阳(今属湖北)人,历仕荆州别驾、荥阳太守,博学洽闻,有史才。其《汉晋春秋》记述起自东汉光武帝、止于西晋愍帝这281年间的历史,具有很高的史料价值。他之所以将这部史学著作称为"汉晋春秋",是为了刻意表明他的政治思想立场:他以蜀汉为正统,认为曹魏覆汉禅晋,是不道德的篡逆,遂以晋承汉,可见,习凿齿采用"汉晋"连称,包含着对曹操的一种否定性评价。今天,如果我们抛弃封建君臣观念,我们认为曹魏的代汉未尝不是一种"革命性"的创举。

因此,我们使用"汉晋"这一概念,既是对于现代学者关于从汉到魏晋社会文化继承性、连续性的认可,同时,也注意到习凿齿所强调的曹操"革命性"变革,当然,习凿齿出于特定的政治立场否定了曹魏的代汉行为。把这两个层面结合起来,正是我们研究的基本立场——关注曹氏家族在社会文化传承中的革新。

三

历史是由人创造、完成的。从曹操的打拼到正始时期大权的旁落,曹氏家族的家天下其实维持的时间并不长。对于曹操如何登上政治舞台,并建立曹氏家族权威的政治、军事斗争过程,对于司马氏如何逐渐褫夺曹氏家族的统治大权的复杂过程及其政治根源,学术界都有深入的研究和比较合理的解释,但是,对于曹氏家族在社会文化层面的活动及其影响,学术界研究得还不够充分。实际上,虽然相对于后来的东晋南北朝,汉晋之际的政治中心仍然在北方,但社会结构和社会文化正发生着剧烈的变化:门阀贵族逐渐生成,政治制度进行了巨大的调整;儒家经学一统天下的局面打破了,思想空前解放,玄学逐渐生成并开始流行,且影响及于礼制、婚姻、教育、文学、艺术、风俗诸多层面。正是在这个空前的历史变革过程中,以曹操为中心人物的曹氏家族扮演了重要的角色,发挥着重大的作用。因此,对于曹氏家族在上述社会文化方面的作用有必要展开综合性的专题研究。

四

　　上述研究思路可以用三个概念——"家族"、"汉晋"、"社会文化"来作简单归纳。总体上来说，就是从家族文化的角度对曹操的社会的活动背景做出解释，从汉晋文化变迁的视角观察曹氏家族的社会影响。

　　本书是专项科研项目成果。"曹氏家族与汉晋社会文化变迁"作为专题科研项目在2009年底经过评审，被列为安徽大学"211工程"三期重点建设项目"徽学与地域文化"子项目。考虑学校要求"211工程"三期项目不仅要实现跨学科，在校内打破院系限制，而且要面向省内兄弟高校同行开放，因此，本项目承担人除了安徽大学文学院、历史系教师之外，还吸收了安徽财经大学的几位同行参与。全书由本人负责项目总体设计、论证。具体各章分工撰稿如下：

　　前　言：吴怀东（安徽大学文学院）。

　　第一章，曹氏家族兴衰及其家学家风：胡秋银（安徽大学历史系）。

　　第二章，曹氏家族与魏晋经学、礼制：丁进、潘慧琼（安徽财经大学文学与艺术传媒学院）。

　　第三章，曹氏家族与汉晋间教育变迁：陈丽娟（安徽财经大学文学与艺术传媒学院）。

　　第四章，曹氏家族与建安文学新变：吴怀东。

　　第五章，曹氏家族与汉晋政治制度变迁：李军（安徽财经大学文学与艺术传媒学院）。

　　第六章，曹氏家族与地域文化：吴怀东。

　　原来设计还有"曹氏家族与汉晋艺术变迁"一章，因为撰稿人没有按照要求及时提交修改稿，最后不得不删除该部分内容。本书各章初稿完成后又由本人统稿、修改，安徽广播电视大学的杨霞老师协助本人做了不少工作。特别要说明的是各位研究者行文方式并不一致，本人没有做强行统一，另外，各部分所使用的材料有些重复,甚至内容也存在一定的交叉,这主要是由于各个专题之间本身存在的相关性造成的,请读者鉴谅。由于学术界对于曹氏家族研究相当深入,本书吸收了相关成果,并分别以注释形式说明,在此一并致谢!

由于本人和各位执笔人水平有限,且都还有其他工作和研究任务,致目前完成的书稿还不太完善。敬请广大读者和专家多多赐教,以推动魏晋文史及曹氏家族研究。

吴怀东

2012 年 2 月 2 日于安徽大学

第一章

曹氏家族兴衰及其家学家风

沛国谯县曹氏家族兴起于东汉后期,建立了曹魏政权,成为帝室。魏晋禅代,曹氏家族转衰。曹氏家族在文化方面颇有建树,引领着汉晋间士人风尚、世风与学术等的转向。

第一节 汉晋间沛国谯县曹氏家族的发展

曹氏家族借助宦官曹腾的势力,在汉末逐渐发展成为豪强大族。曹操起兵反对董卓,乘势逐鹿中原,挟天子以令诸侯,统一北方,与孙权、刘备三足鼎立。曹丕废汉,建立了曹魏政权。此后历经曹叡、曹芳、曹髦、曹奂数人为皇帝,权势逐渐转移到司马氏手中。咸熙二年十二月,魏晋禅代,曹魏政权结束,曹氏家族地位也一落千丈,自此没落(参考本章后附《曹氏家族世系图》)。

一、关于曹氏族源

关于曹氏族源,有好几种说法,在魏晋时就没有定论。《魏书》卷十四《蒋济传》裴松之注有详细说明:曹操作《家传》,自称是曹叔振铎之后,则上溯至周武王弟弟曹国开国君王姬振铎。蒋济《立郊议》称《曹腾碑文》云"曹氏族出自邾",即是指周武王时所封曹姓国,与曹操《家传》的说法一脉相承。景初年间,魏明帝曹叡采纳高堂隆意见,宣称曹氏是舜的后代。魏晋禅代时,《禅晋文》中言"昔我皇祖有虞",显然继承此说。由此可见,曹氏不断虚构、附会显耀先世以神化其家族。曹魏以后,对曹氏族源问题有新的说法：西晋陈寿在《魏书·武帝纪》中说曹操是西汉相国曹参之后。刘宋时期裴松之注引王沈《魏书》进一步推衍此说："其先出于黄帝……子孙分流，或家于沛。"曹参即其先祖。北宋官修《广韵》六"豪曹"字注："周武王封母弟振铎于曹，后以国为氏，出谯国、彭城、高平、巨鹿四望"，显系承袭曹操自述。这些说法都不排除有曹氏家族攀附历史上的名人大族的可能性。

二、凭借宦官身份崛起的地方豪强

史籍中关于沛国谯县曹氏家族的记载始于曹腾之父曹节。曹节字元伟，素以仁厚称。邻居找不到猪，却指认曹节的猪是他家的，而曹节不但不与他争论，还任由邻居把猪抓走。后来邻居家的猪回来了，邻居很惭愧地来还猪并道歉，曹节笑着接受，并不责备邻居。因此乡里感叹其为人温厚[①]。

曹节第四子曹腾，字季兴。汉安帝时，除黄门从官。永宁元年，邓太后下诏给黄门令，要求选取年少温良谨慎的宦者侍候皇太子刘保读书，曹腾应选。他为人机警，特受喜爱，饮食赏赐常和别人不同。顺帝即位，曹腾为小黄门，迁中常侍。本初元年，汉质帝刘缵被大将军梁冀谋害，大臣李固等人议立清河王刘蒜为帝，而中常侍曹腾忌恨此前刘蒜未以大礼接待自己，担心刘蒜即位对宦官不利，坚决反对大臣们的提议。适逢梁太后因有意将妹妹梁莹嫁给蠡吾侯刘志而招他入京相亲，梁冀想趁机立刘志为帝，以便继续把持朝政。曹腾事先得知其意，连夜赶到梁府劝说梁冀立刘志为帝，促成其事。刘志即位后，曹腾因定策有功，封费亭侯，加位特进，迁大长秋。曹腾在宫中服务三十余年，前后经历四位皇帝，从未犯下过错。他喜好推荐贤能之士，从不说他人坏话。经他推荐的士人如陈留虞放、边韶、南阳延固、张温、弘农张奂、颍川堂谿典等，后来都位致公卿，但曹腾从来不炫耀自己荐才有功。蜀郡太守托计吏带信给曹腾，以表达结好之意，信件在函谷关被益州刺史种暠搜查到，

[①] 陈寿：《三国志》卷一《魏书·武帝纪》注引司马彪《续汉书》，北京：中华书局，1982年。

种暠向朝廷揭发蜀郡太守结交宦官,并禀奏曹腾身为宦官不应交结外臣,请求将曹腾交送廷尉免官治罪。而皇帝认为信来自宫廷之外,没有曹腾写信与外联络的证据,因此并不怪罪曹腾。曹腾对种暠举报自己毫不介意,反而常称赞他明晓尽忠侍奉皇上之节。此后种暠为司徒,对别人说自己做到三公是曹腾的恩典。据说曹腾行事均类此。由此可见,曹腾为人颇有心计①。曹腾在东汉后期历史上可谓风云人物,左右朝政,促成梁冀扶立刘志为帝而被封侯,结交大臣,其权势之大不难想见。而曹氏家族利用此时机聚敛钱财,从而一改因贫穷而被迫任子弟担任宦者的家族历史,成为在朝廷有后援、在地方上有势力的豪强。

曹操之父曹嵩,字巨高,是曹腾养子,"莫能审其生出本末"②。据《三国志》裴注,他本是夏侯氏家族人,夏侯惇的叔父。曹嵩质性敦慎,为人忠孝,因与曹腾为父子关系,官至司隶校尉,灵帝时拜为大司农、大鸿胪。灵帝时,曹嵩曾贿赂掌权的宦官,输西园钱一亿万,于中平四年十一月,代崔烈任太尉。曹操起兵,他不肯相随,与少子曹疾(一为"德")避乱琅邪,被徐州刺史陶谦派兵围杀。

东汉后期,宦官权重,曹腾在朝廷的身份使得曹氏家族因缘际会,乘势而兴。就政治地位来看,桓、灵、献帝时期,曹氏家族在中央和地方做官者不乏其人:如曹腾兄曹褒(曹仁祖父)官至颍川太守;曹褒之子曹炽(曹仁父)历大中大夫、司马、长史、侍中、长水校尉;曹炽弟曹胤曾任谒者;曹鼎曾任河间相、尚书令;曹休祖父官至吴郡太守;曹洪为蕲春长;曹勋任山阳太守;曹鸾任永昌太守;曹破石任越骑校尉;曹湖任谯县功曹史。这些人在朝廷和地方结成关系网,提升了曹氏的政治实力。从经济地位来看,曹氏家族家财殷富者不只一人。如曹炽之子曹纯(曹仁弟)"承父业,富于财,僮仆人客以百数"③;曹操在陈留散

---

① 陈寿:《三国志》卷一《魏书·武帝纪》注引司马彪《续汉书》;《后汉书》卷九十八《宦者列传·曹腾》,北京:中华书局,1982年。
② 陈寿:《三国志》卷一《魏书·武帝纪》,北京:中华书局,1982年。
③ 陈寿:《三国志》卷九《魏书·曹仁传》注引《英雄记》,北京:中华书局,1982年。

家财以招募兵士①；曹洪家财甚至超过曹操，曹丕为世子时曾向他借绢百匹。从在地方上的影响看，汉末豪杰并起，曹操从弟曹仁"阴结少年，得千余人，周旋淮、泗之间"②；曹操起兵后，曹洪率领的家兵达到千余人。可见东汉后期曹氏在政治上和经济上都颇有势力，在地方上很有影响。

20世纪70年代中期在安徽亳州发掘的曹氏宗族墓葬群足以佐证曹氏家族自曹腾发迹后的鼎盛。墓群占地约10平方公里，约有50~60座墓。据《水经注》卷二十三《阴沟水》记载，亳州城南有曹腾、曹褒、曹嵩、曹炽、曹胤等人的墓。考古发掘证实，除以上《水经注》有记载的曹腾等人墓以外，还有曹鼎、曹鸾、曹勋、曹水墓，以及一些不知墓主为何人的墓。墓室多为砖石结构，规格较高，有前室、中室、后室及耳室和偏室，尤以曹腾墓和曹嵩墓为代表。墓内出土银缕玉衣、铜缕玉衣、玉枕、玉猪、象牙尺、青瓷罐等文物。墓室规模和出土文物、铭刻辞表明：曹氏家族在朝廷和地方已形成庞大的官僚队伍，经济实力雄厚，且役使吏民大修陵墓。

陈琳在《为袁绍檄豫州》文中指责中常侍曹腾与左悺、徐璜"并作妖孽，饕餮放横，伤化虐民"，曹嵩"因赃假位，舆金辇璧，输货权门，窃盗鼎司"③。檄文揭露了曹氏利用权势嚣张扰民的恶行。桓帝时，冀州刺史蔡衍"劾奏河间相曹鼎臧罪千万"，时任中常侍的曹腾示意大将军梁冀写信关说，蔡衍不答复，最后曹鼎"竟坐输作左校"④。曹鼎贪污千万而曹腾仍试图利用关系为其开脱罪责。桓帝时朱穆曾上书指责宦官"父子兄弟，布在州郡，竞为狼虎，噬食小民"⑤。结合前述曹氏家族在位贪赃、淫乱及役使吏民修墓等事来看，朱穆所言正是如此。由此看来，《后汉书·宦者列传》和《魏书·武帝纪》注引司马彪《续汉书》中关于曹腾的记载颇多溢美之词。但这并不表明曹氏家族绝

---

① 陈寿：《三国志》卷一《魏书·武帝纪》，北京：中华书局，1982年。
② 陈寿：《三国志》卷九《魏书·曹仁传》，北京：中华书局，1982年。
③ 严可均辑：《全后汉文》卷九十二，北京：中华书局，1958年。
④ 范晔：《后汉书》卷六十七《党锢列传》，北京：中华书局，2005年。
⑤ 范晔：《后汉书》卷四十三《朱穆传》，北京：中华书局，2005年。

对站在士大夫的对立面。《后汉书·宦者列传·曹腾》关于曹腾荐举士人的记载应是可信的。熹平五年,永昌太守曹鸾上书大讼党人,认为"党人或耆年渊德,或衣冠英贤,皆宜股肱王室,左右大猷者也"①,汉灵帝大怒,"即诏司隶、益州槛车收鸾,送槐里狱掠杀之"②。看来曹鸾因同情党人而受害。这说明曹氏家族在东汉后期士人、宦官、外戚群体的势力较量中,与士群、外戚结好或对立,但不脱离宦官集团本色,并非清廉处世的家族。

三、以曹操为核心,曹氏家族参与中原逐鹿

在汉末风云际会之际,曹操因时而起,在曹氏家族和夏侯氏家族及一批谋士的帮助下,他挟天子以令诸侯,力战群雄,最终被封为魏王,从而奠定了曹魏政权的基业。

曹操年二十,举孝廉为郎,从此走上仕途,时值汉灵帝在位。从曹操"任侠放荡,不治行业"③和"少好飞鹰走马,游荡无度"④的记载,以及《世说新语》中数条材料看,曹操之被举为孝廉,很可能是地方政府见曹氏家族遍布朝野的政治地位和社会势力而采取的行为。此后,曹操被除洛阳北部尉,迁顿丘令,征拜议郎,后因堂妹夫宋奇被杀一事受牵连被免官。黄巾起义爆发后,曹操任骑都尉,征讨颍川起义军有功,迁济南相,在任期间打击污浊长吏,禁毁淫祀,颇有政绩。后来征为东郡太守,他见朝政混乱,称病归乡;后被征为典军校尉。不久董卓进长安,把持朝政,表曹操为骁骑校尉。曹操没有接受,逃归乡里。

中平六年,曹操在陈留散家财,起义兵讨伐董卓。陈留人卫兹也拿出家财和曹操合作,招募到五千人。随之冀州牧韩馥、渤海太守袁绍、兖州刺史刘岱、河内太守王匡、陈留太守张邈等纷纷响应,推袁绍为盟主,结果他们只是观望,不肯率军与董卓军队作战。曹操见势,首先带头向成皋进发,在荥阳与董

---

① 袁宏:《后汉纪》卷二十四"熹平五年",北京:中华书局,2005年。
② 范晔:《后汉书》卷六十七《党锢列传》,北京:中华书局,2005年。
③ 陈寿:《三国志》卷一《魏书·武帝纪》,北京:中华书局,1982年。
④ 陈寿:《三国志》卷一《魏书·武帝纪》注引《曹瞒传》,北京:中华书局,1982年。

卓部将徐荣相遇。因曹操兵少且缺乏经验，死伤很多。

为补充兵力，曹操和曹洪、夏侯惇分头到扬州、徐州去募兵。曹洪在庐江和丹阳招募到四千人，到龙亢集中时，兵士逃跑只剩下五百多人。曹操在铚县、建平县收兵一千多人，再加上曹洪的家兵，构成其基本队伍。

为防起义军将势力扩展到兖州，袁绍命曹操带兵入东郡，围攻黑山军。后来袁绍任命曹操为东郡太守。青州黄巾军杀死刺史刘岱，曹操趁机入兖州，被吏民推为兖州牧。接着，他在寿张战胜黄巾军，穷追猛赶，致三十万青州军被迫向曹操投降。曹操从中选取部分精壮编入军队，号称"青州兵"，构成其壮大政治势力的军事基础。曹操由此成为与冀州袁绍、徐州陶谦鼎立中原的军阀。

此后，曹操败陶谦，破张邈，重新占据兖州，并采纳荀彧的建议，迎献帝都许，从而在政治上占领绝对优势。他还采纳枣祇、韩浩的建议，实行屯田，旨在恢复经济。在灭吕布、袁术，远征乌桓灭袁尚、袁熙之后，曹操统一了北方。建安十三年，曹操率兵三十万南下荆州，荆州刺史刘琮投降。赤壁之战，曹操大败，被迫北还，从而确立了与刘备、孙权三足鼎足的格局。

从陈留起兵到赤壁之战，曹操征战二十年，自始至终，都有曹氏家族参与其事，并在他征战南北、最后统一北方的过程中发挥着重要作用。在为曹操创立基业立下汗马功劳的"八虎骑"中，除三位夏侯氏家族成员外，有五位曹氏家族成员。他们在曹魏政权建立后也担任重要武将，在军事方面独当一面。以下简述他们在曹操在世期间的主要活动：

曹仁字子孝，曹操从弟。他在各地争相起兵讨伐董卓之时，交结少年，共有一千多人，转战于淮、泗之间。后跟随曹操，任别部司马，行厉锋校尉。在曹操破袁术、征徐州、征吕布，与袁绍、刘备争夺濦强、攻取壶关、平荆州守江陵、讨马超的过程中，他屡立战功，多次以勇气改变战局。曹操迎汉献帝都许，他因功拜广阳太守。曹操看中其才能，不让他赴任，而以议郎督骑兵。他历任征南将军、安西将军。

曹仁弟曹纯，字子和，年十八即为黄门侍郎；二十岁，跟随曹操到襄邑募兵，此后常跟从曹操。他最初以议郎身份参司空军事,督虎豹骑围攻南皮,"抚循甚得人心"①。曹操与袁谭作战,采纳他的建议,速战速决,击败袁谭。在北征三郡乌桓过程中,曹纯部下俘虏单于蹋顿。曹纯因功而封高陵亭侯。从征荆州,在长坂截获刘备二女、辎重。参与江陵之战。建安十五年去世。

曹洪,字子廉,曹操从弟。曹操初起兵,在荥阳被董卓部将徐荣战败,曹洪陪同他到谯。他率家兵千余人,在老朋友扬州刺史陈温的帮助下,在庐江招募到2000人,到丹阳又招募到数千人,与曹操会于龙亢。曹操征徐州,适逢饥荒,曹洪作为先锋,占据东平、范,聚集粮草以供应军队,使曹操得以乘机据有兖州大片地区。因功拜鹰扬校尉,迁扬武中郎将。献帝都许,拜曹洪为谏议大夫。从征刘表,因功迁厉锋将军。后拜都护将军。

曹休,字文烈,曹操族子。他听说曹操起兵,辗转前往投奔。曹操很看重他,对左右称曹休是"吾家千里驹"②,派他督虎豹骑宿卫。曹休率军于下辩果断击败刘备部将吴兰。曹操收取汉中返回长安后,任他为中领军。

曹真,字子丹,曹操族子。其父亲秦邵与曹操交好。曹操起兵,秦招募徒众,被州郡杀死。曹操收养曹真,待他如亲生儿子。他受命领虎豹骑。讨平灵丘起义军,以偏将军身份击败刘备部将于下辩,拜中坚将军。建安二十四年,夏侯渊去世,曹操以他为征蜀护军,督徐晃等军在阳平击败刘备部下。曹操前往汉中,派他到武都迎曹洪等还屯陈仓。

这一时期任职且参与汉末逐鹿中原或任武职的曹氏成员还有:

曹昂,字子修,曹操长子。建安二年随曹操征张绣,张绣降而复叛,最终曹操军败,并为流矢所中,曹昂与曹操侄子曹安民皆遇害。

曹彰,字子文,少善射御,胆力过人,"数从征伐,志意慷慨"③。建安二十三年,他任北中郎将,行骁骑将军,带兵讨伐代郡乌

---

① 陈寿:《三国志》卷九《魏书·曹仁传附纯传》注引《魏书》,北京:中华书局,1982年。

② 陈寿:《三国志》卷九《魏书·曹休传》,北京:中华书局,1982年。

③ 陈寿:《三国志》卷十九《魏书·任城王曹彰传》,北京:中华书局,1982年。

桓，大获胜利。鲜卑大人轲比能见其勇敢善战，请求归顺，北方得以平定。曹操因此对他非常满意。曹操自长安还洛阳，以曹彰行越骑将军，留守长安。

曹洪族父曹瑜，官至卫将军，封列侯。

不难注意到，曹氏成员活跃在战场上，因功而拜官封侯。他们是曹操倚赖的力量，担任重要的军事职位，为曹操统一北方建功不少，成为"亲旧肺腑，贵重于时"[①]。

建安十六年以后，曹操儿辈先后封侯，在建安二十二年大都增加了封户。曹氏家族无疑是因为军功而兴家的势族。但是，他们中很多人的活动，史书几乎没有记载。

史籍记载最多的是曹操、曹丕、曹植与文士交往，以及曹操如何在二人中选择立嗣的活动。关于此点，学界讨论很多，兹不赘述。

《魏书·陈王曹植传》注引《魏武载令》记载曹操自言：本来以为曹植是诸子中最可定大事的人。但自曹植违令私开金马门以来，他不复相信诸侯，担心他们会利用他外出的机会私自出门，所以他常常"出辄将诸侯行"。青龙二年，曹叡在诏令中曾提及曹操对诸侯政策："自太祖受命创业，深睹治乱之源，鉴存亡之机，初封诸侯，训以恭慎之至言，辅以天下之端士，常称马援之遗诫，重诸侯宾客交通之禁，乃使与犯妖恶同。夫岂以此薄骨肉哉？徒欲使子弟无过失之愆，士民无伤害之悔耳。"[②]这段诏令信息很丰富，可见曹操重视对诸侯的教育，严禁诸侯与宾客交往，违令者则将处以重罪。但曹操时诸侯和宾客来往频繁，此诏似故意误将曹丕时期禁止诸侯宾客交通的政策提前到曹操时期，以说明对诸侯实行严厉政策的动机良好，并非"薄骨肉"。

四、作为帝室的曹氏家族

（一）曹丕在位期间的曹氏家族

曹操去世后，曹丕嗣位为丞相、魏王。不久，他命曹氏各诸

---

① 陈寿：《三国志》卷九《魏书·诸夏侯曹传》，北京：中华书局，1982年。
② 陈寿：《三国志》卷二十《魏书·武文世王公传·赵王干》，北京：中华书局，1982年。

侯就国。汉献帝禅位后，曹丕即位称帝，建立曹魏政权。原汉献帝刘协的皇后曹宪拜为山阳公夫人，随刘协生活在兖州山阳郡，实际上过着被软禁的生活。并非所有的曹氏成员都生活在封地上，也有少数曹氏家族成员活跃在政治舞台上。

曹仁：曹丕称帝，拜曹仁为车骑将军，都督荆州、扬州、益州诸军事。后与孙权部将陈邵夺取襄阳，派部下高迁等人迁徙汉水以南百姓到汉水以北，被拜为大将军，后受命移屯临颍，迁大司马。督促诸军据乌江，还屯合肥。黄初四年去世。

曹洪：曹丕即位后，迁骠骑将军。

曹休：曹丕即位后，他任领军将军。夏侯惇去世后，他任镇南将军，假节都督诸军事。他在历阳击败孙权部将，并派兵渡江烧毁芜湖军营数千家。迁征东将军，领扬州刺史。曹丕征孙权，以他为征东大将军，督张辽等二十多支军队，在洞浦击破吕范。拜扬州牧。

曹真：曹丕即位后，曹真为镇西将军，假节都督雍、凉州诸军事。黄初三年，任上军大将军，都督中外诸军事，假节钺。与夏侯尚在牛渚屯击败孙权军，转拜中军大将军，加给事中。黄初七年，曹丕临终前，曹真、曹休、司马懿、陈群一起受遗诏辅政。

曹仁子曹泰，官至镇东将军，假节，转封宁陵侯。

曹纯子曹演，官至领军将军。

曹丕在位期间，对曹氏成员实行以下措施：黄初二年，进所有诸侯爵位为公；对于在曹魏建立前已经去世的曹氏成员，追封谥，并为没有子嗣继承爵位的人安排继承人并封侯；黄初三年，进爵为王；黄初五年，改封诸王为县王。

曹丕对诸侯王采取严厉的防范措施，"待遇诸国法峻"[①]：凡曹操、曹丕子均只给予封侯待遇。诸侯王有爵位而无理民权；设官监督诸侯行为；王国只有为数不多的士兵。诸侯王除特恩外不得朝觐，不得与朝官来往。诸侯王频频徙封。如犯禁则削户。无子，国除。某些诸侯王去世后无子，则过继其他曹氏家

[①] 陈寿：《三国志》卷十九《魏书·陈王曹植传》注引《魏氏春秋》，北京：中华书局，1982年。

族成员位子以继承其爵位。这一政策被此后曹魏诸帝继承。

值得一提的是曹丕和曹彰、曹植之间的关系：

建安二十四年，曹仁被关羽围困。曹操以曹植为南中郎将，行征虏将军，想派他率军去救曹仁。他派人去叫曹植来接受命令，而曹植被曹丕灌醉，不能受命，曹操大怒，只好亲征。次年春正月，曹操返回洛阳，生重病，派人急召曹彰，曹彰未到而曹操去世。《魏书》卷十九《任城王曹彰传》注引《魏略》载：曹彰自以为受到曹操信任，且武功突出，将被重用，但得知要随例前往封国后，很不高兴。黄初二年，曹丕进其爵为鄢陵公。三年，立为任城王。四年，朝京都。《魏氏春秋》载：曹彰曾问玺绶何在，将有异志，因此被曹丕怀疑，他到洛阳后，曹丕没有及时召见他①，曹彰暴病死于京邸②。

曹丕因与曹植在立嗣问题上有过芥蒂，且他为人颇有心计，即王位后就杀害了与曹植友善的丁仪兄弟及其家族男口。黄初二年，监国谒者灌均希旨，奏"（曹）植醉酒悖慢，劫胁使者"③。曹丕将依法治曹植罪，因卞太后一再求情，贬曹植爵安乡侯，后改封鄄城侯。黄初三年，立曹植为鄄城王。黄初四年，曹植被徙封雍丘王，入京朝觐。因他入关前，考虑到自己此前曾有过错，欲率数位随从先去见清河长公主，请她在曹丕面前替自己说好话，结果被关吏禀告，曹丕派人阻止了他。卞太后以为曹植自杀，对曹丕哭泣。后来曹植"科头负铁锧，徒跣诣阙下"，曹丕仍不原谅他，"不与语，又不使冠履"④。曹植伏地哭泣，太后很不高兴，曹丕才下诏允许他穿上王服，并改封曹植为

---

① 陈寿：《三国志》卷十九《魏书·任城王曹彰传》注引《魏氏春秋》，北京：中华书局，1982年。

② 刘义庆：《世说新语·尤悔》载曹丕毒死曹彰事。Robert Joe Cutter 以为此条材料不足信。见 Robert Joe Cutter, *Shishuo xinyu and the Death of Cao Zhang*, Journal of the American Oriental Society, 129.4(2009): 403—412。

③ 陈寿：《三国志》卷十九《魏书·陈王曹植传》，北京：中华书局，1982年。

④ 陈寿：《三国志》卷十九《魏书·陈王曹植传》注引《魏略》，北京：中华书局，1982年。

安乡侯。同时入京朝觐的曹彰去世,曹植和白马王曹彪想结伴返回封地,曹丕不允许。曹植回国后,写诗二首给曹丕,曹丕优诏答勉。黄初六年,曹丕东征,返程路过雍丘,探望曹植,增户五百。从曹植去世后曹叡下诏要求削除黄初年间大臣检举曹植罪状的上奏来看,曹丕在位期间,曹植承受着很大的精神压力。

曹丕临终前,托孤于中军大将军曹真、镇军大将军陈群、征东大将军曹休、抚军大将军司马懿,其中曹真、曹休二人是"亲旧肺腑",陈群是曹操以来的元老重臣,司马懿是在曹丕统治期间逐渐被重用的大臣。

(二)曹叡在位时期的曹氏家族

曹叡时期仍有数位曹氏家族成员在政坛活动。

曹洪:曹叡即位,拜后将军,封乐成侯;复拜骠骑将军。太和六年去世。

曹休:曹叡即位后,曹休击败吴将审惪,韩综、翟丹等向他投降,迁大司马。太和二年,他和司马懿征吴,司马懿沿汉水下行,曹休督诸军向寻阳进发。他因轻信敌人伪降而出师不利,后病死。谥壮侯。

曹肇:曹休之子,曾为散骑侍郎、屯骑校尉、卫将军①。曹叡病重,托付燕王曹宇后事,命曹肇参与其事,后来曹叡改变初衷,命令曹肇以侯归第。

曹纂:曹休之子,曾任殄吴将军。

曹真:曹叡即位,曹真迁大将军,加给事中,都督中外诸军事,假节钺。诸葛亮围祁山,南安、天水、安定三郡反叛响应诸葛亮。曹真受命督诸军驻扎在郿,派张郃击败马谡。安定民杨条等劫掠吏民占据月支城,曹真率军围攻,杨条投降,三郡平定。他安排军队修治陈仓,有效地防备了蜀军的进攻。太和四年,迁大司马,赐剑履上殿,入朝不趋。曹真率兵征伐蜀国,督军从子午道南行,司马懿沿汉水而上,约定在南郑会师。后因大雨连绵三十多天,道路不通,无功而返。太和五年三月,病逝

---

① 房玄龄等:《晋书》卷九十《良吏·曹摅传》,北京:中华书局,1974年。

于洛阳。谥元侯。曹叡追思曹真的功劳,封其五子羲、训、则、彦、皑均为列侯。

曹真之子曹爽,字昭伯,年少时因为人慎重,受到时为太子的曹叡的喜爱。曹叡即位后,曹爽为散骑侍郎,累迁城门校尉,加散骑常侍,转武卫将军。曹叡临终前,命曹爽与司马懿一同辅佐曹芳。

曹叡继承曹丕时期的宗室政策。"时法制,待藩国既自峻迫,僚属皆贾竖下才,兵人给其残老,大数不过二百人"①,足见他对诸侯有较强的防范意识。太和五年,曹植上疏请求允许亲戚通问。这年八月,曹叡下诏:"古者诸侯朝聘,所以敦睦亲亲协和万国也。先帝著令,不欲使诸王在京都者,谓幼主在位,母后摄政,防微以渐,关诸盛衰也。朕惟不见诸王十有二载,悠悠之怀,能不兴思!其令诸王及宗室公侯各将适子一人朝。后有少主、母后在宫者,自如先帝令,申明著于令。"②诏令中所言先帝著令意图显然有粉饰曹丕的目的,但次年诸侯王朝洛阳,说明该条诏令切实付诸行动。这也是曹操去世后曹氏家族难得的诸王朝觐的盛事。太和六年二月,曹叡下诏改封诸侯,"皆以郡为国"③。景初三年,诸侯均被增邑。

曹叡对宗室参政问题的认识与其父不同。他曾下诏咨询大臣孙资,表示:随着年龄增长,加上历观书传,深知"图万年后计,莫过使亲人广据职势"(《三国志》卷十四《魏书·刘放传》注引《资别传》),曹氏家族中谁适合担当任重的射声校尉一职?孙资建议他选择信任、亲近的家族成员。正是在这种背景下,曹宇等人受到重用。

曹叡对曹植仍有戒心。太和二年,曹植上疏求自试,没有得到回应。太和五年,他上疏求存问亲戚,曹叡下诏回复:"……今令诸国兄弟,情理简怠,妃妾之家,膏沐疏略,朕纵不能敦而睦之,王援古喻义备悉矣,何言精诚不足以感通哉?夫明

---

① 陈寿:《三国志》卷十九《魏书·陈王曹植传》,北京:中华书局,1982年。
② 陈寿:《三国志》卷三《魏书·明帝纪》,北京:中华书局,1982年。
③ 陈寿:《三国志》卷三《魏书·明帝纪》,北京:中华书局,1982年。

贵贱,崇亲亲,礼贤良,顺少长,国之纲纪,本无禁固诸国通问之诏也,矫枉过正,下吏惧谴,以至于此耳。已敕有司,如王所诉。"①从"诸国兄弟,情理简怠,妃妾之家,膏沐疏略"可见当时诸侯王生存境况。诏文指出并无禁止诸侯国之间通问的诏令,只是矫枉过正,实际上是官吏们错误理解、错误执行,并已指示有关部门改正,显然有推诿责任的意思。曹植再次上疏陈审举之义,曹叡"优文答报"②,其实并未当回事。太和年间,朝廷数次征兵,甚至诸侯王国的士兵也在被征之列。曹植上书陈述兵少且多老弱,以至于不得不亲自料理诸事,曹叡命令还其国兵。曹植每每恳求与曹叡单独面谈,希望被试用,最终未能遂愿。总体看来,自从曹丕为魏王以来,因曹魏政权实行防范宗室的政策,曹植始终过着郁郁不乐的生活。陈寿说曹植"文才富艳,足以自通后叶,然不克让远防,终致嫌隙"③,批评曹植不善自处。

从有关资料看来,曹叡对曹植态度并非绝对寡情。他曾派人送柰给曹植等诸侯王,并在诏书中解释因柰自凉州运来,加之气候转暖,所以颜色不佳④。太和六年正二月,曹叡还曾将自己所作《儿诔》给曹植看,并自云是"田公家语"⑤。他还曾手诏问候曹植身体、饮食状况,嘱他"节水加餐"⑥。景初二年,曹叡下诏销毁黄初年间大臣奏奏曹植罪状的文书,抄录、保存曹植所著赋、颂、诗、铭、杂论共百余篇,似乎是以此来忏悔父子二人对曹植的不公待遇。

曹叡在位期间,有数位诸侯王因犯禁而被有司检举,因此一度被削户:

---

① 陈寿:《三国志》卷十九《魏书·陈王曹植传》,北京:中华书局,1982年。
② 陈寿:《三国志》卷十九《魏书·陈王曹植传》,北京:中华书局,1982年。
③ 陈寿:《三国志》卷十九《魏书·陈王曹植传》,北京:中华书局,1982年。
④ 徐坚:《初学记》卷二十八,北京:中华书局,2004年。
⑤ 李昉:《太平御览》卷五百九十六。
⑥ 李昉:《太平御览》卷三百七十八。

太和五年冬,曹衮、曹彪到京师朝觐,犯交通之禁,青龙元年,为有司所奏,被削户。

青龙二年,曹徽派官属打寿张县吏,为有司所奏,被削户。

青龙三年,曹楷坐私遣官属到中尚方作禁物,削户二千户。

景初元年,曹琮、曹据因私派人到中尚方制作禁物,被削户。

此外,违禁的还有曹纂,他"因九族时节,集会王家"①,被有司举告。史籍没有记载他受到怎样的处置,估计也被削户。

受到特殊宠遇的有曹干、曹霖、曹衮、曹宇。曹干母亲曾受曹操宠爱,在曹丕被立为世子的过程中出过力,曹丕临死前有遗诏命令厚待曹干,曹叡承命"常加恩意"②。青龙二年,曹干私通宾客,为有司所奏,曹叡赐玺书训诫他。曹霖"以先帝遗意,爱宠异于诸国"③。曹衮因谦恭谨慎好学而颇受信任。青龙三年秋,曹衮生病,曹叡派太医去为他治病,派殿中、虎贲送手诏,频频赏赐珍膳,并派太妃杜夫人(曹衮生母)、沛王曹林(曹衮同母兄)一起去探望病情。他去世后,曹林留下,直到丧事结束才返回封地,大鸿胪持节典护丧事,宗正吊祭,赠赙丰厚。因曹叡年少时与曹宇同进止,他对曹宇更为喜爱。即位后,数次征其入京朝觐(青龙三年、景初元年)。景初二年冬十二月,曹叡病重,拜曹宇为大将军,让他与领军将军夏侯献、武卫将军曹爽、屯骑校尉曹肇、骁骑将军秦朗共同辅政。后曹叡因听信中书监刘放谗言④,改变主意,免其官,改任武卫将军曹爽为大将军,假节钺,都督中外诸军事,录尚书事,招太尉司马懿与曹爽联合辅政,免除曹宇官职。景初三年夏,曹宇还邺。

曹叡无子,领养任城王曹楷子曹芳和秦王曹询。临死前,托孤于司马懿和曹爽。

---

① 陈寿:《三国志》卷二十《魏书·武文世王公传·赵王干》,北京:中华书局,1982年。

② 陈寿:《三国志》卷二十《魏书·武文世王公传·赵王干》,北京:中华书局,1982年。

③ 陈寿:《三国志》卷二十《魏书·武文世王公传·东海王霖》,北京:中华书局,1982年。

④ 陈寿:《三国志》卷二十《魏书·武文世王公传·燕王宇》载:"受署四日,(曹)宇深固让",北京:中华书局,1982年。

表一　曹氏家族成员封爵表①

姓名＼年号	建安十一年	建安十三年	建安十六年	建安十九年	建安二十年	建安二十一年	建安二十二年	黄初二年	黄初三年	黄初四年	黄初五年	黄初六年	黄初七年	太和元年	太和二年	太和三年	太和五年	太和六年	青龙二年	青龙三年	青龙四年	景初元年	景初二年	景初三年	正始五年	正始七年	嘉平元年	嘉平六年	正元元年	正元二年
曹仁		都亭侯	安平亭侯					陈侯																						
曹纯		高陵亭侯																												
曹演																														平乐乡侯
曹泰								宁陵侯																						
曹洪			国明亭侯					野王侯，徙封都阳侯						乐成侯																
曹休							东阳亭侯	安阳乡侯						长平侯																
曹真						灵寿亭侯		东乡侯						邵陵侯																
曹琬									中都公，长子公																		丰王			
曹彰						鄢陵侯		鄢陵公	任城王																					
曹楷									任城王，徙封中牟	任城县												任城国							徙封济南	

① 曹操及史籍记载继嗣时间不详的曹氏后裔未列入。

续表

年号\姓名	建安十一年	建安十三年	建安十六年	建安十九年	建安二十年	建安二十一年	建安二十二年	建安二十三年	黄初二年	黄初三年	黄初四年	黄初五年	黄初六年	黄初七年	太和元年	太和二年	太和三年	太和五年	太和六年	青龙二年	青龙三年	景初元年	景初二年	景初三年	正始元年	正始五年	正始七年	嘉平元年	嘉平六年	正元元年	正元二年
曹植			平原侯	临淄侯					贬爵安乡侯，改封鄄城侯	鄄城王	徙封雍丘王				徙封浚仪	还雍丘	徙封东阿		陈王												
曹志																			陈王，徙封济北王												
曹炳																			蕭王												
曹琮						邓侯		邓公，徙封已氏公			徙封冠军								都乡侯					已氏公				徙封平阳公			
曹据					范阳侯	宛侯		宛公	章陵王，徙封义阳、彭城、济阴			定陶县							彭城王												
曹宇					都乡侯		鲁阳侯	鲁阳公	下邳王			单父县							燕王												
曹林					饶阳侯		谯侯	谯公	谯王			谯县							徙封鄄城			沛									
曹衮							东乡侯，改封赞侯	平乡侯	赞王			北海王	赞公		濮阳				中山												

第一章　曹氏家族兴衰及其家学家风

续表

姓名 \ 年号	建安十一年	建安十三年	建安十六年	建安十九年	建安二十年	建安二十一年	建安二十二年	黄初二年	黄初三年	黄初四年	黄初五年	黄初六年	黄初七年	太和元年	太和二年	太和三年	太和五年	太和六年	青龙二年	青龙三年	青龙四年	景初元年	景初二年	景初三年	正始元年	正始二年	正始三年	正始五年	正始七年	嘉平元年	嘉平六年	正元元年	正元二年
曹玹					西乡侯																												
曹壹							济阳侯	济阳公																									
曹敏							临晋侯		范阳王	徙封句阳								琅邪王															
曹干						高平亭侯	赖亭侯；改封弘农侯	弘农公，改封燕公	河间王	乐城县	徙封巨鹿							赵王															
曹彪						寿春侯	寿春公，改封汝阳公	弋阳王，徙封吴王	寿春县	徙封白马								改封楚															
曹嘉																								常山真定王									
曹子整							郿侯																										
曹范										平氏侯			徙封成武			成武公																	
曹闸																													郿公				
曹均							樊侯																										
曹抗										抗薊侯			屯留公																				

续表

姓名＼年号	建安十一年	建安十三年	建安十六年	建安十九年	建安二十年	建安二十一年	建安二十二年	黄初二年	黄初三年	黄初四年	黄初五年	黄初六年	黄初七年	太和元年	太和二年	太和三年	太和五年	太和六年	青龙二年	青龙三年	青龙四年	景初元年	景初二年	景初三年	正始元年	正始二年	正始五年	正始七年	嘉平元年	嘉平六年	正元元年	正元二年
曹徽						历城侯	历城公	庐江王	寿张王	寿张县				东平																		
曹茂						万岁亭侯	平舆侯	平舆公，徙封乘氏侯		聊城公，聊城王	徙封中丘			曲阳王									乐陵									
曹寻																		赞王														
曹蕤													阳平县王	北海																		
曹赞																昌乡公		饶安王					文安									
曹鉴												东武阳王																				
曹霖									河东王			馆陶县						东海														
曹启																									东海王							
曹礼									秦公	京兆王		元城王																				
曹悌												元城王						梁王														
曹邕									淮南公	淮南王	陈	邯郸																				
曹温												邯郸王						鲁阳														
曹贡									清河王																							

续表

年号\姓名	建安十一年	建安十三年	建安十六年	建安十九年	建安二十年	建安二十一年	建安二十二年	建安二十三年	黄初二年	黄初三年	黄初四年	黄初五年	黄初六年	黄初七年	太和元年	太和二年	太和三年	太和五年	太和六年	青龙二年	青龙三年	景初元年	景初二年	景初三年	正始五年	正始七年	嘉平元年	嘉平六年	正元元年	正元二年
曹俨										广平王																				
曹熙																													新昌亭侯	

(三) 曹芳、曹髦、曹奂时期的曹氏家族

三少帝时期,曹氏集团与司马氏集团争权斗争日益激烈。曹魏政权对诸侯政策未变,只是"正元、景元中累增邑"①,可能是司马氏逐渐把持朝政期间安抚曹氏诸侯的一种举措。

这一时期在朝廷辅政的是曹爽兄弟。曹芳即位,加曹爽侍中,改封武安侯,赐剑履上殿。曹爽的几个弟弟如曹羲为中领军,曹训为武卫将军,曹彦为散骑常侍、侍讲,其余诸弟,"皆以列侯侍从,出入禁闼,贵宠莫盛焉"②。此时,曹爽兄弟可谓权倾朝野。曾被曹叡以浮华抑黜的一批名士如何晏、邓飏、李胜、毕轨等人为曹爽所信任。丁谧出谋划策,曹爽让其弟弟曹羲上表奏司马懿劳苦功高,宜以为太傅、大司马,曹芳下诏转司马懿为太傅,表面上是以名号尊崇他,实际上是架空其权力,使曹爽得以制其轻重。曹爽"尽据禁兵,群官要职,皆置所亲"③,可见曹氏集团势力之盛。

邓飏等建议曹爽伐蜀,以建立功名,曹爽听从,司马懿劝阻未遂。正始五年,曹爽西至长安,发兵六七万人,从骆谷入。蜀将费祎率军凭借山势,占据要道拦截曹爽,最后曹爽无功而返。

---

① 陈寿:《三国志》卷二十《魏书·武文世王公传》,北京:中华书局,1982年。

② 陈寿:《三国志》卷九《魏书·曹真传附曹爽传》,北京:中华书局,1982年。

③ 陈寿:《三国志》卷九《魏书·曹真传附曹爽传》,北京:中华书局,1982年。

这场伐蜀战事使得曹魏政权元气大伤,"所发牛马运转者,死失略尽,羌、胡怨叹,而关右悉虚耗矣"①。

曹爽政治上听从何晏等人,而何晏等人立身不正,"共分割洛阳、野王典农部桑田数百顷,及坏汤沐地以为产业,承势窃取官物,因缘求欲州郡"②,有司不敢违逆。而曹爽"德薄位尊,沈溺盈溢","饮食车服,拟于乘舆。尚方珍玩,充牣其家。妻妾盈后庭,又私取先帝才人七八人,及将吏、师工、鼓吹、良家子女三十三人,皆以为伎乐。诈作诏书,发才人五十七人送邺台,使先帝倢伃教习为伎。擅取太乐乐器、武库禁兵。作窟室,绮疏四周,数与晏等会其中,纵酒作乐"③。曹羲数次劝谏无效,他还写了三篇文章,论述骄淫盈溢导致祸败,言辞恳切,不敢直接指责曹爽,托言告诫诸弟,以示曹爽。曹爽心知其旨在讽己,很不高兴。其间司马懿托疾在家,以避曹爽之势,却暗中发展实力。

正始十年春正月,曹爽兄弟跟随曹芳拜谒明帝陵墓高平陵。司马懿在洛阳城内发动政变,占领武库,并出城屯守洛水浮桥,上书历数曹爽罪责,罢曹爽、曹羲、曹训吏兵。曹氏兄弟犹豫不决,最终放弃抵抗,先被免官,以侯还第,后以谋反罪被处死,夷三族。"及(曹)爽被诛,曹氏尽死……无遗类……夷灭已尽"④,这是对曹氏家族曹爽一门的毁灭性打击。自此曹魏政权大权旁落到司马氏家族。嘉平年间,"绍功臣世"⑤,封曹真族孙曹熙为新昌亭侯。

此外,曹芳在位时期一度成为政治焦点人物的还有曹彪。太尉王凌与其外甥兖州刺史令狐愚不满司马懿势力日盛,把持

---

① 陈寿:《三国志》卷九《魏书·曹真传附曹爽传》注引《汉晋春秋》,北京:中华书局,1982年。

② 陈寿:《三国志》卷九《魏书·曹真传附曹爽传》,北京:中华书局,1982年。

③ 陈寿:《三国志》卷九《魏书·曹真传附曹爽传》,北京:中华书局,1982年。

④ 陈寿:《三国志》卷九《魏书·曹真传附曹爽传》注引皇甫谧《列女传》,北京:中华书局,1982年。

⑤ 陈寿:《三国志》卷九《魏书·曹真传附曹爽传》,北京:中华书局,1982年。

朝政,秘密商议:曹芳不任天位,而楚王曹彪年长且有才,拟迎立曹彪为帝,都许昌。嘉平元年九月、十一月,令狐愚两次派部下张式到白马与曹彪联系。嘉平三年春,王凌派将军杨弘以废立事告知兖州刺史黄华,黄华、杨弘联名向司马懿告发王凌。司马懿率军讨伐王凌,王凌谢罪,自杀。曹芳下诏切责曹彪,令其自图,曹彪自杀。楚王妃及诸子皆免为庶人,徙平原。国除为淮南郡。正元元年,下诏封世子曹嘉为常山真定王。

嘉平六年九月,司马师废除曹芳为齐王。使者持节护送他到河内重门专门安置他的齐王宫,享受藩国待遇。司马炎去邺城迎取曹髦到洛阳。十月己丑,曹髦登上帝位。

甘露五年五月己丑,曹髦对自己权力被架空的情势非常不满,召侍中王沈、尚书王经、散骑常侍王业,对他们说:"司马昭之心,路人所知也。吾不能坐受废辱,今日当与卿等自出讨之。"①王经劝阻无效。曹髦决定孤注一掷与司马懿较量,接着他去禀告皇太后。与此同时,王业、王沈赶紧去告知司马昭此事,司马昭当即准备。曹髦率僮仆数百人出宫,结果在南阙被中护军贾充部下成济杀死。后以王礼安葬。

司马昭等人迎立曹宇之子曹奂为帝。甘露五年六月,曹奂即帝位。咸熙二年十二月,曹奂禅位,退居洛阳西北金墉城,后居邺城,时年二十。

五、魏晋禅代后的曹氏家族

司马炎即位后,就安置曹魏宗室尤其是陈留王曹奂问题先后发布数条诏令:

泰始元年十二月丁卯,"封魏帝为陈留王,邑万户,居于邺宫;魏氏诸王皆为县侯"。但从齐王曹芳降封邵陵县公、燕王曹宇降封燕公、济北王曹志降封鄄城公、常山真定王曹嘉降封为高邑公来看,魏氏诸王均被降封为公。己巳,"诏陈留王载天子旌旗,备五时副车,行魏正朔,郊祀天地,礼乐制度皆如魏旧,上书不称臣"。乙亥,"除魏氏宗室禁锢"。泰始二年二月诏:"本

---

① 陈寿:《三国志》卷四《魏书·三少帝纪》注引《汉晋春秋》,北京:中华书局,1982年。

为县侯者传封次子为亭侯。"根据第一条诏令,曹氏诸王为县侯,应可依诏传封次子为亭侯,惜史无明文可资佐证。夏五月诏:"陈留王操尚谦冲,每事辄表,非所以优崇之也。主者喻意,非大事皆使王官表上之。"①西晋在邺城设置军队,名为保护,实为监守。大安元年,曹奂去世,年五十八,谥元皇帝。

此后,自晋至宋,似沿袭尊崇先代帝王、为立世子侍奉香火的制度。史籍记载:

东晋成帝咸和元年,冬十月,封魏武帝玄孙曹励②为陈留王,以绍魏③。

晋穆帝升平二年冬十月乙丑,曹励去世④。

刘宋孝武帝大明四年九月,大臣们曾就陈留国王继嗣问题加以讨论:陈留国王曹虔季长兄曹虔嗣去世早,曹虔季袭封陈留王,生子曹铣,过继为曹虔嗣的后人。那么,按照应拜世子的惯例,是应该立曹铣为世子,还是应立次子曹锴为世子呢?右丞徐爰提议:"铣本长息,宜还为虔季世子。"最终采纳徐爰之议,曹铣作为长子回到本家,被立为世子⑤。

史籍中还有曹氏成员曹宇、曹志、曹摅、曹嘉、曹楷、曹芳、曹翕等人在晋朝活动的记载。

曹宇入晋,降封燕公,咸宁年间去世。

曹芳降封为邵陵县公。泰始十年去世,谥厉公,时年四十三。

曹植嗣子曹志曾被曹植称许为"保家主"⑥,曹植去世后,他被改封济北王。司马炎任中抚军,赴邺迎曹奂到洛阳,曹志夜晚与他相见,彻夜长谈,司马炎对其才华颇感惊异。魏晋禅代后,曹志改封鄄城县公。晋武帝任曹志为乐平太守,其诏令中云:"魏氏诸王公养德藏器,壅滞旷久,前虽有诏,当须简授,而

---

① 房玄龄:《晋书》卷三《武帝纪》,北京:中华书局,1974年。
② 一作"劢"。《通典》卷九十三《礼典》"励"作"劢"。
③ 房玄龄:《晋书》卷七《成帝纪》,北京:中华书局,1974年。
④ 房玄龄:《晋书》卷八《穆帝纪》,北京:中华书局,1974年。
⑤ 参《宋书》卷十五《礼志》。沈约:《通典》卷九十三《礼典》记载稍详,且"季"作"秀",北京:中华书局,1974年。
⑥ 房玄龄等:《晋书》卷五十《曹志传》,北京:中华书局,1974年。

自顷众职少缺,未得式叙。"①解释魏氏诸王公有才却因无官职空缺,故未授以职位,由此亦可推见曹魏宗室在西晋初期因受司马氏猜忌而被怠慢的情形。曹志在出任乐平、章武、赵郡太守期间,"不以政事为意,昼则游猎,夜诵《诗》《书》,以声色自娱"②,当是以此来保护自己。咸宁初,朝廷以其"笃行履素,达学通识,宜在儒林,以弘胄子之教"③,迁散骑常侍、国子博士,后转博士祭酒。齐王司马攸当赴封国,朝廷要求太常讨论崇锡文物,曹志深慨于曹植之怀才不遇,认为这样有才的近亲不应远出海隅,上疏切谏,晋武帝大怒,有司奏请收曹志治罪,武帝免其官,命以公还第。不久复为散骑侍郎。曹志母亲去世后,他居丧尽哀,以致生病,喜怒失常。太康九年去世,太常欲定其恶谥,崔褒反对,后谥号定公。

曹彪子曹嘉,入晋被封为高邑公。元康年间,他和石崇同为国子博士。后曹嘉担任东莞太守,石崇为征虏将军,监青、徐军事,屯下邳,曹嘉赠诗一首,称赞石崇并表达友情。石崇在和诗中深情回忆二人的深厚交情。吏部郎李重推荐曹嘉担任员外散骑侍郎的上书中说他"才幹学义,不及(曹)志、(曹)翕,而良素修洁,性业逾之;又已历二郡⋯⋯"④,说明他在任东莞太守前还担任过另一郡太守。

曹摅字颜远,"少厉志操,博学有才藻"⑤。太尉王衍很器重他,调补临淄令。明于法治,深得民心,号为圣君。入为尚书郎,转任洛阳令,仁惠明断,有能名。齐王司马冏辅政,他与左思同为记室督。不久转任中书侍郎,长沙王司马乂任其为骠骑司马。司马乂在王室争权斗争中失败后,曹摅被免官。惠帝

---

① 房玄龄等:《晋书》卷五十《曹志传》,北京:中华书局,1974年。
② 房玄龄等:《晋书》卷五十《曹志传》,北京:中华书局,1974年。
③ 房玄龄等:《晋书》卷五十《曹志传》,北京:中华书局,1974年。
④ 陈寿:《三国志》卷二十《魏书·武文世王公传·楚王彪》注引王隐《晋书》,北京:中华书局,1974年。
⑤ 陈寿:《三国志》卷九《魏书·曹休传》注引张隐《文士传》,北京:中华书局,1974年。

末,起为襄城①太守。永嘉二年,高密王司马简镇守襄阳,以他为征南司马。流民王逌寇掠城邑,曹摅奉命协助参军崔旷征讨。奸狡的崔旷让曹摅率军作为前锋,自己却故意不随后跟进。曹摅孤军与王逌战于郦县,战败身亡②。

曹楷,魏末任宗正。晋武帝禅位,他从宗正任上转为王太后崇化宫少府③。

曹徽子曹翕,入晋封廪丘公,"秉德履道"④,在曹魏宗室中,其名仅次于曹植。泰始二年,他派儿子曹琨奉表朝觐,晋武帝诏令"假世子印绶,加骑都尉,赐服一具,钱十万,随才叙用"⑤。这是唯一一例原曹魏宗室入晋后封世子的史事。由此似可推测,世子必须到京城受封任职,其性质类似于人质。

据《晋书》卷三十一《惠贾皇后传》记载:贾南风一女在洛阳之乱中被劫掠贩卖为婢,司马睿镇守建邺,她主动去投诉遭遇。司马睿封其为临海公主,将她嫁给宗正曹统。然曹统是否为曹氏家族成员,待考。

第二节 汉晋间沛国谯县曹氏家族联姻情况

东汉末年,随着曹操政治军事集团的迅速崛起,曹氏家族从地方豪族发展为控制朝政的大族。及至曹魏政权建立,曹氏家族作为皇室,社会地位无以复加。曹氏家族成员的联姻具有时代色彩和家族特色。

---

① 王沈:《魏书·曹休传》注引张隐《文士传》中"城"作"阳",北京:中华书局,1982年。
② 房玄龄等:《晋书》卷九十《良吏·曹摅传》,北京:中华书局,1982年。
③ 陈寿:《三国志》卷十九《魏书·任城王曹彰传》裴注;《晋书》卷三十一《后妃传·文明王皇后》,北京:中华书局,1982年。
④ 陈寿:《三国志》卷二十《武文世王公传·东平王徽》裴注,北京:中华书局,1982年。
⑤ 陈寿:《三国志》卷二十《武文世王公传·东平王徽》裴注,北京:中华书局,1982年。

一、曹操和曹魏诸帝配偶情况

（一）曹操

曹操于建安十八年进封魏王。他立国之初，册立王后卞氏，其下设立夫人、昭仪、倢伃、荣华、美人五等。曹操妻妾有姓氏可考者有十五人，即刘夫人、丁夫人、卞氏、环夫人、杜夫人、秦夫人、尹夫人、王昭仪、孙姬、李姬、周姬、刘姬、宋姬、赵姬和陈妾。

丁夫人是曹操的结发妻子，其家境不详。她未生子女，抚养早逝的刘夫人生的儿子曹昂。建安二年，曹昂在曹操与张绣的战事中被箭射死，丁夫人常念叨："将我儿杀之，都不复念！"①埋怨曹操绝情，经常哭泣，曹操很生气，就把她打发回娘家。后来曹操回家探望她，希望她一起回许都，丁夫人却纺织不辍，根本不理他。曹操见其态度决绝，没有回旋余地，于是让其娘家人使其改嫁。但丁氏娘家人不敢这样做。由妾被扶为正妻的卞氏常利用曹操出行的时机去问候、迎取丁氏，"延之正坐而己下之"②；丁氏去世后，在卞氏的请求下，曹操将其葬于许城南。足见丁氏并未被曹操休弃。曹操病重不起，追忆生平行事，自觉问心无愧，惟担心死后如见到曹昂之灵问"我母所在"③而自己无言以对，显然对于废丁夫人一事并非毫无愧疚。在这件事上，按照常规，曹操应正式休妻，然后才能立卞氏为继室。丁家人不敢改嫁丁氏，曹操未正式休丁氏是原因之一，而曹操之不正式休妻，很可能源于他根本无视世俗的礼制，不把休妻当回事；另一原因恐在于丁氏家族地位远逊于曹氏家族，何况曹家正处于蒸蒸日上之时。而曹操希望丁家夫人改嫁，说明他并不认为丁夫人应该守节。

---

① 陈寿：《三国志》卷五《魏书·后妃传·武宣卞皇后》注引《魏略》，北京：中华书局，1982年。

② 陈寿：《三国志》卷五《魏书·后妃传·武宣卞皇后》注引《魏略》，北京：中华书局，1982年。

③ 陈寿：《三国志》卷五《魏书·后妃传·武宣卞皇后》注引《魏略》，北京：中华书局，1982年。

卞皇后，本为倡家，年二十，曹操于谯纳其为妾。建安二年，丁夫人被废，曹操以她为继室。建安二十四年，卞夫人因"抚养诸子，有母仪之德"①，进位为王后。显然曹操并不在乎卞氏的出身。卞氏弟卞秉在建安年间任别部司马，卞氏曾对曹操埋怨其弟位卑，而曹操颇不以为然，认为有作为他"妇弟"的社会身份，已经相当不错。她于太和四年五月去世。

上文提到的张济妻、何晏母、秦宜禄妻都是被曹操作为战利品据为己有的，并未正式迎娶。由此看来，曹操在乎女子的美色而不是其家世，他对何晏、秦朗均视如己子，这说明他并不在乎女子既往婚史。这种行为反映了曹操的流氓气质和战争年代妇女随时可能遭受劫掠的悲惨命运的时代特色。

曹操妻妾众多，他自言常对她们说："顾我万年之后，汝曹皆当出嫁。"②看来曹操不认为妻妾应为他守节。实际上，他临终遗言分香卖履，并未允许她们改嫁。

（二）曹丕

曹丕称帝后，在魏国后宫制度的基础上，增设贵嫔、淑媛、修容、顺成、良人五级。

曹操平定冀州后，曹丕进入袁尚府中见到袁绍子袁熙的妻子甄氏，随即将她带回邺城。《后汉书》卷七十《孔融传》："曹操攻屠邺城，袁氏妇子多见侵略，而操子丕私纳袁熙妻甄氏。"《三国志》卷五《后妃传·文昭甄皇后》注引《魏略》："太祖闻其意，遂为迎娶。"按：《魏略》作者鱼豢忠于曹魏，故对曹氏多溢美之词，曹操为曹丕迎娶甄氏的记载很可能不实。甄氏家族"世吏二千石"，战乱时期"家大有储谷"，趁机收买金银珠宝，以谷接济亲族邻里，显然是地方豪族。这种出身使得她"贤明以礼自持"③。甄氏因郭氏等人受宠而有怨言，加之郭氏谗害，最终被

---

① 陈寿：《三国志》卷五《魏书·后妃传·武宣卞皇后》，北京：中华书局，1982年。

② 陈寿：《三国志》卷一《魏书·武帝纪》注引《魏武故事》，北京：中华书局，1982年。

③ 陈寿：《三国志》卷五《魏书·后妃传·文昭甄皇后》及注引《魏书》，北京：中华书局，1982年。

赐死①。

郭氏"祖世长吏"②，其父官至南郡太守。郭氏早年父母兄弟均亡，因丧乱流离而被没入铜鞮侯家。曹操为魏公时，郭氏进入东宫，以智略帮助曹丕，使其得立为嗣。黄初三年，曹丕将立她为皇后，中郎栈潜上疏指出："若因爱登后，使贱人暴贵臣，恐后世下陵上替，开张非度，乱自上起也。"③但曹丕不从，执意立郭氏为后。

曾受曹丕宠幸的还有李贵人④、柴贵人⑤等。出身均不详。

(三)曹叡

曹叡为平原王时，王妃是河内虞氏。但曹叡宠信毛氏，即位后没有立虞氏为皇后，虞氏颇有怨言。当下太后劝慰她时，她不无愤慨地说："曹氏自好立贱，未有能以义举者也。然后职内事，君听外政，其道相由而成。苟不能以善始，未有能令终者也。殆必由此亡国丧祀矣。"⑥从其话中可以推测，虞氏出身较高贵，曾受过较好的教育，故深明夫妇人伦之本、兴废之由。虞氏最终被黜居邺宫。

毛皇后，黄初年间被选入东宫，曹叡为平原王时受到宠信。其父毛嘉是典舆车工。毛氏被立为皇后，毛嘉任骑都尉，毛皇后弟毛曾为郎中。曹叡曾命令大臣到毛家聚餐，毛嘉自称"侯

---

① 据《三国志》卷五《魏书·后妃传·文昭甄皇后》注引《魏书》载甄氏病死；裴松之以为"文帝之不立甄氏，及加杀害，事有明审"，则认为甄氏是被杀。

② 陈寿：《三国志》卷五《魏书·后妃传·文德郭皇后》，北京：中华书局，1982年。

③ 陈寿：《三国志》卷五《魏书·后妃传·文德郭皇后》，北京：中华书局，1982年。

④ 陈寿：《三国志》卷二十《魏书·武文世王公传》，北京：中华书局，1982年。

⑤ 陈寿：《三国志》卷五《魏书·后妃传·文德郭皇后》注引《魏书》，北京：中华书局，1982年。

⑥ 陈寿：《三国志》卷五《魏书·后妃传·明悼毛皇后》，北京：中华书局，1982年。

身"①,因此受到耻笑。夏侯玄和毛曾并坐,时人谓"蒹葭倚玉树"②。因毛氏并非大族,在行为举止方面表现粗俗,以致被夏侯玄等人排斥和耻笑。

郭皇后,"世河右大族"③。黄初年间,因本郡反叛,被没入宫。明帝即位后宠信她而封其为夫人,临死之前立她为皇后。其时郭氏父母双亡,故因其地位上升而被封官的是叔父郭立和从父郭芝等人。值得注意的是,郭后以被没入宫的宫女的身份而受到宠信,以致引起毛后的忌妒,甚至毛后因此被赐死,可见曹叡并不在意郭氏的身世。

晋朝孙盛颇有感慨地议论:"古之王者,必求令淑以对扬至德,恢王化于《关雎》,致淳风于《麟趾》。及臻三季,并乱兹绪。义以情溺,位由宠昏,贵贱无章,下陵上替,兴衰隆废,皆是物也。魏自武王,暨于列祖,三后之升,起自幽贱。本既卑矣,何以长世?"④孙盛所揭示的现象确实存在。正如曹芳所云"魏家前后立皇后,皆从所爱耳"⑤,正表明曹氏家族重情而轻礼,在配偶问题上不虑及女子的家世出身,无视社会贵贱秩序。

泰始十年,晋武帝下诏:"嫡庶之别,所以辨上下,明贵贱。而近世以来,多皆内宠登妃后之职,乱尊卑之序。自今以后,皆不得登用妾媵以为嫡正。"⑥不排除此诏是司马炎有感于曹魏帝王"三世立贱"的故事而有志于矫正因此导致的上下混乱的社会风气。司马氏来自信奉儒学的世族,因此指斥曹氏不顾尊卑、立贱为后的行为。

---

① 陈寿:《三国志》卷五《魏书·后妃传·明悼毛皇后》,北京:中华书局,1982年。
② 刘义庆:《世说新语·容止》。
③ 陈寿:《三国志》卷五《魏书·后妃传·明元郭皇后》,北京:中华书局,1982年。
④ 陈寿:《三国志》卷五《魏书·后妃传·明悼毛皇后》裴注,北京:中华书局,1982年。
⑤ 陈寿:《三国志》卷四《魏书·三少帝纪》注引《魏书》,北京:中华书局,1982年。
⑥ 陈寿:《晋书》卷三《武帝纪》,北京:中华书局,1982年。

(四) 曹芳、曹髦、曹奂

曹芳先后立过三位皇后。正始四年夏四月乙卯,立皇后甄氏①。甄氏是明帝母亲文昭甄皇后兄甄俨的孙女②。曹叡在位期间,追念甄氏生养之恩及其早逝,极度尊崇甄氏家族,因而甄氏家族地位大幅提升。曹芳与甄氏的婚姻,改变了曹操以来"三世立贱"的传统。

嘉平三年秋七月壬戌,皇后甄氏去世③。曹芳有意立王贵人为皇后,而郭太后不允,曹芳生气地对清商令令狐景等人抱怨:"魏家前后立皇后,皆从所爱耳,太后必违我意,知我当往不也?"④他明了曹丕、曹叡立后以宠的故事,对郭太后违逆自己意愿的行为非常不满。显然他是希望能继续"从所爱"的传统的。

嘉平四年二月,立张缉女为皇后⑤。曹芳待张皇后"疏薄"⑥,态度冷淡。张缉是张既之子。张既"世单家"⑦,门寒而家富。在曹操和曹丕期间,他可谓是干将、能吏,文帝评其为"国之良臣"⑧。张既去世后,文帝赐其小儿子张翁归爵关内侯,张缉以中书郎升东莞太守,由此彻底改变了张氏寒门单家的社会地位。在其女儿被立为皇后之后,张缉征拜光禄大夫,位特进。他见司马氏家族势力上升,与李丰等商议,欲以太常夏侯玄为大将军,最终事败被灭三族。张皇后因此于嘉平六年三月被废。

---

① 陈寿:《三国志》卷四《魏书·三少帝纪》,北京:中华书局,1982年。
② 陈寿:《三国志》卷五《魏书·后妃传·文昭甄皇后》,北京:中华书局,1982年。
③ 陈寿:《三国志》卷四《魏书·三少帝纪》,北京:中华书局,1982年。
④ 陈寿:《三国志》卷四《魏书·三少帝纪》注引《魏书》,北京:中华书局,1982年。
⑤ 陈寿:《三国志》卷四《魏书·三少帝纪》、卷十五《张既传》,北京:中华书局,1982年。
⑥ 陈寿:《三国志》卷四《魏书·三少帝纪》注引《魏书》,北京:中华书局,1982年。
⑦ 陈寿:《三国志》卷十五《魏书·张既传》注引《魏略》,北京:中华书局,1982年。
⑧ 陈寿:《三国志》卷十五《魏书·张既传》,北京:中华书局,1982年。

嘉平六年夏四月,立奉车都尉王夔女为皇后①。王氏父亲王夔由奉车都尉升任光禄大夫,封广明乡侯,位特进。此王氏很可能即此前曹芳有意立为皇后却被郭太后反对的王贵人。从王夔任奉车都尉来看,王氏地位确实不如张缉家族,难怪郭太后此前执意立张皇后。

曹芳宠信的张美人和禹婉,被郭太后杀死,他非常生气,表示"此无复母子恩"②。看来曹芳所宠信的张美人等很可能出身并不显贵,否则郭太后怎么能不虑及这些女性的娘家而直接杀害?曹芳因此而否定郭太后和他之间按照礼制应有的母子之恩③。由此可见曹芳的任性,类似于曹丕、曹叡。

曹髦和曹奂分别是曹霖和曹宇之子,曹丕和曹操的孙子。他们的皇后都出自武宣卞皇后家族。卞皇后弟卞秉有二子:卞兰、卞琳。卞兰之子卞隆的女儿于正元二年三月被立为曹髦皇后④。卞隆因之被封为光禄大夫,位特进,封睢阳乡侯。卞琳的女儿于景元四年秋九月癸卯被立为曹奂的皇后。其父卞琳官至步兵校尉,此前已去世⑤。卞氏家族因卞太后的身份而提升了社会地位,得以与曹氏结成婚姻。

综上,曹操、曹丕、曹叡身为魏王、魏帝,在立后问题上,并不考虑女方的家世、经历,只重视一时的感情。自曹芳以下,曹魏政权在立后问题上更多考虑门当户对,和世族联姻。

二、其余曹氏家族成员联姻情况

其余曹氏家族成员联姻大体可分为以下几种情况:

---

① 陈寿:《三国志》卷四《魏书·三少帝纪》,北京:中华书局,1982年。
② 陈寿:《三国志》卷四《魏书·三少帝纪》注引《魏书》,北京:中华书局,1982年。
③ 曹芳非郭太后所生,为明帝养子,不知其所出。《三国志》卷四《三少帝纪》注引《魏氏春秋》:"或云任城王楷子。"但曹芳即位后没有任何尊崇曹楷的行为。
④ 陈寿:《三国志》卷四《魏书·三少帝纪》,北京:中华书局,1982年。
⑤ 陈寿:《三国志》卷五《魏书·后妃传·武宣卞皇后》,北京:中华书局,1982年。

(一)曹氏与汉皇室联姻

建安十八年,曹操被封为魏公后,汉献帝聘其三位女儿曹宪、节、华为贵人,最年幼的曹华暂留居邺城,等长大再进宫。建安十九年十一月,伏皇后被杀,次年正月,献帝立曹节为皇后①。实际上,曹操此举早有预谋,他为巩固地位而有意废献帝皇后伏氏而立自己的女儿为后②。景元元年夏六月己未,曹节去世,与汉献帝合葬禅陵③。

此外,汉献帝在禅让时曾奉二女以嫔于曹丕④。这是刘协表示结好曹氏之举。

(二)曹氏与夏侯氏联姻

史载曹操父亲曹嵩"莫能审其生出本末"⑤,裴注引吴人著《曹瞒传》和郭颁《世语》,说曹嵩是夏侯氏之子,夏侯惇的叔父,曹操与夏侯惇是叔伯兄弟。夏侯渊的妻子是曹操内妹⑥,夏侯渊和曹操是连襟关系。曹氏和夏侯氏关系密切,一直有联姻关系。如:

夏侯惇之子夏侯楙娶曹操女清河公主为妻。因夏侯楙多伎妾,清河公主不满。夏侯楙多次责备几个不遵礼度的弟弟,弟弟们联手反诬他诽谤朝廷,让清河公主上奏。曹丕命令逮捕夏侯楙。在长水校尉段默的提醒下,曹丕通过调查得知实情⑦。清河公主因为对丈夫不满而诬告丈夫,应是诽谤罪,但曹丕似乎没处置她,可见其对情的态度。

夏侯渊长子衡娶曹操弟海阳哀侯女为妻,恩宠特隆。夏侯

---

① 陈寿:《三国志》卷一《魏书·武帝纪》,北京:中华书局,1982年。《后汉书·皇后纪·献穆曹皇后》记载稍异:"建安十八年,操进三女宪、节、华为夫人……小者待年于国。十九年,并拜为贵人。"

② 陈寿:《三国志》卷十《魏书·荀彧传》,北京:中华书局,1982年。

③ 陈寿:《三国志》卷四《魏书·三少帝纪》,北京:中华书局,1982年。

④ 陈寿:《三国志》卷二《魏书·文帝纪》注引《献帝传》:"釐降二女,以嫔于魏"。另参陈寿:《三国志》卷五《魏书·后妃传·文昭甄皇后》,北京:中华书局,1982年。

⑤ 陈寿:《三国志》卷一《魏书·武帝纪》,北京:中华书局,1982年。

⑥ 陈寿:《三国志》卷九《魏书·夏侯渊传》,北京:中华书局,1982年。

⑦ 陈寿:《三国志》卷九《魏书·夏侯惇传》注引《魏略》,北京:中华书局,1982年。

衡袭父爵,转封安宁亭侯①。

曹爽从弟曹文叔妻是夏侯文宁之女令女。曹文叔早逝,夏侯令女断发截耳,不肯改嫁,住在曹爽家。高平陵事件后,夏侯令女的叔父上书与曹氏绝婚,强迫夏侯令女回娘家。司马懿听说她不惜割鼻拒绝改嫁,就允许她领养孩子作为曹氏的后代②。

夏侯尚妻是德阳乡主,至少育有一子夏侯玄,一女夏侯徽。因夏侯尚宠幸爱妾,曹丕派人绞杀其宠妾,导致夏侯尚精神失常,次年即黄初六年去世③。夏侯徽字媛容,太和三年嫁给司马师,因知司马师非曹魏忠臣,被司马师毒死,时年二十四④。

陈寿指出:"夏侯、曹氏,世为婚姻。"⑤曹氏与夏侯氏的联姻,严格说来是族内婚,但是曹氏并不回避这种违背礼制规定的婚姻关系。夏侯氏家族在曹氏家族创业过程中屡立功勋,在曹氏立国以后是辅佐曹氏治理国家的坚强后盾,在朝廷和地方担任要职,备受信任。曹魏政权对曹氏宗亲实行严厉的禁锢政策,但从未将夏侯氏排斥于政坛之外。这种婚姻关系是政治联盟的有力保障。

(三)曹氏和世家大族联姻

1. 曹氏与颍川大族荀氏联姻

曹操女安阳公主是荀彧长子荀恽之妻。荀彧在世时,曹丕曲礼事荀彧。荀彧去世后,荀恽与曹植友善,而与夏侯尚不和睦,因此曹丕深恨荀恽。荀恽继承荀彧侯爵,最终官阶为虎贲中郎将⑥。荀恽早逝,曹丕看在其舅甥分上,尚能善待荀恽二子。

荀彧子荀粲,妻为曹洪女。荀粲字奉倩,好言道,善清谈,

---

① 陈寿:《三国志》卷九《魏书·夏侯渊传》,北京:中华书局,1982年。
② 陈寿:《三国志》卷九《魏书·曹爽传》注引皇甫谧《列女传》,北京:中华书局,1982年。
③ 陈寿:《三国志》卷九《魏书·夏侯尚传》,北京:中华书局,1982年。
④ 房玄龄等:《晋书》卷三十一《后妃传·景怀夏侯皇后》,北京:中华书局,1974年。
⑤ 陈寿:《三国志》卷九《魏书·诸夏侯曹传》,北京:中华书局,1982年。
⑥ 陈寿:《三国志》卷十《魏书·荀彧传》,北京:中华书局,1982年。

与傅嘏、夏侯玄亲善。他认为女子才智不足论，应以色为主。他听说骠骑将军曹洪女儿漂亮，于是聘娶。一年多后，妻子病亡，荀粲因伤悼过度，也于一年后去世，时年二十九①。

荀彧曾玄孙荀羡尚公主。荀羡字令则，少历显位，年二十八为北中郎将、徐、兖二州刺史，假节都督徐、兖、青三州诸军事。在任十年，因病解职，病逝，追赠骠骑将军②。

曹氏与荀氏家族的联姻，当源于荀彧、荀攸辅佐曹操创业的政治关系。初平二年，荀彧离开袁绍投奔曹操，成为曹操智囊团的首要人物。建安八年，曹操曾致信荀彧劝他接受万岁亭侯爵位："与君共事已来，立朝廷，君之相为匡弼，君之相为举人，君之相为建计，君之相为密谋，亦已多矣。"③可见荀彧对曹操帮助很大。基于这种交谊，荀氏与曹氏联姻。就效果而言，这种联姻巩固了政治关系。

2. 曹氏与清河崔氏联姻

曹植是"(崔)琰之兄女婿"④。崔琰是辅佐曹操创下基业的重要辅臣。清河崔氏家族是世家大族。这种联姻不排除政治目的。曹操偶尔登台见曹植妻子"衣绣"，"以违制命，还家赐死"⑤。曹操此举可谓严厉，但看来他并不顾及崔氏家族的社会地位。

3. 曹氏与亲近旧臣之子女联姻

嵇康妻沛王曹林孙女⑥。嵇康父亲嵇昭在曹操时曾担任督军粮治书侍御史，但去世早。嵇康并非显赫家族出身，是因

---

① 陈寿：《三国志》卷十《魏书·荀彧传》注引《晋阳秋》，北京：中华书局，1982年。

② 陈寿：《三国志》卷十《魏书·荀彧传》注引《荀氏家传》，北京：中华书局，1982年。

③ 陈寿：《三国志》卷十《魏书·荀彧传》注引《彧别传》，北京：中华书局，1982年。

④ 陈寿：《三国志》卷十二《魏书·崔琰传》，北京：中华书局，1982年。

⑤ 陈寿：《三国志》卷十二《魏书·崔琰传》注引《世语》，北京：中华书局，1982年。

⑥ 陈寿：《三国志》卷二十《魏书·武文世王公传》注引《嵇氏谱》，北京：中华书局，1982年。

才名和地缘关系而为曹氏所认可。嵇康因系曹氏女婿而曾任中散大夫。

毕轨子尚公主。毕轨父亲在建安年间任典农校尉。毕轨有才能却少有声名。曹叡为太子时，他为文学。明帝即位后，他入为黄门郎，迁并州刺史。正始年间，任中护军，转侍中尚书，迁司隶校尉。他与曹爽交好，受曹爽信任。其子尚公主。高平陵事变后，毕轨被杀，其家族被夷灭①。

李丰子韬尚齐长公主。李丰为卫尉李义之子，十七八岁时以善识别人物而有盛名。曹叡在东宫时，他为文学，后为黄门郎。以后官至中书令。其二弟数年间历任郡守。家族一时兴盛。其子李韬"以选尚公主"②，列侯给事中。嘉平六年，李丰与张缉不满司马氏专权，谋划以夏侯玄辅政，事败后李韬被赐死狱中。曹芳诏书云："齐长公主，先帝遗爱，原其三子死命。"③似乎李韬之子得以保全性命④。

桓阶子桓嘉尚曹丕女儿升迁亭公主。桓阶颇为曹操、曹丕倚重，桓嘉于嘉平六年在乐安太守任上死于魏吴之间的战事⑤。

曹冲去世，曹操欲求司空掾邴原女合葬，被邴原以合葬非礼为由拒绝⑥；后曹操聘甄氏亡女合葬⑦。曹操在为死去的爱子寻求合葬的女子时，应该也是有所考虑的，范围是在自己的僚属内。

---

① 陈寿：《三国志》卷九《魏书·曹爽传》注引《魏略》，北京：中华书局，1982年。

② 陈寿：《三国志》卷九《魏书·曹爽传》注引《魏略》；另参裴注引《魏书》，北京：中华书局，1982年。

③ 陈寿：《三国志》卷九《魏书·夏侯尚传附夏侯玄传》，北京：中华书局，1982年。

④ 《魏书》同篇下文记载李丰等人"皆夷三族"，其余亲属徙乐浪郡。未知孰是。

⑤ 陈寿：《三国志》卷二十二《魏书·桓阶传》，北京：中华书局，1982年。

⑥ 陈寿：《三国志》卷十一《魏书·邴原传》，北京：中华书局，1982年。

⑦ 陈寿：《三国志》卷二十《魏书·武文世王公传》，北京：中华书局，1982年。

4. 曹操看重才士

曹操女金乡公主的丈夫是何晏，是何进的孙子。曹操留其母尹氏为夫人，收留何晏在宫中长大①。何晏出身大族，少以才秀知名。曹操欣赏其聪颖才智，并不在乎其是被收养的身份，而将女儿嫁给他。高平陵事变后，何晏被杀，司马懿派人收捕何晏之子，何晏之子被何晏母亲尹夫人保护起来，司马懿看在沛王的情面上，没有杀何晏之子。

还有两位曹操曾考虑联姻的对象值得一提：

周不疑少有异才，聪明敏达，与曹冲不相上下。曹操想让他做女婿，被周拒绝。后曹冲早逝，曹操心忌其才，最终派人将他刺杀②。

曹操旧交丁冲的儿子丁仪，字正礼，一目失明。曹操听说他有才，想把女儿嫁给他。曹丕认为妹妹可能不喜欢丁仪的长相，劝曹操把女儿嫁给夏侯楙，曹操听从。后来曹操招丁仪为丞相掾，相谈之下对他很中意，感叹丁仪确是才子，即使他两目皆瞎，也应把女儿嫁给他，可惜自己为曹丕所误。而丁仪知道此事后，对曹丕有怨意，亲近曹植，常在曹操面前称美曹植，并赞成曹操立曹植为嗣子，导致曹丕忌恨他。曹丕即位后，逼死丁仪，并杀死其兄弟丁廙及其家中男口③。

由上可见，曹操择女婿，重视才华而忽视容貌和家世背景。

5. 目的性很强的政治联姻

建安八年十月，曹操为儿子曹子整娶袁谭女。次年九月，在他决定进攻之前，他责备袁谭负约，将袁谭女儿遣回，然后进军攻打袁谭④。这次联姻只是曹操实行的缓兵之计。

张绣第二次投降曹操，曹操很高兴，为子曹均娶张绣的女儿⑤。

---

① 陈寿：《三国志》卷九《魏书·曹爽传》，北京：中华书局，1982年。
② 陈寿：《三国志》卷六《魏书·刘表传》注引《零陵先贤传》，北京：中华书局，1982年。
③ 陈寿：《三国志》卷十九《魏书·陈王曹植传》注引《魏略》，北京：中华书局，1982。
④ 陈寿：《三国志》卷一《魏书·武帝纪》，北京：中华书局，1982年。
⑤ 陈寿：《三国志》卷八《魏书·张绣传》，北京：中华书局，1982年。

这两例联姻发生在战争时期,显然是想通过婚姻争取有实力的军阀的支持。

　　孙策平定江东,其时袁绍势力方盛,曹操一时无力与孙策抗衡,"乃以弟女配策小弟匡,又为子彰取贲女"①。这两例联姻是曹操安抚孙策的措施。

　　建安二十年,曹操平定张鲁政权后,为子彭祖娶张鲁女②。联姻是与张鲁结好的方式之一。

　　曹爽辅政,通过夏侯玄致意元老大臣卫臻,欲引其担任尚书令,并为弟向他求婚,卫臻均未答应。曹爽欲与卫臻联姻明显有政治意图,但卫臻为人方正,不愿苟合曹爽行事,所以没有答应曹爽的请求③。

　　曹操在顿丘令任上时,因妹夫濦强侯宋奇被杀受牵连而免官④。可见此时曹氏家族已经与有权势、社会地位较高的人达成婚姻关系。曹操父子配偶有的来自社会底层,有的是战争中劫掠的,明显反映出战争年代的特色和曹氏父子的霸道。曹操、曹丕、曹叡三代立后以贱、"从所爱",说明他们并不看重女子的家世、出身及经历,不拘泥于立后以贵的旧俗,而重视感情,表现出通脱重情的特点。自曹操儿女这一代起,联姻对象要么来自世家大族,要么是亲近旧臣的子女,要么是才子名士。这是曹氏社会地位上升的结果,曹氏也通过这类联姻巩固了政治关系。需要注意的是,联姻成为曹操缓兵或巩固军事同盟的手段,曹爽也欲以联姻争取有影响的大臣的支持。总体说来,曹氏家族联姻的政治性非常突出。

---

① 陈寿:《三国志》卷四十六《吴书·孙讨逆传》,北京:中华书局,1982年。
② 陈寿:《三国志》卷八《魏书·张鲁传》,北京:中华书局,1982年。
③ 陈寿:《三国志》卷二十二《魏书·卫臻传》,北京:中华书局,1982年。
④ 陈寿:《三国志》卷一《魏书·武帝纪》注引《魏书》,北京:中华书局,1982年。

第三节 汉晋间沛国谯县曹氏家学家风

曹氏家族起自寒门,因缘际会,而得以凭借政治势力的发展和社会地位的提高成为皇族,从而由地方豪族转变为文化世族。这一变化从其家族成员的著述可见一斑。

表二 曹氏家族成员著述一览表①

朝代	作者	书名	隋志	旧唐志	新唐志
魏	曹髦	春秋左氏传音②	三卷	三卷	三卷
魏	曹毗	论语释	一卷		
魏	曹丕	海内士品录		二卷	
魏	曹叡	海内先贤传		四卷	
汉	曹操	家传			
魏	曹毗	曹氏家传	一卷	一卷	
魏	曹丕	典论	五卷		
魏	曹丕	士操③	一卷	一卷	一卷
汉	曹操	兵书接要	十卷		
汉	曹操	兵法接要	三卷		
汉	曹操	兵书略要	九卷		
汉	曹操	魏武帝兵法	一卷		
汉	曹操	续孙子兵法	二卷		二卷
汉	曹操	太公阴谋解	三卷		
汉	曹操	孙子注			三卷
汉	曹操	魏武帝集	二十六卷(梁三十卷,录一卷)	三十卷	三十卷
汉	曹操	武皇帝逸集	十卷		
汉	曹操	魏武帝集新撰	十卷		
汉	曹操	魏武四时食制			

---

① 此表依据《隋书·经籍志》、《旧唐书·经籍志》、《新唐书·艺文志》而作。
② 《新唐志》著录为《左氏音》。
③ 据中华版《隋志》后附校勘文字,曹丕当避父讳,"操"当为"品"。

续表

朝代	作者	书名	隋志	旧唐志	新唐志
魏	曹丕	兵书要略			十卷
魏	曹丕	皇博经		一卷	一卷
魏	曹翕	解寒食散方①			
魏	曹植	列女传颂	一卷		
魏	曹丕	魏文帝集	十卷(梁二十三卷)	十卷	十卷
魏	曹叡	魏明帝集	七卷(梁五卷,或九卷,录一卷)	十卷	十卷
魏	曹髦	高贵乡公集	四卷	二卷	二卷
魏	曹植	魏陈思王曹植集	三十卷	二十卷,又三十卷	二十卷,又三十卷
魏	曹羲	曹羲集	五卷(录一卷)	五卷	五卷
晋	曹志	曹志集	二卷,录一卷	二卷	二卷
晋	曹摅	曹摅集	三卷,录一卷	二卷	二卷
晋	曹毗	曹毗集	十卷(梁十五卷,录一卷)②	十五卷	十五卷

由上表可见,这一时期曹氏家族成员著述颇多。但是结合具体的表现来看,曹氏的文化修养突出表现在文学方面和艺术方面。就学术方面而言,曹操有《孙子注》传世,可见其精湛的军事理论;曹丕《典论·论文》是中国文学理论史上重要的文章。

一、曹氏家族成员学养

史籍未提及曹腾、曹嵩有何文化修养。但曹氏家族积累的财富为其子弟接受教育创造了条件。从曹操这一代起,曹氏家族成员多为有文化的人。

曹操从弟曹纯"好学问,敬爱学士,学士多归焉"③。

---

① 《三国志》卷二十《魏书·东平灵王徽传》注。《隋书·经籍志三》载:《寒食散论》二卷(梁有《寒食散汤方》二十卷,《寒食散方》一十卷,皇甫谧、曹歙《论食散方》二卷)。

② 《隋书·经籍志》著录:晋《曹毗集》十卷。

③ 陈寿:《三国志》卷九《魏书·曹仁传》注引《英雄记》,北京:中华书局,1982年。

曹操"以能明古学"①而拜议郎。在从济南相任上辞官归隐期间,他"春夏习读书传,秋冬弋猎,以自娱乐"②,显然文武兼通。他起兵之后,身边聚集了一批才子。这些人或出身经学世家,如荀彧;或长于辞赋诗文,如王粲;或长于书法,如梁鹄、邯郸淳。他"昼则讲武策,夜则思经传,登高必赋"③,常与僚属唱和。曹操"雅好诗书文籍,虽在军旅,手不释卷"④。他还大力网罗文学之士,倡导和鼓励文学创作。建安文学的兴盛与曹操的提倡及其文学创作活动密不可分。其诗作继承乐府诗的传统,既反映现实,又感慨颇深,语言质朴率真,故明代胡应麟说他"汉人乐府本色尚存"⑤。

建安文人集团的相互切磋和曹操聚集天下英才的浓厚的文化氛围,促进了追随在曹操身边的曹氏子弟文化修养的提升。曹操二十五子中,不乏才学之人。

曹丕"八岁能属文。有逸才,遂博贯古今经传诸子百家之书"⑥。陈寿评他"天资文藻,下笔成章,博闻强识,才艺兼该"⑦,并非虚誉。曹丕《典论·自叙》不无炫耀地述及自己的才艺,从中可见他是相当有文艺修养的。清代沈德潜说曹操诗"犹是汉音",而曹丕诗"有文士气,一变乃父悲壮之习矣。要其便娟婉约,能移人情","纯乎魏响"⑧。他是建安诗风由古朴质直走向华丽缠绵的过渡性人物。

---

① 陈寿:《三国志》卷一《魏书·武帝纪》注引《魏书》,北京:中华书局,1982年。
② 陈寿:《三国志》卷一《魏书·武帝纪》,北京:中华书局,1982年。
③ 陈寿:《三国志》卷一《魏书·武帝纪》注引《魏书》,北京:中华书局,1982年。
④ 陈寿:《三国志》卷二《魏书·文帝纪》注引《典论·自叙》,北京:中华书局,1982年。
⑤ 胡应麟:《诗薮·内编》卷一。
⑥ 陈寿:《三国志》卷二《魏书·文帝纪》裴注引《魏书》,北京:中华书局,1982年。
⑦ 陈寿:《三国志》卷二《魏书·文帝纪》,北京:中华书局,1982年。
⑧ 沈德潜:《古诗源》卷五,北京:中华书局,1963年。

曹植"年十余岁,诵读诗论及辞赋数十万言,善属文"①,陈寿评其"文才富艳"②,钟嵘推他为"建安之杰"③。曹植的才华并不限于文学,他与邯郸淳相见时的才艺表演和谈论,就充分说明了他的多才多艺④。

曹彪有《答东阿王诗》传世。钟嵘《诗品》将其列为下品,说他"亦能闲雅"⑤。

曹衮"少好学,年十余岁能属文……每兄弟游娱,衮独覃思精典……凡所著文章二万余言,才不及陈思王而好与之侔"⑥。曹丕下诏称赞他"研精坟典,耽味道真,文雅焕炳"⑦,足见曹衮对于学问的爱好和文学修养。

明代胡应麟《诗薮·外编》卷一云:"通计魏武诸子二十五人,殇者十余,知名者六:丕、彰、植、彪、冲、衮。彰之力,植之才,冲之智,皆古今绝出,咸萃一门,自书契来未有也。"显然注意到曹操诸子的才智表现突出。

曹氏家族成员普遍有较高文化素养。如:

曹植之子曹志"好学有才行"⑧,"履德清纯,才高行洁,好古博物,为魏宗英"⑨。在乐安太守任上,他上书认为"宜尊儒重道",这源于他尊崇文化。在地方官任上,他"夜诵《诗》、

---

① 陈寿:《三国志》卷十九《魏书·陈王曹植传》,北京:中华书局,1982年。
② 陈寿:《三国志》卷十九《魏书·陈王曹植传》,北京:中华书局,1982年。
③ 钟嵘:《诗品》上,北京:人民文学出版社,1998年。
④ 陈寿:《三国志》卷二十一《魏书·王粲传》注引《魏略》,北京:中华书局,1982年。
⑤ 钟嵘:《诗品》下,北京:人民文学出版社,1998年。
⑥ 陈寿:《三国志》卷二十《魏书·武文世王公传·中山恭王曹衮》,北京:中华书局,1982年。
⑦ 陈寿:《三国志》卷二十《魏书·武文世王公传·中山恭王曹衮》,北京:中华书局,1982年。
⑧ 陈寿:《三国志》卷十九《魏书·陈思王传》注引《志别传》,北京:中华书局,1982年。
⑨ 房玄龄等:《晋书》卷五十《曹志传》,北京:中华书局,1974年。

《书》"①。晋武帝下诏说他"达学通识,宜在儒林,以弘胄子之教"②,因而任其为祭酒。

曹叡"好学多识,特留意于法理"③。他还曾将所作《儿诔》给曹植看。可见亦有文才。

曹芳曾接受经学教育,先后通《论语》、《尚书》、《礼记》。

曹髦"少好学","好书疏文章"④。钟会在罢朝之后对司马师说曹髦"才同陈思,武类太祖"⑤。曹髦曾听大臣讲《周易》、《尚书》、《礼记》,并与大臣讨论经义。他还曾命群臣赋诗,自言"爱好文雅,广延诗赋,以知得失"⑥,并号召群臣当"玩习古义,修明经典"⑦。陈寿评价他"才慧夙成,好问尚辞,盖亦文帝之风流也"⑧。他即帝位之前的言行表明他深明礼教。

曹休之子曹肇"有当世才度"⑨,肇孙曹摅"少厉志操,博学有才藻"⑩。

曹休之孙曹毗,太元(376~396)年间,奉命参与创作宗庙歌诗。孙绰曾评价曹毗:"才如白地明光锦,裁为负版绔,非无文采,酷无裁制。"⑪这说明他认为曹毗有文才却疏于谋篇布局。

曹冏撰有《六代论》,为传世名篇。

---

① 房玄龄等:《晋书》卷五十《曹志传》,北京:中华书局,1974年。
② 房玄龄等:《晋书》卷五十《曹志传》,北京:中华书局,1974年。
③ 陈寿:《三国志》卷三《魏书·明帝纪》裴注引《魏书》,北京:中华书局,1982年。
④ 陈寿:《三国志》卷四《魏书·三少帝纪》,北京:中华书局,1982年。
⑤ 陈寿:《三国志》卷四《魏书·三少帝纪》注引《魏氏春秋》,北京:中华书局,1982年。
⑥ 陈寿:《三国志》卷四《魏书·三少帝纪》,北京:中华书局,1982年。
⑦ 陈寿:《三国志》卷四《魏书·三少帝纪》,北京:中华书局,1982年。
⑧ 陈寿:《三国志》卷四《魏书·三少帝纪》,北京:中华书局,1982年。
⑨ 陈寿:《三国志》卷九《魏书·曹休传》,北京:中华书局,1982年。
⑩ 陈寿:《三国志》卷九《魏书·曹休传》注引张隐《文士传》,北京:中华书局,1982年。
⑪ 刘义庆:《世说新语·文学》,北京:中华书局,2011年。

曹彪之子曹嘉元康年间任国子博士，并与石崇有诗歌来往。① 西晋吏部郎李重上书中说他："才幹学艺，不及志、翕，而良素修洁，性业逾之"②，说明曹嘉有才干学艺，只是不如曹志和曹翕。

综言之，如果说曹操一辈还只是流于好文尚士，其中曹操尤为佼佼者的话，至其子孙辈则博学多识，不乏文采斐然者。

二、曹氏家族成员的艺术素养

东汉灵帝设立鸿都门学，促进了文艺的发展。围绕在他身边的宦官可能也受其影响，本起于宦官集团的曹氏家族与时俱进，家族成员在书法、绘画、音乐、游戏等方面颇有成就。

曹操在书法方面有一定造诣。他曾玩味梁鹄书法③。"汉世，安平崔瑗、瑗子寔、弘农张芝、芝弟昶并善草书，而太祖亚之"④。曹操尤工章草，雄逸绝伦⑤。梁庾肩吾《书品论》以曹操"笔墨雄赡"⑥，将其列为中中。

曹植善书法。宋徽宗时宫廷藏有《曹子建表》，为八分书⑦；另有章草《鹞雀赋》。"然其胸中磊落，发于笔墨间者，固自不恶尔。观其以章草书《鹞雀赋》，可以想见其人也"⑧。唐代张怀瓘《书估》将曹操、曹植列入第三等，并评价云："或奇材见拔，或绝

---

① 陈寿：《三国志》卷二十《魏书·楚王彪传》裴注，北京：中华书局，1982年。
② 陈寿：《三国志》卷二十《魏书·楚王彪传》注引王隐《晋书》，北京：中华书局，1982年。
③ 陈寿：《三国志》卷一《魏书·武帝纪》注引卫恒《四体书势序》，北京：中华书局，1982年。
④ 陈寿：《三国志》卷一《魏书·武帝纪》注引《博物志》，北京：中华书局，1982年。
⑤ 张彦远：《法书要录》卷八，杭州：浙江人民美术出版社，2012年。
⑥ 张彦远：《法书要录》卷二，杭州：浙江人民美术出版社，2012年。
⑦ 王群栗点校：《宣和书谱》卷二，杭州：浙江人民美术出版社，2012年。
⑧ 王群栗点校：《宣和书谱》卷十三，杭州：浙江人民美术出版社，2012年。

世难求,并庶几右军草书之价"①。

曹髦善书画。唐代张彦远评"曹髦之迹,独高魏代"②,将其列入中品。其《祖二疏图》《盗跖图》《黄河流势》《新丰放鸡犬图》在唐代仍传存于世。另有《于陵子黔娄夫妻图》。

张华《博物志》曰:"桓谭、蔡邕善音乐……太祖皆与埒能。"③足见曹操在音乐方面造诣颇深。曹操"好音乐,倡优在侧,常以日达夕"④,"登高必赋,及造新诗,被之管弦,皆成乐章"⑤。正因他精通音乐,其诗均可配乐歌唱。他还曾组织人员整理几乎失传的汉代乐舞,并施诸朝廷⑥。

曹氏父子促进了清商乐的发展。清商乐是从汉代相和歌发展而来,兴起于曹魏,是六朝时期在宫廷及民间用于宴饮、娱乐、祭祀等活动的"俗乐"的总称,简称"清商",又称"清乐"。宋代郭茂倩《乐府诗集》卷四四载:"清商乐……其始即相和三调是也,并汉魏以来旧曲。其辞皆古调及魏三祖所作。"并引南朝刘宋王僧虔语:"今之清商,实由铜雀。魏氏三祖,风流可怀。京洛相高,江左弥重。"⑦可见清商乐起源于建安十五年曹操所建铜雀台,该台成为最早的管理清商乐的机构。曹操还设置了管理清商乐的职官。曹丕即位后,专门设立音乐机构"清商署",委任左延年等音乐家从事整理、编创清商乐的工作。三曹更依清商乐三调(平调、清调、瑟调)创作了不少曲辞,如《平调·对酒》《清调·愿登》等⑧。

---

① 张彦远:《法书要录》卷四,杭州:浙江人民美术出版社,2012年。
② 张彦远:《历代名画记》卷一,杭州:浙江人民美术出版社,2011年。
③ 陈寿:《三国志》卷一《魏书·武帝纪》注引《博物志》,北京:中华书局,1982年。
④ 陈寿:《三国志》卷一《魏书·武帝纪》注引《曹瞒传》,北京:中华书局,1982年。
⑤ 李昉:《太平御览》卷九十三引王沈《魏书》,北京:中华书局,1998年。
⑥ 房玄龄等:《晋书》卷二十二《乐志上》,北京:中华书局,1974年。
⑦ 《宋书》卷十九《乐志一》。
⑧ 参见《宋书》卷二十一《乐志三》。关于三曹与清商乐,参见林树中《六朝艺术》,南京:南京出版社,2004年,第286页。

曹丕曾为哀悼曹操而作《短歌行》，"制此辞,自抚筝和歌"①,足见他有相当高的音乐造诣。在《典论·论文》中,为论证各人气质、性格决定其作品风格,他以音乐素养之不同作喻。

曹植曾"为琴瑟调歌"②。据说他改造了佛教音乐,创造了道教音乐。

曹爽好伎乐③。

曹叡常游宴于后宫,有习伎歌的宫女数千人④。

曹氏家族喜好且长于游戏。曹操喜蹴鞠、博弈⑤；曹丕善弹棋、击剑⑥,曾撰《皇博经》；曹植"胡舞五椎锻,跳丸击剑"等才艺表演令邯郸淳惊为"天人"⑦。

三、曹氏家族成员的学术成就

如果说,在灵帝创办鸿都门学重视文艺而导致整个社会从崇尚经学转向重视文艺的时代风气下,曹氏早期表现出文艺方面的修养和成就的话,那么,随着时间的流逝和家族文化的积累,该家族逐渐表现出对于经学研究的积累。这主要表现在以下方面：

曹操、曹丕等诏令时时可见经学的影响。

曹髦即位之后,数次与大臣讨论经义。

正始年间,在何晏领导下,曹羲与孙邕、郑冲、荀顗编写《论

---

① 郭茂倩：《乐府诗集》卷三十,北京：中华书局,1979年。
② 陈寿：《三国志》卷十九《魏书·陈王曹植传》裴注,北京：中华书局,1982年。
③ 陈寿：《三国志》卷九《魏书·曹真传附爽传》,北京：中华书局,1982年。
④ 陈寿：《三国志》卷三《魏书·明帝纪》注引《魏略》,北京：中华书局,1982年。
⑤ 陈寿：《三国志》卷一《魏书·武帝纪》注引《魏略》,北京：中华书局,1982年。
⑥ 陈寿：《三国志》卷二《魏书·文帝纪》注引《典论·自叙》,北京：中华书局,1982年。
⑦ 陈寿：《三国志》卷二十一《魏书·王粲传》注引《魏略》,北京：中华书局,1982年。

语集解义疏》,"集《论语》诸家训诂之善者,义有不安,辄改易之"①,一度盛行于世。②。

曹髦撰有《春秋左传音》三卷,曹毗撰有《论语释》一卷。

曹徽之子曹翕曾撰写《解寒食散方》,与皇甫谧所撰方书并行于世③。

长期驰骋于沙场之上的曹操不废著述。"博览群书,特好兵法"④的他"行军用师,大较依孙、吴之法,而因事设奇……自作兵书十余万言,诸将征伐,皆以新书从事"⑤。现有《孙子注》等传世。曹操自序中言及其撰述意图:"吾观兵书战策多矣,孙武所著深矣。审计重举,明画深图,不可相诬,而但世人未之深亮训说,况文繁富,行于世者,失其要旨,故撰为《略解》焉。"⑥则是针对《孙子》一书文字繁富的现象而力求把握其要旨。曹操是历史上第一位为《孙子》作注的人。晁公武《郡斋读书志》指出:《汉书·艺文志》著录《孙子兵法》八十二篇,曹操所注仅十三篇,"杜牧以为'武书数十万言,魏武削其繁剩,笔其精粹,成此书'云","盖借其所得,自为新书尔";唐代李筌注《孙子》,"以魏武所解多误";陈皞注《孙子》,"以曹公注隐微"⑦。看来历代人对曹操《孙子注》评价不一。

《孙子注》包括计篇、作战篇、谋攻篇、形篇、势篇、虚实篇、军争篇、九变篇、行军篇、地形篇、九地篇、火攻篇、用间篇,形式上是每篇篇首总括该篇主旨,然后逐条引录《孙子》中一段文字,再略加说明,这主要是对孙子未明确点透或关键处加以说

---

① 文渊阁四库全书本《论语集解义疏》叙。
② 清人唐晏《两汉三国学案》卷十"论语"类列入曹羲,并称"不知宗派"。北京:中华书局,1986年,第496页。
③ 陈寿:《三国志》卷二十《魏书·东平灵王徽传》注,北京:中华书局,1982年。
④ 陈寿:《三国志》卷一《魏书·武帝纪》注引孙盛《异同杂语》,北京:中华书局,1982年。
⑤ 陈寿:《三国志》卷一《魏书·武帝纪》注引《魏书》,北京:中华书局,1982年。
⑥ 中华书局编辑部编校《曹操集》,北京:中华书局,1959年,第65页。
⑦ 晁公武撰:《郡斋读书志》卷十四。孙猛校证,上海:上海古籍出版社,1990年,第632—633页。

明。如《势篇》，曹操总括篇意为"用兵任势也"[1]；以下引该篇文字如"乱生于治，怯生于勇，弱生于强"，曹操注："皆毁形匿情也。"[2]就内容而言，曹操的注释相当精要，表明他对孙武军事思想理解得非常透彻，可以说对孙武某些军事原则有所发挥，具有朴素的军事辩证法思想。另一方面，《孙子注》表现出曹操受到黄老道家和形名学的影响。如：

《势篇》"任势者，其战人也，如转木石。木石之性，安则静，危则动，方则止，圆则行"句下，曹操注曰："任自然势也"，类似道家语。

"夫兵形象水……兵无常势，水无常形，能因敌变化而取胜者，谓之神"句下，曹操注云："势盛必衰，形露必败，故能因敌变化，取胜若神。"

"人皆知我所以胜之形，而莫知吾所以胜制胜之形"句下，曹操注云："不以一形之胜万形。"

很可能因为曹操受到形名学的影响，故而能精当准确地把握思辨色彩浓厚的兵书《孙子》的要旨。

曹操另撰有《兵书接要》。《曹操集》辑录数条《兵书接要》佚文如下：

> 孙子称司云气非云非烟非雾，形似禽兽，客吉、主人忌[3]。
>
> 大军将行，雨濡衣冠，是谓洒兵。其师有庆[4]。
>
> 三军将行，其旗垫然若雨，是谓天露。三军失徒。将阵，雨甚，是谓浴尸。先阵者败亡[5]。
>
> 大将始行，雨而薄，不濡衣冠，是谓天泣。其将大凶，其卒散亡。[6]

以上文字说明：军队或大将、士兵的安危、战争的胜败、主

---

[1] 中华书局编辑部编校《曹操集》，北京：中华书局，1959年，第91页。
[2] 中华书局编辑部编校《曹操集》，北京：中华书局，1959年，第92页。
[3] 李昉：《御览》卷八，北京：中华书局，1998年。
[4] 李昉：《御览》卷十一，北京：中华书局，1998年。
[5] 李昉：《御览》卷十一，北京：中华书局，1998年。
[6] 李昉：《御览》卷十一，北京：中华书局，1998年。

客的吉凶均由天气兆示。曹操仍超脱不了时代的局限,拘泥于自然与人事密切关联的思维方式中。

曹丕对所作《典论》及诗赋颇为得意,曾以帛抄写一部给孙权,以纸抄写一部给张昭①。太和四年,曹叡命将《典论》刻石,置于庙门之外,后移于太学,与东汉熹平石经同为太学宝藏。据《群书治要》和《意林》两书,《典论》本有《禅让》、《学术》、《汉帝得失》、《政治》、《奸谗》、《内诫》、《酒诲》、《论剑》、《论文》、《论养生》、《终制》、《自叙》等二十篇。《典论·论文》②在文学理论方面很有价值,它标志着文学摆脱经学的附庸地位、成为抒发个体情志、表现自我的时代的到来。曹丕提出:"盖文章,经国之大业,不朽之盛事。"不再视文艺创作为雕虫小技,而把著述提升到仅次于"立德扬名"使人声名自传于后世因而"不朽"的重要方式。他还提出"文以气为主"的论断,并以此评价建安文人的创作风格。还主张"文非一体,鲜能备善","奏议宜雅,书论宜理,铭诔尚实,诗赋欲丽",强调文学的特殊性和形式美③。

就现存残文看,《典论》有强烈的政治鉴诫意味。他指出:"主与民有三求:求其为己劳,求其为己死,求其为己生。法者主之柄,吏者民之命。法欲简而明,吏欲公而平。"统治者要求百姓为其生,为其死,为其劳作。但是要达到这一目的,统治者必须以法为柄,法要简明,作为主与民中介的吏要公平。统治者要防范身边的佞人钻空子以满足其奸利之心。在《奸谗》④篇中,曹丕叙述何进、袁绍、刘表被身边佞人离间父子兄弟关系的故事,谆谆告诫要远佞人。统治者还要谨防妇人干政。在《内诫》⑤篇中,他围绕袁术、袁绍听信妇人谗毁之言导致"举宗涂地,社稷为墟"的近事,告诫"有国者"应慎重对待妇人。"佞邪

---

① 陈寿:《三国志》卷二《魏书·文帝纪》注引胡冲《吴历》,北京:中华书局,1982年。
② 萧统编,(唐)李善注:《文选》卷五十二,北京:中华书局,1997年。
③ 参蔡钟翔、黄保真、成复旺著《中国文学理论史》,北京:北京出版社,1987年,第165—178页。
④ 魏征等编:《群书治要》卷四十六,中国华侨出版社,2012年。
⑤ 魏征等编:《群书治要》卷四十六,中国华侨出版社,2012年。

秽政,爱恶败俗"①,都会导致国家危亡。统治者应心勤,"惟心弗勤,时亦靡克"②。他认为仁有两个层面,事亲为孝,施物为仁,"仁者有事之实名,非无事之虚称。善者道之母,群行之祖"③。善是根本,仁必须落实到行动中。他提到桓灵之际混乱的社会风貌:"桓灵之际,阉寺专命于上,布衣横议于下。干禄者殚货以奉贵,要名者倾身以事势。位成乎私门,名定乎横巷。由是户异议,人殊论,论无常检,事无定价,长爱恶,兴朋党。"④他注意到志行影响到士人的行为方式,认为管仲奢侈而鲍叔廉洁,因其志不同;张竦洁而陈遵污,因其行不齐。由此可知,曹丕勤于思考,爱好著述。但其著述内容明显是以政治为中心。

四、曹氏家族的宗教信仰

(一)曹氏与佛教

佛教自两汉之际传入中国,逐渐流传开来。汉明帝异母弟楚王刘英崇信佛教,"为浮屠斋戒祭祀"⑤。这一行为受到汉明帝的褒奖。刘英的崇佛行为必然带动楚国境内民众信仰佛教。东汉楚国都彭城(治今江苏徐州),境跨皖、苏二省边界。东汉末年,下邳相笮融建造佛寺,大阐佛法,使得徐淮地区一度成为佛教传播的中心⑥。汤用彤指出:"洛阳以东,淮水以北,佛教已有流传。""彭城广陵间,亦盛行其教。"⑦沛国谯县在此地域范围内,曹氏家族可能受此地域风气熏染。

东汉后期,汉桓帝一度于宫中立"黄帝、老子之祠"⑧,同时

---

① 《意林》卷五。
② 《意林》卷五。
③ 《意林》卷五。
④ 《意林》卷五。
⑤ 范晔:《后汉书》卷四十二《光武十王·楚王英传》,北京:中华书局,2005年。
⑥ 任继愈主编:《中国佛教史》第一卷,北京:中国社会科学出版社,1985年,第156页。
⑦ 参见汤用彤《中国现代学术经典·汤用彤卷》之《汉魏两晋南北朝佛教史》,石家庄:河北教育出版社,1996年,第62页、第65页。
⑧ 范晔:《后汉书》卷七《桓帝纪》,北京:中华书局,2005年。

礼敬浮屠。不排除曹腾等受其影响,进而影响到曹氏家族。

刘宋陆澄《法论》序云:"魏祖答孔,是知英人开尊道之情"①。所谓"尊道",指尊崇佛教。梁代僧祐《弘明集》"后序"云:"是以楚王修仁洁之祠,孝桓建华盖之祭,法相未融,唯神之而已。至魏武英鉴,书述妙化;孙权雄略,崇造塔寺。"可见佛教徒在其历史书写中肯定曹操尊崇佛教之举。

曹植与佛教有一定联系。《佛法金汤编》将他列入护法王臣之中,主要依据是他曾撰《辩道论》和制"鱼山梵呗"。曹植在《辩道论》中申明:曹操将甘陵甘始、庐江左慈、阳城郄俭等善于行气导引、房中、辟谷等术的方士招致魏国,是担心这些方士"接奸诡以欺众,行妖恶以惑民",并非想追求长生。以帝王之尊荣显贵,怎么可能放弃现实的富贵去"甘无味之味,听无声之乐,观无采之色"②?《辩道论》旨在批判道教,虽然并未涉及佛教,但佛教徒却将其看作佛教护法之作,并经常引用其中文字来驳斥道教。唐代道宣《广弘明集》收录了《辩道论》。③

据佛教典籍记载,曹植是改造梵音使之华化的开山人物:"始有魏陈思王曹植,深爱声律,属意经音。既通般遮之瑞响,又感鱼山之神制。于是删治《瑞应本起》,以为学者之宗。传声则三千有余,在契则四十有二。"④在唱经方面颇有建树的高僧如帛桥、支钥等均祖述曹植而不断改进。曹植在与曹丕之间立嗣之争失败后,一直过着郁郁寡欢的生活。在这种情形下,他寄情于佛教是很有可能的。曹植曾据《庄子·至乐篇》作《骷髅记》,内容似与佛教的悲观厌世教义极为接近,这或许是他受佛教思想影响的原因。

曹洪乳母当和临汾公主侍者曾共事无涧神。关于"无涧神",裴松之注"无涧,山名,在洛阳东北"⑤。陈寅恪《金明馆丛

---

① 释僧祐:《出三藏记集》卷一二,北京:中华书局,1995年。
② 欧阳询:《艺文类聚》卷七十八"灵异部上·仙道"。
③ 关于曹植及其《辩道论》,参见潘桂明《中国居士佛教史(上)》,北京:中国社会科学出版社,2000年。
④ 释慧皎:《高僧传》卷十三"经师",北京:中华书局,1992,第507页。
⑤ 陈寿:《三国志》卷十二《魏书·司马芝传》,北京:中华书局,1982年。

稿二编·魏志司马芝传跋》一文中指出:"无涧神"即"无间神",即"地狱神";释迦之教颇流行于曹魏宫掖妇女间。因此,可以推断,不排除曹氏家族成员可能受此影响。

(二)曹氏与道教

东汉末年,道教是在原始信仰、神仙传说、民间方术和整合儒家、道家思想的基础上产生的。这一时期道教主要在青、徐州和西南巴蜀传播。天师道创始人张道陵是沛郡丰邑(今江苏徐州地区)人,可能道教在安徽北部有些影响。太平道创始人张角派八名弟子出使各地宣教,"十余年间众徒数十万,连接郡国,自青、徐、幽、冀、荆、扬、兖、豫八州之人,莫不毕应"[①]。沛国谯县在此地域范围内,这一地区当不乏道教信徒。汉桓帝"事黄老道"[②],在宫中"立黄老、浮屠之祠"[③]。曾侍奉过桓帝的曹腾也可能受其影响。曹操灭西蜀张鲁政权,并与张鲁结成亲家。张鲁等人迁居邺城,后徙居洛阳。由于以上诸因素,曹氏家族难免受到道教影响。

在平定黄巾起义的基础上建立起来的曹氏政权对道教采取严厉打击和管制态度,因而有组织的道教不复存在。此后的道教主要以神仙思想和养生术形式出现。曹氏受道教影响即主要表现在这些方面。

据曹丕《典论》说,曹操担心有影响的方士与民间道教结合,动摇民心而危及政权,因此将北方著名术士如庐江左慈、谯郡华佗、甘陵甘始、阳城郄俭十多人召集到京师,但是并未杀掉他们,这些方士仍被允许传播道术。左慈能辟谷,又善预测术、变化术,能幻人视听。曹操闻名召见,时人听说左慈来到,竞相学习"其补导之术"[④]。一次,曹操宴客,先感叹没有吴地松江鲈鱼为脍,后感叹没有蜀中生姜,左慈均当场施法弄来[⑤]。这无形

---

① 范晔:《后汉书》卷八十一《皇甫嵩传》,北京:中华书局,2005年。
② 范晔:《后汉书》卷七十六《王涣传》,北京:中华书局,2005年。
③ 范晔:《后汉书》卷三十《襄楷传》,北京:中华书局,2005年。
④ 陈寿:《三国志》卷二十九《魏书·方伎·华佗传》注引曹丕《典论》,北京:中华书局,1982年。
⑤ 范晔:《后汉书》卷八十二《方术列传(下)·左慈》,北京:中华书局,2005年。

中给左慈提供了宣扬变化术的机会。

曹丕《典论》批评时人热衷于追逐术士学习长生术的风气。他说：颍川郗俭能辟谷，饵茯苓，他所到之处，茯苓涨价数倍。议郎李覃学其辟谷，食茯苓，喝冷水，结果得痢疾几乎病死。甘陵甘始善行气，老有少容，他到后，众人无不呼吸吐纳。军祭酒董芬因行气不当，以致气闷好久才苏醒。庐江左慈知补导之术，他到后，人们竞相学习补导之术甚至太监严峻前往学习①。曹丕对于人们热衷于追求长生之术很不以为然，指斥他们愚昧荒谬。

黄初三年，曹丕下诏批评汉桓帝派人到苦县祭祀老子的做法可笑，指出老子只是古之贤人，不应先于孔子。他要求地方官禁止民间奉老子为神，"妄为祷祝"②。

曹植曾写《辩道论》③，旨在批评道教长生神仙之说，以论证曹操处理方士的政策较为得当。他说：曹操之所以将甘陵甘始、江东左慈、阳城郗俭等人召集到魏国，并非有意跟他们学习养生术，而是担心这些人"挟奸慝以欺众，行妖隐以惑众"，怕他们欺民惑众，扰乱社会秩序。他还说实际上曹操、曹丕及曹氏兄弟都拿这事开玩笑，根本就不相信。他曾要求郗俭绝谷百日，和自己同吃住，观察到郗俭行动一如常人。他想到常人七天不吃东西就会死亡，而郗俭却起居如常，这说明养生即使不一定能增寿，至少可以治病，且使人不怕饥馑。左慈善房中术，然而只有至诚志坚者才能坚持下来。甘始鹤发童颜，但他常说些怪话，多不可信④。如果碰到秦始皇、汉武帝，甘始可能成为栾大、徐福之类人物。他还认为道教徒所宣扬的汉代淮南王刘安和钩弋夫人得道升天的故事虚妄不实，并指出寿命长短、骨体强弱因人而异："善养者终之，劳扰者半之，虚用者夭之"。所

---

① 陈寿:《三国志》卷二十九《魏书·方伎·华佗传》注引曹丕《典论》，北京：中华书局，1982年。
② 陈寿:《三国志》卷二《魏书·文帝纪》，北京：中华书局，1982年。
③ 道宣:《广弘明集》卷五，长沙：巴蜀书社，2005年。
④ 陈寿:《三国志》卷二十九《魏书·方伎·华佗传》注引《辩道论》，北京：中华书局，1982年。

谓仙人,大抵是"猱猿之属";道教所谓世人得道成仙不过是道教的"虚妄之词"、"眩惑之说"。总体看来,曹植通过考察后对养生术有较理性的认识,强调其积极的一面,并不全盘否定;对神仙说则明确指斥其虚诞。

道教还认为:道教音乐步虚与曹植有关。《异苑》卷五载:"陈思王游山,忽闻空里诵经声,清远道亮,解音者则而写之,为神仙声。道士效之,作步虚声也。"

汉末六朝时期盛行神仙道教,道教也逐渐被中上层士人接受。曹操、曹丕、曹植都创作过游仙诗,表现出浓厚的神仙道教信仰①。曹操憧憬"见西王母,谒东君,交赤松,及羡门,受要秘道爱精神"②。另外,其《气出唱》、《度关山》、《秋胡行》是游仙之作。曹丕《折杨柳行》渴望西山仙童"与我一丸药,光耀有五色"③,向往青春永驻。曹植《释疑论》一改早年《辩道论》中的观点:"但恨不能绝声色,专心以学长生之道耳。"④

曹操"好养性法,亦解方药"⑤,曾向被他集中管制的术士们学习服饵养生及房中术。《千金方》卷八十一载曹操《与皇甫隆令》:"闻卿年出百岁,而体力不衰,耳目聪明,颜色和悦,此盛事也。所服食施行导引,可得闻乎?若有可传,想可密示封内。"可见曹操羡慕长生,并有意学习服食导引之术。曹操最终能吃一尺长的野葛,能稍微喝点鸩酒⑥。野葛和鸩酒都有毒性,曹操若非有志于养生,精通解毒药理,是不敢服用的。

(三)曹氏与民间巫术

史载曹操在济南相任上,大胆革新,"禁断淫祀,奸宄逃窜,

---

① 参见胡孚琛《魏晋神仙道教》,北京:人民出版社,1989年。
② 《陌上桑》,逯钦立辑校《先秦汉魏晋南北朝诗》,北京:中华书局,1983年,第349页。
③ 逯钦立辑校《先秦汉魏晋南北朝诗》,北京:中华书局,1983年,第394页。
④ 葛洪:《抱朴子·论仙》引。
⑤ 陈寿:《三国志》卷一《魏书·武帝纪》注引张华《博物志》,北京:中华书局,1982年。
⑥ 陈寿:《三国志》卷一《魏书·武帝纪》注引张华《博物志》,北京:中华书局,1982年。

郡界肃然"①。"及至秉政,遂除奸邪鬼神之事,世之淫祀由此遂绝"②;"科禁内学及兵书"③,又招致民间方士集中管理,以防滋事生非。他曾自言"性不信天命之事"④。

曹丕即位之初,非常痛恨民间的诽谤妖言(可能因对其篡汉不满),他下令妖言辄杀⑤。黄初五年,他曾针对当时"崇信巫史,乃至宫殿之内,户牖之间,无不沃酹"的社会现象下诏:"其敢设非祀之祭,巫祝之言,皆以执左道论,著于令典。"⑥明确将不为国家认同的祭祀和行为列为"左道",以法律的形式加强思想控制。

曹叡即位之初,对民间信仰尚采取抵制态度。曹洪乳母可能和临汾公主的侍者共事无涧神,时任河南尹的司马芝依据"前制书禁绝淫祀以正风俗",无视卞太后派来黄门关照,直接将她下洛阳狱审讯,"擅行刑戮",事后上疏为自己先斩后奏之举请罪,而明帝亲自回复肯定其"以权行事"⑦。青龙元年,曹叡下诏令"诸郡国山川不在祀典者勿祠"⑧。但后来他改变初衷,对于巫术基于实用的取向而一度笃信。青龙三年,寿春女子自言是天神下派到人间,"当营卫帝室,蠲邪纳福",能以符水治病,曹叡为之"立馆后宫,下诏称扬,甚见优宠"⑨。当卞兰生病时,曹叡派人送符水给他喝,卞兰坚决不肯,以为"治病当以方

---

① 陈寿:《三国志》卷一《魏书·武帝纪》,北京:中华书局,1982年。
② 陈寿:《三国志》卷一《魏书·武帝纪》注引《魏书》,北京:中华书局,1982年。
③ 陈寿:《三国志》卷二十三《魏书·常林传》注引《魏略·清介传》,北京:中华书局,1982年。
④ 陈寿:《三国志》卷一《魏书·武帝纪》注引《魏武故事》,北京:中华书局,1982年。
⑤ 陈寿:《三国志》卷二十四《魏书·高柔传》,北京:中华书局,1982年。
⑥ 陈寿:《三国志》卷二《魏书·文帝纪》,北京:中华书局,1982年。
⑦ 陈寿:《三国志》卷十二《魏书·司马芝传》,北京:中华书局,1982年。
⑧ 陈寿:《三国志》卷三《魏书·明帝纪》,北京:中华书局,1982年。
⑨ 陈寿:《三国志》卷三《魏书·明帝纪》,北京:中华书局,1982年。

药,何信于此"①,可见他笃信巫术。后来曹叡生病,喝符水无效,于是将女巫杀死②。曹叡的尚巫行为必然带动朝野崇信巫术。而曹操以来屡次颁布的禁止淫祀的命令在曹魏中叶逐渐松弛,这是宗教在社会上广泛流传开来的必然结果。

第四节　曹氏家族与汉晋间社会风气变化

魏晋是中国文化变迁的关键时期之一。曹氏家族以其独特的处事风格、身居统治者的地位,引领着时代文化风尚的转变。

一、曹氏家族与汉晋士风

自曹操以后,士大夫风气丕变,形成魏晋六朝放浪颓废之风。主要在以下三个方面可见曹氏家族对汉晋士风的影响。

(一)曹操"唯才是举"与整顿士风

陈琳《为袁绍檄豫州》指责曹操出身于"乞丐携养"、"赘阉遗丑"③,这代表着当时社会对曹操的普遍看法。曹操宦官背景的家世相当不雅。也正因此,曹操勇猛精悍,敢作敢为,无所顾忌,以致引起孔融、祢衡等儒士的嘲笑。曹操自幼即显得放荡不羁,《魏书·武帝纪》注引《曹瞒传》记载他戏弄叔父、欺骗父亲一事,以及《世说新语·假谲》所载曹操和袁绍劫新妇等故事,尤见其无赖形象。桥玄说他是命世之才,对他刮目相看,许劭称他为"治世之能臣,乱世之奸雄"④,足见他有才无德。

两汉用人,颇重品行,强调经明行修。东汉尤重气节,汉末更以高洁奇行相尚,嫉恶如仇,最终酿成党锢事件。曹操出身

---

① 陈寿:《三国志》卷五《魏书·后妃传·武宣卞皇后》注引《魏略》,北京:中华书局,1982年。
② 陈寿:《三国志》卷三《魏书·明帝纪》,北京:中华书局,1982年。
③ 严可均:《全后汉文》卷九十二,北京:中华书局,1958年。
④ 陈寿:《三国志》卷一《魏书·武帝纪》注引孙盛《异同杂语》,北京:中华书局,1982年。

宦官家庭,恶气节,虽然他时时口头上或文字上表现出并不忽视仁义礼让之风,但在实际政治实践中却"唯才是举",过于轻视做人的品德,遂形成一种颓风。这可以用其重才轻德的选材标准来证实。

建安八年,曹操发布《庚申令》,明确提出"治平尚德行,有事赏功能"①的用人原则。此后,他一再重申这种选材用人政策,可谓一以贯之地推行。

建安十五年春下令:"天下未定,求贤之急时也。若必廉士而后可用,则齐桓何以霸世?今天下得无被褐怀玉而钓于渭滨者乎?又得无盗嫂受金而未遇无知者乎?唯才是举,吾得而用之。"②

建安十九年十二月己未令:"夫有行之士未必能进取;进取之士未必能有行也……士有偏短,庸可废乎!有司明思此义,则士无遗滞,官无废业矣。"③

建安二十二年令:"今天下得无有至德之人,放在民间;及果勇不顾,临敌力战;若文俗之吏,高材异质,或堪为将守;负污辱之名,见笑之行,或不仁不孝而有治国用兵之术:其各举所知,勿有所遗!"④

在这些令文中,他时时提及历史上那些德行有亏却有才能、功业的人物,这无疑为世人树立了不同于汉代恂恂君子的榜样。曹操曾因爱护有才量的"出嗣舅氏而婚其本族"而颇受非议的陈矫,下令:"丧乱以来,风教凋薄,谤议之言,难用褒贬。自建安五年已前,一切勿论。其以断前诽议者,以其罪罪之。"⑤他借助法律的手段来禁止人们以儒家的标准议论非礼行为,以保障其"唯才是举"政策的贯彻执行。

---

① 陈寿:《三国志》卷一《魏书·武帝纪》注引《魏书》,北京:中华书局,1982年。

② 陈寿:《三国志》卷一《魏书·武帝纪》,北京:中华书局,1982年。

③ 陈寿:《三国志》卷一《魏书·武帝纪》,北京:中华书局,1982年。

④ 陈寿:《三国志》卷一《魏书·武帝纪》注引《魏书》,北京:中华书局,1982年。

⑤ 陈寿:《三国志》卷二十二《魏书·陈矫传》注引《魏氏春秋》,北京:中华书局,1982年。

曹操有才而无德，治国尚重才轻德，重法而刻薄寡恩，不以儒家的道德标准取人，导致"论无定检"①。正如孟子所云"不仁而居高位，是播其恶于众也"②。他给汉末社会带来的坏的影响不容忽视。陆机《辨亡论》指出曹操"虽功济诸华，虐亦深矣"③，以为曹操功过参半。

曹操父子崇尚法治，强调循名核实，这对于改变汉代名实不符的士人风尚有其积极作用。此外，曹操曾致力于"破浮华交会之徒"④，使得汉末士群清议之风受到打击。尤其是他打击名士，"孔融死而士气灰"⑤，使得东汉士人专以品节相尚的风气一蹶不振。顾炎武云："汉自孝武表章六经之后，师儒虽盛，而大义未明，故新莽居摄，颂德献符者遍于天下。光武有鉴于此，故尊崇节义，敦厉名实，所举用者莫非经明行修之人，而风俗为之一变。至其末造，朝政昏浊，国事日非，而党锢之流、独行之辈，依仁蹈义，舍命不渝，风雨如晦，鸡鸣不已。三代以下风俗之美，无尚于东京者。而孟德既有冀州，崇讲跅弛之士。观其下令再三，至于求负污辱之名、见笑之行、不仁不孝而有治国用兵之术者，于是权诈迭进，奸逆萌生。故董昭太和之疏，已谓当今年少不复以学问为本，专更以交游为业，国士不以孝悌清修为首，乃以趋势求利为先。至正始之际，而一二浮诞之徒骋其智识，蔑周、孔之书，习老、庄之教，风俗又为之一变。夫以经术之治，节义之防，光武、明、章数世为之而不足，毁方败常之俗，孟德一人变之而有余。"⑥他愤慨地指责曹操一改东汉尚名节之风气，导致此后风俗凋敝，积重难返。

（二）曹氏家族成员之生活方式与越礼任情

以"三曹"为核心的邺下文人集团吟诗作赋，纵酒酣饮，游猎驰骋，赏乐博弈，这种生活方式与汉代矜持儒雅的士人生活

---

① 《意林》卷五《典论》。
② 《孟子·离娄》。
③ 《文选》卷五十三。
④ 范晔：《后汉书》卷七十《孔融传》，北京：中华书局，2005年。
⑤ 王夫之：《读通鉴论》卷十二，北京：中华书局，1975年。
⑥ 顾炎武：《日知录》卷十三"两汉风俗"条，上海：上海古籍出版社，2012年。

是截然不同的,却是六朝士人的生活常态。正是三曹,开启了一个个性自觉的新时代。

曹操家族成员多才多艺,不拘礼俗,通脱随便,固然与其宦官家世和寒门出身有关,但却是汉末以来觉醒之后的个体发掘、展现才智的结果,也带动了一时文士才性的充分表现。有学者推曹操为"魏晋风流之始祖"①,这一观点虽未免过度抬高曹操,忽视其缺乏名士风度的某些方面的事实,但是曹氏家族成员的任诞不拘、纵情声色在某种意义上和魏晋风度有相似之处。曹氏家族以统治者的身份大胆革新,且适逢动乱之后,其效果有如摧枯拉朽,发挥了不可小视的作用。

曹操父子热衷养生的风气直接影响到生活在宫中多年、后来成为曹操女婿的何晏。何晏服用五石散,并说服散"非惟治病,亦觉神明开朗"②,开启了风行于魏晋隋唐数百年的士人服散养生之风。曹操孙女婿(一说曾孙女婿)嵇康"常修养性服食之事",并认为"神仙禀之自然,非积学所得,至于导养得理,则安期、彭祖之伦可及"③,不排除受曹氏家族的影响。"正始明道,诗杂仙心"④反映了正始年间游仙诗的盛行,说明其时神仙观念在上层社会流行。这虽是汉代以来道教发展的结果,但曹氏家族成员的身体力行无疑有力地推动了这种风习。

二、曹氏家族与汉晋世风

曹操以身作则厉行节俭的作风直接影响到社会风气的转变:

一批大臣崇尚节俭。夏侯惇"性清俭,有余财辄以分施,不足资之于官,不治产业"⑤;田豫"清俭约束……家常贫匮"⑥;胡

---

① 邓志文:《魏晋风流之始祖——曹操》,载《学理论》,2009年第28期,第146—147页。
② (南朝·宋)刘义庆:《世说新语·言语》,北京:中华书局,1998年。
③ 房玄龄等:《晋书》卷四十九《嵇康传》,北京:中华书局,1974年。
④ 《文心雕龙·明诗》。
⑤ 陈寿:《三国志》卷九《夏侯惇传》,北京:中华书局,1982年。
⑥ 陈寿:《三国志》卷二十六《田豫传》,北京:中华书局,1982年。

质去世时"家无余财,惟有赐衣书箧而已"①。

因曹操倡俭,大臣崔琰、毛玠选用人才"先尚俭节"②,"务以俭率人,由是天下之士莫不以廉节自励,虽贵宠之臣,舆服不敢过度"③。因此,和洽曾上疏反对以此为唯一标准,认为会导致矫枉过正。他提到当时的社会现象:"今朝廷之议,吏有著新衣、乘好车者,谓之不清;长吏过营,形容不饰,衣裘敝坏者,谓之廉洁。至令士大夫故污辱其衣,藏其舆服;朝府大吏,或自挈壶餐以入官寺。"④《魏书·毛玠传》注引《先贤行状》恰与此相印证:"长吏还者,垢面羸衣,常乘柴车。军吏入府,朝服徒行。人拟壶飧之絜,家像濯缨之操,贵者无秽欲之累,贱者绝奸货之求,吏絜于上,俗移乎下,民到于今称之。"由此可见,在曹操以法治国、率先厉行俭约的影响下,毛玠等选官尚俭,使得官吏俭约自持,政风廉洁,从而导致世风清约。和洽"清贫守约,至卖田宅以自给"⑤。曾任曹丕太子太傅的何夔"于节俭之世,最为豪汰"⑥,陈寿写史时特地说明。但是,世易时移,曹叡时,针对当时"民稀耕少,浮食者多"、"民穷于役,农业有废,百姓嚣然"的浮华风气,和洽以为"消复之术,莫大于节俭"⑦,显然认为节俭是救弊良方。

曹操倡俭葬,也产生了强烈的社会反响。曾多次发冢取木以作军械、深知厚葬无益于死者的郝昭临死前告诫其子:"汝必

---

① 陈寿:《三国志》卷二十七《胡质传》,北京:中华书局,1982年。
② 陈寿:《三国志》卷二十三《魏书·和洽传》,北京:中华书局,1982年。
③ 陈寿:《三国志》卷十二《毛玠传》,北京:中华书局,1982年。
④ 陈寿:《三国志》卷二十三《魏书·和洽传》,北京:中华书局,1982年。
⑤ 陈寿:《三国志》卷二十三《魏书·和洽传》,北京:中华书局,1982年。
⑥ 陈寿:《三国志》卷十二《何夔传》,北京:中华书局,1982年。
⑦ 陈寿:《三国志》卷二十三《魏书·和洽传》,北京:中华书局,1982年。

敛以时服"①。王观"遗令藏足容棺,不设明器,不封不树"②。高堂隆遗令薄葬,敛以时服③。沐并豫作终制,谆谆告诫其子务必俭葬,并在临死前嘱其子:"气绝,令二人举尸即坶,绝哭泣之声,止妇女之送,禁吊祭之宾,无设拑治粟米之奠"④,全然弃丧葬礼俗于不顾,一切从简。裴潜遗令俭葬,"墓中惟置一坐,瓦器数枚,其余一无所设"⑤。明帝时,徐邈任凉州刺史,"禁厚葬"⑥。

此外,曹操曾发布一系列移风易俗的诏令:如禁复私仇、禁淫祀、禁寒食、禁"阿党比周"⑦。这些措施在一定程度上改变了世风。

如果说,曹操在世时尚能以刑法维系人心和社会秩序,而在他死后,有着浓厚文人士气的曹丕常以一己意愿待人处世,并不持公心依法治国,以致世风渐颓。曹丕用人有纠正曹操重才轻德标准的倾向。如黄初三年诏令:"其令郡国所选,勿拘老幼;儒通经术,吏通文法,到皆试用"⑧,对儒生和文吏没有德行方面的标准,只有知识和技能素养的要求。他重新恢复了儒家经典的官学地位,以议郎孔羡为宗圣侯,封邑百户,"奉孔子祀"⑨,立孔庙,兴太学,制定五经课试之法。这是复兴儒学的努力。

---

① 陈寿:《三国志》卷三《魏书·明帝纪》注引《魏略》,北京:中华书局,1982年。
② 陈寿:《三国志》卷二十四《魏书·王观传》,北京:中华书局,1982年。
③ 陈寿:《三国志》卷二十五《魏书·高堂隆传》,北京:中华书局,1982年。
④ 陈寿:《三国志》卷二十三《魏书·常林传》注引《魏略》,北京:中华书局,1982年。
⑤ 陈寿:《三国志》卷二十三《魏书·裴潜传》,北京:中华书局,1982年。
⑥ 陈寿:《三国志》卷二十七《魏书·徐邈传》,北京:中华书局,1982年。
⑦ 陈寿:《三国志》卷一《魏书·武帝纪》,北京:中华书局,1982年。
⑧ 陈寿:《三国志》卷二《魏书·文帝纪》,北京:中华书局,1982年。
⑨ 陈寿:《三国志》卷二《魏书·文帝纪》,北京:中华书局,1982年。

曹叡沿袭了曹丕兴儒学的政策，下诏表示："尊儒贵学，王教之本也……贡士以经学为先"①，从而进一步推动了曹操以来重视刑名法术的社会风气的改变。

曹氏崇尚法术，为政苛刻，加之曹丕耽于游猎、兴建凌云台、南巡台、九华台，曹叡更大兴土木，游宴后宫，使曹操制定的政策没有得以贯彻坚持，以致奢侈之风渐兴。西晋建立，司马炎"承魏氏奢侈刻弊之后，百姓思古之遗风，乃厉以恭俭，敦以寡欲"②，旨在矫正流俗，却成效甚微。

曹丕以下帝王对诸侯实行严厉的宗室政策，使得多数家族成员在封地上虚度终生而无所作为，只有少数曹氏成员在朝廷担任重要军事职位。曹丕托孤于陈群、曹休、曹真、司马懿，曹叡托孤于曹爽和司马懿，司马懿日益受到重用。曹爽位尊德薄，在智略上远逊于司马懿。高平陵事变后，司马氏家族掌握实权，最终晋代魏。曹操、曹丕、曹叡不拘礼俗，三世立后以贱。随着地位的上升，曹氏家族与皇帝、世家大族、夏侯氏、旧臣子弟、才士等联姻，这些联姻表现出很强的政治性。曹氏家族成员总体而言表现出多才多艺，并有些成就。出身于阉宦阶级和寒门的曹氏家族表现出从尚武转向尚文、不拘礼俗、强狠残忍、耽于声色、由俭入奢的家风。曹氏作为统治者的地位使得他们在礼制、士风、世风和学术、文艺诸方面都推进了汉晋文化的变迁。

附录：

图一　曹氏家族世系图③

曹节④—伯兴—鼎
　　　—仲兴—瑜…洪—馥

---

① 陈寿：《三国志》卷三《魏书·明帝纪》，北京：中华书局，1982年。
② 房玄龄等：《晋书》卷三《武帝纪》，北京：中华书局，1974年。
③ 此图据《三国志》《晋书》等相关记载作。有些曹姓人物无法安排亲属关系，故未列入。虚线表示过继为子。
④ 据《通典》卷四十七《礼七·天子宗庙》，曹腾父名曹萌。

　　　　　　　　　　　　—震
　　　—褒(叔兴)—炽—仁—泰—初
　　　—楷
　　　　　　　　　　　—范
　　　—纯—演—亮
　　　—胤
　　　—腾(季兴)…嵩—操
　　　—德①—安民

曹操(卞氏)—丕
　　　　　—彰—楷—温(奉礼后)
　　　　　—植—志
　　　　　—熊—炳
(刘夫人)—昂…琬—廉
　　　　—铄—潜—偃…竦
(环夫人)—冲…琮
　　　　—据—范
　　　　—阐
　　　　—琮
　　　　—宇—奂
(杜夫人)—林(一名豹)—纬
　　　　—赞
　　　　—壹
　　　　—衮—孚
(秦夫人)—玹…赞
　　　　…壹—恒
　　　　—峻—澳
(尹夫人)—矩…敏—焜
(陈妾)(生)、王昭仪(养)—干(一名良)
(孙姬)—子上
　　　—彪—嘉

---

① 《后汉书·宦者列传·曹腾》记为"疾"。

　　　　　　—子勤
（李姬）—子乘
　　　　　—子整（奉绍后）…范
　　　　　…阐
　　　　　—子京
（周姬）—均（奉彬后）—敏
　　　　　—抗—谌
　　　　　—琬
（刘姬）—子棘
（安姬）—徽（奉玉后）—翕—琨
（赵姬）—茂—竦

曹丕（甄后）—叡
（李贵人）—协—寻
（潘淑媛）—蕤…赞
（朱淑媛）—鉴
（仇昭仪）—霖—启
　　　　　—髦
（徐姬）—礼…温
（苏姬）—邕
（张姬）—贡
（宋姬）—俨

秦邵—（曹）真—爽……（族孙）熙
　　　　　—羲
　　　　　—训
　　　　　—则
　　　　　—彦
　　　　　—皑
—彬

曹休—肇—兴…摅
　　　—纂

曹仁—泰—初
　　—楷
　　—范
（弟）纯—演—亮

曹洪—馥
　　—震

？—曹虔嗣…铣
　—曹虔季—铣
　—锴

第二章

曹氏家族与魏晋经学、礼制

众所周知,曹操父子的才华在中国历史上是不多见的,却没有建立起足以与汉唐媲美的伟大朝代。原因是多方面的,其中,他们对学术思想的选择是重要的原因之一。本章试图理清曹氏家族与经学的关系,进而审视魏晋社会变迁的原因。

首先对本章涉及的"经学"概念做一个说明。目前的经学研究比较注重于经学典籍和经学流派的研究,这是关于经学的知识性研究。实际上经学作为一门学问,既有学科知识的递进与演变,也还存在"术"的问题,即如何使用经学成果与经学思想治理国家。从西汉开始,中国历代王朝的治国理论工具往往是王道、霸道杂用,有儒家的、道家的、法家的,还有纵横家的。儒道之外,基本上是"刑名学",属于"霸道"一类,即使是汉武帝也不例外。但是,作为治国理论的根基在绝大多数情况下还是儒家的,我们可以从历代诏书、奏章和其他历史文献中看出来。因此本章的"经学"概念包括"治经之学"、"传经之学"与"用经之学"。

"治经之学"就是对经学文本的研究,包括对经及经的传、记、注的研究。这方面的经学研究比较受人注意,如汉魏以下的经学博士和博士弟子们的经学研究,民间学者的经学研究。"传经之学"近代以来一直受到重视,如关于两汉经学的师法家法研究、关于各经在各个时代的传承研究等,都是近年来"经学史"学科研究关注的重点。与前两类相比,"用经之学"的研究尚未引起重视。关于"用经",历史上就有著名的例子,如以《禹贡》治河,以《春秋》决狱,以《三百篇》当谏书。实际上"用经之学"比以上所举要广泛得多。

从帝王的"家事"看,帝王娶妻也应遵循经学规范。"三礼学"中有婚礼,最权威的文献当属《仪礼》、《周官》和《礼记》。王后、夫人、嫔妃的设置和管理都要以此为依据。至于处理同姓家族的关系,属于礼学的宗法制度,叫作"亲亲"。《诗经·大雅·板》的"大邦维屏,大宗维翰,怀德维宁,宗子维城"多次出现在封赏宗亲的诏书中。至于宗庙制度,尽管有五庙、七庙的争论,但基本的昭穆制度还是以礼学经典为依据的。

从王朝的"国事"看,几乎每一项国家制度的建立都要在经典中找依据。任用人才要举《尧典》,对抗游牧民族入侵要引用《春秋》,更不用说制定国家祭祀大典了。可以说经学渗透在国家日常生活的每一个角落。

自西汉武帝开始,建立太学与郡国学校,教师为五经博士和经师,教材为五经文本,这样,国家后备官员就大多有经学背景;加上察举制度的举孝廉、举贤良也比较侧重于经学,以致国家管理阶层几乎人人懂经学,这是中国封建社会思想文化领域一个基本事实。

曹氏家族与经学的关系可以这样描述:从曹操开始,曹氏家族在用经治国方面有破坏经学的一面,也有利用经学达到政治目的的一面。曹操的学术根基也是经学,对于经学的一套技术运用纯熟。例如,他利用"周公摄政"说为自己挟天子以令诸侯寻找依据;他以周文王故事为曹丕废汉自立制造理论根据。同时,曹操也是一个经学的反叛者,在用人方面就能大胆启用德才不能兼备人士;在婚姻和女性观方面,他是"唯色是举",不避贵贱贤愚。这一点上,曹丕、曹叡也一样。曹丕、曹叡对经学制度有所恢复,客观上在动乱年代为经学保留了一小块生息之地,在师法上尊郑学和王学。这一举措终结了西汉今文经学的师法传统,是经学史上一件大事,促成了此后经学界"沧海横流"局面的形成,今文经学的灭亡和"伪古文尚书"的兴起与此不无关系。高贵乡公曹髦没有什么政治资源可用了,经学成为他企图扭转曹魏政权颓势的"最后一根稻草"。曹魏三祖和高贵乡公都具有一定的儒生本性,其中曹操的阴谋家气息更浓一点。

总之,曹氏家族及其群僚在动乱年代也曾恢复学校,给了经师和读书人一个比较有保障的生存环境,为经学的生存和发展做出了贡献。

第一节　曹操的经学与经术

一般的经学史著作对曹操与经学关系的叙述主要集中在他积极复兴儒家的文化教育上。经学在漫长的发展史中积累了丰富的内容,如训诂之学、义理之学、考据之学等。但在曹操现存的 14 种著作中,绝大多数都是兵法、兵书,没有严格意义上的经学研究论著,也不曾撰写经学著作,[①]这是他在经学史上难以体现更多价值的原因。不过从历史文献对曹操生平事迹的记载及他自己的诗文创作来看,曹操对经学不但相当重视,而且具有相当高的经学修养。

一、曹操的经学修养

东汉时期,经学日趋凋零,为此朝廷也曾力图振兴经学。如汉章帝在建初八年就下诏说:"《五经》剖判,去圣弥远,章句遗辞,乖疑难正,恐先师微言将遂废绝,非所以重稽古,求道真也。其令群儒选高才生,受学《左氏》、《谷梁春秋》、《古文尚书》、《毛诗》,以扶微学,广异义焉。"[②]希望通过选择有资质的人去专门学习《左氏》、《谷梁春秋》、《古文尚书》和《毛诗》,以振兴经学。后来汉安帝延光二年又"诏选三署郎及吏人能通《古文尚书》、《毛诗》、《谷梁春秋》各一人。"[③]朝廷对古文经学的扶持及人才需求,在一定程度上体现了古文经学逐渐替代今文经学的趋势。

---

① 据姚振宗《三国艺文志》,经部没有收录曹操一篇著作。
② 范晔:《后汉书·孝章帝纪》,北京:中华书局,2005 年。
③ 范晔:《后汉书·孝安帝纪》,北京:中华书局,2005 年。

曹操自云"好学明经"①,史书亦载"太祖从妹夫隐强侯宋奇被诛,从坐免官。后以能明古学,复征拜议郎"②。这是现存史料中明确记载曹操具有经学专长的文字。在这之前,曹操曾在熹平三年 20 岁时候"举孝廉,为郎,出任洛阳北部尉"。一些研究者认为,曹操此时能以"孝廉"的名义推荐入仕,并非真的是在孝顺、廉正两项德行上表现突出,而是因为"祖父是个大宦官,为此父亲沾了光,他也沾了光"③,亦即源于曹家在人际关系上的优势。笔者认为,曹操本人的政治素养也是不可忽视的。"汉代清议的标准,大体上以名教为依据,即一个人必须读经习礼,随时注意自己的言谈风度,才可能得到清议的好评"④。史载曹操曾祖曹节"素以仁厚称",曹操的祖父曹腾,"永宁元年,邓太后诏黄门令选中黄门从官年少温谨者,配皇太子书,腾应其选……历事四帝,未尝有过"⑤。曹腾不仅性格温谨,且"好进达贤能,终无所毁伤"。曹操的父亲曹嵩"质性敦慎,所在忠孝"⑥。这些记载说明,曹操的曾祖及祖父在史传中是富有儒家德行的人,尤其是祖父曹腾,其所推荐过的人都有儒学背景,有的还是精通某部儒家经典而闻名。曹操的父亲曹嵩虽有买官之举,但在忠孝之德上也是颇受好评的。曹操在 20 岁便出任洛阳北部尉,无论是否源于家庭背景,既然其祖父与父亲均有一定的儒家风范,曹操本人也多少接受过儒家德行的教育。至少,他在推荐者眼中应当表现出了一定的仕途潜力,其中包含基本的儒家政治修养。

东汉朝廷对经学的扶持在汉灵帝时期表现得最为明显。

---

① 曹操:《失题》,傅亚庶:《三曹诗文全集译注》,长春:吉林文史出版社,1997 年。

② 王沈:《魏书》,《三国志·武帝纪》裴注引,《三国志》,北京:中华书局,1982 年。

③ 张亚新:《品曹操》,西安:陕西师范大学出版社,2006 年。

④ 张亚新:《品曹操》,西安:陕西师范大学出版社,2006 年。

⑤ 司马彪:《续汉书》,《三国志·武帝纪》裴注引,《三国志》,北京:中华书局,1982 年。

⑥ 司马彪:《续汉书》,《三国志·武帝纪》裴注引,《三国志》,北京:中华书局,1982 年。

熹平四年春三月,汉灵帝"诏诸儒正《五经》文字,刻石立于太学门外"①,朝廷下令群儒考证五经文字,并刻石保存,这是汉武帝置五经博士以来,官方第一次以刻石的方式推广经学活动,在当时是一件大事。这一年曹操正好以"郎"的资格出任洛阳北校尉,对于这件刻石大事应当是知晓的。五年后,汉灵帝又在光和三年六月"诏公卿举能通《古文尚书》、《毛诗》、《左氏》、《谷梁春秋》各一人,悉除议郎"②,曹操恰恰在此时"以能明古学,复征拜议郎",直接以通晓古文经的专长回到了议郎的职位。虽然曹操不可能预知五年后朝廷会有这样的用人要求,但他主动涉足经学的活动明显是在"举孝廉"以后,而且是出于仕途的需要。"议郎"之职,虽无重大职权,却需要对朝廷政务进行顾问应对,一般任用博学贤良之人。曹操自称通晓经典,并能以"明古学"之特长征拜议郎之职,说明他在古文经学上已经达到了一定的水平。在担任议郎的初期,曹操也曾忠于议郎职责,积极上书,并于中平元年被任命为"骑都尉",率兵镇压颍川黄巾军。可是当他逐渐认识到朝政混乱,上书朝廷,却收效甚微,于是就不再上书。史载曹操"拜议郎,常托疾病,辄告归乡里;筑室城外,春夏习读书传,秋冬弋猎,以自娱乐"③。这一次赋闲读书历时约三年,为此他还辞去了东郡太守的职位。曹操自己在《让县自明本志令》中也回忆了这段归隐读书的生活:"故以四时归乡里,于谯东五十里筑精舍,欲秋夏读书,冬春射猎。"虽然曹操没有透露所读的详细书目,但《魏书》既言"书传",理应包括对儒家经典的研读。

值得注意的是,中平五年八月,朝廷初置西园八校尉,曹操被任命为典军校尉,掌握了一定的兵权,从此以后曹操便转为武将。但是他并没有因脱离文职而停止对经典的学习和研究。

---

① 范晔:《后汉书·孝灵帝纪》,北京:中华书局,2005年。
② 范晔:《后汉书·孝灵帝纪》,北京:中华书局,2005年。
③ 王沈:《魏书》,《三国志·武帝纪》裴注引,《三国志》,北京:中华书局,1982年。

史载曹操"御军三十余年,手不舍书,昼则讲武策,夜则思经传"①。可见曹操在成为武将之后,依然坚持白天研究兵法,晚上思读经传。他不但自己重视对经典的学习,也鞭策自己的子女用心学习儒家经典。他曾批评儿子曹彰:"'汝不念读书慕圣道,而好乘汗马击剑,此一夫之用,何足贵也!'课彰读《诗》、《书》。"②曹丕在追忆曹操时也提及曹操生前雅好诗书文籍的习惯,虽在军旅,手不释卷,常言"人少好学则思专,长则善忘,长大而能勤学者,唯吾与袁伯业耳"③。可见曹操虽然"少好飞鹰走狗,游荡无度"④,但成年后即从不学无术转为主动勤学。对经典的长期学习和研究,加深了曹操的经学功底。在统一天下的过程中,曹操充分发扬了经学通经致用的精神,在政治、经济、文化等方面进行政治改革。同时,学习和研究经典对曹操的文学创作也产生了重大的影响。

二、曹操的经学修养与政治举措

经学对曹操的影响首先表现在政治实践上。在曹操现存的政令、诏书中,有不少在颁发时都是以儒家经典作为直接依据的。兹录如下:

> 叔向不坐弟虎,古之制也。特原不问。(《原刘廙令》)

> 传言:"檐动而鼓。"(《造发石车令》)

> 故北中郎将卢植名著海内,学为儒宗,士之楷模,乃国之桢干也。昔武王入殷,封商容之闾;郑丧子产,而仲尼陨涕。孤到此州,嘉其余风,《春秋》之义,贤者之后,有异于人。今亟敬遣丞掾修其坟墓,存其子孙,

---

① 王沈:《魏书》,《三国志·武帝纪》裴注引,《三国志》,北京:中华书局,1982年。
② 陈寿:《三国志·曹彰传》,《三国志》,北京:中华书局,1982年。
③ 曹丕:《典论·自叙》,傅亚庶《三曹诗文全集译注》,长春:吉林文史出版社,1997年。
④ 无名氏:《曹瞒传》《三国志·武帝纪》裴注引,《三国志》,北京:中华书局,1982年。

> 并致薄酹,以彰厥德。(《告涿郡太守令》)
>
> 古之葬者,必居瘠薄之地。其规西门豹祠西原上为寿陵,因高为基,不封不树。《周礼》冢人掌公墓之地,凡诸侯居左右以前,卿大夫居后。汉制亦谓之陪陵。其公卿大臣列将有功者,宜陪寿陵。其广为兆域,使足相容。(《终令》)
>
> 有国有家者,不患寡而患不均,不患贫而患不安。(《收田租令》)
>
> 夫治世御众,建立辅弼,戒在面从。《诗》称"听用我谋,庶无大悔,"斯实君臣恳恳之求也。(《求言令》)
>
> 夫遣人使于四方,古人所慎择也。故仲尼曰:"使乎使乎!"言其难也。(《选举令》)
>
> 今天下尚未定,此特求贤之急时也。"孟公绰为赵、魏老则优,不可以为滕、薛大夫。"若必廉士而后可用,则齐桓其何以霸世?(《求贤令》)
>
> 古者亲执祭事,故吾亲纳于袖,终抱而归也。仲尼曰:"虽违众,吾从下。"诚哉斯言也。(《春祠令》)

在上述令书中,《原刘廙令》仿效《左传》中叔向被赦的例子特赦刘廙;《告涿郡太守令》以《春秋》为依据,将卢植后人作为"贤人之后"加以善待;《造发石车令》根据《左传》的记载仿造发石车;《终令》以《周礼》中对国家墓地的规定来安排自己的墓葬。《收田租令》、《求言令》、《选举令》、《求贤令》、《春祠令》等教令中的举措均以《诗经》或《论语》原文作为依据。可以说,无论生产还是生活,曹操都十分注重以儒家经典作为实践的理论依据。

此外,曹操还撰写了一篇《孙子兵法序》,开篇云:

> 操闻上古有弧矢之利。《论语》曰:"足食足兵。"《尚书》:"八政曰师。"《易》曰:"师贞丈人吉。"《诗》曰:"王赫斯怒,爰征其旅。"黄帝、汤、武,咸用干戚以济世也。

在这篇序中,曹操博引儒家群经,以论证战争之意义,足以看出经学对曹操的政治实践乃至兵法研究所产生的直接影响。

实际上，曹操的许多政治举措，虽并未明言所据何经，却都刻上了鲜明的儒家思想烙印。以下分三点论述：

（一）积极复兴儒家文教

汉代的学校教育本来颇为兴盛，经董卓之乱，礼乐崩坏，教育设施遭到极大破坏。建安八年，曹操下《学令》：

> 丧乱已来，十有五年，后生者不见仁义礼让之风，吾甚伤之。其令郡国各修文学，县满五百户置校官，选其乡之俊造而教学之。庶几先王之道不废，而有以益于天下。

此外，曹操还下《军谯令》：

> 吾起义兵，为天下除暴乱。旧土人民，死丧略尽，国中终日行，不见所识，使吾凄怆伤怀。其举义兵已来，将士绝无后者，求其亲戚以后之。授土田，官给耕牛。置学师以教之。为存者立庙，使祀其先人。魂而有灵，吾百年之后何恨哉！

以上两则教令内容相似，表达了曹操对董卓之乱以来礼乐凋零的痛惜，并提出了复兴教育的措施。要求各郡设立专门管理文化教育的官员，各县每满五百户即设校官主持学校教育事宜，选其乡之优秀青年入学。可见曹操要恢复的正是西汉独尊儒术的经学教育体系。

（二）倡导仁义礼让之风

曹操复兴文教，动因之一便是伤"仁义礼让之风"不再。在他的诗文中也屡见对仁义礼让之德的提倡与赞美。如：

> 里谚曰："礼让一寸，得礼一尺"，斯合经之要矣。（《礼让令》）
> 咸礼让，民无所争讼。（《对酒》）
> 仁义为名，礼乐为荣。（《秋胡行》）
> 又礼制，诸侯国土以绝，子孙有功者，当更受封，不得增袭；其有所增者，谓国未绝也。（《上书让费亭侯》）
> 夫治定之化，以礼为首。（《以高柔为理曹掾令》）

儒家经典讲究礼让,曹操也认为"礼让一寸,得礼一尺"符合儒家经书要旨。至于什么是"让",曹操认为"辞爵逃禄,不以利累名,不以位亏德之谓'让'"。因此他在很多场合都赞扬许由的谦让精神。

"仁"在《论语》中本来就有多重含义。曹操对于"仁"的理解主要是吸取了孔孟之道中关于"重民命"、"时使薄赋以宽民力"的内容。在曹操的政治举措中,有不少减免赋税,体恤民生的具体举措。如《抑兼并令》:

> 有国有家者,不患寡而患不均,不患贫而患不安,……其收田租亩四升,户出绢二两、绵二斤而已,他不得擅兴发,无令强民有所隐藏,而弱民兼赋也。

同年他还发过《捐河北租赋令》,免除老百姓的田租和赋税。虽然曹操发布这些诏令含有借仁政争取社会同情,壮大自己势力的目的,但对于打击豪强,减轻不均、不和、不安的社会现象还是起到一定作用的。

(三)重用通经有德之人

曹操用人唯才是举,本无单一的标准,在《论吏士行能令》中,曹操指出:

> 议者或以军吏虽有功能,德行不足堪任郡国之选。所谓"可与适道,未可与权"者也。管仲曰:"使贤者食于能则上尊,斗士食于功则卒轻死,二者设于国则天下治。"未闻无能之人、不斗之士,并受禄赏,而可以立功兴国者也。故明君不官无功之臣,不赏不战之士;治平尚德行,有事赏功能。论者之言,一似管窥虎欤?

可见,曹操用人的指导思想其实是"治平尚德行,有事赏功能"。所谓"德行",主要就是儒家所提倡的各种美德。因此,在曹操行军所经之处,但凡有名儒,他都大加表彰。史载建安中,曹操北讨柳城,经过涿郡,对当地已故大儒卢植大加赞赏,称其"名著海内,学为儒宗,士之楷模,乃国之桢干也",并"亟请丞掾除其坟墓,存其子孙,并致薄酹,以彰其德"。① 在他的辖区内,常以儒家经典中对个人德行的评价标准来选拔和考评部分官吏。如杨俊在担任南阳太守期间"宣德教,立学校,吏民称之",曹操于是"徙为征南军师。魏国既建,迁中尉"②。又如凉茂,"少好学,论议常据经典,以处是非"③,曹操辟为司空掾。因深谙儒家治国之道而被重用的人才还有何夔、袁涣、刘琼等。特别是在为自己的儿子置选辅臣的时候,"通经"、"有德"更是成为曹操最主要的任用标准。《高选诸子掾属令》曰:"侯家吏,宜得渊深法度如邢颙辈。"邢颙,时人称之"德行堂堂邢子昂"④,曹操任命邢颙担任曹植家丞,后"遂以为太子太傅"。担任曹植掾属的还有任嘏,"年十四始学,疑不再问,三年中诵五经,皆究其义,兼包群言,无不综览",是一位远近闻名的大儒。曹操"召海内至德,嘏应其举,为临淄侯庶子、相国东曹属、尚书郎"。辅佐文帝的崔琰,也是通经厚德之人,史载其有"伯夷之风,史鱼之直","读《论语》、《韩诗》。至年二十九,乃结公孙方等就郑玄受学"⑤。

除了通经厚德之人,曹操也常赞美和重用具有忠、孝美名的人。因有孝行而为曹操所宽容者如陈琳、毕谌等。陈琳在与曹操为敌时曾写檄文痛骂曹操,当陈琳归顺曹操之后,曹操却说:"卿昔为本初移书,但可罪状孤身而已,恶恶止其身,何乃上及父祖邪?"⑥认为陈琳辱骂自己不要紧,但不要骂及他的祖先。可见曹操对陈琳揭其"赘阉遗丑"的愤怒主要是出于对祖先的尊重和维护,他的反应可以说是以孝为先。又如曹操在兖州时,"以东平毕谌为别驾,张邈之叛也,邈劫谌母弟妻子,公谢遣之,曰:'卿老母在彼,可去。'谌顿首无二心,公嘉之,为之流涕。既出,遂亡归。及布破,谌生得,众为谌惧,公曰:'夫人孝于其

---

① 范晔:《后汉书·卢植传》,北京:中华书局,2005年。
② 陈寿:《三国志·杨俊传》,《三国志》,北京:中华书局,1982年。
③ 陈寿:《三国志·凉茂传》,《三国志》,北京:中华书局,1982年。
④ 陈寿:《三国志·邢颙传》,《三国志》,北京:中华书局,1982年。
⑤ 陈寿:《三国志·崔琰传》,《三国志》,北京:中华书局,1982年。
⑥ 陈寿:《三国志·陈琳传》,《三国志》,北京:中华书局,1982年。

亲者,岂不亦忠于君乎!吾所求也。'以为鲁相"①。曹操对毕谌的重用正是因为他突出的孝行。

因忠良有节而受到表彰赞誉者也不在少数,如乐进、于禁、张辽等。曹操认为乐进、于禁、张辽三人"质忠性一,守执节义",要求献帝"论功征用,各宜显宠"②。《表论田畴功》称田畴"文雅优备,忠武又著……文武有效,节义可嘉,诚应宠赏,以旌其美",《请追增郭嘉封邑表》赞美郭嘉"与臣参事,尽节为国,忠良渊淑,体通性达"。枣祗、王必、王修等人均以"忠能"之德而受到提拔。"文行忠信"是孔子对其子弟的要求,董仲舒将它发展成为"仁义礼智信"五常规范,曹操则将之作为选拔人才的重要标准之一。

综上所述可以看出,曹操对经典重在"通经致用"。"致用"的内涵无外"立德"与"立功",或者说"内圣"与"外王"。通经用于"立德",则致力于个人的道德修养;通经用于"立功",则致力经世干政。康有为曾指出:"孔子之学,有义理,有经世。"③早在儒学的创始阶段,孔子及其后学对六经的阐发与传授,就已经具有"内圣"与"外王"两种不同倾向。例如,颜渊、孟子的儒学表现出较鲜明的"内圣"特点,而子夏、荀子所治之儒学,则明显具有"外王"的色彩。在中国经学发展史上,"通经致用"一直作为一种核心观念被加以标榜和提倡。④但是,随着汉代经学的兴起,原始儒学中"通经致用"的"外王"功能,逐渐与仕途利禄结下不解之缘。汉武帝表彰"六经",又设五经博士,使经学成为入仕的阶梯之一。典型例子如公孙弘,因通经而由一介布衣位至公卿。在利益诱惑面前,"立德"与"立功"的天平发生了倾斜,儒生读经的积极性大为提高,同时经学也不可避免地被经术化。尤其是东汉,"经术"屡见于《后汉书》,甚至在言谈中与

---

① 陈寿:《三国志·武帝纪》,《三国志》,北京:中华书局,1982年。
② 曹操:《表称乐进于禁张辽》,傅亚庶《三曹诗文全集译注》,长春:吉林文史出版社,1997年。
③ 康有为:《长兴学记》,广州:广东高等教育出版社,1991年。
④ 汪高鑫:《论通经致用的经学传统》,载《安徽大学学报》,2009年第2期。

"经学"共存,"经术"与"经学"在价值取向上的区别与作用,对官僚与知识分子而言是心知肚明的。曹操涉足经学,是出于仕途的需要。在儒生修身、齐家、治国平天下的人生理想中,曹操最看重治国平天下,这是他"夜思明经"的动力,为此他充分发扬经学通经致用的精神,在政治、经济、文化等方面积极推行具有儒家特色的行政举措,在颁布改革举措时大多附有所依据的儒家言论。这种发布形式虽然比较老套,但其作用却有利于改善百姓生活,在曹操的辖区内,生产、教育迅速发展。

三、曹操的经学修养与诗文创作

曹操在诗文创作中对儒家、法家、道家等诸多哲学流派的思想均有所征引。从数量来看,引用儒家经典的数量远高于其他哲学流派。从汉武帝初置五经博士,儒家经典至东汉已经发展为"七经",即《易》、《书》、《诗》、《礼》、《春秋》、《论语》、《孝经》①,在这"七经"中,除了《孝经》不见曹操诗文征引,其他经典都出现于曹操的诗文中。现将曹操诗文中征引化用六经的句子及所引经典分别统计列表如下:

表一 曹操诗文对《诗经》的征引

	诗文篇目	与经典对应的句子	所引经典篇目	经典原文
1	《善哉行·古公亶甫》	"智哉山甫,相彼宣王"	《大雅·烝民》	"肃肃王命,仲山甫将之。"
2	《善哉行·自惜身薄祜》	"自以思所怙""释衔不如雨"	《小雅·蓼莪》	"无父何怙,无母何恃。出则衔恤,入则靡至。"
3	《苦寒行》	"悲彼《东山诗》"	《豳风·东山》	"我徂东山,慆慆不归。"
4	《步出夏门行》	"繁霜霏霏"	《小雅·正月》	"正月繁霜,我心忧伤。"
5	《短歌行·对酒当歌》	"青青子衿"	《郑风·子衿》	"青青子衿,悠悠我心。"
6	《短歌行·对酒当歌》	"呦呦鹿鸣"	《小雅·鹿鸣》	"呦呦鹿鸣,食野之苹。"
7	《陌上桑》	"济天汉"	《小雅·大东》	"维天有汉,监亦有光。"

① 夏传才:《十三经讲座》,桂林:广西师范大学出版社,2006年。

续表

	诗文篇目	与经典对应的句子	所引经典篇目	经典原文
8	《陌上桑》	"寿如南山不忘愆"	《小雅·节南山》	"节彼南山,维石岩岩。"
9	《陌上桑》	"寿如南山不忘愆"	《大雅·假乐》	"不愆不忘,率由旧章。"
10	《秋胡行·愿登泰华山》	"何所不光昭"	《小雅·小明》	"明明上天,昭临下土。"
11	《秋胡行·愿登泰华山》	"万国率土,莫非王臣。"	《小雅·北山》	"溥天之下,莫非王土;率土之滨,莫非王臣。"
12	《请爵荀彧表》	"如履薄冰"	《小雅·小旻》	"战战兢兢,如临深渊,如履薄冰。"
13	《请爵荀彧表》	"诗腹美心"	《周南·兔罝》	"赳赳武夫,公侯腹心。"
14	《求言令》	"听用我谋"	《大雅·抑》	"听用我谋,庶无大悔。"
15	《让九赐表》	"民所具瞻"	《小雅·节南山》	"赫赫师尹,民具尔瞻。"
16	《以徐奕为中尉令》	"诗称邦之司直"	《郑风·羔裘》	"彼其之子,邦之司直。"
17	《选举令》	"是为牵牛不可以服箱"	《小雅·大东》	"彼牵牛,不以服箱。"
18	《孙子序》	"《诗》曰王赫斯怒"	《大雅·皇矣》	"王赫斯怒,爰整其旅。"
19	《领兖州牧表》	"益以惟谷"	《大雅·桑柔》	"人亦有言:'进退惟谷'。"
20	《谢袭费亭侯表》	"圣恩明发"	《小雅·小宛》	"明发不寐,有怀二人。"
21	《谢袭费亭侯表》	"远念桑梓"	《小雅·小弁》	"维桑与梓,必恭必止。"
22	《让还司空印绶表》	"外承吕尚鹰扬之事"	《大雅·大明》	"维师尚父,时维鹰扬。"
23	《下郡州》	"今吾亦冀众人仰高山,慕景行也"	《小雅·车舝》	"高山仰止,景行行止。"

表二　曹操诗文对《尚书》的征引

	诗文篇目	与经典对应的句子	所引经典篇目	经典原文
1	《度关山》	"黜陟幽明"	《尚书·舜典》	"三考,黜陟幽明。"
2	《蒿里行》	"初期会津盟"	《尚书·泰誓》	"惟十有三年春,大会于孟津。"
3	《蒿里行》	"乃心在咸阳"	《尚书·康王之诰》	"虽尔身在外,乃心罔不在王室。"
4	《对酒》	"再向股肱皆忠良"	《尚书·益稷》	"元首明哉,股肱良哉!"
5	《对酒》	"百谷用成"	《尚书·洪范》	"岁月、日时无易,百谷用成。"
6	《步出夏门行》	"歌以咏志"	《尚书·舜典》	"诗言志、歌咏言"
7	《秋胡行·晨上散关山》	"歌以言志"		
8	《气出唱·驾六龙》	"河水尽,不东流"	《尚书·禹贡》	"导沇水,东流为济。"
9	《求言令》	"诫在面从"	《尚书·益稷》	"予违汝弼,汝无面从,退有后言。"
10	《让县自明本志令》	"见周公有《金滕》之书以自明。"	《尚书·金滕》	"公归,乃纳册于金滕之匮中。"
11	《孙子序》	"《尚书》八政曰师"	《尚书·洪范》	"三、八政:一曰食,二曰货,三曰祀,四曰司空,五曰司徒,六曰司寇,七曰宾,八曰师。"

表三　曹操诗文对《论语》的征引

	诗文篇目	与经典对应的句子	所引经典篇目	经典原文
1	《善哉行·自惜身薄祜》	"不闻过庭语。"	《论语·季氏》	"尝独立,鲤趋而过庭。"
2	《善哉行·朝日乐相乐》	"有德者能卒"	《论语·子张》	"有始有卒者,其唯圣人乎?"
3	《短歌行·周西伯昌》	"三分天下"	《论语·泰伯》	"三分天下而有其二,以服事殷。"
4	《让九锡表》	"三分天下而有其二"		

续表

	诗文篇目	与经典对应的句子	所引经典篇目	经典原文
5	《短歌行·周西伯昌》	"不以兵车"	《论语·宪问》	"桓公九合诸侯,不以兵车,管仲之力也。"
6	《短歌行·周西伯昌》	"正而不谲"	《论语·宪问》	"齐桓公正而不谲"。
7	《秋胡行·愿登泰华山》	"正而不谲"		
8	《短歌行·周西伯昌》	"民受其恩"	《论语·宪问》	"管仲相桓公,霸诸侯,一匡天下,民到于今受其赐。"
9	《请爵荀彧表》	"犹仲尼称不如颜渊"	《论语·公冶长》	"子谓子贡曰:'女与回也孰愈?'"
10	《收田租令》	"可与适道,未可与权"	《论语·子罕》	"子曰:'可与共学,未可与适道;可与适道,未可与立。'"
11	《明罚令》	"不患贫而患不安"	《论语·季氏》	"丘也闻有国有家者,不患寡而患不均,不患贫而患不安。"
12	《以蒋济为扬州别驾令》	"孔子犹以为求仁得仁"	《论语·述而》	"曰:'求仁而得仁,又何怨?'"
13	《求贤令》	"舜举皋陶"	《论语·颜渊》	"舜有天下,选于众,举皋陶。"
14	《让县自明本志令》	"孟公绰为赵、魏老则优"	《论语·宪问》	"子曰:'孟公绰为赵、魏老则优,不可以为滕、薛大夫。'"
15	《悼荀攸下令》	"谓温良恭俭让以得之"	《论语·学而》	"子贡曰:'夫子温、良、恭、俭、让以得之。'"
16	《悼荀攸下令》	"孔子称晏平仲善与人交"	《论语·公冶长》	"子曰:'晏平仲善与人交,久而敬之。'"
17	《夏侯渊平陇右令》	"吾与尔不如也"	《论语·公冶长》	"子曰:'弗如也,吾与女弗如也。'"

续表

	诗文篇目	与经典对应的句子	所引经典篇目	经典原文
18	《下郡州》	"昔仲尼之于颜子。"	《论语·为政》	"子曰:'吾与回言终日,不违,如愚。'"
19	《选举令》	"夫遣人使乎四方"	《论语·子路》	"使于四方,不能专对,虽多亦奚以为?"
20	《选举令》	"故仲尼曰使乎使乎"	《论语·宪问》	"使者出。子曰:'使乎!使乎!'"
21	《春祠令》	"虽违众,吾从下"	《论语·子罕》	"子曰:'麻冕,礼也;……虽违众,吾从下。'"
22	《上书让费亭侯》	"臣自三省"	《论语·学而》	"曾子曰:'吾日三省吾身。'"
23	《孙子序》	"《论语》曰兵足"	《论语·颜渊》	"子曰:'足食,足兵,民信之矣。'"

表四　曹操诗文对《春秋》的征引

	诗文篇目	与经典对应的句子	所引经典篇目	经典原文
1	《度关山》	"井田刑狱"	《谷梁传·宣公十五年》	"古者三百步为里,名曰井田。"
2	《度关山》	"侈恶之大"	《左传·庄公二十四年》	"侈,恶之大也。"
3	《善哉行·古公亶甫》	"随制饮酒,扬波史官"	《左传·僖公十二年》	"王以上卿之礼飨管仲。"
4	《善哉行·自惜身薄祜》	"欣公归其楚"	《谷梁传·襄公二十九年》	"夏,五月,公至自楚,喜之也。"
5	《短歌行·周西伯昌》	"受赐圭瓒,秬鬯彤弓,卢弓矢千,虎贲三百人。"	《左传·僖公九年》	"赐之大辂之服,戎辂之服,彤弓一,彤矢百,旅弓矢千,秬鬯一卣,虎贲三百人。"
6	《上书谢策命魏公》	"天威在颜"	《左传·僖公二十八年》	"天威不违颜咫尺。"
7	《短歌行·周西伯昌》	"天威在颜咫尺"		
8	《短歌行·周西伯昌》	"是以其名纷葩"	《左传·僖公二十八年》	"是会也,晋侯召王,以诸侯见,且使王狩。"

续表

	诗文篇目	与经典对应的句子	所引经典篇目	经典原文
9	《造发石车令》	"旝动而鼓"	《左传·桓公五年》	"旝动而鼓。"
10	《明罚令》	"云为介子推"	《左传·僖公二十四年》	"晋侯赏从亡者,介子推不言禄,禄亦弗及。……窃人之财,犹谓之盗,况贪天之功以为己力乎?"
11	《报荀彧》	"窃人之财,犹谓之盗"		
12	《报荀彧》	此圣人达节者所不贵也	《左传·成公十五年》	"《前志》有之曰:'圣达节,次守节,下失节。'"
13	《告涿郡太守令》	"郑丧子产而仲尼陨涕"	《左传·昭公二十年》	"及子产卒,仲尼闻之,出涕曰:'古之遗爱也。'"
14	《告涿郡太守令》	"贤者之后,有异于人"	《公羊传·昭公二十八年》	"恶恶止其身,善善及子孙。"
15	《表刘琮令》	"后服先疆"	《公羊传·僖公四年》	"何言乎喜服楚?楚有王者则后服,无王者则先叛。"
16	《以蒋济为扬州别驾令》	"吴宜有君"	《公羊传·襄公二十九年》	"贤季子,则吴何以有君有大夫?以季子为臣,则宜有君者也。"
17	《报䣙越书》	"死者反生"	《公羊传·僖公十年》	"荀息对曰:'使死者反生,生者不愧乎其言,则可谓信矣。'"
18	《赐夏侯惇伎乐名倡令》	"魏绛以和戎之功"	《左传·襄公十一年》:	"晋侯以乐之半赐魏绛。"
19	《原刘廙令》	"叔向不坐弟虎"	《左传·襄公二十一年》	"其人皆咎叔向,叔向曰:'必祁大夫。'"
20	《以徐奕为中尉令》	"昔楚有子玉"	《左传·僖公二十八年》	"初,楚子玉自为琼弁玉缨,未之服也。"

表五　曹操诗文对《礼记》、《周礼》的征引

	诗文篇目	与经典对应的句子	所引经典篇目	经典原文
1	《度关山》	"封建五爵"	《礼记·王制》	"王者之制禄爵,公、侯、伯、子、男,凡五等。"
2	《对酒》	"三年耕有九年储"	《礼记·王制》	"三年耕,必有一年之食,九年耕必有三年食。"
3	《却东西门行》	"狐死归首丘"	《礼记·檀弓上》	"古之人有言曰:'狐死正丘首。'仁也。"
4	《秋胡行·晨上散关山》	"弹五弦之琴"	《礼记·乐记》	"昔者舜作五弦之琴,以歌《南风》。"
5	《秋胡行·晨上散关山》	"有何三老公"	《礼记·文王世子》	"遂设三老、五更、群老之席位焉。"
6	《终令》	"周礼冢人掌公墓之地"	《周礼·冢人》	"冢人:掌公墓之地。"

表六　曹操诗文对《易》的征引

	诗文篇目	与经典对应的句子	所引经典篇目	经典原文
1	《薤露》	"智小而谋强"	《易·系辞下》	"子曰:'德薄而位尊,知小而谋大。'"
2	《步出夏门行》	"云行雨布"	《易·文言传》	"云行雨施,天下平也。"
3	《秋胡行·愿登泰华山》	"二仪合化"	《易·系辞上》	"是故《易》有太极。是生两仪。"
4	《秋胡行·愿登泰华山》	"大人先天"	《易·文言传》	"夫'大人'者,与天地合其德。"
5	《孙子序》	"弧矢之利"	《易·系辞下》	"弧矢之利,以威天下。"
6	《孙子序》	"《易》曰师贞丈人吉"	《易·师》	"'师',众也。'贞',正也。"
7	《上书让封》	"又《讼卦》六三曰"	《易·讼》	"六三:食旧德,贞厉,终吉。"

从以上诸表可知，曹操诗文共计征引六经 90 次。其中对《诗经》的征引均取自毛诗。在对《春秋》的 20 次征引中，只有 3 处采取了《公羊传》、《谷梁传》的说法，其余均取自《左传》，颇能印证曹操通晓古文经典的事实。六经中，《礼经》是曹操征引次数最少的，但却是唯一对经义有直接发挥的。《对酒》中有"三年耕有九年储"一语，抒发曹操对粮食储备的看法，其义本出自《礼记·王制》："三年耕必有一年食，九年耕必有三年食。"及"国无九年之蓄曰不足"。曹操将经典原义改为"三年耕有九年储"，提出了比原典更进一步的思想，表现出不盲从经典的勇气。

曹操的经学修养对其诗文创作的影响主要体现在以下三个方面：

（一）经学修养对曹操诗歌风格的影响

在曹操现存的 15 题 24 首诗歌中，引用六经的篇目共有 16 首，包含了曹操大部分脍炙人口的作品，如《短歌行·对酒当歌》、《苦寒行》、《蒿里行》、《步出夏门行》等。钟嵘《诗品》云："曹公古直，甚有悲凉之句。"[1]此后历代论曹操诗风者，多以此为基础加以拓展，今人多用"慷慨悲凉"来概括曹操的诗风。笔者认为，曹操诗歌的"慷慨"、"古直"和"悲凉"，固然与他诗中直陈乱世民生现状的内容有关，也与曹操在诗歌中对儒家经典的引用有关。由于具有经学功底，曹操对儒家经典非常熟悉，他在诗歌创作中对经典的运用主要表现在两个方面。

一是妙用《诗》、《书》。在征引了六经的 16 首诗歌中，征引五经频率由高到低依次为《诗》、《书》、《论语》、《春秋》、《礼》、《易》。可以说，六经中，《诗经》与《尚书》的征引化用对曹操"慷慨"诗风的帮助最大。例如著名的《短歌行·对酒当歌》，全诗两次征引了经典，一是"青青子衿，悠悠我心"，二是"呦呦鹿鸣，食野之苹。我有嘉宾，鼓瑟吹笙"，均出自《毛诗》。前者征引《郑风·子衿》首句，后者征引《小雅·鹿鸣》首章。《毛诗》认为："《子衿》，刺学校废也。乱世则学校不修焉。"[2]"《鹿鸣》，燕

---

[1] 钟嵘：《诗品》，北京：人民文学出版社，1998 年。
[2] 程俊英：《诗经译注》，上海：上海古籍出版社，2006 年。

群臣嘉宾也。既饮食之,又实币帛筐篚,以将其厚意,然后忠臣嘉宾得尽其心矣"。①曹操对《毛诗》的这两次征引,均承袭了《毛诗》原意,并进行了创造性的发挥。诗中先征引"青青子衿,悠悠我心"以抒发求才不得的无尽忧思,而后又征引《鹿鸣》题意,以表达对已得人才的珍惜。诗歌最后一句"周公吐哺,天下归心"明确表达了渴望有人才相助的心愿。《短歌行·对酒当歌》是曹操慷慨诗风的代表作之一,此诗之所以备受赞誉,主要在于情感抒发的真切自然。曹操年轻时的政治理想不过是"欲为一郡守"②,但时局的变换使他在权力不断扩大的同时逐渐萌生了更高的政治理想,甚至有了一统天下的愿望。这样宏伟的理想,绝不是靠个人力量可以实现的,因此,《短歌行》中借助经典所表达的渴求人才之情绝不是惺惺作态,而是发自内心的真实情感。经典原文因为曹操本人的政治热情而自然地统一到情感抒发的过程中,不但没有儒生治经的说教面孔,反而让经典从原篇中抽离重生,散发出慷慨动人的感染力。

又如《苦寒行》,全诗只有"悲彼东山诗,悠悠令我哀"一句征引了《诗经·豳风》的篇名。《毛诗》曰:"《东山》,周公东征也。周公东征,三年而归。劳归士,大夫美之,而作是诗也。"③依据《毛诗》的解释,《东山》诗说的是周公东征。据学者考证,曹操这首《苦寒行》作于建安十二年,当时他已基本平定中原地区,只有袁绍的外甥高干尚盘踞并州,于是曹操亲率军队征讨并州,途经太行山,正值隆冬,天寒地冻,艰苦异常,因此有"悲彼东山诗,悠悠令我哀"之慨。④曹操平生好以周公自比,这一次征引《东山》诗,再次显露了他平定天下的理想。"悠悠令我哀"一语对悲凉情感的表达干脆痛快,无论是否知道"东山诗"的出处,都不影响整句诗歌散发的悲凉气息。

五经中,《诗经》因诗性智慧强而易于被曹操借题发挥;以记录客观史实为主要特色的《尚书》,却也能被曹操巧妙嫁接。

---

① 程俊英:《诗经译注》,上海:上海古籍出版社,2006年。
② 傅亚庶:《三曹诗文全集译注》,长春:吉林文史出版社,1997年。
③ 傅亚庶:《三曹诗文全集译注》,长春:吉林文史出版社,1997年。
④ 傅亚庶:《三曹诗文全集译注》,长春:吉林文史出版社,1997年。

《尚书·泰誓》云:"惟有三年春,大会于孟津。"①《康王之诰》云:"虽尔身在外,乃心罔不在王室。"②曹操《蒿里行》中有"初期会盟津,乃心在咸阳"一语,"孟津"、"乃心"就直接脱胎于《尚书》原句,但因为有首句"关东有义士"的引导,征引时又以"咸阳"巧妙替换了"王室","初期会盟津,乃心在咸阳"一句诗便自然超越了原典的历史语境,成为向汉室效忠的巧妙表白,这个化政治往事为文学情怀的过程可谓浑然天成。

二是博引《春秋》、《论语》。在曹操的诗歌中,有一些诗并非脍炙人口,但博引经典,诗风古雅,有更浓厚的"古直"色彩。如《短歌行·周西伯昌》:

> 周西伯昌,怀此圣德。三分天下,而有其二。修奉贡献,臣节不坠。崇侯谮之,是以拘系。后见赦原,赐之斧钺。得使征伐。为仲尼所称,达及德行,犹奉事殷,论叙其美。齐桓之功,为霸之首。九合诸侯,一匡天下。一匡天下,不以兵车。正而不谲,其德传称。孔子所叹,并称夷吾,民受其恩。赐与庙胙,命无下拜。小白不敢尔,天威在颜咫尺。晋文亦霸,躬奉天王。受赐珪瓒,秬鬯形弓,卢弓矢千,虎贲三百人。威服诸侯,师之者尊。八方闻之,名亚齐桓。河阳之会,诈称周王,是以其名纷葩。

曹操《短歌行》原有两首,一首即上诗"周西伯昌",另一首即著名的"对酒当歌"。这一首《周西伯昌》,大力赞扬周文王、齐桓公、晋文公,七次征引他们在《春秋》与《论语》中记载的相关事迹,表示要像他们一样"以大事小,奉事周室",是引用儒家经典数量最多的一首。《周西伯昌》与《让县自名本志令》均作于曹操被册封魏公,加九锡之后,两者在创作目的、表现手法上几乎完全相同,《周西伯昌》可以说是《让县自明本志令》中部分内容的诗歌版。就抒情力度和艺术感染力而言,自然逊色于《短歌行·对酒当歌》,但正是因为频繁征引经典,整首诗歌的

---

① 李民:《尚书译注》,上海:上海古籍出版社,2004年。
② 李民:《尚书译注》,上海:上海古籍出版社,2004年。

语言显得格外典重,风格也更加古朴。

在曹操的诗歌中,与《周西伯昌》风格类似的诗歌还有《对酒》与《度关山》。

> 对酒歌,太平时,吏不呼门。王者贤且明,宰相股肱皆忠良。咸礼让,民无所争讼。三年耕有九年储,仓谷满盈。班白不负戴。雨泽如此,百谷用成。却走马,以粪其土田。爵公侯伯子男,咸爱其民,以黜陟幽明。子养有若父与兄。犯礼法,轻重随其刑。路无拾遗之私。囹圄空虚,冬节不断。人耋耄,皆得以寿终。恩泽广及草木昆虫。(《对酒》)

> 天地间,人为贵。立君牧民,为之轨则。车辙马迹,经纬四极。黜陟幽明,黎庶繁息。于铄贤圣,总统邦域。封建五爵,井田刑狱,有燔丹书,无普赦赎。皋陶甫侯,何有失职?嗟哉后世,改制易律。劳民为君,役赋其力。舜漆食器,畔者十国,不及唐尧,采椽不斫。世叹伯夷,欲以厉俗。侈恶之大,俭为共德。许由推让,岂有讼曲?兼爱尚同,疏者为戚。(《度关山》)

这两首诗语言形式略有不同,但都是表达自己政治理念的,征引儒家经典均达到3次以上。《对酒》描绘了曹操心目中的太平盛世,在这个理想社会中,君主贤明,百官忠良;人人讲究礼让,没有争讼是非;为政者赏罚分明,执法公正,百姓安居乐业。《度关山》所描写的政治理想与《对酒》极为类似,只是增加了一些节俭、兼爱的内容。这些表达政治理想的诗歌,其政治理念主要源于儒家经典,展示了曹操深厚的经学功底。

曹操所习为古文经学。古文经学兴起于西汉后期,其主要特点是较多保存了先秦原始儒学的内容,即"赞颂西周政治理想而表现出复古倾向"[①]。在古文经学的熏陶下,曹操不少诗文作品尽管没有直接征引儒家经典,却充满了先秦儒家经典中散发的天下意识、悲悯情怀和建功立业的进取精神,如《龟虽寿》、

---

① 夏传才:《十三经讲座》,桂林:广西师范大学出版社,2006年。

《观沧海》等。这些慷慨悲凉、即事名篇的乐府诗，是曹操在文学史上最为人称道的优秀作品。这些诗歌中所表现出来的情感，不能简单地视为儒生共有的政治热情，曹操能够熟练运用四言的语言形式作诗，又能把经学典籍中的典故娴熟自然地渗透于诗歌的字里行间，这多少得益于他多年来所接受的经典熏习。

（二）经学修养与曹操的乐府观念

史载曹操"及造新诗，被之管弦，皆成乐章"①，又"为人佻易无威重，好音乐，倡优在侧，常以日达夕"②，可见曹操对歌舞表演是极为热衷的，虽然生性节俭，却供养了大批歌舞艺人。曹操还在《遗令》中说道："吾婢妾与伎人皆勤苦，使著铜雀台，善待之。于台堂上安六尺床，施繐帐，朝晡上脯糒之属，月旦十五日，自朝至午，辄向帐中作伎乐。"③要求在自己死后将身边的歌舞艺人安置在铜雀台居住，定期在铜雀台上为他表演。铜雀台建造于建安十五年，是曹操生前下令修建的建筑中最奢华的，兼具宴客的功能。曹操安置在铜雀台上这一批歌舞艺人是否都是女性，已不可考，不过有关曹操喜好美色的记载，却是史籍中常见的。曹操这些"被之管弦"的乐府诗，很可能就是交由这些歌伎演唱和表演。

值得注意的是，除了那些脍炙人口的佳作，曹操诗中某些引经据典的乐府诗，其价值值得商榷。例如，上文所录的《短歌行·周西伯昌》大力赞扬周文王、齐桓公、晋文公，表示要像他们一样"以大事小，奉事周室"。据考证，《周西伯昌》作于曹操被册封魏公，加九锡之后。在创作目的、表现手法上，《周西伯昌》与《让县自名本志令》几乎完全相同，可以说是《让县自明本志令》的诗歌版。《周西伯昌》与前文所录的《对酒》和《度关山》三首乐府诗所展示的形象，不是义士便是忠臣或纳贤之君，如谨守臣节的周文王、齐桓公、晋文公，无私让位的泰伯、仲雍以及伯夷、叔齐等。《度关山》与《对酒》，更是旁征博引《左传》、

---

① 陈寿：《三国志》，北京：中华书局，1982年。
② 陈寿：《三国志》，北京：中华书局，1982年。
③ 傅亚庶：《三曹诗文全集译注》，长春：吉林文史出版社，1997年。

《尔雅》、《尚书》、《礼记》、《孟子》、《墨子》等各家经典,集中表达了曹操的政治理念。像这样的诗歌,虽然表现出他的融会诸经的功力,但连续不断的堆积典故,拼剪经典文字构建太平盛世的蓝图,在一定程度上影响了诗歌的抒情感染力。

曹操乐府诗内容的丰富性,与他本人对乐府的认识有直接关系,他的乐府观念中至少包含以下两方面的重要内容:

一是儒家乐教思想。《乐记》云:"乐也者,圣人之所乐也,而可以善民心,其感人深,其移风易俗,故先王著其教也。"①以音乐作为政教的辅助措施,是儒家乐教思想的核心部分。先秦时期,能够承担起政教功能的音乐,均为宫廷雅乐。而真正的"雅声",即周代之遗声,在西汉时期就已经衰落,"但有声无辞,或其辞即为《三百篇》"②,两汉以来,虽然新声渐兴,但歌颂君王德行或国家太平的内容,一直是采用雅乐进行填词的。曹操《短歌行》、《度关山》、《对酒》这三首乐府诗,均为相和曲,属于民间俗乐,虽然并非雅乐,却也有乐教的性质。《古今乐录》引王僧虔《大明三年宴乐技录》曰:

> 平调有七曲:一曰《长歌行》,二曰《短歌行》,三曰《猛虎行》,四曰《君子行》,五曰《燕歌行》,六曰《从军行》,七曰《鞠歌行》。荀氏录所载十二曲,传者五曲。武帝"周西"、"对酒",文帝"仰瞻",并《短歌行》。③

可知曹操《短歌行·周西伯昌》是入乐的平调曲。《古今乐录》又引王僧虔《技录》云:

> 《短歌行》"仰瞻"一曲,魏氏遗令,使节朔奏乐,魏文制此辞,自抚筝和歌。歌者云"贵官弹筝",贵官即魏文也。此曲声制最美,辞不可入宴乐。④

《技录》所言"此曲",即曹丕《短歌行》"仰瞻"一曲,是曹丕模仿曹操所作。"辞不可入宴乐"则说明《短歌行》并不是用于

---

① 杨天宇:《礼记译注》,上海:上海古籍出版社,1997年。
② 萧涤非:《汉魏六朝乐府文学史》,北京:人民文学出版社,1986年。
③ 郭茂倩:《乐府诗集》,北京:中华书局,1979年。
④ 郭茂倩:《乐府诗集》,北京:中华书局,1979年。

宴饮场合的歌辞。从曹丕《短歌行》的演奏性质可以推知，曹操的《短歌行》也是不可以在宴饮场合演唱的歌辞。

关于《对酒》，《乐府解题》说："魏乐奏武帝所赋《对酒歌太平》，其旨言王者德泽广被，政理人和，万物咸遂。"①《对酒》一诗的创作目的在于宣传太平盛世的理想面貌。诗中"三年耕有九年储"一语，本出自《礼记》，表达了曹操对粮食储备的看法。

《度关山》一诗集中表达了曹操的治国策略，《乐府解题》曰："魏乐奏武帝辞，言人君当自勤苦，省方黜陟，省刑薄赋也。"②

从文献记载可知，《对酒》、《度关山》与《短歌行·周西伯昌》三首诗歌均以魏乐演奏，且无娱乐性质。从《乐府诗集》中收录的同题作品来看，只有曹操的作品在内容上完全脱离了原曲的立意，这些诗篇的入乐目的不是为了娱乐，而是试图通过音乐达到一定的政教目的。

以民间俗乐陈述政治蓝图，或宣传儒家治国理念，是曹操的首创。曹植在《武王诔》中追悼曹操时，专门提及他"既总庶政，兼览儒林。躬著雅颂，被之瑟琴"③，可见，曹操以俗乐来歌咏政治理想，在当时是很有创造性的。从曹操个人的经学修养以及他对"歌"的认识来看，曹操"躬著雅颂，被之瑟琴"，显然是对先秦诗乐合一之风的一种效仿，至少是对儒家乐教思想的一种发扬。因此，《度关山》、《对酒》、《短歌行》等风格类似的乐府诗虽然采用的是俗乐曲调，语辞却以四言为主，引经据典，庄重典雅。曹操对这些非娱乐性的歌辞不假他人之手而全部亲自创作，甚至要求歌伎在自己身后依然定期演唱，更能体现他渴望通过这些音乐来宣传自己的施政纲领，或传播自己正面形象的目的。应该说，曹操的"好音乐"，并非只是热衷于歌舞娱乐，其中也包含了对传统乐教思想的尊重与承袭。

二是"歌以咏志"。在《秋胡行》和《步出夏门行》两首诗中，集中出现了"歌以言志"和"歌以咏志"之语，反复出现十余次。

---

① 郭茂倩：《乐府诗集》，北京：中华书局，1979年。
② 郭茂倩：《乐府诗集》，北京：中华书局，1979年。
③ 傅亚庶：《三曹诗文全集译注》，长春：吉林文史出版社，1997年。

这两句极其相似的诗句,现行大多数注本都明确指出"歌以言志"一语是为配乐演唱需要而加上的套语,与正文无关。① 但在曹操之前,无论是民间乐府还是文人诗,都没有出现过这样的套语。笔者认为,"幸甚至哉,歌以咏志"一语,固然有其音乐上的特殊功能,但更值得关注的是诗句本身对经典的化用。"歌以言志"一语,源自《古文尚书·舜典》:"诗言志,歌咏言,声依永,律和声。"②仔细比较《尚书》原文与曹操的诗句便可以发现,虽然《尚书》中的"诗言志"与曹操诗歌中的"歌以言志"极其相似,但《舜典》中"言志"的是"诗",而曹操诗中"言志"的是"歌"。"诗"与"歌"在曹操之前的理论语境中一直是既有联系又有区别的。《毛诗序》说:"诗者,志之所之也,在心为志,发言为诗,情动于中而行于言,言之不足故嗟叹之,嗟叹之不足故咏歌之,咏歌之不足,不知手之舞之,足之蹈之。"③《毛诗序》可以说是对《尚书·尧典》"诗言志"一语的引申,补充说明了歌唱形式的存在是为了进一步弥补语言在"言志"上的不足。《尚书》与《毛诗序》都充分肯定了"诗"与"言志"之间的天然关系,同时亦对"诗"与"歌"作了某种程度的界定。

众所周知,诗、舞、歌、乐,在先秦时期是融为一体的,《礼记·乐记》说:"诗言其志也,歌咏其声也,舞动其容也,三者本于心,然后乐器从之。"④但"歌"与"诗"在春秋以后还是分了家。《汉书·艺文志》说:"春秋之后,周道寖坏,聘问歌咏不行于列国,学诗之士逸在布衣,而贤人失志之赋作矣。"⑤

朱自清认为"孔子时雅乐就已败坏,诗与乐便在那时分了

---

① 如夏传才《曹操集注》认为:"这两句和以下几节的'歌以言志'两句,都是为了配曲谱而加上的,不一定与诗意直接关联。"(郑州:中州古籍出版社,1986年)张海雨《曹操全书》认为:"这句为配乐演唱时所加,与正文无关。"(金城出版社,1995年)傅亚庶《三曹诗文全集译注》认为:"这二句是合乐时所加,每章章末都有,与正文无关。"(长春:吉林文史出版社,1997年)
② 李民:《尚书译注》,上海:上海古籍出版社,2004年。
③ 程俊英:《诗经译注》,上海:上海古籍出版社,2006年。
④ 杨天宇:《礼记译注》,上海:上海古籍出版社,1997年。
⑤ 班固:《汉书》,北京:中华书局,2005年。

家"①。"诗"与"乐"虽然分了家,但"诗"一直在继续"言志"。从班固对"失志之赋"产生的认识来看,"赋"也是可以"言志"的。对于"歌",班固认为:"故哀乐之心感,歌咏之心发。诵其言为之诗,咏其声为之歌。"②班固对"诗"与"歌"在形式差别上的认识与经典无异,他进一步认为"歌"的创作源于哀乐之情,但也未明言"歌"是否"言志"。可以说,诗乐分家之后,无论经典中如何强调诗与歌的紧密联系,对"歌"是否"言志",一直是语意不明的。其实从《毛诗序》等经典原文的语义不难推知,"歌"是在"言"和"嗟叹"都不足以展现"志"的时候才需要的一种形式。"歌"既然是"言志"的一种辅助形式,其本身自然能依附上"言志"的功能,只是在各种理论话语中没有直接的肯定。曹操"歌以言志"一语,虽然是对《古文尚书》与《毛诗序》的拼接,却比原典更明确地宣告了乐府的"言志"功能,拓展了乐府的创作空间,也极大地提高了乐府的地位。曹魏时期是文人乐府创作的第一个高峰期,曹操所率领的邺下文人,在乐府诗的创作上各抒怀抱,曹氏父子的乐府诗更是成就显著,各有所长。这一时期乐府创作的自由与繁荣,自然有其理论的推动力。"歌以言志"一语虽来自对经典的化用,却可视为曹魏时期文人参与乐府创作的理论依据。

(三)经学修养与曹操的文章写作

现存曹操的文章大多数为公文,文体较为丰富,有上书、表、书、报、教、令、策等十余种。这些文章对六经的征引次数与诗歌有较大的区别。如下表:

	诗经	尚书经	礼经	易经	春秋经	论语经
诗文总计	23	11	6	7	20	23
诗歌	11	8	5	4	8	7
文章	12	3	1	3	12	16

从表中数据可以看到,曹操文章征引六经的次数由高到低依次为《论语》、《诗》、《春秋》、《周易》、《三礼》。与儒家经典在

---

① 朱自清:《诗言志辨》,上海:华东师范大学出版社,1996年。
② 班固:《汉书》,北京:中华书局,2005年。

诗歌中迸发出的慷慨气质不同,曹操文章对儒家经典的征引基本是溢美他人以及自我辩护的工具。33篇征引六经的文章中,有13篇用于赞美功臣贤人,7篇用于辞让答谢朝廷封赏,占据了总数的大半。而且曹操文章对于经典的引用也不像诗歌那样生动自然,甚至有语言贫乏之嫌。如仲尼与颜回之比,在《祀故太尉桥玄文》、《下州郡》和《夏侯渊平陇右令》中反复使用。尤其在辩护自己忠于汉室的文章中,更是频繁引经据典,体现了经学在为政治服务时特有的虚伪面目和工具性。如在《让县自名本志令》中,曹操以齐桓公、晋文公、乐毅、蒙恬、周公旦等多人自比,申明自己未有"不逊之志"。曹操文风以简洁著称,被鲁迅称为"改造文章的祖师",他改造的标准就是"为世用"。据研究者统计,在曹操的83篇政令、诏书中,连标点在内不超过100字的有58篇,占70%。① 而这一篇《让县自明本志令》长达1200余字。可能曹操自己也觉察到行文过长,特地在文中说明"所以勤勤恳恳叙心腹者,见周公有《金縢》之书以自明,恐人不信之故"。

当然,必须指出,经典在曹操文章中所表现出来的工具性,实际上是儒学经学化之后许多政治公文的普遍特点,在汉代公文中,博引儒家群经的文章举不胜举,曹操显然对这一传统也是有所继承的。但儒家经典在曹操文章所表现出来的单一性与工具性,仍然是比较鲜明的。

四、曹操的经术特点及其成因

经学修养对曹操在文学创作与政治仕途上的影响各有不同。但是,无论文学创作或政治生涯,曹操对经学的学习和运用,都带有强烈的经术色彩。就文学创作而言,在曹操诗文对儒家六经的征引中有一个突出的现象:但凡在诗歌中出现频率较高的经典,则较少被文章采用。反之亦然。如《春秋》多用于文章写作,《尚书》与《三礼》多用于诗歌写作,《诗经》与《论语》这两部经典虽然在诗文中的征引频率均居前二位,但在诗文中所表现出来的审美风格却差异明显。

---

① 顾震:《曹操公文研究》,南京师范大学,2002年硕士学位论文。

曹操经学修养的经术化在其政治实践中表现得更为突出。如儒家最重德行,而曹操重用"不仁不孝而有治国用兵之术"的人,因为"夫有行之士,未必能进取;进取之士,未必能有行"①,将一个人的德行与技能作了客观的分析。曹操在《董卓歌辞》中说:"德行不亏缺,变故自难常。郑康成行酒,伏地气绝。郭景图命尽于园桑。"认为有德行同样可能死于非命,否定了儒家"有德可获福"的天命观。曹操本人的许多行为,更是与儒家思想背道而驰。他诛杀孝子孔融,对其妻子、子女一并杀之。对于来自敌对阵营的俘虏陈宫,则表现得相当大度。陈宫就刑之后,曹操"召养其母,终其身,嫁其女"②。可见,曹操对"孝子"的态度也是因人而异的。史称"操厚陈宫之家而不肯存孔融之嗣,必陈宫妻子,可保其无能为也"③。这类言行不一、前后矛盾的事例在曹操的政治生涯中不在少数。这些看似矛盾的言行中明显存在着利己主义的心理,但也显示出曹操在考虑问题时的辩证思维。应该说,曹操的通经致用,与传统儒生固守儒家经典大义的单一"致用"不同。虽然经学的经术化是那个时代儒生普遍存在的经学态度,但能够在经术运用上达到如此高度的灵活性,化经学为权术的能力,是值得深入探讨的。

曹操在生前身后都引发争议无数,在各式各样的评论中,曹操的自评是比较客观的。史载曹操在征讨韩遂、马超时,曾经引来了马超手下兵卒的围观,曹操对众多的围观者说:"汝欲观曹公邪?亦犹人也,非有四目两口,但多智耳!"④曹操自认为与别人最大的不同之处在于"多智",即多一些计谋。曹操的"多智",在许多场合都有体现。在他的思维方式中,有着强烈的辩证色彩,这使他对许多事物的认识都没有一成不变的标准。如北海郡孙兵硕曾讥笑曹操"当慕其大者,乃与工师共作

---

① 曹操:《敕有司取士毋废偏短令》,傅亚庶:《三曹诗文全集译注》,长春:吉林文史出版社,1997年。
② 陈寿:《三国志·卷七》,《三国志》,北京:中华书局,1982年。
③ 司马光:《资治通鉴》,北京:中华书局,1956年。
④ 王沈:《魏书》,《三国志·武帝纪》裴注引,《三国志》,北京:中华书局,1982年。

刀邪?"认为曹操应当考虑大事而不是与工匠一同打制刀剑,曹操答曰:"能小复能大,何害?"①认为一个人大事小事都能做并没有什么矛盾和害处。此外,曹操不止一次提到过自己处理事情的原则。如曹操迎献帝定都许昌后,曾上《陈损益表》提出十四条政治改革建议,建议内容已经失传,现存言论片段中有"谨条遵奉旧训权时之宜十四事"之语,曹操解释他自己的这些建议都是根据原有的典章制度,并权衡当前实际情况而提出来的。曹操还曾上表推荐糜竺担任嬴郡太守,推荐原因是"泰山郡界旷远,旧多轻悍,权时之宜,可分五县为嬴郡,拣选清廉,以为守将"。②这两表都提到"权时之宜",也就是衡量当下的实际情况。可见曹操行事必定先"权宜",充分考量之后才决定,这是曹操考虑问题的根本原则。曹操的许多政治举措之所以能够收到成效,也正是因为能够"权时之宜",符合当时的客观实际。

在"权时之宜"的思维下,曹操毕生所读之书虽然以兵家为主,却未必说明他个人偏爱兵法。当时天下动荡,想要一统天下,则无法回避战争,提高指挥作战水平才是当务之急。同理,曹操虽然"明古学",对经典也一直保持着学习的热情,但并没有投入学术性的理论探讨之中,儒家各经在他心目中也没有绝对的轻重,而是择其适合当下需要的部分投入实践,随时为我所用。这种"权宜"思维也使儒家经典在曹操的诗文写作中表现出真情流露和虚伪客套的两面性。

曹操擅长化经典为权术,这与他长期钻研兵法也有一定的联系。曹操在转为武将后,投入许多精力在兵法研究上。《劳徐晃令》中说:"吾用兵三十余年",一生指挥了无数次大小战役,在兵法上已经积累了相当多的经验。他保存在《孙子》注中的一些看法颇能展示其性格作风。如《孙子·计篇注》云:"兵无常形,以诡诈为道。"虽然说的是战场上用兵打仗必须诡诈,

---

① 曹操:《军策令》,傅亚庶:《三曹诗文全集译注》,长春:吉林文史出版社,1997年。

② 曹操:《表糜竺领嬴郡》,傅亚庶:《三曹诗文全集译注》,长春:吉林文史出版社,1997年。

这与曹操自我评价的"多智"颇有相通之处。一个人如果长期处于"诡诈"的思维状态中,必将对人的心理带来不良的影响,如虚伪多疑等,甚至影响到正常的为人处事。曹操自小便机警,加之战场诡诈经验的熏陶,在离开战场之后,也开始对过去的亲信产生了信任危机,例如下令赐死曾经高度信任并由衷赞美的崔琰。曹操在其诗文中时常赞美周文王,或以周公自喻,但他在《报刘廙》中却说:"非但君当知臣,臣亦当知君。今欲使吾坐行西伯之德,恐非其人也。"在信中明说自己不是周文王那样的人,不会像周文王那样实行德治。这与"周公吐哺,天下归心"那个时期的曹操,的确已经发生了巨大的变化。曹操后期的诗文,有不少是出于世人认为他有篡汉之心的言论而刻意为之的,这多少也算是受到了战场诡诈作风的浸染。

当然,曹操本人家族门风的影响也是不能忽视的。诚如陈寅恪先生指出的:"然则当东汉之季,其士大夫宗经义,而阉宦则尚文辞。士大夫贵仁孝,而阉宦则重智术。盖渊源已异,其衍变所致,自大不相同。"① 曹操作为阉宦之后,出身只能归入寒门之列,而寒门与士族之间的差异绝非是经济上的贫穷与否,而是文化承袭和社会地位。不同于儒学士族的"宗经义"、"贵仁孝",寒门人物的经学涵养本来就算不上深厚,曹操家族作为"重智术"的阉宦之后,更不可能接受过儒家礼仪规范的系统教育,"虽有一定的文化建树,但主要致力于文辞与才艺,表现出'通脱'的特征"② 。就文学创作而言,曹操内心有非常直率的一面,故他在部分诗歌创作中能够化经典为情感,诗乐结合,为乐府诗注入新的内容。同时因为生性诡诈多变,亦时常在诗文中对经典进行权时利用。真诚与虚伪,能够如此奇妙的共存于他的诗文之中,"学"与"术",能够灵活发挥于政治实践之中,不能不说是与其通脱的家族门风有一定的联系的。

总体而言,曹操对经典的学习与运用始终是与权术谋略相交融,并与其性格作风及思维方式高度一致。

---

① 陈寅恪:《金明馆丛稿初编》,上海:上海古籍出版社,1980年。
② 王永平:《论曹操家族门风及其影响》,载《学术月刊》,2005年第10期。

第二节　曹魏宗族立嗣、封建与曹魏政权的兴衰

自西汉今文经学创立以来,宗族制度一直是经学家们苦心经营的难题。他们利用《礼记》、《仪礼》、《春秋》经传等相关篇目的记载并结合自己的阐释,构建了一套经学的宗族制度思想体系,用于指导列朝的立嗣、庙制、封建等实践,对中国社会产生了深刻影响。宗族制度的核心是立嗣制度。王国维指出:"周人制度之大异于商者,一曰'立子立嫡'之制,由是而生宗法及丧服之制,并由是而有封建子弟之制,君天子臣诸侯之制……"①秦汉以降,历代王朝在大多数情况下还是以儒家心目中的"礼制"来调整自己的宗族制度的。关于曹魏政权的宗族制度的研究,目前主要集中在曹魏宗室苛禁和礼制的研究,未见专门的论著集中研究曹魏宗族制度。② 研究曹魏宗族制度有利于揭示曹魏诸帝的政治思想,总结曹魏政权的经验教训。本节从经学角度,以宗族立嗣和宗族封建为中心考察曹魏宗族制度。

一、经学体系中的宗族立嗣制度

《春秋公羊传·隐公元年》提出"立嫡以长不以贤,立子以贵不以长",简略地概括出了礼学中宗族继承制度的精髓。即在嫡夫人所生儿子中选择继承人,挑选标准是谁年长选谁,不以才能论高下;如果嫡夫人无子,就在庶夫人儿子中挑选,挑选时,要看谁的母亲地位高。对此,何休注作了比较细致的说明:

---

①　王国维:《殷周制度论》,载《观堂集林》,上海书店"民国丛书本"上册卷十第三页。

②　关于曹魏宗室苛禁问题的研究,有王永平:《曹魏苛禁宗室政策考论》(载《东岳论丛》,2002 年第 6 期);王大建:《论曹魏的宗室政策》(载《史学月刊》,2008 年第 7 期);宋战利:《曹丕苛禁宗室政策考论》(载《史学月刊》,2008 年第 7 期)。

"适谓适夫人之子,尊无与敌,故以齿。子谓左右媵及侄娣之子,位有贵贱,又防其同时而生,故以贵也。礼:适夫人无子,立右媵;右媵无子,立左媵;左媵无子,立嫡侄娣;嫡侄娣无子,立右媵侄娣;右媵侄娣无子,立左媵侄娣。质家亲亲,先立娣;文家尊尊,先立侄;嫡子有孙而死,质家亲亲,先立弟;文家尊尊,先立孙。其双生也,质家据见立先生;文家据本意立后生。皆所以防爱争。"①

这个原则的第一项自古无争论;第二项从春秋时期就有不同意见。《左传·襄公三十一年》就出现了这个情况:"立胡女敬归之子子野,次于季氏。秋九月癸巳,卒,毁也。己亥,孟孝伯卒。立敬归之娣、齐归之子裯。穆叔不欲,曰:'大子死,有母弟则立之,无则立长,年均择贤,义均则卜,古之道也。非嫡嗣,何必娣之子!'"②

襄公去世,立庶子子野;子野哀伤过度,当年也死了;于是立子野母亲妹妹的儿子子裯。穆叔不同意,提出"大子死,有母弟则立之,无则立长,年均择贤,义均则卜"的选择继承人原则。即假如没有嫡子,就必须在庶子中选择,那么选择的标准还是立长;如果年龄相当,就看哪一位更加贤能;如果还是差不多,那就采取占卜方式确定了。这是对"立子以贵不以长"的否定,将"立长"的原则进行到底。穆叔声称这是"古之道",可见"大子死,有母弟则立之,无则立长,年均择贤,义均则卜"具有相当的历史合法性,其权威性超过了"立子以贵不以长"。《公羊传》的作者为七十子后学,时代迟于春秋时期的穆叔。

如果这些都不具备,即王或诸侯自己没有生育能力,产生不了任何子嗣;或者虽能生育,但没有一个儿子,这种情况怎么办?按照经学原则,应当从小宗中挑选支子作为大宗的继承人:

> 周制为人后者,子夏曰:"何如而可为之后?同宗则可为之后。何如而可以为人后?支子可也。"又曰:"为人后者孰后?后大宗也。曷为后大宗?大宗者,尊

---

① 何休:《春秋公羊经传解诂》,见《十三经注疏》,北京:中华书局,1982年。
② 左丘明:《春秋左传》,见《十三经注疏》,北京:中华书局,1982年。

之统也。"①

石渠阁议:大宗无后,族无庶子。已有一嫡子,当绝父祀以后大宗不? 戴圣云:"大宗不可绝,言嫡子不为后者,不得先庶耳。族无庶子,则当绝父以后大宗。"闻人通汉云:"大宗有绝子,不绝其父。"宣帝制曰:"圣议是也。"②

前一条论述大宗无后嗣,应在同宗族挑选他人之子作为大宗的继承人;后一条讨论大宗无子,小宗唯有一子,如何为大宗继嗣的情况。综上所引经学材料,礼学中大宗宗子继承问题可以概括为:宗子立嫡子,立嫡以长不以贤;无嫡子则立庶子,立庶子以贵不以长;或者"大子死,有母弟则立之,无则立长,年均择贤,义均则卜";大宗无子,择同族庶子立之。

二、曹魏宗族的立嗣制度

曹操经过二十多年的征战,终于打下曹氏家族"家天下"的基础。在晚年他已经公开了自己"若天命在我,吾为周文王"的政治雄心。个人的生命是有限的,他所创立的"家业"还得有人继承,曹氏家族的宗族制度的建立也就不可回避。算上曹操,曹魏皇族在中国历史上延续了四代,他们在宗族立嗣问题上留下了太多的遗憾。

(一)曹操在立嗣问题上的狐疑

曹操在选择继承人问题上十分狐疑,犹豫不决。在建安十六年前,曹操举棋不定;建安十六年,任命曹丕为五官中郎将、副丞相,将曹植等三子封为诸侯,表明他已经下了决心立曹丕为继承人。但这还不是最终的决定,此后,他仍然徘徊在曹植与曹丕之间。

曹操有25个儿子。正妻丁氏无子,过继侧室刘夫人所生子修为继子,按照礼制,丁夫人为嫡夫人,曹子修自然就是曹操

---

① 郑樵:《通典》,长沙:岳麓书社,1995年。
② 汉《石渠阁议礼》,转引自郑樵:《通典》,长沙:岳麓书社,1995年。

事业的合法继承人了。但曹子修死于建安三年曹操与张绣的穰之战,丁夫人无子,又哀伤过度,遂遭曹操废弃,而以卞氏为继室。卞氏生有曹丕、曹彰和曹植;环夫人生曹冲、曹据和曹宇。其中曹冲、曹丕、曹植等都曾被曹操纳入继承人的考察范围。他考虑的人选中,庶出的天才少年曹冲占有重要位置。建安十三年,曹冲死,曹丕安慰曹操,曹操说:"此我之不幸,而汝曹之幸也。"①此话透露了曹操曾打算以曹冲为继承人的想法;"汝曹"应指曹丕、曹植,显示此时的曹操仍然没有决定谁为继承人。曹操话中带刺,表明曹冲活着的时候,曹丕等人就与之展开过斗争。曹冲的母亲环夫人为曹操侧室,有嫡子在,却要考虑立庶子,曹操想选曹冲为继承人是违反礼制的,可见曹操在考虑继承人方面并不在意其人是否为嫡长子,他的选择标准是能力。

曹操选择曹丕为继承人的原因有三个:一是比曹丕更聪明的曹冲早夭;二是主要谋臣都倾向于立曹丕;三是曹丕才能虽然比不上曹冲和曹植,但仍然属于上乘之才。

曹操决定以曹丕为继承人后,为曹丕做了三件事情:杀周不疑;铲除曹植党羽;对分封诸子进行严格限制。

> 周不疑,字元直,零陵人。《先贤传》称不疑幼有异才,聪明敏达,太祖欲以女妻之,不疑不敢当。太祖爱子仓舒凤有才智,谓可与不疑为俦。及仓舒卒,太祖心忌不疑,欲除之。文帝谏以为不可,太祖曰:"此人非汝所能驾御也。"乃遣刺客杀之。②

周不疑不愿意娶曹操女,自然是一种政治表态,不愿为曹氏所用。杀周不疑是除掉异姓未来的对手,为曹丕排除隐患,手段毒辣,令天下才士心寒。这是曹魏政权在德政上的一笔债。后来司马氏对曹魏政权偷梁换柱,没有遭遇特别有力的抵制,这与曹氏积德不厚不无关系。

铲除曹植党羽,排除了曹丕、曹植之间的兄弟相残。曹植

---

① 陈寿:《三国志·武文世王公传第二十》,北京:中华书局,1982年。
② 裴松之:《三国志注》,见《三国志》卷六,北京:中华书局,1982。

党羽都是曹魏政权坚定的拥护者,这批人属于曹魏自己培养起来的第二代政治家,对这批人的残杀,消耗了曹魏政权的政治资本,在一定程度上削弱了曹魏政权的根基,损失巨大。至于制定严厉的防范分封诸子政策的情况,下一节有论述。

曹操清理完曹丕接班的障碍,一切似乎都已经按部就班了。但就在最后时刻,曹操改变了主意。《三国志·曹彰传》说:"太祖东还,以彰行越骑将军,留长安,太祖至洛阳,得疾,驿召彰,未至,太祖崩。"曹操临终召曹彰,必有要事交代。鱼豢《魏略》说:"彰至,谓临菑侯植曰:'先王召我者,欲立汝也。'植曰'不可!不见袁氏兄弟乎?'"①又《三国志·魏书·贾逵传》记载:"时鄢陵侯彰行越骑将军,从长安来赴,问逵先王玺绶所在",说明鱼豢所记曹彰的话是可靠的,曹操临终前的确改变了主意,命曹彰辅助曹植作魏王。这个决定是草率的,好在曹植以袁绍二子兄弟相残故事说服曹彰,才避免了一次政变。此事的后果是曹彰引起同母兄弟曹丕的猜忌,被剥夺兵权,四年后暴毙,这使曹魏失去了一位在军事上能够震慑司马懿的宗亲大臣,加快了曹魏政权向司马氏转移的步伐。

曹丕在竞争中处于道德的优势,他是正夫人卞氏的嫡长子。按照礼学的宗法原则,立嫡以长不以贤,他是没有必要担心被人抢了太子位置的。由于曹操的举棋不定和反复无常,曹丕在生命中大部分日子里都提心吊胆,对于地位不保的恐惧变为继位后对兄弟们的仇恨,这才有了曹魏严厉的监视同宗诸侯王的"牢笼策略"。富有才华的曹氏其他兄弟也失去了效力新生的曹魏政权的机会,曹氏家族的活力就这样被消磨掉了。

曹操在狐疑中导致了家族的大分裂,大量的政治资源被内耗掉,也深刻影响了中国社会的历史进程。我们因此不能不说曹操奉行的宗族继承思想是导致曹魏政权灭亡的原因之一。

(二)曹叡的立嗣策略

曹丕作为魏国的开国之君,在位仅仅六年,去世也只有40岁,他没有完成统一中国大业,魏氏家族的统治基础并不牢固,这是曹叡接手皇位时的政治局面。然而曹叡的寿命更短,只有区区35

---

① 鱼豢:《魏略》,裴松之注引,见《三国志》,北京:中华书局,1982年。

岁;更为不幸的是,曹叡子嗣接连夭折。按照儒家经学继嗣原则,他应当在同姓兄弟中挑选一位继承人。曹叡收养了两个继子,分别封为秦王和齐王。曹叡辞世,齐王芳继位,时年8岁。

对于齐王芳的来历,连陈寿也无奈地说:"宫省事秘,莫有知其所来者。"①按照经学原则,曹叡完全没有必要如此隐秘,他应该光明正大地向国人公布自己后嗣的来历,但是他没有说。这是为什么?太和三年,曹叡发布了一篇诏书:

> 礼,王后无嗣,择建支子以继大宗,则当纂正统而奉公义,何得复顾私亲哉?汉宣继昭帝后,加悼考以皇号;哀帝以外藩援立,而董宏等称引亡秦,惑误时朝。既尊恭皇,立庙京都,又宠藩妾,使比长信,叙昭穆于前殿,并四位于东宫,僭差无度,人神弗佑,而非罪师丹忠正之谏,用致丁、傅焚如之祸。自是之后,相踵行之。昔鲁文逆祀,罪由夏父;宋国非度,讥在华元。其令公卿有司,深以前世行事为戒,后嗣万一有由诸侯入奉大统,则当明为人后之义,敢为佞邪导谀时君,妄建非正之号以干正统,谓考为皇,称妣为后,则股肱大臣,诛之无赦!其书之金策,藏之宗庙,著于令典!②

《三国志》记载曹魏政权发布"书之金策,藏之宗庙著于令典"的诏书寥寥无几,可见这篇诏书在曹叡看来极其重要。曹叡为什么要发布这篇诏书?太和三年四月,曹叡二子曹冏、曹穆均短命而亡,曹叡受无嗣困扰。但是真正困扰曹叡的不是选谁来继嗣,而是防范继嗣者将来如何尊崇生父,这就是发布诏书的深层次原因,显示曹叡对儒家经学中大宗、小宗那一套宗法制度已经没有了信心。他处在靠诡诈取胜的时代,满眼所见都是道德的沦丧,将来的后嗣者之父一旦与嗣位者亲近,接近国家权力的中心,谁还管什么大宗正统!曹叡收养的齐王芳、秦王询应当是曹叡同宗族之子,但他不允许曹芳、曹询知道自

---

① 陈寿:《三国志·魏书·卷四》,北京:中华书局,1982年。
② 陈寿:《三国志·魏书·卷三》,北京:中华书局,1982年。

己的身世,也不许他们的生父声张,还模仿刘邦"后世有非刘姓为王者,天下共诛之"的做法,断绝了后嗣尊生父、生母的可能。

曹叡不按照比较成熟的宗法制度确定后嗣,他防范小宗吞并大宗、小统替代大统的做法非常成功,他解决了宗族继承权内斗问题。但是他没有想到的是,他的做法严重削弱了宗族辅助宗主的力量,在对抗司马氏偷梁换柱的斗争中,宗亲没有发动一次像样的抵抗。他的这项制度加上宗族封建制度,正好捆住了曹氏家族的手脚,客观上方便了孙资、刘放协助司马氏集团大胆盗窃曹魏政权。

三、曹魏宗族封建制度

家天下的封建制度是宗族制度的延伸。对于宗子来说,分封余子和庶子为诸侯,体现了君臣之义和亲情之爱。对于余子和庶子来说,外出就封是以宗子为君,是捍卫宗子。

经学中关于分封的依据有《诗经·板》:

价人维藩,大师维垣。
大邦维屏,大宗维翰。
怀德维宁,宗子维城。
无俾城坏,无独斯畏。

《左传·昭公二十年》说:"昔武王克商,成王靖四方,康王息民,并建母弟,以蕃屏周室。"《左传·定公四年》卫子鱼对于西周分封母弟做了详细的描述:

昔武王克商,成王定之,选建明德以藩屏周。故周公相王室以尹天下,于周为睦。分鲁公以大路、大旂、夏后氏之璜、封父之繁弱,殷民六族:条氏、徐氏、萧氏、索氏、长勺氏、尾勺氏,使帅其宗氏,辑其分族,将其类丑,以法则周公,用即命于周,是使之职事于鲁,以昭周公之明德。分之土田倍敦,祝宗卜史,备物典策,官司彝器,因商奄之民,命以《伯禽》而封于少皞之虚。分康叔以大路、少帛、綪茷、旃旌、大吕,殷民七族:陶氏、施氏、繁氏、锜氏、樊氏、饥氏、终葵氏,封畛土,略自武父以南及圃田之北竟。取于有阎之土以供王职;取于相土之东都以会王之东蒐。聃季授土,陶叔授民,命以《康诰》而封于殷墟,皆启以商政,疆以周索。分唐叔以大路、密须之鼓、阙巩、沽洗、怀姓九宗,职官五正,命以《唐诰》而封于夏虚,启以夏政,疆以戎索。三者皆叔也,而有令德,故昭之以分物。不然,文武成康之伯犹多而不获是分也,唯不尚年也。管、蔡启商,慂间王室,王于是乎杀管叔,而蔡蔡叔,以车七乘、徒七十人。其子蔡仲改行帅德,周公举之,以为己卿士,见诸王而命之以《蔡》,其命书云:"王曰胡:无若尔考之违王命也!"若之何其使蔡先卫也!武王之母弟八人,周公为大宰,康叔为司寇,聃季为司空,五叔无官,岂尚年哉!①

这个材料记载了西周初年分封情况。分封内容包括:第一,班赐器物;第二,班赐人民;第三,确定职责;第四,赐予土地和官吏;第五,颁发诰命;第六,确定封都地。分封制度在西周达到顶峰,基本原因是西周原本是偏居西方的小国,突然夺取了殷商政权,继承了殷商在东方庞大的地域遗产。由于当时的交通、经济状况不利于西周王朝中央行使直接的管理权力,于是分封制度产生了。封姜尚于齐,封伯禽于鲁,封召公于燕,封康叔于卫……这样,节约了管理成本,达到了监视东方诸侯、藩卫周王室的目的。

王国维描绘西周封建制度说:"乃建康叔于卫,伯禽于鲁,太公望于齐,召公之子于燕。其余蔡、郕、郜、雍、曹、滕、凡、蒋、邢、茅诸国,碁置于殷之畿内及其侯甸;而齐、鲁、卫三国,以王室懿亲,并有勋伐,居蒲姑、商、奄故地,为诸侯长;又作雒邑为东都,以临东诸侯;而天子仍居丰、镐者凡十一世。"②

战国后期,西周时期的三千诸侯兼并为东方六国,因此秦建国之后没有再延续西周的封建宗室的做法,将天下分为三十六郡,直接在王朝中央政权统治之下。西汉建国,鉴于秦国灭

---

① 左丘明:《春秋左传》,《十三经注疏》,北京:中华书局,1982年。
② 王国维:《观堂集林》卷十,上海书店《民国丛书》本第1页,1959年。

亡的教训,在形式上基本依照西周,广封同姓诸侯王,为吴楚七国之乱埋下祸根。不过两汉分封宗族一直没有中断。曹魏建国以后,也继承了两汉的做法,对皇族余子和庶子进行了分封。但是它的分封制度有多种缺陷:以防范诸侯王为主,因而诸侯王几乎没有发挥任何藩卫魏室的功能。

(一)曹魏宗族封建制度对"尊尊"与"亲亲"的违背

曹氏家族的分封制度起自曹操。曹操在建安十八年被封为魏公,建安二十一年晋封为魏王。在建安十六年,曹操分封诸子就开始了。建安十五年曹操发布《十二月己亥令》,辞让三县。据王沈《魏书》,第二年正月,汉献帝就将曹操所让三县中的一万五千户分封曹操三子:曹植为平原侯,曹据为范阳侯,曹豹为饶阳侯。① 三子封侯,名义上是汉献帝所为,实际上出自曹操的授意。在分封问题上,曹操没有走秦始皇之路,他对自己的直系子辈进行了分封。

曹丕即位后,没有遵守"三年丧"制度,在当年就完成了改朝换代,从魏王变成了魏帝。原来被分封的诸弟也纷纷从列侯提升为列王,同时他分封自己的儿子们为列王。曹丕短命,在位七年而崩,曹叡即位。曹叡在位的十多年,也继续分封自己的儿子为列王。但曹叡之子更加短命,均未成人而夭折。我们依据《三国志》卷十九和卷二十计算,到"高平陵事变"时,曹氏家族为王的有十九人之多,其中出自曹操庶子的有十五人,出自曹丕庶子的有四人,他们分别是:任城王曹楷,济北王曹志,丰王曹琬,相王曹竦,彭城王曹据,燕王曹宇,沛王曹林,中山王曹孚,济阳王曹恒,陈留王曹澳,范阳王曹敏,赵王曹干,真定王曹嘉,东平王曹翕,乐陵王曹茂,北海王曹蕤,东海王曹霖,元城王曹悌,邯郸王曹温。②

如此众多的同姓诸侯王为什么在三少帝时代没有能够阻止司马氏夺权,起到藩卫曹魏中央政权的作用? 这与曹操、曹

---

① 王沈:《魏书》,裴松之注引,北京:中华书局,1982年。
② 陈寿:《三国志》,北京:中华书局,1982年。

丕制定分封制度时候的种种限制有关。① 主要限制有：禁止诸侯之间互相联络，以防止诸侯联合起来，形成政治联盟，影响朝廷；禁止诸侯朝聘，以防止诸侯利用朝廷某些势力，影响朝廷；派官吏监视，防止诸侯王行为不端；诸侯王要履行贡献丁壮服王朝兵役、劳役的责任；诸侯王及曹氏宗室不得担任朝廷和地方高级官吏；屡屡改封，防止诸侯王形成地方势力；诸侯王及宗室不得治民，防止诸侯王架空朝廷。这些限制就是学者所称的"宗室苛禁"，以下分别予以讨论。

第一，禁止诸侯交通。这条规定来自曹操。

> 自太祖受命创业，深睹治乱之源，鉴存亡之机，初封诸侯，训以恭慎之至言，辅以天下之端士，常称马援之遗诫，重诸侯宾客交通之禁，乃使与犯妖恶同。夫岂以薄骨肉哉？徒欲使子弟无过失之愆，士民无伤害之悔耳。高祖践阼，祗慎万机，申诸侯不朝之令。②

诏书中称太祖曹操"常称马援之遗诫，重诸侯宾客交通之禁，乃使与犯妖恶同"，可见自曹操分封诸子时起，为防止今后诸侯王串通起来，对朝廷大宗有所不利，就已经禁止被分封的诸侯之间的来往。这个时间应当算在建安十六年初封曹植、曹据、曹豹三子为侯的时候。

第二，诸侯非特准，不得朝觐。曹叡《诫赵王干诏书》重申"申诸侯不朝之令"③，又曹植黄初四年的上疏说："前奉诏书，臣等绝朝，心离志绝，自分黄耇无复执珪之望。"显然，在此前曹丕曾经下诏书禁止诸侯朝觐，因此曹植以为今生无复再见机会。房玄龄也说："魏制，藩王不得朝觐。魏明帝时，有朝者皆

---

① 曹魏宗室苛禁制度与曹魏政权覆灭的关系，目前学术界有不同意见，例如，王永平认为苛禁制度是曹魏政权衰落的重要原因，见《曹魏苛禁宗室政策考论》(载《许昌师专学报》,2001年第3期)；宋战利认为曹魏宗室苛禁政策不构成对曹魏政权的颠覆，见《曹丕苛禁宗室政策考论》(载《史学月刊》,2008年第7期)。
② 陈寿：《三国志》,北京：中华书局,1982年。
③ 陈寿：《三国志》,北京：中华书局,1982年。

由特恩,不得以为常。"①这两条禁令实际上是违背经学"大邦维屏,大宗维翰。怀德维宁,宗子维城"的诗学精神和亲亲、尊尊的礼学原则的,是典型的刻薄寡恩。魏明帝曹叡严格执行以上两条禁令,对曹魏宗族造成"人道主义灾难"。太和五年,曹植上《求通亲表》:

> 今臣以一切之制,永无朝觐之望。至于注心皇极,结情紫闼,神明知之矣。然天实为之,谓之何哉!退唯诸王,常有戚戚具尔之心,愿陛下沛然垂诏,使诸国庆问,四节得展,以叙骨肉之欢恩,全怡怡之笃义,妃妾之家,膏沐之遗,岁得再通,齐义于贵宗,等惠于百司。如此,则古人之所叹,风雅之所咏,复存于圣世矣!②

由于宗族之间不得交通,又不得朝觐,亲戚朋友生老病死、婚姻嫁娶一概不知,分封诸王犹如宗室囚徒。曹叡自己就深有感触,于太和五年八月下诏说:

> 古者诸侯朝聘,所以敦睦亲亲,协和万国也。先帝著令,不欲使诸王在京都者,谓幼主在位,母后摄政,防微以渐,关诸盛衰也。朕惟不见诸王十有二载,悠悠之怀,能不兴思?其令诸王及宗室公侯各将适子一人朝。后有少主、母后在宫者,自如先帝令。申明著于令。③

从诏书文字看,曹丕有禁令,不允许诸王留在京城。曹叡只不过变通一下,对曹丕禁令作一个例外情况的说明:如果不是幼主在位,母后健在,同姓诸侯王才可以进京,但必须得到特许。可见这一次诏书只是特例恩准,没有改变"先帝"曹丕的规定。这一规定执行得十分严格,曹叡的特许没有改变第一条禁令,以致诸侯王屡屡犯禁:

---

① 房玄龄:《晋书·礼制下》(卷二一),北京:中华书局,1974年。
② 曹植:《求通亲表》,见陈寿《三国志》,北京:中华书局,1982年。
③ 陈寿:《三国志·魏书·卷三》,北京:中华书局,1982年。

中山王衮，青龙元年，因"犯京都禁"，被有司弹劾。①

楚王曹彪，青龙元年，因"犯京都禁"，被有司弹劾。②

彭城王曹据，景初元年，坐私遣人诣中尚方作禁物。③

赵王曹干：青龙二年，因"交通宾客"，被有司弹劾。④

第三，派监国使者监视诸侯的举动。这一限制应当为曹丕所定。《曹植传》说："植与诸侯并就国。黄初二年，监国谒者灌均希指奏植醉酒悖慢，劫胁使者，有司请治罪。"⑤又《魏氏春秋》说："是时待遇诸国法峻，任城王暴薨，诸王既怀友于之痛，植及白马王彪还国，欲同路东归，以叙隔阔之思，而监国使者不听。"⑥诸侯就国，由曹丕制定；曹操时期没有规定诸侯就国。而监国谒者职官也只能在诸侯就国以后才有。

第四，规定诸侯有抽调人力物力保卫国家的义务。曹植上书说：

植受兹青社，封于东土，以屏翰皇家，为魏藩辅。而所得兵百五十人，皆年在耳顺，或不踰矩。虎贲官骑及亲事凡二百余人，正复不老，皆使年壮，备有不虞。检校乘城，顾不足以自救。况皆复耄耋罢曳乎，而名为魏东藩，使屏翰王室，臣窃自羞矣。就之诸国，国有士子，合不过五百人。伏以为三军益损，不复赖此。方外不定，必当须办者。臣愿将部曲倍道奔赴，夫妻负襁，子弟怀粮，蹈锋履刃，以徇国难，何但习业小儿哉。愚诚以挥涕增河，鼷鼠饮海，于朝万无损益；

---

① 陈寿：《三国志》，北京：中华书局，1982年。
② 陈寿：《三国志》，北京：中华书局，1982年。
③ 陈寿：《三国志》，北京：中华书局，1982年。
④ 陈寿：《三国志》，北京：中华书局，1982年。
⑤ 陈寿：《三国志》，北京：中华书局，1982年。
⑥ 孙盛：《魏氏春秋》，裴松之注引，北京：中华书局，1982年。

于臣家计甚有废损。又臣士息前后三送,兼人已竭,惟尚有小儿七八岁已上十六七已还三十余人,今部曲皆年耆,卧在床席、非糜不食、眼不能视、气息裁属者凡三十七人,疲瘵风靡,疣盲聋瞶者二十三人。①

书中详细说明了曹植作为诸侯的初次分封,有士兵 150 人,卫兵和随从 200 人,加上他封国内的士子大约 500 人。可见曹植领地可调动的人员也不过这 800 多人。即使这样,朝廷还要从他的封国内征"士息",最后封国内只剩下 30 多名儿童,60 多名老人。

第五,诸侯王及曹氏宗室不得担任朝廷和地方高级官吏。曹操在世,宗族有为者大多有官职。到了曹丕在位,命令列王就国,从此剥夺了这些弟兄直接担任官职的权力。曹植在给曹叡的上书中悲愤地说:"臣伏自惟省,无锥刀之用。及观陛下之所拔授,若以臣为异姓,窃自料度,不后于朝士矣!"②

不但列王不能担任职官,就连这些人的子弟也受到极大的限制。曹冏在他的上书中说:"宗室有文者必限小县之宰,有武者必置百人之上,使夫廉高之士,毕志于衡轭之内,才能之人,耻与非类为伍。"③

第六,屡屡改封,防止诸侯王形成地方势力。此条规定可能发起于曹操。曹植建安十六年封平原侯,十九年徙封临菑侯④,此时曹操尚在。不过曹操为什么要三年后改封曹植,不得而知。又《魏武故事》记载曹操发布命令说:"诸侯长史及帐下吏知吾出辄将诸侯行意否?从子建私开司马门来,吾都不复信诸侯也。恐吾适出便复私出,故摄将行。不可恒使,吾尔谁为心腹也?"⑤这说明曹操对曹植不放心。曹操制定了诸侯不常处的政策,曹丕、曹叡变本加厉地施行此项措施:

  曹植十五年三迁徙。

---

① 鱼豢:《魏略》,裴松之注《三国志》引,北京:中华书局,1982 年。
② 陈寿:《三国志》,北京:中华书局,1982 年。
③ 曹冏:《六代论》,裴松之注引,北京:中华书局,1982 年。
④ 陈寿:《三国志·魏书·卷三》,北京:中华书局,1982 年。
⑤ 陈寿:《三国志》,裴松之注引,北京:中华书局,1982 年。

曹据,从黄初三年起,一封竟陵王,当年改封义阳王,再徙彭城王,又徙济阴王,五年,改封定陶王,太和六年,再改封彭城王。①

　　曹宇,黄初三年封下邳王,五年,改封单父王,太和六年,改为燕王。②

　　曹衮,黄初三年封北海王,四年改封赞王,七年改封濮阳王,太和六年改封中山王。③

　　第七,诸侯王及宗室不得治民。这是西汉中后期就有的规定,目的是防止诸侯王形成割据实势力,架空朝廷。

　　从以上七条看,西周宗族制度中的分封制度虽然也被曹魏所效仿,但动机相反,不是为了让同宗兄弟保卫宗族核心政权,而是防范宗族势力,限制宗族势力。因此曹魏的宗族封建制度在精神实质上是与儒家经学的"尊尊"、"亲亲"相反的。

　　(二)对曹魏宗室封建制度的评价

　　曹操、曹丕、曹叡鉴于西汉分封同姓诸侯王造成的社会动乱,对于宗室封建制度作了严格的限制。诸侯王名义上为藩卫王室而建,实际上没有任何经济、军事势力担当起这个责任。当司马氏家族一步步夺取曹魏权力时候,曹魏宗室唯一的一次宗室反抗活动是王凌企图扶曹彪上台。就连这次反抗也仅仅停留在谋划阶段,可见曹魏宗室没有组织过一次真正意义上的反抗活动。因此,曹魏宗室封建制度颇受后人诟病,历史学家们无不为之痛惜。

　　陈寿批评说:"魏氏王公既徒有国土之名,而无社稷之实,又禁防壅隔,同于囹圄;位号靡定,大小岁易;骨肉之恩乖,《常棣》之义废,为法之弊一至于此乎!"④

　　孙盛批评说:"异哉!魏氏之封建也。不度先王之典,不思藩屏之术,违敦穆之风,背维城之义。汉初之封,或权侔人主,虽云不度,时势然也。魏氏诸侯,陋同匹夫,虽惩七国,矫枉过

---

① 陈寿:《三国志》,北京:中华书局,1982年。
② 陈寿:《三国志》,北京:中华书局,1982年。
③ 陈寿:《三国志》,北京:中华书局,1982年。
④ 陈寿:《三国志》,北京:中华书局,1982年。

也。且魏之代汉,非积德之由,风泽既微,六合未一,而雕翦枝干,委权异族,势同瘣木,危若巢幕。不嗣忽诸,非天丧也。五等之制,万世不易之典,六代兴亡,曹冏论之详矣。"①

袁准批评说:"魏兴,承大乱之后,民人损减,不可则以古始,于是封建侯王,皆使寄地,空名而无其实。王国使有老兵百余人以卫其国,虽有王侯之号,而乃侪于匹夫,县隔千里之外,无朝聘之仪,邻国无会同之制,诸侯游猎不得过三十里。又为设防辅监国之官以伺察之。王侯皆思为布衣而不能得,既违宗国藩屏之义,又亏亲戚骨肉之恩。"②

曹魏这种宗室封建制度,在当时就有人颇为担忧。曹植已经看到这种宗族封建制度的危害,明确提出曹魏政权的敌人不在宗族,而在异姓。他上书曹叡说:"近者汉氏广建藩王,丰则连城数十,约则飨食祖祭而已,未若姬周之树国五等之品制也。若扶苏之谏始皇,淳于越之难周青臣,可谓知时变矣。夫能使天下倾耳注目者,当权者是矣,故谋能移主,威能慑下,豪右执政,不在亲戚。权之所在,虽疏必重。势之所去,虽亲必轻。盖取齐者田族,非吕宗也;分晋者赵、魏,非姬姓也。惟陛下察之!苟吉专其位、凶离其患者,异姓之臣也,欲国之安、祈家之贵,存共其荣没同其祸者,公族之臣也。今反公族疏而异姓亲,臣窃惑焉!"③

在当时的大臣中,经学家高堂隆也十分忧虑,在临终之际,他口授上疏说:"臣观黄初之际,天兆其戒,异类之鸟,育长燕巢,口爪胸赤,此魏室之大异也,宜防鹰扬之臣于萧墙之内。可选诸王,使君国典兵,往往棋峙,镇抚皇畿,翼亮帝室。昔周之东迁,晋、郑是依,汉吕之乱,实赖朱虚,斯盖前代之明鉴。"④高堂隆不愧为魏之忠臣。在遗言中提出选用诸王,掌握地方政治军事权力,防止异姓大臣在朝廷图谋不轨,正中要害。然而曹

---

① 陈寿:《三国志》,裴松之注引,北京:中华书局,1982年。
② 裴松之:《三国志注》卷二○引,北京:中华书局,1982年。
③ 曹植:《陈审举之义疏》,陈寿:《三国志》引,北京:中华书局,1982年。
④ 陈寿:《三国志》,北京:中华书局,1982年。

魏政权以防止宗室势力崛起为基本国策，没有采纳高堂隆遗言。

与高堂隆持相同意见的还有栈潜，他曾上书曹叡说："昔秦据崤函以制六合，自以德高三星，功兼五帝，欲号谥至万叶，而二世颠覆，愿为黔首，由枝干既扤，本实先拔也。盖圣王之御世也，克明俊德，庸勋亲亲；俊乂在官，则功业可隆，亲亲显用，则安危同忧；深根固本，并为干翼，虽历盛衰，内外有辅。昔成王幼冲，未能莅政，周、吕、召、毕，并在左右；今既无卫侯、康叔之监，分陕所任，又非旦、奭。东宫未建，天下无副。愿陛下留心关塞，永保无极，则海内幸甚。"①

这是反对曹魏宗室制度，曹叡对这样的人当然不喜欢，因而栈潜终身没有得到重用。

魏宗室曹冏在曹爽执政期间上书《六代论》，对曹魏宗族制度的危险做了详尽的分析。曹冏在《序》中说：

> 臣闻古之王者必建同姓以明亲亲，必树异姓以明贤贤。故《传》曰："庸勋亲亲，昵近尊贤。"《书》曰："克明峻德，以亲九族。"《诗》云："怀德维宁，宗子维城。"由是观之，非贤无与兴功，非亲无与辅治。夫亲亲之道，专用则其渐也微弱；贤贤之道，偏任则其弊也劫夺。先圣知其然也，故博求亲疏而并用之。近则有宗盟藩卫之固，远则有仁贤辅弼之助。盛则有与共其治，衰则有与守其土。安则有与享其福，危则有与同其祸。夫然故能有其国家，保其社稷，历纪长久，本支百世也。今魏尊尊之法虽明，亲亲之道未备。《诗》不云乎？"鹡鸰在原，兄弟急难。"以斯言之，明兄弟相救于丧乱之际，同心于忧祸之间，虽有阋墙之忿，不忘御侮之事，何则？忧患同也。今则不然，或任而不重，或释而不任。一旦疆场称警，关门反拒，股肱不扶，胸心无卫。臣窃惟此寝不安席，思献丹诚，贡策朱阙，谨撰

---

① 陈寿：《三国志》，北京：中华书局，1982年。

合所闻,叙论成败。①

曹魏宗室苛禁制度与曹魏政权覆灭的关系,目前学术界有不同意见,例如王永平认为苛禁制度是曹魏政权衰落的重要原因;②而宋战利认为曹魏宗室苛禁政策不构成对曹魏政权的颠覆。③ 笔者认为,曹魏分封宗室策略不是曹魏政权覆灭的关键因素,它只是剥夺了皇族部分成员参与国家政治的权力。西晋司马氏夸大了曹魏苛禁宗室的消极作用,在封建宗室问题上"吸取教训",结果为"八王之乱"创造了条件,加速了西晋的灭亡。曹魏宗室封建制度是有缺陷的,分封的主要目的从藩卫宗室变为流放与监视宗族支裔,从经学上看,违背了"亲亲"与"尊尊"之义;从实际效果上看,宗室封建不但没有起到藩卫宗室的目的,反而被司马氏势力所利用。孙资、刘放挤掉曹宇,利用的就是这个制度:

> 帝以燕王宇为大将军,使与领军将军夏侯献、武卫将军曹爽、屯骑校尉曹肇、骁骑将军秦朗等对辅政。中书监刘放、令孙资久专权宠,为朗等素所不善,惧有后害,阴图间之,而宇常在帝侧,故未得有言。甲申,帝气微,宇下殿呼曹肇,有所议,未还,而帝少间,惟曹爽独在。放知之,呼资与谋,资曰:"不可动也。"放曰:"俱入鼎镬,何不可之有?"乃突前见帝,垂泣曰:"陛下气微,若有不讳,将以天下付谁?"帝曰:"卿不闻用燕王邪?"放曰:"陛下忘先帝诏敕:藩王不得辅政。且陛下方病,而曹肇、秦朗等便与才人侍疾者言戏。燕王拥兵南面,不听臣等,入此,即竖刁、赵高也。今皇太子幼弱,未能统政。外有强暴之寇,内有劳怨之民,陛下不远虑存亡而近系恩旧,委祖宗之业,付二三凡士,寝疾数日,外内拥隔,社稷危殆而已不知,此臣等所以

---

① 曹冏:《六代论》,裴松之注,转引自王沈《魏书》,北京:中华书局,1982年。
② 王永平:《魏晋苛禁政策考论》,载《许昌师专学报》,2001年第3期。
③ 宋战利:《曹丕苛禁宗室政策考论》,载《史学月刊》,2008年第7期。

痛心也。"帝得放言,大怒曰:"谁可任者?"放、资乃举爽代宇,又白宜诏司马宣王,使相参。帝从之。放、资出,曹肇入,泣涕固谏,帝使肇敕停。肇出户,放、资趋而往,复说止帝。帝又从其言。放曰:"宜为手诏。"帝曰:"我困笃不能。"放即上床执帝手,强作之。遂赍出,大言曰:"有诏免燕王宇等官,不得停省中。"于是宇、肇、献、朗相与泣而归第。①

曹宇等宗族大臣被排挤出"托孤"行列,客观上为阴谋家司马懿战胜资质浅薄的曹爽、攫取曹魏中央政权的实际控制权创造了条件。

第三节 高贵乡公曹髦的经学活动

高贵乡公曹髦凭借东堂讲宴、太学论经和养老礼活动在经学史上留下自己的名字。对于曹髦的经学思想研究,目前学术界尚未正面展开,经学史学者大多将他放在王学与郑学之争的背景下考察王学与郑学势力的消长,②他经学的见解和经学政治的种种努力,还鲜有学人论及。

曹髦是曹魏的第四位皇帝。"高平陵事变"后,曹爽势力遭

---

① 习凿齿:《汉晋春秋》,裴松之注《三国志》引,北京:中华书局,1982年第2期。

② 几部重要的经学通史、断代史、专经史,以及大部分经学史论文都是这样处理的。如马雍说:"曹髦亲临太学,召集了各经的博士讨论学术,当讲到《尚书》的时候,曹髦有意反驳王肃的某些说法,而博士庾峻却坚持王肃的说法是正确的。显然,曹髦正因为王肃是司马氏的亲戚才反驳他。"(见汪惠敏:《尚书史话》,北京:中华书局,1982年)。吴雁南等说:"曹髦依据郑学阐释经文,有意驳难王肃的一些说法。"(见所著《中国经学史》,福州:福建人民出版社,2000年)。龚杰在《简论郑学与王学的异同》一文中说:"高贵乡公曹髦到太学向诸儒询问经义,他主张郑学,而博士竟以王学观点相对答。"(载《孔子研究》,1990年第2期)。至于汪惠敏说"至高贵乡公时,且亲临太学,与诸儒讨论《易经》、《尚书》、《礼记》等,往复辩论,以提高太学之研究风气",没有考虑到曹髦的处境,是一种想当然。见汪惠敏:《三国时代之经学研究》,台北:汉京文化事业有限公司,1981年。

到清除,司马氏政权仿效董卓故技,将魏帝曹芳换掉,高贵乡公曹髦在这样的背景上登上帝王之位。曹髦在位时期,司马氏集团完成了在朝廷排除异己分子的任务,取得对朝政的绝对控制权。司马氏的当务之急是从争夺中央控制权转向剿灭各地忠于曹魏的地方实力派,毋丘俭、文钦、诸葛诞等在这期间被逐一消灭。明眼人都知道,司马氏镇压地方势力的每一步成功,都是对曹魏政权末日的迫近。在三少帝中,曹髦是最想有所作为的一位。面对如此严峻的局面,曹髦企图利用讲论经学的机会来培植自己的势力,在5年多一点的时间里,他参加了太极东堂讲宴、太学讲经,举办养老礼等重要的经学活动。这些活动带有十分明显的政治色彩,笔者因此称之为"经学政治活动"。

一、东堂讲宴的背景

曹髦为曹丕之孙,其父为东海定王曹霖。他3岁被封为"高贵乡公",15岁出人意料地被选为"魏帝"。他的初次亮相就显示了过人之处:

> 十月己丑,公至于玄武馆,群臣奏请舍前殿,公以先帝旧处,避止西厢。群臣又请以法驾迎,公不听。庚寅,公入于洛阳,群臣迎拜西掖门南,公下舆,将答拜,傧者请曰:"仪不拜。"公曰:"吾,人臣也!"遂答拜。至,止车门,下舆。左右曰:"旧乘舆入。"公曰:"吾被皇太后征,未知所为。"遂步至太极东堂,见于太后。其日即皇帝位于太极前殿,百僚陪位者欣欣焉。①

曹髦受太后诏进洛阳的时候,他的身份暂时还是高贵乡公。按照礼仪,在宣布即位之前,他不能享受天子待遇,于是拒绝了在魏明帝曾经居住的玄武馆前殿过夜,不乘专供天子乘坐的"法驾";群臣行跪拜礼,他不听左右劝阻,下车答拜。此时的曹髦才15岁,却表现出从容不迫,处处礼节得当,显示出了很高的政治

---

① 陈寿:《三国志》,北京:中华书局,1982年。

修养和果断刚毅、不受制于人的个性。①

曹髦作为一个十几岁的孩子,为什么有这样冷峻的表现?最重要的是他学识丰厚,具备一定的政治见识。裴松之注引《魏氏春秋》说:"公神明爽儁,德音宣朗。罢朝,景王私曰:'上何如主也?'钟会对曰:'才同陈思,武类太祖。'景王曰:'若如卿言,社稷之福也。'"②曹髦的初次亮即相征服了朝野。但是这个15岁少年对于自己处境的危险估计还不足,他自以为通过自己的努力,可以挽救风雨飘摇中的曹魏王朝的命运。他留下一篇《自叙》:

> 昔帝王之生,或有祯祥,盖所以彰显神异也。惟予小子,支胤末流,谬为灵祇之所相佑也,岂敢自比于前喆,聊记录以示后世焉。其辞曰:惟正始三年九月辛未朔,二十五日乙未直成,予生。于时也天气清明,日月晖光,爰有黄气,烟煴于堂。照曜室宅,其色煌煌。相而论之曰:"未者为土,魏之行也。厥日直成,应嘉名也。烟煴之气,神之精也。无灾无害,蒙神灵也。"齐王不弟,颠覆厥度,群公受予,绍继祚皇。以眇眇之身,质性顽固,未能涉道而遵大路,临深履冰,涕泗忧惧。古人有云:"惧则不亡。"伊予小子,曷敢怠荒!庶不忝辱,永奉烝尝。③

这篇自叙记载了自己出生时的神异,虽然不敢大肆编造神

---

① 《晋书》的记载与此稍有出入:天子受玺惰,举趾高,帝闻而忧之。及将大会,帝训于天子曰:"夫圣王重始,正本敬初,古人所慎也。明当大会,万众瞻穆穆之容,公卿听玉振之音。《诗》云:'示人不佻,是则是效。'《易》曰:'出其言善则千里之外应之。'虽礼仪周备,犹宜加之以祗恪,以副四海颙颙式仰。"(见《晋书》卷二,北京:中华书局,1974年。曹髦似乎对即皇帝位不是很积极,接受玉玺神情懈怠,走路步调也不够谨慎。因此司马师对他进行了训话。是不是曹髦也是一个"扶不起的阿斗"?我们认为两书记载并不矛盾。《三国志》显示,曹髦并不急于当天子;《晋书》所记,表明他知道自己的处境:一个被司马师牵着玩杂耍的傀儡,他当然"懈怠"以表示不满。

② 孙盛:《魏氏春秋》,裴松之《三国志注》引《三国志》,北京:中华书局,1982年。

③ 陈寿:《三国志》裴松之注引《帝集》,北京:中华书局,1982年。

话,但至少透露出一点想自我神圣化的努力,说明在主观上他很想有一番作为。如对经学和经学政治的重视,是他这些努力的一部分。然而,历史留给他的时间只有短短的5年多一点时间;他所施展的政治舞台,也只是洛阳宫的太极殿和太学而已。其中,"东堂讲宴"是曹魏政权后期经学的主要讲堂,也许假以时日,以曹髦的才华,有可能发展成为与石渠阁和白虎观讲经媲美的经学史盛事,可惜这种可能被"凌云台事变"终止了。

曹髦以东堂讲宴为自己的政治舞台,从而保持与大臣的联系,施加自己的影响。《三国志》简略记载了曹髦东堂讲宴的情况:

> 帝常与中护军司马望、侍中王沈、散骑常侍裴秀、黄门侍郎钟会等讲宴于东堂,并属文、论。名秀为"儒林丈人";沈为"文籍先生",望、会亦各有名号。帝性急,请召欲速,秀等在内职,到得及时。以望在外,特给追锋车、虎贲卒五人,每有集会,望辄奔驰而至。①

在太极殿东堂讲宴是经常性的活动。在这个活动中,身为魏帝的曹髦是有权力主动招大臣来谈学的。难道司马师允许曹髦随便接触大臣?原来,少帝谈论经学是曹魏时代的一项制度。该制度先由曹爽辅政时期的何晏提议施行,后来司马师也借用来管制曹髦。《三国志·三少帝传》记载了何晏正始八年的奏章建议:"可自今以后御幸式乾殿及游豫后园,皆大臣侍从,因从容戏宴,兼省文书,询谋政事,讲论经义,为万世法。"②

何晏的出发点是想将曹芳的教育与处理政务学习纳入一个规范中,而且还作为"万世法"固定下来。此时曹爽专政,何晏得势,从嘉平六年群臣奏太后废齐王芳的奏章看,何晏这篇奏章的提议在当时就得到了执行。该奏章说:"太后令帝常在式乾殿上讲学,不欲使行来,帝径去。太后来问辄诈令黄门答

---

① 傅畅:《晋诸公赞》,裴松之《三国志》引,北京:中华书局,1982年。
② 何晏:《正始八年七月奏章》,陈寿《三国志》引,北京:中华书局,1982年。

言'在'耳。"①

曹芳被废,曹髦即位,司马师重申何晏提议的那套措施:

> (司马师)上书训于天子曰:"荆山之璞虽美,不琢不成其宝;颜、冉之才虽茂,不学不弘其量。仲尼有云:'予非生而知之者,好古敏以求之者也。'仰观黄轩五代之主,莫不有所禀则。颛顼受学于绿图,高辛问道于柏招。逮至周成,旦、望作辅,故能离经辩志,安道乐业。夫然,故君道明于上,兆庶顺于下,刑措之隆实由于此。宜遵先王下问之义,使讲诵之业屡闻于听,典谟之言日陈于侧也。"②

司马师要求曹髦"使讲诵之业屡闻于听",也就是何晏的"询谋政事,讲论经义",只不过何晏要求曹芳在式乾殿讲论经义,而司马师指使曹髦在太极殿东堂讲诵经义。那么,曹髦讲论经义是不是被动学习呢?从前引文献看,曹髦对太极东堂讲宴十分积极。他是否将这项活动当成了一种经学政治?答案是肯定的。

二、曹髦东堂讲宴的经学问题

曹髦"东堂讲宴"的具体内容,当时有所记录,时任中书侍郎的钟会就曾予以辑录。由于曹髦被杀,司马氏不久篡位,加上钟会叛乱身死,这些材料绝大部分已经散失了,要想全面了解"东堂讲宴"讲的是哪些经学问题,非常困难。好在裴松之注引用孙盛的《魏氏春秋》记载了甘露元年二月丙辰的一次"东堂讲经":

> 二月丙辰,帝宴群臣于太极东堂,与侍中荀𫖮、尚书崔赞、袁亮、钟毓、给事中中书令虞松等并讲述礼典,遂言帝王优劣之差。
>
> 帝慕夏少康,因问𫖮等曰:"有夏既衰,后相殆灭,少康收集夏众,复禹之绩。高祖拔起陇亩,驱帅豪俊,芟夷秦、项,包举寓内,斯二主可谓殊才异略,命世大

---

① 王沈:《魏书》,裴松之《三国志注》引,北京:中华书局,1982年。
② 房玄龄等:《晋书》卷二,北京:中华书局,1974年。

贤者也。考其功德，谁宜为先？"

颙等对曰："夫天下重器，王者天授，圣德应期，然后能受命创业。至于阶缘前绪，兴复旧绩，造之与因，难易不同。少康功德虽美，犹为中兴之君，与世祖同流可也。至如高祖，臣等以为优。"

帝曰："自古帝王功德言行互有高下，未必创业者皆优，绍继者咸劣也。汤武、高祖虽俱受命，贤圣之分，所觉县殊。少康、殷宗，中兴之美，夏启、周成，守文之盛，论德较实，方诸汉祖，吾见其优，未闻其劣。顾所遇之时殊，故所名之功异耳。少康生于灭亡之后，降为诸侯之隶，崎岖逃难，仅以身免，能布其德而兆其谋，卒灭过、戈，克复禹绩，祀夏配天，不失旧物，非至德弘仁，岂济斯勋？汉祖因土崩之势，仗一时之权，专任智力，以成功业，行事动静，多违圣检，为人子则数危其亲；为人君则囚系贤相；为人父则不能卫子。身没之后，社稷几倾。若与少康易时而处，或未能复大禹之绩也。推此言之，宜高夏康而下汉祖矣。诸卿具论详之。"

翌日丁巳，讲业既毕，颙、亮等议曰："三代建国，列土而治，当其衰弊，无土崩之势，可怀以德，难屈以力。逮至战国，强弱相兼，去道德而任智力，故秦之弊可以力争。少康布德，仁者之英也。高祖任力，智者之俊也。仁智不同，二帝殊矣。《诗》、《书》述殷中宗、高宗，皆列《大雅》；少康功美过于二宗，其为《大雅》明矣。少康为优，宜如诏旨。"

赞、毓、松等议曰："少康虽积德累仁，然上承大禹遗泽余庆，内有虞仍之援，外有靡艾之助，寒浞谗慝，不德于民，浇、豷无亲，外内弃之。以此有国，盖有所因。至于汉祖起自布衣，率乌合之士以成帝者之业，论德则少康优；课功则高祖多。语资则少康易；校时则高祖难。"

帝曰："诸卿论少康因资，高祖创造，诚有之矣。然未知三代之世，任德济勋如彼之难；秦、项之际，任力成功如此之易。且太上立德,其次立功。汉祖功高,未若少康盛德之茂也。且夫仁者必有勇,诛暴必用武。少康武烈之威,岂必降于高祖哉?但《夏书》沦亡,旧文残缺,故勋美阙而罔载,唯有伍员粗述大略。其言复禹之绩,不失旧物,祖述圣业,旧章不愆。自非《大雅》兼才,孰能与于此!向令坟、典具存,行事详备,亦岂有异同之论哉?"于是群臣咸悦服。

中书令松进曰:"少康之事去世久远,其文昧如,是以自古及今,议论之士莫有言者,德美隐而不宣。陛下既垂心远鉴,考详古昔,又发德音,赞明少康之美,使显于千载之上,宜录以成篇,永垂于后。"

帝曰:"吾学不博,所闻浅狭,惧于所论,未获其宜。纵有可采,亿则屡中,又不足贵,无乃致笑后贤,彰吾闇昧乎?"于是侍郎钟会退论次焉。①

这次讲经,缘起于大宴群臣之后与文职内官一起讨论《礼典》之事。《礼典》在经学史上指称明确,就是今天的《仪礼》十七篇,其第一篇是《士冠礼》。从讲述《礼典》,到"遂言帝王优劣",看似跳跃性大,实则由《士冠礼》生发开来。《士冠礼》一篇所说礼仪相当于今天的成年礼。男子二十而冠,可以作为一个男子汉而承担相应的义务和权力了。由此讲到天子的冠礼,由天子冠礼引出品藻古帝王,古代帝王优劣论自然成了话题。上面所引文献有"翌日丁巳,讲业既毕,颙、亮等议",我们从这几句话中可以发现,曹魏少帝学习经学的教学方式是每一次先学习经典,然后讨论,即由大臣担当的老师先讲述"课文",然后一起进行"课堂讨论"。由此我们可以判断,此时的曹髦正在接受《仪礼》教育。

在这次学术探讨中,以曹髦为一方,向以荀颙为首的大臣提问。曹髦提出创业之君与中兴之君功德优劣问题,由于曹髦身处环境不同,问题意识自然与大臣有别,他向往少康等复兴之功,自然以少康为高;对于汉高祖,他从道德角度着眼,判为

---

① 孙盛:《魏氏春秋》,裴松之注《三国志》引,北京:中华书局,1982年。

稍逊一筹。曹髦发起问题的根本原因在于他的处境，但既然是讲经学，曹髦驳斥荀𫖮等"汉高祖优"的依据就不能完全离开经学。当荀𫖮提出汉高祖稍胜，曹髦立即予以反驳，他立论的依据是少康的"至德弘仁"。第二天，崔赞、钟毓、虞松仍然坚持汉高祖优，曹髦直接提出"太上立德，其次立功"。以德为高的思想来自于《左传》中叔孙豹的"太上立德，其次立功，其次立言"的"三不朽"说。曹髦立论依据取自于古文经学的《春秋左传》，这也是曹丕、曹叡等曹氏家族的一贯主张。

以荀𫖮为首的大臣一方在第一次回答这个问题的时候，恐怕已经注意到了曹髦企图中兴曹魏的想法。曹髦复兴曹魏，首先要排除的就是司马氏势力。但他们站在司马氏一边，因此否定少康中兴已经不是一个经学问题，而是一个政治立场问题，荀𫖮等自然给出汉高祖优的答案。

然而，曹髦正面提出一个"德"的问题。司马氏家族想以晋代魏，毕竟有惭德，曹髦抓住这一要害，要求群臣仔细讨论。这是个比较简单的问题，以荀𫖮、钟会等人的学术水平，不难当场解决。但是大臣们将问题拖到第二天，在讲完"课文"之后，又继续前一天的讨论话题。这一次大臣分为两派，一派赞成曹髦，一派反对。

荀𫖮改变了自己的看法，和袁亮一起同意曹髦的观点，将少康列在德胜的"大雅"之列。

崔赞、钟毓、虞松不赞成，提出"论德则少康优；课功则高祖多。语资则少康易；校时则高祖难"，显然，他们不同意"太上立德"。于是曹髦再次强调"太上立德"的判断依据，并且进一步提出：由于《尚书》中的《夏书》遗失太多，少康功烈被埋没，仅仅靠伍子胥所述，传下一鳞半爪。辩论的结果，是"群臣咸服"。而且虞松还建议将曹髦的意见撰写成文章。

曹髦当然知道自己的经学水平还没有高到可以著书立说的地步，不愿意贻笑后人。实际上曹髦提出《夏书》湮灭，少康事迹不传这个假设，是依据《尚书》学史的一种猜想而已，说服力并不强。群臣为什么"咸服"了？因为群臣看出了经学以外的问题：曹髦中兴曹魏的理想与司马氏代魏的企图存在不可调和的矛盾；曹髦少年天子的霸气让他们有所警觉。从引文看，曹髦的谈锋咄咄逼人,绝不是受制于人的角色,因此他们没有必要多费口舌。

此次君臣辩论只是许多次谈论的一次而已,但已经足以暴露曹髦的政治志向,其后果如何?我们不妨从荀𫖮谈起。荀𫖮是魏名臣荀彧之子,是当时著名的经学家。司马懿于荀𫖮有知遇之恩;再加上荀彧之死与曹操有关,因此荀𫖮投向了司马氏,对于曹魏政权已经没有效忠的意思了:

> 魏时以父勋除中郎,宣帝辅政,见𫖮,奇之曰:"荀令君之子也!"擢拜散骑侍郎,累迁侍中,为魏少帝执经,拜骑都尉,赐爵关内侯,难钟会"易无互体",又与扶风王骏论"仁孝孰先",见称于世。时曹爽专权,何晏等欲害太常傅嘏,𫖮营救得免。及高贵乡公立,𫖮言于景帝曰:"今上践阼,权道非常,宜速遣使,宣德四方,且察外志。"毋丘俭、文钦果不服,举兵反。𫖮预讨俭等有功,进爵万岁亭侯,邑四百户……及蜀平,兴复五等,命𫖮定礼仪。𫖮上请羊祜、任恺、庾峻、应贞、孔颢共删改旧文,撰定晋礼……𫖮明三礼,知朝廷大仪,而无质直之操,唯阿意苟合于荀勖、贾充之间。初,皇太子将纳妃,𫖮上言贾充女姿德淑茂,可以参选,以此获讥于世。①

引文中"今上践阼,权道非常,宜速遣使,宣德四方,且察外志"值得玩味。周一良认为荀𫖮建议"其目的即在于监视地方拥曹之势力"。② 其中"权道非常"应当是指司马家族发动政变、剪除曹爽势力,废了魏帝曹芳,迎立新帝曹髦。由于毋丘俭、文钦起兵反司马氏在正元二年,荀𫖮此建议应当在正元二年毋丘俭发兵之前。到甘露元年,这个新天子所流露的危险性远超废帝曹芳。经过这次谈话,按照荀𫖮、钟会等人的品行、立场,应当迅速向司马师作了"汇报",结果,至少是司马师更加强了对曹髦的防范。

---

① 房玄龄等:《晋书》卷三十九,北京:中华书局,1974年。
② 周一良:《魏晋南北朝史札记》,北京:中华书局,1985年。

三、东堂讲宴的效果

从傅畅的记载看,东堂讲宴是一个经常性的活动,君臣之间似乎很融洽,是一派"其乐融融"的景象。可是,司马师真的希望如此吗?

司马师是古代最成功的阴谋家之一,在"高平陵事变"中,他的阴谋术令人惊叹:

> 宣帝之将诛曹爽,深谋秘策,独与帝潜画,文帝弗之知也。将发,夕乃告之,既而使人觇之,帝寝如常而文帝不能安席。晨会兵司马门,镇静,内外置阵甚整。宣帝曰:"此子竟可也。"初,帝阴养死士三千,散在人间,至是,一朝而集,众莫知所出也。①

司马师岂能容忍曹髦利用经学耍弄政治?从司马师的一贯作风看,曹髦身边的这些侍中、尚书、"丈人"、"先生"不是真的来做帝王师友,他们大多数肩负着监视和掌控曹髦的任务。

不过曹髦对他们还是下了很大功夫,企图用自己的礼贤下士拉拢他们站到自己一边。他的努力,收效怎样呢?

参加"东堂讲宴"的除了上文提到的中护军司马望、侍中王沈、散骑常侍裴秀、黄门侍郎钟会四人外,还有侍中荀𫖮,尚书崔赞、袁亮、钟毓,给事中、中书令虞松等。②我们择其要者作简要考察。

司马望。司马望为司马懿弟司马孚之子。司马望父子是司马氏集团核心成员,但司马孚与兄司马懿以及侄儿司马师、司马昭在对待魏王室问题上,态度有所不同。司马孚对于司马家族夺取曹魏政权多少有些愧疚。他终生自称魏之臣,死后也

---

① 房玄龄等:《晋书·卷二·景帝纪》,北京:中华书局,1974年。
② 孙盛:《魏氏春秋》,裴松之注《三国志》引,北京:中华书局,1982年。

以魏臣身份安葬。① 曹髦拉拢司马望,确为有的放矢之举。他在司马望身上倾注了不少心血,特意为司马望配置"追风车"一辆,虎贲卒五人,以便司马望应召能及时赶到。司马望对于曹髦的顾爱不是没有触动,但司马望毕竟属于司马氏集团成员,让他改变立场站在曹魏一边,不是一件容易的事情。司马望也顾忌到这一点,采取远身避祸策略,请求外任,一走8年,避免了司马师兄弟的猜忌。《晋书卷三十七·宗室列传》说:"时景、文相继辅政,未尝朝觐,权归晋室。望虽见宠待,每不自安,由是求出为征西将军。持节都督雍、凉二州诸军事,在任8年,威化明肃。"② 曹髦的努力因司马望的外调而成为泡影。曹髦工作的唯一效果就是将司马望从曹氏与司马氏权力斗争的前沿游离开来。

王沈。王沈是曹魏时期颇具才华的学者,以孝道著称,曾经深受到曹爽的赏识。曹髦在王沈身上也有不少投入:"时魏高贵乡公好学,有文才,引沈及裴秀数于东堂讲宴属文,号沈为'文籍先生'。"③ 但就是这个被尊称为"文籍先生"的王沈,在关键时刻却成了告密者,也表明司马师布下的棋子发挥了作用:

> 帝见威权日去,不胜其忿。乃召侍中王沈、尚书王经、散骑常侍王业谓曰:"司马昭之心,路人所知也,吾不能坐受废辱。今日当与卿自出讨之!"王经曰:"昔鲁昭公不忍季氏,败走失国,为天下笑。今权在其门,为日久矣。朝廷四方皆为之致死,不顾逆顺之理,非一日也。且宿卫空阙,兵甲寡弱,陛下何所资用?而一旦如此,无乃欲除疾而更深之邪?祸殆不测,宜

---

① 《晋书·宗室》卷三十七说:孚性至慎,宣帝执政,常自退损。后逢废立之际,未尝预谋。景、文二帝以孚属尊,不敢逼。后进封长乐公,及武帝受禅,陈留王就金墉城,孚拜辞执王手,流涕歔欷,不能自胜曰:"臣死之日,固大魏之纯臣也……"临终遗令曰:"有魏贞士、河内温县司马孚,字叔达,不伊不周,不夷不惠,立身行道,终始若一,当以素棺单椁,敛以时服。"(见《晋书》,北京:中华书局,1974年。)

② 房玄龄等:《晋书》,北京:中华书局,1974年。

③ 房玄龄等:《晋书》卷三十九,北京:中华书局,1974年。

见重详。"帝乃出怀中版令投地曰:"行之决矣!正使死,何所惧?况不必死邪!"于是入白太后,沈、业奔走告文王,文王为之备。①

后来,王沈成为司马氏政权的得力干将,是西晋政治的主要设计者之一:"沈以才望名显当世,是以创业之事,羊祜、荀勖、裴秀、贾充等皆与沈谘谋焉。及帝受禅,以佐命之勋转骠骑将军,录尚书事,加散骑常侍,统城外诸军事,封博陵郡公。"②

后人对于王沈出卖天子,颇有微词。其实王沈在高平陵事变后能够被启用,说明他已经变节,开始效忠于司马氏家族,与曹髦只有名义上的君臣之份。

裴秀。《三国志·裴秀传》说:"爽乃辟为掾,袭父爵清阳亭侯,迁黄门侍郎。爽诛,以故吏免。顷之,为廷尉正,历文帝安东及卫将军司马,军国之政,多见信纳。"③

与王沈一样,裴秀曾经受到曹爽赏识。曹爽被诛,裴秀受到牵连而免职,不久起用。裴秀与王沈为什么被起用?贾充曾经代表司马氏探过诸葛诞口风,考察诸葛诞对司马氏代曹魏的态度;④司马昭曾经故意将机密文件透露出来,以此来窥探郑小同的政治立场。⑤ 因此裴秀等人被起用,一定是通过了司马氏的"政治考察"。这位"儒林丈人"没有效忠于他曾经服务过的曹魏政权,反而投靠了曹魏的敌人,成为西晋王朝礼制的主要设计者。

钟会。钟会精通经学和老、庄之学。《三国志》钟会本传

---

① 习凿齿:《汉晋春秋》,裴松之注《三国志》引,北京:中华书局,1982年。
② 房玄龄等:《晋书》卷三十九,北京:中华书局,1974年。
③ 房玄龄等:《晋书》卷三十五,北京:中华书局,1974年。
④ 裴松之注:《三国志·诸葛诞传》引《魏末传》说:贾充与诞相见,谈说时事,因谓诞曰:"洛中诸贤,皆愿禅代,君所知也。君以为云何?"诞厉色曰:"卿非贾豫州子!世受魏恩,如何负国,欲以魏室输人乎?非吾所忍闻!若洛中有难,吾当死之!"充默然(见中华书局本《三国志》,1982年)。
⑤ 孙盛:《魏氏春秋》说:小同诣司马文王,文王有密疏,未之屏也,如厕,还谓之曰:"卿见吾疏乎?"对曰:"否!"文王犹疑而鸩之,卒。(裴松之《三国志注》引,北京:中华书局,1982年。)

说:"会尝论易无互体、才性同异,及会死后,于会家得书二十篇,名曰'道论'而实刑名家也,其文似会。初,会弱冠与山阳王弼并知名。"① 钟会是一个具有阴谋家气质的政治家,其人品为魏晋名士所不齿。然颇有韬略,性格受司马师影响,是典型的政治特务。孙盛《魏氏春秋》记载了许允被杀后,司马师曾经派钟会去考察许允儿子情况:"景王遣钟会看之,若才艺德能及父,当收。儿以语母,母答:'汝等虽佳,才具不多,率胸怀与会语,便自无忧,不须极哀,会止便止,又可多少问朝事。'儿从之,会反命,具以状对,卒免其祸,皆母之教也。"② 这种事情钟会都去做,可见他是司马师的心腹,负责刺秘密探"情报"工作,他不可能愿意为曹髦所用。然而此人隐藏最深,还装模作样地将东堂谈宴撰写成文。我们今天能读到曹髦的东堂宴谈的文献,还得感谢钟会。

由以上分析可见,曹髦"东堂讲宴"最大的收获是将司马望从曹魏斗争的前线分离出来,直接的政治成效不大。而参与讨论的大臣由于监视曹髦有功,获得司马师嘉奖:"咸熙二年九月戊午,以魏司徒何曾为丞相,镇南将军王沈为御史大夫,中护军贾充为卫将军,议郎裴秀为尚书令、光禄大夫,皆开府。"③

在曹髦"东堂讲宴"经学政治斗争中,司马氏牢牢地控制了局势,曹髦只是笼中被拔了牙的猛兽,胜利的一方早已注定,曹髦只是赢得了历史的同情而已。

四、太学问答的经学内容分析

今天所能看到有关曹髦经学活动的史籍记载,除了上文提到的甘露元年二月丙辰宴谈,还有60天后在甘露元年四月丙辰的太学论经。前述"东堂谈宴"不是对经学基本问题的直接讨论,不能完全反映曹髦的经学水平和经学思想而本篇"太学谈经"正好提供了分析这个问题的资料。

太学讲经一共涉及三部经书。第一部是《周易》:

---

① 陈寿:《三国志·钟会传》,北京:中华书局,1982年。
② 裴松之:《三国志注》引,北京:中华书局,1982年。
③ 房玄龄:《晋书》卷三,北京:中华书局,1974年。

丙辰，帝幸太学，问诸儒曰："圣人幽赞神明，仰观俯察，始作八卦。后圣重之为六十四，立爻以极数，凡斯大义，罔有不备，而夏有《连山》，殷有《归藏》，周曰《周易》，《易》之书其故何也？"

易博士淳于俊对曰："包羲因燧皇之图而制八卦；神农演之为六十四；黄帝尧舜通其变，三代随时质文，各繇其事。故易者，变易也。名曰'连山'，似山出内气，连天地也。'归藏'者，万事莫不归藏于其中也。"

帝又曰："若使包羲因燧皇而作《易》，孔子何以不云燧人氏没，包羲氏作乎？"俊不能答。

帝又问曰："孔子作《彖》、《象》，郑玄作注，虽圣贤不同，其所释经义，一也。今《彖》、《象》不与经文相连，而注连之，何也？"

俊对曰："郑玄合《彖》、《象》于经者，欲使学者寻省易了也。"

帝曰："若郑玄合之于学诚便，则孔子曷为不合以了学者乎？"

俊对曰："孔子恐其与文王相乱，是以不合，此圣人以不合为谦。"

帝曰："若圣人以不合为谦，则郑玄何独不谦邪？"

俊对曰："古义弘深，圣问奥远，非臣所能详尽。"

帝又问曰："《系辞》云：'黄帝尧舜垂衣裳而天下治'，此包羲、神农之世为无衣裳，但圣人化天下何殊异尔邪？"

俊对曰："三皇之时，人寡而禽兽众，故取其羽皮而天下用足。及至黄帝，人众而禽兽寡。是以作为衣裳以济时变也。"

帝又问："乾为天，而复为金、为玉、为老马，与细物并邪？"

俊对曰："圣人取象，或远或近。近取诸物，远则天地。"①

---

① 陈寿：《三国志》，北京：中华书局，1982年。

曹髦总共发出七问,包含五个问题。曹髦的第一问易"为什么有多个名称",属于常识性问题,涉及易学史上易的创立与易的名称两个方面;淳于俊从两个方面作了常识性回答。

曹髦的第二个问题:"若使包羲因燧皇而作《易》,孔子何以不云燧人氏没,包羲氏作乎?"问题虽然机警,然而属于狡辩。淳于俊不是真的不能回答,或是不屑于回答。

曹髦的第三个问题是从文献学角度提问:为什么郑玄注与经文合一?问题层次比较浅显,也没有抬高郑玄的意思。淳于俊只作了常识性回答,曹髦显然不满意,提出"若郑玄合之于学诚便,则孔子曷为不合以了学者乎?"这是对第三个问题的进一步追问,透露出曹髦的天真、直率和勤学好问的精神。淳于俊有些无奈,不得不作道德方面的解说。淳于俊的解说不够全面,说的仅仅是其中原因之一。古人经、传、记分行,原因是多方面的。因为郑玄时代的学者居住条件的改善,学问趋向专门化,学问普及程度空前提高,所以,经传方才合一。曹髦更不满意了,再进一步追问:"若圣人以不合为谦,则郑玄何独不谦邪?"真是打破沙锅问到底,此处显示出对郑玄做法的不满,这个态度对主张"佑郑贬王"说是个的挑战。淳于俊以"古义弘深,圣问奥远,非臣所能详尽"搪塞过去。此问不是真的古奥深远,淳于俊只是不愿在低层次上纠缠,又要给皇帝留了面子,才这么说。

第四个问题讨论上古为什么有"垂衣而治",此说对于一个少年来说确实有新鲜感;淳于俊从"人口学"角度作出解释。曹髦没有再追问,可见他对这个回答比较满意。

第五个问题:为什么乾卦取象不在一个逻辑层面上,这个问题透露出少年式的天真,表明曹髦此时对象数、易学尚未真正入门;淳于俊回答起来也就比较容易了。

以上问题中除了最后一问属于易学中的象数学,是易学的"内部问题"外,其余均是易学史上比较简单的问题,属于易学的"外部"学问,由此可见曹髦易学水平不高。

当天谈论的第二部经书是《尚书》。

第一个问题涉及如何理解"曰若稽古帝尧":

> 讲《易》毕,复命讲《尚书》。

> 帝问曰:"郑玄云'稽古同天',言尧同于天也。王肃云'尧顺考古道而行之',二义不同,何者为是?"
>
> 博士庾峻对曰:"先儒所执各有乖异,臣不足以定之。然《洪范》称三人占,从二人之言。贾、马及肃皆以为顺考古道。以《洪范》言之,肃义为长。"
>
> 帝曰:"仲尼言唯天为大,唯尧则之。尧之大美在乎则天,顺考古道,非其至也。今发篇开义以明圣德而舍其大,更称其细,岂作者之意邪?"
>
> 峻对曰:"臣奉遵师说,未喻大义。至于折中,裁之圣思。"①

这个问题的深度一般。当时对《周易》的注解,朝廷用的是郑玄、王肃两家。郑玄的解说求之过深,没有说对;王肃说对了"稽古"二字的含义。博士庾峻赞成王肃的解释,但没有说出理由,只是给出一个如何解决学习中疑难问题的方法,即少数服从多数。这个解释让曹髦失望,于是曹髦引用《论语》来支持郑玄的说法,这显示曹髦的确有才华,能够活学活用,举一反三。庾峻不得不改变态度:一边为自己辩解,一边收回前面所说的解决难题的办法,而代之以"裁之圣思"。

第二个问题是讨论"四岳举鲧":

> 次及"四岳举鲧"。
>
> 帝又问曰:"夫大人者与天地合其德,与日月合其明。思无不周,明无不照。今王肃云'尧意不能明鲧,是以试用。'如此,圣人之明有所未尽邪?"
>
> 峻对曰:"虽圣人之弘,犹有所未尽,故禹曰'知人则哲,惟帝难之',然卒能改授圣贤,缉熙庶绩,亦所以成圣也。"
>
> 帝曰:"夫有始有卒,其唯圣人。若不能始,何以为圣?其言'惟帝难之',然卒能改授,盖谓知人,圣人所难,非不尽之言也。经云'知人则哲,能官人'。若尧疑鲧,试之九年,官人失叙,何得谓之圣哲?"

---

① 陈寿:《三国志》,北京:中华书局,1982年。

> 峻对曰:"臣窃观经传,圣人行事不能无失,是以尧失之四凶,周公失之二叔,仲尼失之宰予。"
>
> 帝曰:"尧之任鲧,九载无成;汨陈五行,民用昏垫。至于仲尼失之宰予,言行之间,轻重不同也。至于周公管、蔡之事,亦《尚书》所载,皆博士所当通也。"
>
> 峻对曰:"此皆先贤所疑,非臣寡见所能究。"①

曹髦善于发现问题:《尧典》中的圣人尧怎么也会犯错误?为什么不能一开始就发现鲧非善人?为什么要到9年以后才终止用鲧?这个疑问反映出曹髦是一个"圣人"理想主义者。"圣人"理想主义者眼光下的圣治,不容有瑕疵,因此9年似乎是漫长了。实际上,考察一个人,9年不为长。博士庾峻想突出说明一个道理:知错能改,可以成圣。庾峻和淳于俊不同,是真心想解决曹髦疑惑,而曹髦得理不饶人,锋芒毕露,指斥庾峻学术不精。

第三个问题是举荐舜:

> 论次及"有鳏在下曰虞舜"。
>
> 帝问曰:"当尧之时,洪水为害,四凶在朝,宜速登贤圣,济斯民之时也。舜年在既立,圣德光明而久不进用,何也?"
>
> 峻对曰:"尧咨嗟求贤,欲逊己位。岳曰'否德忝帝位'。尧复使岳扬举仄陋,然后荐舜。荐舜之本实由于尧,此盖圣人欲尽众心也。"
>
> 帝曰:"尧既闻舜而不登用,又时忠臣亦不进达,乃使岳扬仄陋而后荐举,非急于用圣恤民之谓也。"
>
> 峻对曰:"非臣愚见所能逮及。"②

曹髦从常识角度发现《尧典》中关于舜的任用的确违反常理:既然那么急于用人才,为什么舜长期流落在平民中?为什么明知舜贤能,还要通过四岳的推荐才去提拔?这难道是急民之难?博士庾峻不得不为之曲解,最后不得不认输。

---

① 陈寿:《三国志》,北京:中华书局,1982年。
② 陈寿:《三国志》,北京:中华书局,1982年。

讨论的第三部经书是《礼记》。

> 于是复命讲《礼记》。
> 帝问曰:"太上立德,其次务施报,为治何由而教化各异,皆修何政而能致于立德,施而不报乎?"
> 博士马照对曰:"太上立德,谓三皇五帝之世以德化民;其次报施,谓三王之世,以礼为治也。"
> 帝曰:"二者致化,薄厚不同,将主有优劣邪?时使之然乎?"
> 照对曰:"诚由时有朴文,故化有薄厚也。"[1]

曹髦的第一问反映了曹髦对最高级政治的向往,并且探究造成历史上教化水平差距的原因。博士马照选用当时流行的"一文一质"的历史二元循环理论进行解说,将曹髦的憧憬化为泡影。

从太学论经看,曹髦对于《周易》、《尚书》、《礼记》三种经学尚处在学习阶段。其中对《尚书》学的理解颇有深度。他的学习不是一般性的接受,而是一种探究性的学习。他善于发现问题,确实显示了其优秀的智力素质。

五、太学讲经的性质

在礼学体系中,与籍田礼、郊祀礼一样,太学礼也是帝王行使皇权的象征。司马师允许曹髦视学太学,不是有悖于他限制曹魏皇权的宗旨吗?实际上在"太学视学"这个礼学话语下,曹髦与司马师双方都能找到各自的理由。

《大戴礼记·保傅》说:"《学礼》曰:'帝入东学,上亲而贵仁,则亲疏有序而恩相及矣;帝入南学,上齿而贵信,则长幼有差而民不诬矣;帝入西学,上贤而贵德,则圣智在位而功不匮矣;帝入北学,上贵而尊爵,则贵贱有等而下不踰矣;帝入太学,承师问道,退习而端于太傅,太傅罚其不则而达其不及,则德智长而理道得矣。'此五义者既成于上,则百姓黎民化辑于下矣。

---

[1] 陈寿:《三国志·魏书·三少帝纪》,北京:中华书局,1982年。

学成治就,此殷周之所以长有道也。"①

《保傅篇》将儒家勇为帝王师的政治理想发挥得淋漓尽致,其中对太傅道德权力的崇尚打动了司马师:"帝入太学,承师问道,退习而端于太傅,太傅罚其不则而达其不及",显然,太傅道德地位的崇高与道德权力之重远在帝王之上,帝王全在太傅掌控之中。像《保傅篇》所描绘的太学"讲经"只会出现在司马氏专政的时代,任何一个实际掌控皇权的帝王是不可能允许太傅凌驾于自己之上的。曹髦的"太学讲经"是历史上第一次实践了《保傅篇》理想的经学事件,因此曹髦"太学讲经"的性质是司马师行使自己权力的一次演习。

从曹髦一方看,与他的前任曹芳惰于学习不同,曹髦以十分积极的姿态参与这项活动。在与博士们的问答中,他没有摆出低声下气的求教方式,也没有故意装糊涂,韬光养晦,整个活动帝王意气十足。他想充分利用司马师给他的这次机会展示自己的才华,确立自己的威信。

曹髦的太学讲经,除了易学问题比较幼稚外,都掌握了主动权,博士们比较被动。考虑到曹髦此时只有15岁,②有这样的水平,的确属于有才华了。曹髦并不是在经学知识框架内讨论经学,基本上是用政治伦理学来发现经典的欠缺,属于批判式的知识探讨,与当时一般人学习经学的思维方式有明显的区别。

曹髦的经学教育,见于《三少帝传》的只有郑冲、郑小同教授《尚书》的记载。③看来在做"高贵乡公"期间,他已经完成了对除《尚书》之外的其他经典的学习,而且学问的门径不属于经学家的师法与家法体系,应该属于"帝王术"式的经学教育。

关于曹髦的"太学讲经",过去的研究一般认为反映了王学

---

① 戴德:《大戴礼记》,见王聘珍:《大戴礼记解诂》,北京:中华书局,1983年。

② 据裴松之注引《帝集》高贵乡公自叙自己生于正始三年九月(242年),到甘露元年四月(256年)尚未满14周岁。见《三国志》,北京:中华书局,1982年。

③ 《三国志》卷三记载:"(正元二年)九月庚子,讲《尚书》业终,赐执经亲授者司空郑冲、侍中郑小同等各有差。"

与郑学之争,背景则是曹魏与司马氏政治斗争的反映,是经学史上两个学派的正面交锋。现在看来,情况不是这样。"太学讲经"只是曹髦经学政治的一次实践活动,没有所谓经学中郑学与王学两大阵营的针锋相对情况。不能因为曹髦赞成郑玄对某一句经文的解释就认为曹髦主张郑学,以前的说法有夸大其词的嫌疑。

六、"养老礼"的经学政治实践

"养老礼"在曹魏文帝、明帝时代都没有记载,说明曹魏政权曾经忽视了这个礼仪。魏明帝以后,没有再见到三少帝举办籍田礼、祭祀天地、日月、山川等国家重大祭祀礼仪。朝廷中的朝觐、会同礼也不见记载。曹髦没有能力、而且司马师也不会给机会让他举办以上重大国家祭祀、朝觐和会同礼。三少帝实际上都没有"亲政",后期的曹芳、曹髦和曹奂都是掌控在司马氏家族手中的傀儡。司马氏为什么要举办"养老礼"?原因简单:养老礼是学礼中的一个小环节,其主要目的是"尊师重教"。司马氏也是想标榜"贤贤之政",为自己掌控下的朝政树立正面形象。《三国志》简略记载了这次养老礼的情况:"(甘露三年秋八月)丙寅,诏曰:夫养老兴教,三代所以树风化、垂不朽也,必有三老五更以崇至敬,乞言纳诲,著在惇史,然后六合承流,下观而化,宜妙简德行以充其选。关内侯王祥,履仁秉义,雅志淳固;关内侯郑小同,温恭孝友,帅礼不忒。其以祥为三老,小同为五更,车驾亲率群司,躬行古礼焉。"①

司马师举办养老礼的经学理论基础来自《礼记》。《礼记》中涉及养老礼的有《王制》、《文王世子》、《内则》、《乡饮酒义》、《祭义》等篇。其中为三老、五更举办的养老礼,在《文王世子》和《祭义》里有阐述。《文王世子》说:"天子视学,大昕鼓征,所以警众也。众至然后天子至,乃命有司行事,兴秩节,祭先师、先圣焉。有司卒事,反命。祭毕,天子乃入。始之养也,适东序,释奠于先老,遂设三老五更群老之席位焉。适馔省醴养老之珍具,遂发咏焉,退修之以孝养也。反,登歌《清庙》,既歌而

---

① 陈寿:《三国志·魏书·三少帝纪》,北京:中华书局,1982年。

语以成之也,言父子君臣长幼之道,合德音之致,礼之大者也。"①

《祭义》说:"祀乎明堂,所以教诸侯之孝也;食三老五更于大学,所以教诸侯之弟也;祀先贤于西学,所以教诸侯之德也;耕藉,所以教诸侯之养也;朝觐,所以教诸侯之臣也。五者,天下之大教也。食三老五更于大学,天子袒而割牲,执酱而馈,执爵而酳,冕而总干,所以教诸侯之弟也。是故乡里有齿而老穷不遗,强不犯弱,众不暴寡。此由大学来者也,天子设四学,当入学而大子齿。"②

上面两篇文献对养老礼的目的、养老礼的仪式和内容作了一些说明。我们可以从中看出养老礼的主要内容:主办者是天子本人;养老礼的地点是太学;养老礼的目的是奖劝诸侯孝悌;养老礼的对象是三老五更;天子要亲自动手,为三老五更宰牛、切肉,布置饮食;要演奏《周颂·清庙》;还要乞言。

这一次的养老礼,我们从现有文献看基本符合以上所记。第一,曹髦亲自参加;第二,王隐《晋书》说:"高贵乡公入学,以祥为三老"③,可见举办地在太学;第三,有三老、五更;第四,有乞言④;第五,有礼乐,就是没有找到曹髦亲自宰割的记载。

但是我们不好判断司马师推行这次活动的真正目的。这一年,司马师已经杀掉反叛的诸葛诞,司马氏代替曹魏的局势已定,还要表演这一幕,目的不明。我们也不好推测这次活动是不是曹髦推动的。不过"三老五更"分别为王祥、郑小同,值得玩味。

王祥早年以至孝闻名,"卧冰求鲤"讲的就是他。王祥很有骨气,习凿齿《汉晋春秋》记载说:"晋公既进爵为王,太尉王祥、司徒何曾、司空荀顗并诣王。顗曰:'相王尊重,何侯与一朝之臣皆已尽敬。今日便当相率而拜,无所疑也。'祥曰:'相国位势

---

① 戴圣:《礼记》,《十三经注疏》,北京:中华书局,1982年。
② 戴圣:《礼记》,《十三经注疏》,北京:中华书局,1982年。
③ 王隐:《晋书》,裴松之《三国志注》引,北京:中华书局,1982年。
④ 习凿齿:《汉晋春秋》,裴松之《三国志注》引,北京:中华书局,1982年。

诚为尊贵,然要是魏之宰相,吾等魏之三公。公、王相去一阶而已,班列大同,安有天子三公可辄拜人者?损魏朝之望,亏晋王之德。君子爱人以礼,吾不为也!'及人,颉遂拜而祥独长揖。王谓祥曰:'今日然后知君见顾之重!'"①

同为曹魏的三公,何曾、荀颉造访刚刚升为"晋王"的司马昭,何、荀二人跪拜礼,他们心中已经将司马昭视为皇帝了,唯独王祥行长揖礼。此时已经是咸熙元年,曹髦被杀,曹奂即位,再过一年就是西晋代曹魏之年,虽不能说王祥是曹魏政权的拥护者,但王祥的胆识和正直的个性值得钦佩。

同书还记载了曹髦向王祥乞言的情况:"帝乞言于祥,祥对曰:'昔者明王礼乐既备,加之以忠诚,忠诚之发形于言行。夫大人者,行动乎天地,天且弗违,况于人乎?'"②

从这几句话中,我们看不出王祥话中是否藏有玄机。或许"天且弗违,况于人乎"正是王祥对曹髦的告诫:你只要顺其自然,不要与司马家族对着干,至少还可以像汉献帝一样,安度自己的余生。

"五更"选择的是郑小同。郑小同是经学大师郑玄的孙子,是曹髦的经学老师之一。至于曹髦有没有向他乞言,目前缺乏文献资料考证。

依照曹髦的性格,这两个大臣出任"三老五更"应当由曹髦提议。因为这次养老礼之后,郑小同就死于非命:"小同诣司马文王,文王有密疏,未之屏也。如厕,还谓之曰:'卿见吾疏乎?'对曰:'否'。文王犹疑而鸩之,卒。"③

司马昭故意将一封密件留在客厅,自己假装上厕所,以便考察郑小同的政治立场。郑小同看了密件,如果与司马氏站在一边,他极有可能承认,并且提出自己的看法;若不赞同司马氏,他有可能装成没有看见。郑小同虽然学问渊博,但在政治

---

① 习凿齿:《汉晋春秋》,裴松之《三国志注》引,北京:中华书局,1982年。

② 习凿齿:《汉晋春秋》,裴松之《三国志注》引,北京:中华书局,1982年。

③ 孙盛:《魏氏春秋》,裴松之《三国志注》引,北京:中华书局,1982年。

斗争中缺乏心机,终于惨遭毒手,被司马昭毒杀了。

如果郑小同的"五更"是司马氏提议,司马昭没有必要再试探他的政治立场。因此王祥、郑小同的"三老五更"应当由曹髦提议。他看中的正是这两个人对曹魏政权的同情,这次养老礼的举办,是郑小同在被杀害前的一次比较成功的经学政治活动吧。

第四节 曹魏经学:流产的经学转型

曹魏经学在一般的经学史论著中往往被整合在"魏晋南北朝经学"之内,再细分,最多也就与两晋合称为"魏晋经学"。关于魏晋经学的性质和地位,皮锡瑞认为是"经学中衰时代"[1]。周予同先生不同意皮说,以魏晋经学为"中变时代"[2]。此说已为多数学者所接受。至于曹魏经学在这场"中变"中占据什么地位、起什么作用的问题,关注的学者并不多,因为同时期的玄学问题吸引力更大,经学被玄学的光芒所掩盖。马宗霍看到了曹魏经学对汉学破坏的一面:"然而汉儒家法,自王、何大破矣。"[3]章权才则认为"这是经学从章句训诂之学向义理之学逐步发展的历史过程。"[4] 又有学者提出"玄学化的经学"的看法。[5] 这些评说能否符合曹魏经学的实际呢?

我们还是先从郑玄谈起吧。关于郑玄的经学,皮锡瑞有两个观点受到普遍推崇,一是"郑学盛而汉学衰",二是"郑君党徒遍天下,即经学论,可谓小一统时代",[6]然而此二说不无可商量之处。

---

[1] 皮锡瑞:《经学历史》,周予同注释本,北京:中华书局,1999年。
[2] 周予同:《中国经学史讲义》,朱维铮编校:《周予同经学史论》,上海:上海人民出版社,2010年。
[3] 马宗霍:《中国经学史》,上海:上海书店,1984年。
[4] 章权才:《魏晋南北朝隋唐经学论略》,载《学术研究》,1990年第2期。
[5] 此为张广修说,见姜广辉主编《中国经学思想史》第二卷。
[6] 皮锡瑞:《经学历史》,中华书局周予同点校本,2008年。

首先,郑学是汉学的一部分,郑学的兴起是汉代经学发展的必然结果,从今文经学一统天下到今、古文经学并行于世,再到郑学超越今古文经学壁垒,完成经学的"小一统",这就是汉代经学发展的进程,如果不这样看,很容易导致郑学终结了汉学的结论。①

其次,汉学发展到郑玄时代,不但没有衰落,就学术水平看,却达到了两汉经学的高峰。正如范晔所说:"括囊大典,网罗众家,删裁繁芜,刊改漏失,自是学者略知所归。"②

再次,郑学并没有颠覆今文经学、古文经学。郑玄的经学是非官方的民间学术,汉末博士制度并不是因为郑学的兴盛而废止,今文十四博士师法传统依然存在。郑玄的经学在汉末也没有被立为博士,只是他的经学影响遍布朝野,因而说郑学的"一统"实际上是从学者的普遍认可这个角度来说的。

汉学的真正终结者不是郑玄,是曹魏时期的王弼与何晏。曹魏经学预示着经学的转型,这是一场由外向内的转型,从形而下到形而上的变革,从阴阳五行和天人感应向理性解放的转变,然而,却是一次流产的转变。以下分别以曹魏三祖与经学的关系为视角,试图描述曹魏时期经学状况。

曹魏经学实际上为混合式经学,可以分为前期、中期与后期。前期从曹操实际上控制了汉献帝的建安时期就已经开始了。此一时期的太学遭到破坏,但在曹氏家族周围依然有经学家在活动,曹操早在封魏王时就在封国设立了博士。中期为文、明二帝和齐王芳时期,经学正在发生重要的转型;可惜因高平陵事件而被迫中断。后期为高贵乡公时期,王肃经学渗透进来,新型经学的转型因此而中断,其结果是:除了两汉经学师法传统被废弃之外,再没有新的突破,致使"三礼"没有完成形而上的礼哲学建构,后人只是在丧礼上作繁琐的考证;而《春秋》学也没有完成"历史哲学"的升华,杜预的《略例》哲学思辨水平

---

① 李金河就说:"东汉末年,经学大师郑玄'括囊大典,网罗众家',熔今古文学于一体,从而结束了汉代今古文之争的时代而一统天下。"见《魏晋南北朝经学述论》,载《山东大学学报》,1997年第1期。

② 范晔:《后汉书·郑玄传》,北京:中华书局,2005年。

并不比今文《公羊学》高多少。

一、曹操的人才策略与建安经学的废兴

自曹操实际控制了汉献帝开始,历史实际上已经进入了曹魏主导时期。在曹操主宰北方政治的二十多年期间,就经学而论,当时中华大地上的经学形成了五个群体:荆州经学、蜀汉经学、交趾经学、辽东经学和曹魏经学。在这五大经学群体之间,曹魏经学处在什么地位呢?一般的经学史论著对其的评价并不高。李珊认为荆州经学远远高于其他地域的经学。① 如果从经学家之纯和经学成果数量和质量看,李珊之说恐怕是有一些道理。但我们认为曹操所收罗的经学人才远远超过了其他政治集团,只是这些经学人才并没有在经学上发挥自己的才能,因为,曹操开发了他们政治、军事潜能,这是与曹操用人的目的有关的。

曹操在收罗经学人才方面成果最为突出。辽东经学群体是一个与地方势力有着广泛联系的民间学术团体,其核心人物是管宁、邴原著名人物还有王烈、国渊等。史书这样描述他们:

以典籍娱心,育人为务,遂建学校,敦崇庠序。(王烈)②

在辽东,一年中往归原居者数百家,游学之士,教授之声不绝。(邴原)③

宁往见度,语惟经典,不及世事。还乃因山为庐,凿坯为室……遂讲《诗》、《书》,陈俎豆,饰威仪,明礼让,非学者无见也。(管宁)④

渊笃学好古,在辽东,常讲学于山岩,士多推慕

---

① 李珊:《汉末三国的经学教育》,湖南师范大学,2005年硕士学位论文。
② 裴松之注引《先贤行状》,见《三国志》,北京:中华书局,1952年。
③ 陈寿:《三国志》,北京:中华书局,1982年。
④ 傅玄:《傅子》,裴松之《三国志·魏书》引,见《三国志》,北京:中华书局,1982年。

之,由此知名。(国渊)①

　　这个群体中曹操先得到邴原、国渊两位标志性人物。后来领袖人物管宁也回归关内,该群体逐渐解体;公孙渊夺权以后,辽东经学群体因遭到镇压而终结,其精华基本上为曹操所得。

　　此外在北方尚有儒生袁涣、张范、张承、凉茂、王修等为曹操所重用。而民间儒生田畴、张臶、胡昭避乱山野,以才学和远见形成学术群体;其中田畴避居徐无山,为曹操出卢龙塞立功而不受官;张臶、胡昭则不为所用。陈寿评论说:"袁涣、邴原、张范躬履清蹈,进退以道,盖是贡禹、两龚之匹。凉茂、国渊亦其次也。张承名行亚范,可谓能弟矣。田畴抗节,王修忠贞,足以矫俗。管宁渊雅高尚,确然不拔。张臶、胡昭,阖门守静,不营当世。"②

　　荆州经学集团是汉末地方势力扶植起来的一个半官方性质的经学群体,领袖人为刘表,代表人物有宋忠、司马徽、綦毋闿、颍容,知名学者有诸葛亮、王粲、刘廙、裴潜、向朗、庞统、李严、潘濬等。

　　刘表是荆州经学集团的政治领袖,著作有《周易章句》、《新定礼》、《丧服后定》等。

　　宋忠与司马徽是荆州经学集团的学术领袖。宋忠长于治易学,《隋书·经籍志》收录他的著作有《周易注》十卷、《太玄经注》九卷。司马徽长于鉴别人物,治《春秋左氏传》。徐庶、诸葛亮、尹默等曾得到他的提携。

　　刘表在荆州经营近20年,死后,荆州不战而降,荆州经学群体作鸟兽散,除部分学者进入刘备集团外,荆州经学集团主要成果多为曹操所拥有。王粲、傅嘏、宋忠、韩嵩、刘先、徐庶等均在赤壁之战后归洛阳。

　　同时,远在南中国的交趾还有以刘敵、士燮为领袖的经学团体。《士燮传》说:"燮体器宽厚,谦虚下士,中国士人往依避

---

①　王沈:《魏书》,裴松之《三国志·魏书·国渊传》引,见《三国志》,北京:中华书局,1982年。

②　陈寿:《三国志·魏书》,北京:中华书局,1982年。

难者以百数,耽玩《春秋》,为之注解。"①《三国志·吴志》引袁徽《与尚书令荀彧书》描绘了以"士府君"为首的交趾经学群体的盛况:"交阯士府君既学问优博,又达于从政,处大乱之中,保全一郡二十余年,疆场无事,民不失业,羁旅之徒,皆赖其庆,虽窦融保河西曷以加之。官事小阕,辄玩习《书传》,《春秋左氏传》尤简练精微,吾数以咨问传中诸疑,皆有师说,意思甚密。又《尚书》兼通古今,大义详备,闻京师古今之学,是非忿争,今欲条《左氏》、《尚书》长义上之。"②

袁徽笔下的交趾俨然是一片经学乐土。中原学者为逃避战乱,纷纷投奔士燮。刘汝霖《汉晋学术编年》罗列依托士燮的学者有许靖、袁徽、刘熙、薛综、程秉。③

交趾经学中,虞翻易学成就最高,影响最大。"权积怒非一,遂徙翻交州。虽处罪放,而讲学不倦,门徒常数百人。又为《老子》、《论语》、《国语》训注,皆传于世。"④

程秉也著述颇丰:"逮事郑玄,后避难交州,与刘熙考论大义,遂博通五经……著《周易摘》、《尚书驳》、《论语弼》凡三万余言。"⑤

此外尚有刘熙、薛综、袁徽、许慈、许靖等,以刘熙成就最高。

交趾经学集团可谓人才济济,却多无雄才大略,在汉末三国英雄辈出之际,他们却没有什么作为,经学活动虽然频繁,除虞翻、刘熙之外,没有多少建树。其中许慈、许靖投奔刘备,为蜀汉所用;程秉等接受孙权征用,唯独曹操没有获得此方人才。除了蜀汉、孙吴的地缘因素之外,不能不说与曹操对经学人才的重视还不到位有关。

从以上分析看,曹操所得人才最为广泛,他收罗了辽东经学群体的核心精英,又吞下荆州经学群体的大半,北中国经学

---

① 陈寿:《三国志》,北京:中华书局,1982年。
② 陈寿:《三国志·吴书》,北京:中华书局,1982年。
③ 刘汝霖:《汉晋学术编年》,上海:华东师范大学出版社,2010年。
④ 陈寿:《三国志·吴书·虞翻传》,北京:中华书局,1982年。
⑤ 陈寿:《三国志·吴书·程秉传》,北京:中华书局,1982年。

人才大多为他所收罗,可见曹操抢夺人才资源的战略是成功的。曹操对于管宁、田畴、张臻等不愿归附的经学家,尚可以成全他们的名节,但对于反对他的经学家他从不手软,边让、宋忠、孔融都死在他手里。①

曹操所得经学人才甚多,但建安时期的杰出经学家几乎没有一位属于曹操阵营,曹魏集团经学家的影响力甚至赶不上刘备集团的经学家。这是为什么?我们不妨以国渊为例。

国渊为郑玄高弟,《三国志·国渊传》介绍说:"渊师事郑玄,后与邴原、管宁等避乱辽东。"②裴松之注引《郑玄别传》说:"渊始未知名,玄称之曰:'国子尼,美才也,吾观其人必为国器。'"《魏书》还说:"渊笃学好古,在辽东常讲学于山岩,士人多推慕之,由此知名。"可见国渊经学水平和德行都很高,曾被经学大师郑玄看中,但到了曹操麾下竟然无经学建树!我们读完《国渊传》也就明白了,曹操在使用国渊的策略上并不是将他当成经学家,而是发挥他的治兵和治民的领导才能,曹操需要的是军事、政治人才,因此国渊的学术才能没有发挥出来。但是由于曹操争夺人才战略的成功,为曹魏经学的发展打下良好的奠基,使具有荆州经学背景的王肃、王弼在曹魏脱颖而出,成为三国经学最优秀的代表。

二、曹丕恢复经学的举措

曹丕的一生都处在曹操的身影之下。他在曹操去世后,迅速完成了以魏代汉,自己做了完整意义上的"天子"。然而他享国也只有7年时间。在此期间,他完成了有关经学的几项重要

---

① 边让长于《周易》占射之学。"初平中,王室大乱,让去官还家,恃才气不屈曹操,多轻侮之言,建安中,其乡人有搆让于操,操告郡就杀之。文多遗失"(范晔:《后汉书·文苑列传》,北京:中华书局,2005 年)。袁绍《讨曹操檄》说:"故九江太守边让,英才茂实,天下知名,直言正色,论不阿谄,身首被枭县之,戮妻孥,受灰灭之咎,自是士林愤痛,民怨弥甚。"(肖常:《续后汉书·曹操传》三六卷)曹操杀边让、孔融等,在道义上有很大损失,问题是这些人反对曹操"挟天子以令诸侯",与曹操的立场根本对立,或者为曹氏集团的隐患,因而被曹操当成绊脚石清理掉了。

② 陈寿:《三国志》,北京:中华书局,1982 年。

举措,为曹魏经学的发展铺平了道路。

早在曹操取得对汉献帝的实际控制权期间,曹操在军事斗争之余就开始了文化建设。《魏书·袁涣传》说:"魏国初建,为郎中令,行御史大夫事,涣言于太祖曰:'今天下大难已除,文武并用,长久之道也,以为可大收篇籍,明先圣之教以易民视听,使海内斐然向风,则远人不服可以文德来之。'太祖善其言。"①

看来袁涣的建议取得了效果。建安七年,曹操下令为牺牲将士后代建学校。建安八年,下令建郡国县学。建安二十二年,建泮宫,在中央和地方上恢复学校。曹操继任者曹丕自诩为以儒治国,自己膺服儒学,并以儒者自居。裴松之注黄初五年引《魏书》载癸酉诏说:"近之不绥,何远之怀!今事多而民少,上下相弊以文法,百姓无所措其手足。昔太山之哭者以为苛政甚于猛虎,吾备儒者之风,服圣人之遗教,岂可以目习其辞,行违其诫者哉!广议轻刑,以惠百姓!"②

建安二十五年(即延康元年),《三国志》记载说:"五月戊寅,天子命王追尊皇祖太尉曰太王,夫人丁氏曰太王后,封王子叡为武德侯。"裴松之注引《魏略》说:"以侍中郑称为武德侯傅,令曰:'龙渊、太阿,出昆吾之金;和氏之璧,由井里之田。砻之以砥砺,错之以他山,故能致连城之价,为命世之宝。学亦人之砥砺也。称,笃学大儒,勉以经学辅侯,宜旦夕入侍,曜明其志。'"③

曹丕选郑称为太子曹叡的师傅,主要教学经学,这与曹操教育曹丕等的方式有所不同,的确有儒学治国的意思。延康元年,曹丕发布了一个命令:"轩辕有明台之议;放勋有衢室之问,皆所以广询于下也。百官有司,其务以职尽规谏,将率陈军法,朝士明制度,牧守申政事,缙绅考六艺,吾将兼览焉。"④

---

① 陈寿:《三国志》,北京:中华书局,1982年。
② 王沈:《魏书》,裴松之《三国志·魏书》引,见《三国志》,北京:中华书局,1982年。
③ 鱼豢:《魏略》,裴松之《三国志·魏书》引,见《三国志》,北京:中华书局,1982年。
④ 陈寿:《三国志》,北京:中华书局,1982年。

曹丕登基以后，采取了一系列整治措施，与经学关系甚密，包括郊祀天地、恢复察举孝廉制度、宣扬《毛诗》讽谏说、尊崇孔子、设立太学、恢复博士制度等：

> 二年春正月，郊祀天地明堂。甲戌，校猎至原陵，遣使者以太牢祠汉世祖。乙亥，朝日于东郊。初令郡国口满十万者岁察孝廉一人，其有秀异无拘户口。①

> 诏曰：昔仲尼资大圣之才，怀帝王之器，当衰周之末，无受命之运，在鲁卫之朝，教化乎洙泗之上，凄凄焉，遑遑焉，欲屈己以存道，贬身以救世。于时王公终莫能用之，乃退考五代之礼，修素王之事，因鲁史而制《春秋》，就太师而正《雅》、《颂》，俾千载之后莫不宗其文以述作，仰其圣以成谋咨，可谓命世之大圣，亿载之师表者也。遭天下大乱，百祀堕坏，旧居之庙毁而不修，褒成之后绝而莫继，阙里不闻讲颂之声，四时不睹烝尝之位，斯岂所谓崇礼报功盛德百世必祀者哉！其以议郎孔羡为宗圣侯，邑百户，奉孔子祀，令鲁郡修起旧庙，置百户吏卒以守卫之，又于其外广为室屋以居学者。②

> 三年春正月丙寅朔，日有蚀之。庚午，行幸许昌宫。诏曰："今之计孝，古之贡士也。十室之邑必有忠信。若限年然后取士，是吕尚、周晋不显于前世也。其令郡国所选，勿拘老幼，儒通经术，吏达文法，到皆试用。"③

> 夏五月，有鹈鹕鸟集灵芝池，诏曰："此诗人所谓污泽也。《曹诗》刺恭公远君子而近小人。今岂有贤智之士处于下位乎？否则斯鸟何为而至？其博举天下俊德茂才、独行君子以答曹人之刺！"④

> 五年……夏四月立太学，制五经课试之法，置《春

---

① 陈寿：《三国志》，北京：中华书局，1982年。
② 陈寿：《三国志》，北京：中华书局，1982年。
③ 陈寿：《三国志》，北京：中华书局，1982年。
④ 陈寿：《三国志》，北京：中华书局，1982年。

秋谷梁》博士。①

至黄初元年之后,新主乃复始扫除太学之灰炭,补旧石碑之缺坏,备博士之员录,依汉甲乙以考课。申告州郡,有欲学者,皆遣诣太学。②

经过曹丕的努力,荒废三十多年的博士制度在曹魏得到一定程度的恢复,这是中国经学史上的一件大事,因此有必要讨论一下曹魏博士与汉博士的区别。

从教授内容上看,魏博士教授以"通人式"教育替代了汉博士的专经教育。③ 王国维说:"汉博士皆专经教授,魏则兼授五经。"

从考试方法看,魏博士以递增式的五经课试法替代了汉博士的专经"家法"和"五十难"考试法。据《通典》,曹魏"五经课试法"操作如下:"魏文帝黄初五年立太学于洛阳,时慕学者始诣太学为门人,满二岁,试通一经者称弟子,不通一经罢遣。弟子满二岁试通二经者补文学掌故,不通经者听须后辈试,试通二经亦得补掌故。满二岁试通三经者擢高第,为太子舍人,不第者随后辈复试,试通亦为太子舍人。舍人满二岁试通四经者擢其高第为郎中,不通者随后辈复试,试通亦为郎中。郎中满二岁能通五经者擢高第,随才叙用,不通者随后辈复试,试通亦叙用。"④

这种循序渐进的课试法主要是为了适应当时文化环境的需要。西汉郡国学校制度完备,入京为博士弟子者已经有相当的经学基础,博士弟子的专经教育属于专门的研究性学习,犹如现代的研究生制度。曹魏时期地方行政区的教育基础几乎被摧毁,因此入太学的学生基础比较差,不得不渐次学习。然而这一方法的改变造就的往往是通才,人才质量反而明显提

---

① 陈寿:《三国志》,北京:中华书局,1982年。
② 裴松之注引:《三国志·魏书·王肃传》,见《三国志》,北京:中华书局,1982年。
③ 王国维:《汉魏博士考》,载《观堂集林》,上海书店民国丛书本卷四,1959年。
④ 杜佑:《通典·礼十三》,长沙:岳麓书社,1995年。

高,后代经学教育基本上依照了这一模式。

从师资要求看,魏博士师资属于"混合型",替代了汉博士以今文经学"家法"为选择博士的规定。为了说明这个问题,我们先关注一下博士经学的"家法"问题。《宋书·百官志》说:"博士,魏及晋西朝置十九人,江左初减为九人,皆不知掌何经。"曹魏博士可考的有:

> 苏林,董巴,见《魏书·文帝纪注》;
> 鹿优,韩益,见《曹丕集·答临淄侯诏》;
> 邯郸淳,见《魏书·王粲传》注引《魏略》;
> 乐详,见《魏书·杜恕传》注引《魏略》;
> 高堂隆,秦静,见《魏书·高堂隆传》;
> 卑湛,见《魏书·张郃传》;
> 赵怡,马均,杜希,见《宋书·礼志》;
> 傅祗,见《魏书·崔林传》;
> 庾峻,淳于俊,马照,见《魏书·甘露元年纪》;
> 管邈,见《魏书·管宁传》;
> 孙该,见《魏书·刘劭传》注《文章叙录》;
> 刘毅,程咸,刘寔,见《晋书·郑袤传》;
> 宋钧,张揖,张融,见《隋书·经籍志》;
> 周元明,见《毛诗·中谷》正义引陆玑《毛诗草木虫鱼疏》;
> ……

然而这些学者的学术背景很难一一搜寻出来。王国维考证说:"邯郸淳传《古文尚书》者也;乐详、周生烈传《左氏春秋》者也;宋均、田琼皆亲受业于郑元;张融、马照亦私淑郑氏者也;苏林、张揖通古今字指,则亦古文学家也。余如高堂隆上书述《古文尚书》、《周官》、《左氏春秋》,赵怡、淳于峻、庾峻等亦称述郑学,其可考者如此,则无考者可知。"[①]

由王国维考证可见,魏博士古文学家居多。但郑玄非古文

---

① 王国维:《汉魏博士考》,载《观堂集林》,上海书店民国丛书本卷四,1959年。

学家,是通学家,因而不能说魏博士都是古文学家。王国维的考证中没有出现今文学家,然而《隋书·经籍志》有荀爽问、魏安平太守徐钦答的《春秋公羊传问答》,《公羊学》没有古文问题,则曹魏必有学今文学者。由此可以判断,曹魏五经博士在"家法"上是古文学、今文学、郑学和王学混用,体现了曹魏不拘一格、兼容并蓄的气魄。曹魏文化建设终于在魏明帝后期开始进入收获季节。

三、曹叡与新兴经学家们的纠葛

曹叡在位十三年,军事上与曹丕差不多,基本上无所作为;倒是在文化建设方面,由于曹操、曹丕的培植,已经到了开花结果时期,一批新型的学者脱颖而出,形成新的学术风尚。然而正是这一时期,曹魏政权给自己埋下了覆灭的种子:司马氏开始逐渐侵入曹魏政权的肌体。本小节以此为背景,重点考察所谓"浮华案"与新兴经学的联系。

所谓"浮华案",源于董昭的一封上疏:

> 凡有天下者莫不贵尚敦朴忠信之士,深疾虚伪不真之人者,以其毁教乱治,败俗伤化也。近魏讽则伏诛建安之末;曹伟则斩戮黄初之始。伏惟前后圣诏,深疾浮伪,欲以破散邪党,常用切齿。而执法之吏皆畏其权势,莫能纠擿。毁坏风俗,浸欲滋甚。窃见当今年少,不复以学问为本,专更以交游为业。国士不以孝悌清修为首,乃以趋势游利为先、合党连群,互相褒叹,以毁誉为罚戮,用党誉为爵赏,附己者则叹之盈言;不附者则为作瑕衅,至乃相谓今世何忧不度邪,但求人道不勤,罗之不博耳,又何患其不知己矣,但当吞之以药而柔调耳;又闻或有使奴客,名作在职,家人冒之出入,往来禁奥,交通书疏,有所探问。凡此诸事皆法之所不取,刑之所不赦。虽讽、伟之罪,无以加也。帝于是发切诏,斥免诸葛诞、邓飏等。[①]

---

① 陈寿:《三国志·魏书》,北京:中华书局,1982年。

董昭是曹魏政权的设计者之一,为曹魏代汉立下奇功。他最后一次值得一提的政治活动就是这篇上疏,看来董昭对所谓"浮华"者是深恶痛绝的,曹叡也借此疏断然采取了罢黜"浮华"的重大政治举措。那么什么是"浮华"?

刘蓉在总结了周一良、唐长孺等学者意见的基础上指出,"浮华"含义多达五种:与节俭相对,指奢靡浪费;与章句儒学、传统礼法相对,指不守章句,热衷交游,摒弃礼乐;与选举关联,指有名无实,不堪任事之人;指轻薄诈伪、骄奢放纵的社会风气;指朋党。① 李宜春认为,"浮华"的实质是政敌用来排斥和打击异己的有力的工具。② 可见"浮华"是一顶广泛适用的"帽子",可以扣在大多数敌对分子头上。我们认为太和六年的"浮华案"针对的是特定群体:曹魏政权谯沛集团第二代青年贵族学者。

对于曹叡打击"浮华",古今学者的意见颇有分歧。陈寿赞成曹叡、董昭,批评何晏、邓飏等,或许是因为浮华分子大多为司马氏的政敌。今人赵昆生却视反浮华是曹叡"重大政治建树"③。杨晓东以为:光武所倡尚"名节"之风在汉末已流为"浮华"之弊,曹魏政治中的"浮华"问题正是汉末以来士人党同伐异以求虚誉的继续,其目的在于影响、操控选举,"太和浮华案"正是魏明帝对此种势力打击的结果。④ 王晓毅则认为,太和浮华之风实质上是魏晋玄学思潮的萌动,尽管这时它还很不成熟,但是那些士族社会的思想先驱们已经通过他们的活动向社会昭示了新思潮的即将到来,他们的人格行为、清谈名理和文章诗赋无一不闪烁着玄理的光耀。⑤ 笔者以为王晓毅说可以接受。

---

① 刘蓉:《析魏明帝禁浮华》,载《北京师范大学学报》,2004年第5期。

② 李宜春:《略论曹魏政治中的"浮华"问题》,载《聊城师范学院学报》,1999年第1期。

③ 赵昆生:《浮华交会与曹魏政治》,载《重庆师范大学学报》,2005年第2期。

④ 杨晓东:《再论曹魏政治中的"浮华"问题》,载《湖北社会科学》,2009年第5期。

⑤ 王晓毅:《论曹魏太和浮华案》,载《史学月刊》,1996年第2期。

至于曹叡发动反"浮华"案的目的,刘蓉以为主要是打击曹植。① 王晓毅认为何晏、夏侯玄、邓飏清谈影响到人才选拔,引起守旧势力的恐慌。赵昆生认为浮华分子形成了与朝廷对抗的势力:"人们不再认同统治者提倡的道德标准和价值导向,在现实政治生活中出现了两种观念意识和认知方式,自然就会在统治政权之外孕育出一个能与朝廷抗衡的舆论中心和在野政治集团,最终危及最高统治者的威望和安全。"②

我们认为,太和"浮华"案是曹魏政权内部的一次冲突。这次冲突主要是由青年贵族与老年贵族之间的文化裂痕引起,与曹魏集团内部地域团体的矛盾交织,导致权力冲突,引起老年贵族的激烈反应,最后不得不动用皇权,利用行政手段将新贵族一方压制下去。这是曹魏政权内部面对一种新的文化崛起所作的调整,却选择了消极的策略,未能将这种新型文化培植起来。由于这次冲突属于曹魏政权的内部调整,解决冲突的方式是通过行政部门权力的更替来完成的,没有造成流血牺牲,但是,它对"浮华"派的打击不小,使这批人才远离了权力中心,削弱了曹魏政权的核心——谯沛集团的后备力量,为司马氏窃取政权解决了许多困难。

从地域看,"浮华分子"的中坚力量属于谯沛集团及谯沛集团的外围南阳集团。关于"浮华"分子的构成,陈寿在《三国志》中将这些人附在卷九中,卷九的主要传主为夏侯家族和曹氏家族。这两个家族"世代婚姻",是谯沛集团的核心,也是曹氏政权的基础。所谓"浮华分子"主要是谯沛集团中的青年贵族,其中领袖人物何晏为曹操养子,夏侯玄为夏侯尚之子,丁谧之父为曹操亲信,而诸葛诞为南阳名族。《三国志》卷九说:"南阳何晏、邓飏、李胜、沛国丁谧、东平毕轨咸有声名,进趋于时。明帝以其浮华,皆抑黜之。"

从年龄上看,"浮华"分子除了何晏略大一点,其余多为30岁以下,其中夏侯玄只有23岁。

---

① 刘蓉:《析魏明帝禁浮华》,载《北京师范大学学报》,2004年第5期。
② 赵昆生:《浮华交会与曹魏政治》,载《重庆师范大学学报》,2005年第2期。

从学术旨趣看,"浮华分子"喜欢高谈阔论。他们的话题不再是五经关于仁、义、礼、智、信、孝的"经典"话题,而是关于无、有、自然的哲学本体论和才性、名实的哲学客体论。曹操集团的崛起,依靠的是申韩刑名之学,正如前节所述,曹操将经学变成经术,看似儒家,实为法家和阴谋家。曹叡深受祖父的影响,喜好断案子,又深入简出,不轻易喜形于色,具有阴谋家的气质。而"浮华分子"的经学研究已经突破了两汉今古文经学的藩篱,不但摒弃了两汉师法、家法,也超越了郑玄的"通学",试图在本体论层次上重新解释经典,他们的经学被后人称之为"玄学化的经学"。而曹叡倡导的是古文经学,反对这种"玄学化的经学"。他在太和四年下诏说:"世之质文,随教而变,兵乱以来,经学废绝,后生进趣不由典、谟,岂训导未洽,将进用者不以德显乎?其郎吏学通一经、才任牧民,博士课试擢其高第者亟用,其浮华不务道本者皆罢退之。"[1]

从性格看,"浮华分子"大多个性张扬,口无遮拦,敢说敢当,自视很高,特别强调生命的自我意识和生活感受,讲究养生,"吞之以药而柔调",同时具有强烈的建功立业的愿望。此与曹操所倡导的刑名之学明显不符,与阴谋家的阴性人格具有强烈的反差。例如荀粲,公开宣称"妇人德不足称,当以色为主"。[2] 何晏"性自喜,动静粉白不去手,行步顾影"[3]。夏侯玄兼有贵族的傲慢与视死如归的气度,令人敬仰。

在以上几点上,老一代贵族董昭与曹叡找到了共同点,于是"太和浮华案"发生了:

> 是时当世俊士散骑常侍夏侯玄、尚书诸葛诞、邓飏之徒共相题表,以玄、畴四人为"四聪",诞、备八人为"八达",中书监刘放子熙、孙资子密、吏部尚书卫臻子烈三人咸不及比,以父居势位容之,为"三豫",凡十

---

[1] 陈寿:《三国志·魏书》,北京:中华书局,1982年。
[2] 无名氏:《荀灿别传》,见刘孝标注《世说新语·惑溺》第三十五卷引。
[3] 鱼豢:《魏略》,裴松之注《三国志·魏书·何晏传》引,北京:中华书局,1959年。

五人。帝以构长浮华,皆免官废锢。①

从职官看,"浮华"分子把持着重要职位官员的储备机构。他们中间的诸葛诞,《魏书·诸葛诞传》说:"累迁御史中丞尚书,与夏侯玄、邓飏等相善,收名朝廷,京都翕然。言事者以诞、飏等修浮华,合虚誉,渐不可长。明帝恶,免诞官。"其余人士职官不详,据《世语》,当均有职位,不然无所谓"皆免官废锢"。据王晓毅说,夏侯玄为羽林监,邓飏为中书郎,何晏为驸马骑都尉,丁谧为度支郎中,毕轨为黄门郎,李丰为给事中。② 其中诸葛诞地位最高,权力最大,羽林监、中书郎、度支郎、黄门郎地位虽不煊赫,但均是具有提升潜力的重要部门,这些人无论从年龄、性格、学术旨趣还是政治见解上,与老一代贵族存在"鸿沟";又把持着重要部门,在任用人物上不可避免地"得罪"了老一代贵族,尤其是非曹魏政权核心集团的贵族,感觉到了失落,甚至有"飞鸟尽,良弓藏"的预感。权力之争以对"浮华作风"不满的形式表现了出来。

董昭的上书措辞十分严厉,将"浮华分子"比喻成魏讽、曹伟。魏讽,据《魏书·武帝纪》记载:"九月,相国钟繇坐西曹掾魏讽反,免。"裴松之注引《世语》说:"讽字子京,沛人,有惑众才,倾动邺都,钟繇由是辟焉,大军未反,讽潜结徒党,又与长乐卫尉陈祎谋袭邺,未及期,祎惧,告之太子,诛讽,坐死者数十人。"③曹伟,据《魏书·王昶传》注引《世语》说:"黄初中,孙权通章表,伟以白衣登江上,与权交书求赂,欲以交结京师,故诛之。"④

魏讽企图武装叛乱,颠覆曹魏,复兴汉室;曹伟勾结孙权,企图混进曹魏政权。这两人都是死罪,董昭将"浮华分子"比作魏讽、曹伟,显然希望将他们往死里整。曹叡听信了董昭,抑制

---

① 郭颁:《世语》,见裴松之《三国志·魏书·诸葛诞传》引,北京:中华书局,1982年。
② 王晓毅:《论曹魏太和浮华案》,载《史学月刊》,1996年第2期。
③ 陈寿:《三国志·魏书》,北京:中华书局,1982年。
④ 郭颁:《世语》,裴松之注《三国志·魏书》引,北京:中华书局,1982年。

了曹魏谯沛集团人才的成长,使司马氏集团赢得坐大的时机,还推迟了玄学时代的到来,严重压缩了新型经学生长的时间。

四、汉学的终结与曹魏经学的学术成就

曹丕恢复了太学,并增立《谷梁春秋》博士;曹叡下诏通过经学考试,重用经学人才。到齐王芳正始二年,又在洛阳太学刻三体石经,供人摹写。不久,郑注《周官》、《礼记》、《古文尚书》、《毛诗》及《左氏春秋》得立博士。正始六年,立王朗《易传》。高贵乡公正元二年,立王肃所注群经,魏经学博士多达十九种。

三体石经包括古文、篆文和隶书。关于三体石经的意义,林庆彰说:"为什么说魏晋的经学是古学呢?我们看,魏《正始石经》是三体,所谓三体是指古文、小篆和隶书。要到这个时候,古文才被官方承认。"①这句话不完全对。古文经学在西汉也曾经被"官方"承认。诸侯王中就有设立古文博士的,如河间献王就有《毛诗》博士。西汉后期王莽执政,部分古文经学也被立为博士;到了王莽新朝,古文经学大多被立为博士,然新朝很快覆灭。东汉初年,《左氏春秋》曾被立为博士,博士李封死后不再立。汉末荆州学派曾经将《左传》立于学官,这是有记载的地方行政区官办学校首立古文经学。魏三体石经刻有古文经,说明古文经学进入太学教学,意义非同凡响。此为曹魏中期经学两大特色之一。但是我们不能说曹魏经学属于古文经学。曹魏十九经学博士中,有郑学,有王学,还有《公羊》学。王学是古文学,《公羊》学是今文学,郑玄不今不古,是通学;王肃虽反对郑玄,但在学术类型上也一样,是通学,因而曹魏十九经学博士属于混合式经学。

曹魏经学达到了怎样的成就?前人评价似乎不高。《三国志·魏书·王肃传》裴松之注引《魏略·儒宗序》说:"从初平之元,至建安之末,天下分崩,人怀苟且,纲纪既衰,儒道尤盛。至黄初元年之后,新主乃复始扫除太学之灰炭,补旧石碑之缺坏,

---

① 林庆彰:《我研究经学史的一些心得》,载《中国思想史通讯》,2006年第1期。

备博士之员录,依汉甲乙以考课。申告州郡,有欲学者,皆遣诣太学。太学始开,有弟子数百人。至太和、青龙中,中外多事,人怀避就。虽性非解学,多求诣太学。太学诸生有千数,而诸博士率皆荒疏,无以教弟子。弟子亦本避役,竟无能习学……正始中,有诏议圆丘,普延学士。是时郎官及司徒领吏二万余人,虽复分布,见在京师者尚且万人,而应书与议者略无几人。又是时朝堂公卿以下四百余人,其能操笔者未有十人,多皆相从饱食而退。嗟夫!学业沉陨,乃至于此。"①

今人杨英也认为"整个曹魏时期,经学都十分不景气"②,似乎曹魏经学一片凋零。由于战乱不息,社会的主题是军事斗争,一切社会生活不得不从属于这一主题,经学不可能像两汉和平时期那样,有庞大的经学队伍,整体水平也普遍较高。即使这样,曹魏经学家依然写出了一大批经学著作。以下是笔者从《隋书·经籍志》中清理出来的曹魏经学家的经学著作。

《周易》学:王肃《周易注》;王弼《周易注》;王弼《易略例》;董遇《周易注》;荀辉《周易注》;钟会《周易尽神论》;钟会《周易无互体论》。

《尚书》学:王肃《尚书注》;王肃《尚书驳议》;王肃《尚书义问》;王粲《尚书释问》。

《毛诗》学:王肃《毛诗注》;刘桢《毛诗义问》;王肃《毛诗义驳》;王肃《毛诗奏事》;王肃《毛诗问难》;王基《毛诗驳》;刘璠《毛诗义》;刘璠《毛诗笺传是非》。

"三礼"学:王肃《周官礼》;王肃《仪礼注》;王肃《丧服经传注》;王肃《丧服要记》;王肃《大戴礼记音》;孙炎《礼记注》;郑小同《礼义》;蒋济《郊丘议》;王肃《明堂议》。

《春秋》学:王肃《春秋左氏传注》;王朗《春秋左氏传注》;嵇康《春秋左氏传音》;曹髦《春秋左氏传音》;孔融《春秋杂议难》;王朗《春秋左氏释驳》;糜信《春秋

---

① 鱼豢:《魏略》,《三国志注》引,北京:中华书局,1982年。
② 杨英:《汉魏经学变迁与曹魏正朔、服色改易》注释 23、24,载《中国魏晋南北朝史国际学术研讨会论文集》,2004 年。

说要》；徐钦《春秋公羊传问答》；糜信《春秋谷梁传注》；韩益《春秋三传论》；王肃《春秋外传章句》。

《孝经》学：王肃《孝经解》；苏林《孝经注》；何晏《孝经注》；刘劭《孝经注》；孙氏《孝经注》。

《论语》学：王肃《论语注》；何晏《集解论语》；王弼《论语释疑》；王肃《论语释驳》。

《雅》学：张揖《广雅》。

魏国有经学著作共计49种，有经学家25人。这是撰写《隋书·经籍志》的房玄龄等能够查阅到已存或者亡佚的建安、三国时期学者的经学著作，不包括横跨三国西晋、主要成就在西晋学者的著作，其中尚有为数不少的经学著作未列入，如《论语》类，依据何晏《论语集解》序言，魏国尚有陈群、周生烈"为之义说"。这49种中就包括何晏的《论语集解》、王弼的《周易注》，这两部著作成为中国经学史上的顶级成果，被收入《十三经注疏》。可见，曹魏经学并不是经学的中衰期。不过这样的文献统计只能从数量说明曹魏经学家和学术成果不在少数，至于质量如何，还不能反映出来，特别是对具有创新意义的何晏、王弼经学的地位，应作个案分析。

真正终结汉学的还不是曹魏这种官方的混合型经学，而是以何晏、王弼为代表的义理经学。太初"义理经学"的主要特征是从《老子》、《庄子》中引入"有"与"无"、"道"与"德"、"言"与"意"等概念，与经学中的易学相结合，形成一套形而上的话语体系，再以此话语体系向其他经学渗透。渗透比较成功的是何晏等的《论语》学研究；真正完成转型的是王弼的《周易》学研究。

在魏明帝太初时期，青年贵族中间一种新兴的经学思潮已经涌起，例如荀粲。他是一位早逝的学者，没有留下学术著作，关于他的易学思想，我们只能从前人留下的片言只语中窥探一丝信息：

> 粲诸兄并以儒术论议，而粲独好言道，常以为子贡称夫子之言性与天道，不可得闻，然则六籍虽存，固圣人之糠秕。粲兄俣难曰："《易》亦云圣人立象以尽

意,系辞焉以尽言,则微言胡为不可得而闻见哉?"粲答曰:"盖理之微者,非物象之所举也。今称立象以尽意,此非通于意外者也;系辞焉以尽言,此非言乎系表者也;斯则象外之意,系表之言,固蕴而不出矣。"及当时能言者不能屈也。①

荀粲视六经为秕糠的"反传统"精神预示着一种新的思想思潮已经产生,至少从易学角度看,那种建立在"立象以尽意"基础上的象数易学,根基已经成问题。在"象"和"辞"之外,能否正确地捕捉到圣人之"意"呢?无疑,这为"扫象阐理"提供了思路。荀粲易学思想虽仅剩下言、象、意之辩,但他引《庄子》入易,却成为王弼易学的先声。

真正具有时代意义的经学著作,当推何晏的《论语集解》。不过关于何晏这部著作的性质,古今多有争论。许抗生认为这是一部标准的经学著作:"何晏虽说崇尚《老子》的贵无思想,然而他还没有全用《老子》的思想来解释孔丘的《论语》,他作的《论语集解》基本上还没有玄学化。"②而王晓毅则认为何晏的《论语集解》标志着汉代经学《论语》研究的终结。③余敦康持折中观点,认为它既是一部经学著作,也是一部玄学著作,或者说是一部把经学的传统与玄学的创新有机结合起来的著作。④闫春新则认为何晏的《论语集解》"注文极具汉魏注经的两面性,充分显示了何晏《论语》注由两汉经学《论语》向魏晋玄学《论语》的过渡性特色。""较为系统、全面地以三玄之学注解了《论语》,并有意使其玄学化",⑤在与徐向群合作的论文中,他提出:"最终结束了汉代经学的今、古文之争,开启了魏晋经学玄

---

① 何邵:《荀粲传》,见裴松之《三国志·荀彧传注》引,北京:中华书局,1982年。
② 许抗生:《三国两晋玄佛道简论》,济南:齐鲁书社,1991年。
③ 王晓毅:《王弼评传》,南京:南京大学出版社,1996年。
④ 余敦康:《何晏王弼玄学新探》,济南:齐鲁书社,1991年。
⑤ 闫春新:《〈论语集解〉何晏注初探》,载《齐鲁学刊》,2010年第2期。

学化的学术之门。"①

笔者认为,何晏的《论语集解》不是"玄学化的经学",或者"经学的玄学化",而是一种对经学的新发展。何晏的确将玄学的思想成果带入《论语》研究,但仍然是经学研究,是经学研究的"为我所用"。与汉学的《论语》研究将人放在宗法制度之下作人生论的考察不同,何晏将人放置在自然之道的背景下加以观照。

例如《论语·公冶长》说:"夫子之言性与天道,不可得而闻也。"何晏注说:"性者,人之所受以生也;天道者,元亨日新之道,深微,故不可得而闻也。"此思想是易学与《老子》哲学综合的结果。

再如《论语·述而》说:"子曰:'志于道,据于德,依于仁,游于艺。'"何晏注说:"志,慕也。道不可体,故志之而已。据,仗也。德有成形,故可据。"这是以老子道德观阐释儒家的道和德的方法。

何晏是曹魏"义理经学"的先驱,他首先在思想上完成了转型,他分析和理解问题也都贯穿着这个"义理"思想。例如他评品人物也是持这样的思路:"初夏侯玄、何晏等名盛于时,司马景王亦与焉。晏尝曰:'唯深也故能通天下之志,夏侯泰初是也;唯几也故能成天下之务,司马子元是也;唯神也,不疾而速,不行而至,吾闻其语,未见其人,盖欲以神况诸己也。'"②

何晏在高平陵事变后被杀,此话成了笑柄。实际上何晏对人物的判别很准,用"唯几也故能成天下之务,司马子元是也"。"几"也是易学中的一个概念,《系辞下》说:"子曰知几其神乎?"又说:"几者动之微,吉之先见者也。"注说:"几者,去无入有,理而无形,不可以名,寻不可以形睹者也。"看来"几"的要害在于

---

①　徐向群、闫春新:《何晏论语集解研究》,载《求索》,2009 年第 10 期。但此说是有问题的。因为《论语集解》还不是五经之一,在两汉没有被立为博士,一部《论语集解》起不到终结今古文之争的作用。而将今古文《论语》混而为一,何晏不是第一个,《张侯论》就是这样做的。

②　孙盛:《魏氏春秋》,见裴松之注《三国志·何晏传》引,北京:中华书局,1982 年。

有先见之明。司马师是一个阴谋家,表面上与何晏等人高谈阔论,背地里却养一批杀手。《晋书·景帝纪》记载,在发动高平陵事变时候,"初,帝阴养死士三千,散在人间,至是,一朝而集,众莫知所出也"。当三千死士一朝会集的时候,连司马昭也蒙在鼓里,可见司马师做得非常严密。何晏能够判断司马师是一个"知几"者,但防范措施还是不得力,没有察觉出司马师的阴谋。

何晏与他的群体撰写的《论语集解》只不过是这批"义理主义者"的牛刀小试,王弼《周易注》才是曹魏经学的最高成就。

在西汉四家易学中,今文易学为了能够对国家政治和自然灾害与特异现象作出预测和解释,不得不在象数学上耗费大量心血。孟喜创"卦气说",将六十四卦三百八十四爻与三百六十五天相配合;京房创八宫卦,利用世应、飞伏等技术,与历法相结合,使六十四卦与四时、二十四节气、七十二候结合,企图组成一个囊括天文、物候、人事和社会的庞大易学体系。这个体系虽然吸收了当时天文历法学的成果,也将当时的自然哲学思想阴阳五行说化为具体的技术纳入易学体系,但面对复杂的社会和自然现象,免不了漏洞百出,直至失败。

与郑玄、虞翻沿着象数易学之路寻找新的阐释技术不同,王弼的《周易注》基本上放弃了易的巫术功能,将《周易》经传当成社会哲学书来读,并且希望通过以简驭繁,从《周易》中汲取智慧。

王弼的"义理易学",今人多有总结。朱伯崑总结出"取义说"、"一爻为主说"、"爻变说"、"适时说"、"辨位说"。① 廖名春也总结出"得意忘象说"、"释大衍义"、"取义说"、"爻位说"等方法。② 尹锡珉则认为王弼的方法有"触类为象"、"合义为徵"、"举一为明"、"象生于义"、"忘象以求其意"。③

我们认为王弼的治易策略就是通过"得意忘象"达到以简驭繁,把握《周易》的真谛的:

---

① 朱伯崑:《易学哲学史》,北京:华夏出版社,1995年。
② 廖名春:《周易研究史》,长沙:湖南出版社,1991年。
③ 尹锡珉:《王弼易学解经探源》,长沙:巴蜀书社,2006年。

> 夫象者，出意者也。言者，明象者也。尽意莫若象，尽象莫若言。言生于象，故可寻言以观象；象生于意，故可寻象以观意。意以象尽，象以言著。故言者所以明象，得象而忘言；象，所以存意，得意而忘象。犹蹄者所以在兔，得兔而忘蹄；筌者所以在鱼，得鱼而忘筌也。然则，言者，象之蹄也。象者，意之筌也。是故，存言者，非得象者也，存象者，非得意者也。象生于意而存象焉，则所存者乃非其象也；言生于象而存言焉，则所存者乃非其言也，然则忘象者，乃得意者也；忘言者，乃得象者也。得意在忘象，得象在忘言。故立象以尽意，而象可忘也，重画以尽情，而画可忘也。①

这就是王弼著名的得象以忘言、得意而忘象的论断。王弼虽暗用了《庄子》言意之辩，不过根基还是来自《系辞》："子曰书不尽言，言不尽意，然则圣人之意其不可见乎？子曰圣人立象以尽意，设卦以尽情伪，系辞焉以尽其言，变而通之以尽利。"而王弼所谓的"忘象"、"忘言"则是因为"言"、"象"都是圣人为了让人们理解"意"而设立的，"意"才是根本目的，"言"和"象"是手段。如何能够"得意"？当然还是通过"言"和"象"，不过已经不是西汉易学那样另创一套体系，而是直接从象辞和卦辞中抽象出一卦之"体"，即主题，以此统领全卦。

我们不妨以京房《易传》与王弼《周易注》作一个比较。按照《京氏易传》，乾卦为乾宫本卦。在解卦之前，必须明白乾卦所承载的一系列技术性问题：世应、飞伏、二十八宿、纳干支、纳五行、六日七分、积算分候等。

---

① 王弼：《周易略例》，见楼宇烈：《王弼集校释》，北京：中华书局，1980年。

乾卦纳干支和五行如下：

```
        乾
    ── 戌  土
    ── 申  金
   壬── 午  火
    ── 辰  土
    ── 寅  木
   甲── 子  水
```

乾宫建候积算表如下：[①]

建始	甲子	乙丑	丙寅	丁卯	戊辰	己巳	庚午	辛未	壬申	癸酉	甲戌	乙亥	丙子	丁丑	戊寅	己卯	庚辰	辛巳	壬午	癸未	甲申
月份	十一月节	十二月中	正月节	二月中	三月节	四月中	五月节	六月中	七月节	八月中	九月节	十月中	十一月节	十二月中	正月节	二月中	三月节	四月中	五月节	六月中	七月节
廿四气	大雪	大寒	立春	春分	清明	小满	芒种	大暑	立秋	秋分	寒露	小雪	大雪	大寒	立春	春分	清明	小满	芒种	大暑	立秋
卦名	乾					姤	遁	否	观	剥					大有	晋					
起算						乾					姤	遁	否	观	剥				大有	晋	
候数	36					36	28	36	28	36					36	28					

以上仅仅介绍了京房易学乾卦的纳干支、纳五行和建侯积算问题，就已经非常难办，不是专业人士很难进入这个体系。但王弼就不同了，关于乾卦，他在彖辞下面注释说："天也者形之名也，健也者用形者也。夫形也者物之累也，有天之形而能永保无亏，为物之首。统之者岂非至健哉！大明乎终始之道，故六位不失其时而成，升降无常，随时而用。处则乘潜龙，出则乘飞龙。故曰'时乘六龙'也。乘变化而御大器，静专动直，不

[①] 此表为郜积意所制。见郜积意：《两汉经学的历术背景》，北京：北京大学出版社，2012年。

失大和,岂非正性命之情者邪?"①

王弼对于乾卦的阐释完全是一种文字性阅读,"乘变化而御大器"一句点明了乾卦的核心问题,已经忘了具体的"象"——六龙,概括出"御大器"这个"意"。可见与京房象数易学相比,王弼的"义理易学"容易让人接受,有人说他开创了一个"易学时代",或许正是着眼于此。

顺带说一下王肃。王肃处处反郑玄,又伪造《孔子家语》,借助女婿的力量压倒郑学,虽红极一时,但随着晋朝灭亡,王肃经学也被人们所抛弃。不过王肃经学依然有相当的成就,他反对郑玄的观点也往往有正确的见解,因郑玄未能完全摆脱今文经学和谶纬之学的迷信。王肃与郑玄一样,依然属于"通学派",因此就经学类型的创新来说,比不上何晏和王弼,我们也就不展开讨论了。

在魏明帝太和年间兴起的"义理经学派"由于遭到"浮华案"的打击,受到挫折;在齐王芳正始年间又获得发展。但是高平陵事件将核心成员一网打尽,王弼也抑郁而死,一场可能的经学转型因此而流产。何晏《论语集解》和王弼《周易注》成了"绝唱"。此后的经学家没有气魄和才能在"三礼"学、《春秋》学、《诗经》学和《尚书》学再开出一片天地,中国经学被迫走上对汉魏经注进行梳理和阐释的"义疏"之路,直到宋学,经学创新之路才再次被开拓出来。

---

① 王弼:《周易注》,见楼宇烈:《王弼集校释》,北京:中华书局,1980年。

第三章

曹氏家族与汉晋间教育变迁

东汉末至魏晋时期,中国社会在政治、经济、文化方面都发生了天翻地覆的变化。就教育方面而言,这一时期的教育政策、教育理念等较之以前,都发生了一定程度的改变,对后世也产生了较为深远的影响。而曹氏家族作为汉魏间最具影响力的政治文化家族之一,在这场变迁中所起到的作用无疑是巨大的。依托于阉宦寒族之门,却迅速崛起于兵连祸结、群雄并起之际,最终代汉而自立,成为汉晋之间最具权势的政治家族之一,曹氏家族在政治上取得的辉煌成就无疑引人瞩目。在惊叹于曹氏政治上巨大成就的同时,我们也清楚地看到,曹氏为了巩固其政治地位,在家族教育方面苦心经营,同样取得累累硕果,数代之间涌现出众多博学多才、才高名显之士。毋庸置疑,这两者之间关系密切。而曹氏一旦掌握国家政权后,其家族教育的某些观念也必然会上升为国家意志,体现在有关政策、措施之中,并对整个社会产生较为重大的影响。正因为如此,要探讨曹氏家族对汉晋间教育变迁方面的影响,首先有必要对曹氏的家庭乃至家族教育展开深入研究。

第一节 曹氏家族的教育活动

在东汉末众多的政治家族中,家族教育最成功的,无疑首推曹氏。在曹操的25子中,除8人早夭,余下17子中,才能出众者就有曹昂、曹丕、曹彰、曹植、曹衮、曹据等。随侍曹操长大的养子何晏也是魏晋玄学的代表人物。此外,曹氏家族中,曹叡、曹志、曹嘉、曹髦等也都以好学多才闻名。而曹氏重视教育并形成家族的重教传统,正是曹氏家族教育能够获得如此成就的首要原因。

一、曹氏家族重教传统的形成

曹氏生活的汉末魏晋时期是中国历史上最为混乱动荡的时期之一。政局的动荡使官方教育的推行举步维艰,当时官学教育时兴时废,式微之势尽现。与之形成强烈反差的是,这一时期的私学教育特别是家族教育获得空前发展。当然,东汉以来形成的各世家大族,历来重视其家族内部学术文化即家学的传承,①因而,很早就形成其家学代承、重视家族教育之传统。

以曹操为代表的曹氏家族数代对教育也都非常重视,不过,客观地说,曹操才是这种重教传统形成的最有力促成者,在曹操之前,曹氏对于教育显然还不够重视。关于曹操之前曹氏家族的情况,史料②上记载并不详细,现不烦觊缕,罗列如下:

  太祖武皇帝,沛国谯人也,姓曹,讳操,字孟德,汉相国参之后。桓帝世,曹腾为中常侍大长秋,封费亭

---

① 这里的世家大族即东汉以来形成的士族阶层。余英时先生在《士与中国文化》中说:"所谓'士族化'便是一般原有的强宗大族使子弟读书,因而转变为士族",指出士族阶层两大特征,一是家族化,二即知识化。

② 关于曹操之前曹氏家族情况记载主要见于范晔《后汉书·宦者列传第六十八》和陈寿《三国志·魏书·武帝纪第一》。《后汉书》中主要是关于曹腾的记载,与《三国志》中大致相同,其文曰:"曹腾字季兴,沛国谯人也。安帝时,除黄门从官。顺帝在东宫,邓太后以腾年少谨厚,使侍皇太子书,特见亲爱。及帝即位,腾为小黄门,迁中常侍。桓帝得立,腾与长乐太仆州辅等七人,以定策功,皆封亭侯,腾为费亭侯,迁大长秋,加位特进。腾用事省闼三十余年,奉事四帝,未尝有过。其所进达,皆海内名人,陈留虞放、边韶、南阳延固、张温、弘农张奂、颍川堂溪典等。时蜀郡太守因计吏赂遗于腾,益州刺史种暠于斜谷关搜得其书,上奏太守,并以劾腾,请下廷尉案罪。帝曰:'书自外来,非腾之过。'遂寝暠奏。腾不为纤介,常称暠为能吏,时人嗟美之。腾卒,养子嵩嗣。种暠后为司徒,告宾客曰:'今身为公,乃曹常侍力焉。'嵩灵帝时货赂中官及输西园钱一亿万,故位至太尉。及子操起兵,不肯相随,乃与少子疾避乱琅邪,为徐州刺史陶谦所杀。"

侯。养子嵩嗣，官至太尉，莫能审其生出本末。嵩生太祖。①

腾父节，字元伟，素以仁厚称。邻人有亡豕者，与节豕相类，诣门认之，节不与争；后所亡豕自还其家，豕主人大惭，送所认豕，并辞谢节，节笑而受之。由是乡党贵叹焉。长子伯兴，次子仲兴，次子叔兴。腾字季兴，少除黄门从官。永宁元年，邓太后诏黄门令选中黄门从官年少温谨者配皇太子书，腾应其选。太子特亲爱腾，饮食赏赐与众有异。顺帝即位，为小黄门，迁至中常侍大长秋。在省闼三十余年，历事四帝，未尝有过。好进达贤能，终无所毁伤。其所称荐，若陈留虞放、边韶、南阳延固、张温、弘农张奂、颍川堂溪典等，皆致位公卿，而不伐其善。蜀郡太守因计吏修敬于腾，益州刺史种暠于函谷关搜得其笺，上太守，并奏腾内臣外交，所不当为，请免官治罪。帝曰："笺自外来，腾书不出，非其罪也。"乃寝暠奏。腾不以介意，常称叹暠，以为暠得事上之节。暠后为司徒，语人曰："今日为公，乃曹常侍恩也。"腾之行事，皆此类也。桓帝即位，以腾先帝旧臣，忠孝彰著，封费亭侯，加位特进。太和三年，追尊腾曰高皇帝。

嵩字巨高。质性敦慎，所在忠孝。为司隶校尉，灵帝擢拜大司农、大鸿胪，代崔烈为太尉。黄初元年，追尊嵩曰太皇帝。②

结合以上史书及相关材料，大致可推测出以下两点：

第一，曹氏家族虽在谯郡亦属望族，却并非公卿世代累出的士族门阀，而是与东汉末阉宦有密切联系的庶族寒门。因为曹操的父亲曹嵩是东汉中后期著名的太监曹腾的养子，而东汉中晚期，宦官权势极大，但多出自寒门。正如陈寅恪在《书〈世说新语〉文学类钟会撰四本论始毕条后》一文中所说："东汉中

---

① 陈寿：《三国志·魏书·武帝纪第一》，北京：中华书局，1982年。
② 陈寿：《三国志·魏书·武帝纪第一》，裴松之注引司马彪《续汉书》，北京：中华书局，1982年。

晚之世,其统治阶级可分为两类人群。一为内廷之阉宦。一为外廷之士大夫。阉宦之出身大抵为非儒家之寒族,所谓'乞匄携养'之类。"①

第二,曹氏家族文化素质较高,且对文学有偏好。东汉末大多宦官的文化素养不低。如《后汉书·宦官列传第六十八》中说宦官蔡伦"有才学,尽心敦慎",赵佑"博学多览,著作校书,诸儒称之"。胡旭在《鸿都门学、曹氏家风与汉魏文艺的繁荣》一文中也推测:"至于曹操,其祖曹腾是东汉中后期著名的太监,历事安、顺、桓、灵四帝。顺帝为太子时,曹腾在东宫伴其读书,特见亲爱,可见文化素养是不低的。"②因而,我们可以客观地推断,曹腾的文化素养应该是较高的。不过,东汉末宦官与士大夫阶层在为人、为学方面还是存在着明显区别的,正如陈寅恪论及东汉宦官所指出的"然则当东汉之季,其士大夫宗经义,而阉宦则尚文辞。士大夫贵仁孝,而阉宦则重智术"③。他们多偏爱文学。曹腾也是如此,其称荐的诸人,多以文学见长,如边韶,《后汉书》载其"以文章知名",有"捷才"。曹腾对文学的这种偏好,与曹氏家族爱好文学风尚的形成应该不无联系。

一般来说,人的文化素养较高,对教育的重视程度也会相应提高。但是,以往史料并没有关于曹节、曹腾等教育子女的记载,而且曹腾一辈,只有曹腾自己较为出色④;曹嵩虽然"质性敦慎,所在忠孝",但史载"嵩灵帝时货赂中官及输西园钱一亿万,故位至太尉",似乎他并非才能出众之士。因而,我们只能保守地认为,曹节、曹腾并不太重视对子女的教育。

关于曹嵩教育曹操的情形,史书上并无确切记载,《三国志·武帝纪第一》只简略提到"太祖少机警,有权数,而任侠放

---

① 陈寅恪:《书〈世说新语〉文学类钟会撰四本论始毕条后》,《金明馆丛稿初编》,北京:生活·读书·新知三联书店,2001年。

② 胡旭:《鸿都门学、曹氏家风与汉魏文艺的繁荣》,载《厦门大学学报》(哲社版),2006年第4期。

③ 陈寅恪:《书〈世说新语〉文学类钟会撰四本论始毕条后》,《金明馆丛稿初编》,北京:生活·读书·新知三联书店,2001年。

④ 前列史料中提到曹腾上有兄长伯兴、仲兴、叔兴三人,但并没有相关的详细记载,显然与曹腾相比,他们略显平庸。

荡,不治行业",而文后裴松之注中引《曹瞒传》也云:"太祖少好飞鹰走狗,游荡无度,其叔父数言之于嵩。太祖患之,后逢叔父于路,乃阳败面喎口;叔父怪而问其故,太祖曰:'卒中恶风。'叔父以告嵩。嵩惊愕,呼太祖,太祖口貌如故。嵩问曰:'叔父言汝中风,已差乎?'太祖曰:'初不中风,但失爱于叔父,故见罔耳。'嵩乃疑焉。自后叔父有所告,嵩终不复信,太祖于是益得肆意矣。"从这两段材料可推测,曹嵩对儿子的教育似乎十分放任、随性或者重视不够。而对照曹操在诗《善哉行》中的自叙:"自惜身薄祜,夙贱罹孤苦。既无三徙教,不闻过庭语。"其中"三徙教"用了孟母三迁的典故,"过庭语"用了孔子教育孔鲤之典,"既无三徙教,不闻过庭语",显然意指自己不曾接受过多少来自父母方面的教育,也似乎能印证这一推测。

　　由此可见,曹操之前,曹氏并不重教,曹操实为曹氏最早有重教意识之人,曹氏重教传统由曹操开始才逐渐形成。这也解释了为什么从曹操开始,曹氏才开始出现众多的家训文章。像曹操的家训文章就有《诸儿令》、《戒子植》、《内戒令》、《遗令》等,曹丕也有家训文章《终制》、《诫子》等,曹衮《令世子》也是为告诫其世子曹孚而作。

　　不过,正如前文所述,曹操本人并没有接受过多少来自家庭的教育,少年时"游荡无度"、"不治行业",那么他何以会产生这种重教观念呢?联系他的仕宦经历及其远大抱负,我们不难解开其中疑惑。

　　前文提到曹氏本属阉宦庶族。虽然曹操祖父曹腾文化素质较高,且据史载曹腾年少时即为人"谨厚";但是其阉宦身份却注定他为部分士族之士所鄙薄,直到后来袁绍与曹操交战时,其宣战檄文中还攻击曹腾,"司空曹操祖父腾,故中常侍,与左悺、徐璜并作妖孽,饕餮放横,伤化虐人"①。可见,曹氏家族在当时颇受士族社会歧视。正因为如此,曹操早年宦游,虽然当时有些名士有识人慧眼,像太尉桥玄,据《三国志》裴注引《魏书》记载:"太尉桥玄,世名知人,睹太祖而异之,曰:'吾见天下

---

① 详见范晔:《后汉书·袁绍刘表列传》第六十四上,北京:中华书局,2005年。

名士多矣,未有若君者也!君善自持。吾老矣!愿以妻子为托。'由是声名益重",对他倍加推重,但是大多名士都不愿意与之交往。《世说新语·方正篇》载:"南阳宗世林,魏武同时,而甚薄其为人,不与之交。"① 许劭为汝南名士,以善"拔士"闻名天下。《后汉书·许劭传》载"曹操微时,常卑辞厚礼,求为己目。劭鄙其人而不肯对"。在曹操"伺隙胁劭"的情况下,许劭逼不得已,方勉强给他"清平之奸贼,乱世之英雄"的评价。曹操后来与袁绍同时起兵,袁绍麾下谋士云集,而初始名士贤才追随曹操者却很少;正是因为袁绍出身于四世五公的汝南袁家,"士多附之"。曹操对此也深有感触,于是不得不几次下书求贤,通过众多礼遇贤士的政策招徕人才。

与曹操这种阉宦庶族的卑微出身形成鲜明对比的是曹操的宏伟抱负。曹操当时已经官至魏王、位极人臣,但他的抱负还远不止此。据《三国志》记载,曹操手下众多大臣像侍中陈群、尚书桓阶都曾建议曹操废汉献帝自立,曹操都没有采纳②。当然,这并非意味着曹操没有代汉野心。据《三国志·魏书·武帝纪第一》裴注引《魏氏春秋》载,在夏侯惇劝曹操代汉自立时,曹操说:"'施于有政,是亦为政'。若天命在吾,吾为周文王矣。"这则材料明确显示,曹操有使自己家族成为帝族的雄心,不过就当时的情势而言,曹氏称帝时机还不成熟。从《三国志·魏书·武帝纪第一》裴注引《魏略》载的"孙权上书称臣,称说天命。王以权书示外曰:'是儿欲踞吾著炉火上邪!'"材料中可看出,曹操很清楚地认识这一点。不过虽然曹操当时还没有自己称帝的想法,但是远在此之前,他已经在为曹氏代汉而做准备。

前文提到曹操在仕宦之初屡遭当时士族歧视,起兵时追随士人也很少,其主要原因就是他的家族出身。曹操对此有很清醒的认识,因而在实现代汉的准备中,他首先要做的就是提升家族的社会地位。于是,在发展势力的过程中,他一方面不断

---

① 见徐震堮《世说新语校笺》。
② 详见陈寿《三国志·魏书·武帝纪第一》第53页裴注引的《魏氏春秋》、《魏略》、《曹瞒传》、《世语》中的记载。

拉拢士族名士,借以抬高自己的名声,他麾下谋士中像荀彧、杨修等都出身于当时的著名世家名族;另一方面,他高度重视学习,也通过对其家族成员的精心培养,提高他们整体的文化素质,形成家族代传的家学传统,努力促使曹氏家族跻身门阀士族之列。在《让县自明本志令》中,他言辞恳切地自述自己积极建立令名,以清洗其宦官出身的不懈努力,就明显表现出向文化士族靠拢的这种倾向。唯其如此,曹氏才能成为门阀士族的利益代表,获得更多的士族支持力量,从而使得曹氏家族获得更为长久的发展,最终真正实现曹氏代汉的远大抱负。

综上所述,曹氏家族的重教传统形成并非由来已久,客观地说,自曹操始才有了重教意识并由此形成曹氏的重教传统。当然,曹操重教观念的形成又与他远大的抱负密切关联,这又在一定程度上决定了曹氏家族在教育方面会显示出与众不同的特点,形成有异于别的家族的独特的教育观念。

二、曹氏家族的人才观念与教育思想

陆机在《吊魏武帝文序》中曾感叹曹操"经国之谋既远,隆家之训亦弘",既表达对曹操治国方面雄才大略的高度赞赏,又对他在治家方面的卓越才能称叹不已。确实,曹操一生南征北战、戎马倥偬,却并没有因此而忽视对家族成员特别是子女的教育。非但如此,因为曹操在对家族成员的教育中实际上寄托了他振兴家族的抱负,他对家族教育的重视更重于一般人。当然,这也在某种程度上使得曹氏家族教育形成有异于当时其他家族的独有特点及教育观念。这种教育理念一方面为曹氏培养出众多才高名显的一时俊彦,另一方面,随着曹氏掌控社稷神器,这种教育理念对于汉晋间文化之影响也会逐渐加深。综观曹氏的教育理念,主要包含以下几个方面:

(一)德才并重

清代王夫之在《读通鉴论》中说:"(曹操)其终强而夺汉者,居四战之地,恃智恃力,而无河山恃之可恃以生骄怠也",认为曹操在汉末之所以能迅速崛起,曹氏最终能代汉而立,主要就是因为其"恃智恃力"。而"恃智"即依靠人才,实点出了曹氏崛起的重要原因之一:搜罗并重用大批人才。

确实，曹操向来重视人才。《三国志·魏书·武帝纪第一》载："初，绍与公共起兵，绍问公曰：'若事不辑，则方面何所可据？'公曰：'足下意以为何如？'绍曰：'吾南据河，北阻燕、代，兼戎狄之众，南向以争天下，庶可以济乎？'公曰：'吾任天下之智力，以道御之，无所不可。'"这是曹操与袁绍初起兵反董卓时的对话。显然，曹操比袁绍更富有远见卓识之处就在于他认识到在诸雄争霸之际要获得主导权，唯有牢牢抓住人才。

曹操曾提出在当时人认为是惊世骇俗的"唯才是举"的政策。建安十五年（210年）春，曹操下《求贤令》，令曰："自古受命及中兴之君，曷尝不得贤人君子与之共治天下者乎！及其得贤也，曾不出闾巷，岂幸相遇哉？上之人不求之耳。今天下尚未定，此特求贤之急时也。孟公绰为赵、魏老则优，不可以为滕、薛大夫。若必廉士而后可用，则齐桓其何以霸世！今天下得无有被褐怀玉而钓于渭滨者乎？又得无盗嫂受金而未遇无知者乎？二三子其佐我明扬仄陋，唯才是举，吾得而用之"，提出"唯才是举"的用人方针。此后，建安十九年（214年）、二十二年（217年）秋，他又先后发布了《敕有司取士毋废偏短令》、《举贤勿拘品行令》二令，再次强调举贤可不必固守德、才兼备的标准，这就是曹操著名的"求贤三令"。前人有据此论定曹操重才胜于重德，并由此推想曹操在教育观念上理应是重视对于人实际才能的培养而忽略对人的品德的塑造。其实，曹操之所以连下三令，强调"唯才是举"，主要是针对当时特定的政治局势。

建安十三年（208年），曹操惨遭赤壁之败。在痛失统一天下之良机的同时，也强烈意识到良才对一统大业的重要性。因此，他在《求贤令》中特意强调其"唯才是举"的前提是"今天下尚未定，此特求贤之急时也"，这个前提其实正是他七年之内连下三道求贤令、采用"唯才是举"、"勿拘品行"政策的直接原因。这也是我们不能就此将"唯才是举"简单等同于曹操重才而不重德的缘由。联系曹操一生留下的众多令、教等类的文章，我们或许会对这一问题认识得更为清楚。

建安八年（203年），曹操封荀彧为万岁亭侯，其《请爵荀彧表》中，在充分肯定其"参与计画，周旋征伐，每皆克捷，奇策密谋"的智术之外,也高度称赞荀彧"积德累行,少无长悔,遭世纷扰,怀忠念治"。

建安十一年(206年),在《表称乐进于禁张辽》中,曹操对乐进、于禁、张辽三人"质忠性一,守执节义"的品行也是赞赏不已。其他,如《请追增郭嘉封邑表》中,他极力推重郭嘉"忠节为国"、"忠良渊淑"的美德。在《授崔琰东曹教》中,他盛赞崔琰"有伯夷之分,史鱼之直";在《表刘琮令》中,他表封刘琮为谏议大夫的主要理由就是刘琮"心高志洁……轻荣重义,薄利厚德……笃中正之体,敦令名之誉"。

曹操表封以上诸人时明显表现出对他们德行的激赏,虽然其中有些人如郭嘉可能才干更显突出,并不以德著称。而追随曹操的众多谋士良工,更多是德才兼备之士。前文所提到曹操最重要的谋士之一荀彧出身颍川荀氏,荀氏是当时士族名门,世代以德行显名。史书称荀彧有"王佐之风",《三国志·魏书·荀彧荀攸贾诩传第十》裴注引《彧别传》曰"彧德行周备,非正道不用心,名重天下,莫不以为仪表,海内英隽咸宗焉",并评价他"亡身殉节,以申素情,全大正于当年,布诚心于百代,可谓任重道远,志行义立"。显然,对其才、其德同时给予极高评价。袁涣据《三国志·魏书·袁张凉田邴管传第十一》载"清静,举动必以礼",追随曹操多年,"前后得赐甚多,皆散尽之,家无所储……时人服其清"。谋士张范,史称他"性恬静乐道,忽于荣利"。《三国志》记张范子张陵与张承(张范之弟)子张戬"为山东贼所得,范直诣贼请二子,贼以陵还范。范谢曰:'诸君相还儿厚矣。夫人情虽爱其子,然吾怜戬之小,请以陵易之。'贼义其言,悉以还范",也高赞其义。

由此可见,曹操虽然在晚年连下三道求贤令,宣称"唯才是举"、"不拘品行",其实是在当时特殊的形势下,针对人才短缺的状况,所采取的一种折中的用人策略,正如他在《论吏士行能令》中所谓"治平尚德行,有事赏功能"。而德才兼备之士才是曹操理想中的人才。

建安八年(203年)七月,曹操发布了《修学令》,令曰:"丧乱已来,十有五年,后生者不见仁义礼让之风,吾甚伤之。其令郡国各修文学,县满五百户置校官,选其乡之俊造而教学之,庶几先王之道不废,而有以益于天下。"强调恢复地方教育的原因是"后生者不见仁义礼让之风",他要通过恢复地方教育事业,使得"先王之道不废,而有以益于天下"。在为诸子选择属官时,他特下《高选诸子掾属令》,申明"侯家吏,宜得渊深法度如邢颙辈"。邢颙被时人称为"德行堂堂邢子昂",德名远播;刘桢盛赞其为"北土之彦,少秉高节,玄静澹泊,言少理多,真雅士也"。从"言少理多"句,又可见他不仅德高,而且颇富才学。曹操也认为他"笃于旧君,有一致之节",因此,特选他为平原侯曹植的家丞。建安十六年(211年),曹操又发布《转邴原五官长史令》,称"子弱不才,惧其难正,贪欲相屈,以匡励之。虽云利贤,能不恻恻"。让邴原代凉茂为五官中郎将曹丕的长史。邴原之前,任曹丕长史的凉茂史称"少好学,论议常据经典,以处是非",以博学多才而名显,并且从《三国志》其本传"时泰山多盗贼,以茂为泰山太守。旬月之间,襁负而至者千余家"的记载,可见他很有治理地方的实际才干。至于邴原,《三国志》本传称其"少与管宁俱以操尚称"。《世说新语·赏誉》也载:"公孙度目邴原:'所谓云中白鹤,非燕雀之网所能罗也。'"《三国志》本传载他"原在辽东,一年中往归原居者数百家,游学之士,教授之声,不绝"。可见其人不仅以志节德行名于世,而且很有才华。而从曹操的《转邴原五官长史令》文中看来,曹操让邴原代凉茂,有很大程度上是因为是"惧其(指时任五官将的曹丕)难正",让邴原"匡励之",还是看重邴原在才能之外对于曹丕品德上的引导。此外,正是因为邴原、张范为当时所谓的"龙翰凤翼,国之重宝","皆秉德纯懿,志行忠方,清静足以厉俗,贞固足以干事"①。曹操每次出征,都往往让张范、邴原助曹丕留守,并嘱咐曹丕:"举动必咨此二人",对二人执"子孙礼"②。曹操在任魏公、确立曹丕为其太子后,又先后选择凉茂、何夔做其太傅。何夔当时"以孝友称",《三国志》本传载"夔迁太仆,太子欲与

---

① 陈寿:《三国志·魏书·袁张凉田邴管传第十一》,北京:中华书局,1982年。
② 陈寿:《三国志·魏书·袁张凉田邴管传第十一》,北京:中华书局,1982年。

辞,宿戒供,蘂无往意;乃与书请之,蘂以国有常制,遂不往。其履正如此",以德高严正著称;凉茂如前述主要以才能见长,曹操先后选择两人为曹丕太傅,无疑还是希望以此促进曹丕德与才两方面的同时进步。

曹丕在用人政策和教育观念方面显然与其父有承袭关系。曹丕以受禅方式代汉之前即延康元年(220年),在用人政策上采取的一个重要举措就是采纳吏部尚书陈群的建议,颁布了"九品官人法",即"(文帝)及即王位,封群昌武亭侯,徙为尚书。制九品官人之法,群所建也"①。"九品官人之法"即九品中正制,此后成为魏晋南北朝时期最重要的一种官员选举和考核制度。其主要内容为:首先在各州郡设中正官。所谓中正官,就是负责对某一地区人物进行品评的官员。中正官有大小之分,州设大中正官,掌管州中数郡人物之品评,各郡则另设小中正官。中正官的主要职责就是评议人物,其评议标准主要有三:家世、品德、才能。家世又称"簿阀"、"簿世",即被评者的家庭出身和背景,一般包括其父祖辈的资历、仕宦情况和爵位高低等。这些是中正官首先必须细致掌握的。然后中正须对被评者的品德、才能作概括性的评价,这种对个人品行才能的总评称为"状"。如曹魏时中正王嘉"状"吉茂为"德优能少"。最后,中正综合被评者的才德、门第,确定人物高下品级。品共分为九等,即上上、上中、上下、中上、中中、中下、下上、下中、下下。类别却只有上品、中品和下品(一品为虚设,无人能达到;二品至三品为上品;四品至五品为中品;五至九品为下品)三类。九品中正制初设时,确实包含"唯才是举"的精神,是之前曹操用人政策的延续。梁朝沈约就认为"汉末丧乱,魏武始基,军中仓卒,权立九品。盖以论人才优劣,非为世族高卑。"②但是,由于中正官大多是二品,而获得二品者几乎全部是门阀世族,于是在中正品第过程中,才德标准逐渐被忽视,家世则越来越重要,甚至成为唯一的标准,渐渐形成魏晋时期的"门阀制度",到西

---

① 陈寿:《三国志·魏书·桓二陈徐卫卢传第二十二》,北京:中华书局,1982年。
② 沈约:《宋书·列传第五十四·恩幸》,北京:中华书局,1974年。

晋时终于形成了"上品无寒门,下品无庶族"的局面。

由此可见,"九品官人之法"的颁布最初也是为了曹魏政权招徕人才。这种不拘一格招揽人才的渴望在黄初三年(222年)春,曹丕下达的《取士不限年诏》中表达得更为清楚。其诏曰:"今之计、考,古人贡士也;十室之邑,必有忠信,若限年然后取士,是吕尚、周晋不显于前世也。其令郡国所选,勿拘老幼;儒通经术,吏达文法,到皆试用。有司纠故不以实者。"诏令中传达了曹丕对于人才的认识:一是"儒通经术,吏达文法",即人才一定是具备某种特殊才能之士;二则这里提出"十室之邑,必有忠信",忠信即忠义仁信。很显然,曹丕的人才观中,德与才并不一定互相排斥,有才之士当然是曹魏政权初建、百废待举局面下的亟待之选。而德才兼备之士方是曹魏政权长治久安真正的不二人选。曹丕践阼之后,从其颁布的一系列诏令中可以清楚地看到这一点。黄初四年(223年)夏五月,有鹈鹕鸟集灵芝池。按刘向的说法,天降异象,与人事有关。而鹈鹕的出现,实"羽虫之孽,又青祥也",即预示一种不好的政治现象。于是曹丕下《鹈鹕集灵芝池诏》,诏曰:"此诗人所谓污泽也。《曹诗》'刺恭公远君子而近小人',今岂有贤智之士处于下位者乎?否则斯鸟何为而至?其博举天下俊德茂才、独行君子,以答曹人之刺。"[①]诏令中明确提出要臣下举荐的是"天下俊德茂才、独行君子"。黄初二年(221年)冬,他特下优待前朝故臣,出身四世三公之家的杨彪的《待杨彪客礼诏》,赐杨彪"几杖",准许他"谒请之日,便使杖入,又可使著鹿皮冠",这是古来帝王对德隆望尊之士的格外礼待。曹丕特下此诏,理由也正如其诏中所云:"公故汉宰臣,乃祖以来,世著名节,年过七十,行不逾矩。"显然,曹丕看重的是杨彪之德。此外,他先后嘉封、追赠一系列臣子,诏书令中无一例外在对诸臣下才能作出高度评价的同时,也对他们的令德高节予以激赏。追赠夏侯尚为征南大将军、昌陵侯时,他在诏书中称赞夏侯尚不仅"智略深敏,谋谟过人",且"自少侍从,尽诚竭节";诏蒋济为东中郎将时,他盛赞蒋济"兼资文武"的同时,还"志节慷慨";他封赏毛玠、王修、凉茂

---

① 陈寿:《三国志·魏书·文帝纪第二》,北京:中华书局,1982年。

等人子孙时,给出的封赏理由是其已故先辈毛玠等人"皆忠直在朝,履蹈仁义"。于禁、庞德都是曹操麾下名将。建安二十四年(219年),俱随曹仁讨蜀将关羽,庞德战败不屈,遂为关羽所杀;于禁降后,在曹丕即位后返魏。曹丕虽然诏令他复官,但对他的临阵变节很是反感。《三国志·魏书·张乐于张徐传第十七》载曹丕欲派遣他到东吴,"先令北诣邺谒高陵(曹操墓)。帝使豫于陵屋画关羽战克、庞德愤怒,禁降服之状",以此来羞辱于禁。于是"禁见,惭恚发病薨"。而对于庞德,他特遣使至庞德墓前赐谥"壮侯",并高度赞美他"式昭果毅,蹈难成名,声溢当时,义高在昔"。

  曹丕用人选择德才兼备之士,在教育方面,他也注意推行有益于德、才两方面共进的教育政策。魏明帝曹叡还是武德侯时,曹丕就为他选择郑称为武德侯傅。他选择郑称,一方面如其在《以郑称为武德令》中所言,因为郑称是"笃学大儒";另一方面,也因为郑称在德行方面实能为曹叡的老师。《三国志》中虽然缺乏关于郑称事迹的详细记载,但是他曾给《孝经》作过注,对《孝经》深有研究,饱受当时儒家教化的熏陶,知礼守节,他做曹叡老师无疑有助于培养曹叡良好的品行。在黄初中,曹丕又为平原王曹叡选择高堂隆做平原王傅。高堂隆为人忠贞方正,素以德称。曹操曾辟他为历城侯曹徽的文学掾。《三国志》高堂隆本传载:"徽遭太祖丧,不哀,反游猎驰骋;隆以义正谏,甚得辅导之节",显见他在曹徽德行修进方面有引导作用。后来,做曹叡的平原王傅,进而在曹叡即尊位之后,他也屡次上书直谏,使得曹叡有时不得不收敛自己违礼或不德之举,因而习凿齿感叹道:"高堂隆可谓忠臣矣。君侔每思谏其恶,将死不忘忧社稷,正辞动于昏主,明戒验于身后,謇谔足以励物,德音没而弥彰,可不谓忠且智乎!"①曹丕选择高堂隆教导曹叡,显然也是考虑他的方正德行足以匡正曹叡的不德之行。此外,曹丕还留下告诫诸子的家书《典论·诫子》,其文曰:"父母于子,虽肝肠腐烂为其掩蔽,不欲使乡党士友闻其罪过。然行之不改,

---

① 陈寿:《三国志·魏书·辛毗杨阜高堂隆传第二十五》,北京:中华书局,1982年。

久久人自知之。用此仕官,不亦难乎!"文章谆谆告诫诸子要注意自身操行,同时也指出选官用人,也要留意人物品行。

魏明帝曹叡,在用人取士政策上曾于太和四年下《策试罢退浮华诏》,其诏曰:"世之质文,随教而变。兵乱以来,经学废绝,后生进趣,不由典谟。岂训导未洽,将进用者不以德显乎?其郎吏学通一经,才任牧民,博士策试,擢其高第者,亟用;其浮华不务道本者,皆罢退之。"显然,他重用的人才不仅要"学通一经,才任牧民",还不能是"浮华不务道本者"。青龙元年(233年)三月,他诏令公卿举"贤良笃行之士",同样昭显他对人"德"方面的重视。青龙四年(236年),他又下诏求才:"欲得有才智文章,谋虑渊深,料远若近,视昧而察,筹不虚运,策弗徒发,端一小心,清修密静,乾乾不解,志尚在公者,无限年齿,勿拘贵贱,卿校已上各举一人。"①他要求众臣举荐的人才必须"有才智文章,谋虑渊深,料远若近,视昧而察",强调的是才,"清修密静,乾乾不解,志尚在公者",看重的是德,可见,在用人政策及教育理念上,他与其祖、其父一脉相承。

从前文所述,我们可以清楚地看到,曹氏家族教育重视德与才两方面的齐头并进。曹操最早具有这种观念,并通过教育把这种观念传给曹丕、曹叡。而曹操在教育问题上坚持这种德才并重的观念,与他振兴家族的雄心抱负联系至深。换而言之,曹操振兴家族的雄心决定了他对家族教育的重视,同时也决定了这种教育的培养目标——德才兼备的人才。

从曹操对继嗣的选择上,我们能看得更为清晰。按照封建传统观念,一般立嫡长子,曹操长子曹昂去世之后,曹操的继嗣之位无疑应归于曹丕。但是,曹操在继嗣问题上很长时间却犹豫不定。他最初考虑的人选是曹冲。曹冲史载"少聪察岐嶷,生五六岁,智意所及,有若成人之智",并且"仁爱识达",《三国志》本传载:"时军国多事,用刑严重。太祖马鞍在库,而为鼠所啮,库吏惧必死,议欲面缚首罪,犹惧不免。冲谓曰:'待三日中,然后自归。'冲于是以刀穿单衣,如鼠啮者,谬为失意,貌有

---

① 陈寿:《三国志·魏书·徐胡二王传第二十七》,北京:中华书局,1982年。

愁色。太祖问之，冲对曰：'世俗以为鼠啮衣者，其主不吉。今单衣见啮，是以忧戚。'太祖曰：'此妄言耳，无所苦也。'俄而库吏以啮鞍闻，太祖笑曰：'儿衣在侧，尚啮，况鞍县柱乎？'一无所问。"曹冲显然德才两方面都远远优于其他诸子，因此，曹操"数对群臣称述，有欲传后意"，但曹冲不幸于建安十三年夭折。

曹冲死后，曹操一度考虑立曹植为嗣。《三国志·魏书·任城陈萧王传第十九》载曹植"年十岁余，诵读《诗》、《论》及辞赋数十万言，善属文"，并且曹植素有捷才，"时邺铜爵台新成，太祖悉将诸子登台，使各为赋。植援笔立成，可观，太祖甚异之"。曹植不仅文才出众，并且很富有智谋，"每进见难问，应声而对，特见宠爱"。毫无疑问，曹植出众的才能使他比曹丕更能赢得曹操的注意，成为曹丕在竞争曹操继嗣之位问题上最有力的对手。曹操确实先后多次表示欲立曹植为嗣。① 而曹操征孙权时，让曹植留守邺城，勉励他："吾昔为顿邱令，年二十三。思此时所行，无悔于今。今汝年亦二十三矣，可不勉与"②，已然有立之为嗣的想法。但是曹植"任性而行，不自彫励，饮酒不节"。而与此同时，曹丕听从贾诩建议，按《三国志》卷十《魏书·贾诩传》载："是时，文帝为五官将，而临菑侯植才名方盛，各有党与，有夺宗之议。文帝使人问诩自固之术，诩曰：'愿将军恢崇德度，躬素士之业，朝夕孜孜，不违子道。如此而已。'文帝从之，深自砥砺"，不断砥砺自身，加强自己的德行修养，锻炼自己的能力。虽然《三国志》卷二十一《魏书·吴质传》裴注引《世语》载"魏王尝出征，世子及临菑侯植并送路侧。植称述功德，发言有章，左右瞩目，王亦悦焉。世子怅然自失，吴质耳曰：'王当行，流涕可也。'及辞，世子泣而拜，王及左右咸歔欷，于是皆以植辞多华，而诚心不及也"，《陈思王植传》中也云"（文帝）矫情

---

① 陈寿：《三国志》卷十九《魏书·陈思王植传》裴注引《魏略》中载："太祖既有意欲立植，而（丁）仪又共赞之。"其后裴注又引《文士传》中载："太祖答曰：'植，吾爱之，安能若卿言！吾欲立之为嗣，何如？'（丁）廙曰：'此国家之所以兴衰，天下之所以存亡……'太祖深纳之。"从曹操与丁廙的这番对话来看，曹操对曹植曾寄望甚深。

② 陈寿：《三国志》卷十九《魏书·陈思王植传》，北京：中华书局，1982年。

自饰,宫人左右,并为之说,故遂定为嗣",似乎曹丕因善于伪饰而得以立嗣,这一观点其实忽略了一个事实:曹操既是一位"经国之谋既远"的杰出政治家、军事家,又怎会在立嗣问题上不慎而又慎,因为偏听而轻下结论?况且曹操一向通达,即使已立嗣,又何妨他再行改立?其实,正是在曹丕被立嗣之后,曹植一再失礼、失德的表现才最终打消了曹操在立嗣问题上的最后一丝犹豫。《三国志》卷十九《魏书·陈思王植传》中载"植尝乘车行驰道中,开司马门出。太祖大怒,公车令坐死。由是重诸侯科禁,而植宠日衰"。曹植车行"驰道"之上,并擅开"司马门",这无疑是违礼逾矩之举。因为"驰道"按《礼·曲礼下》中疏的解释为"正道,如今御路也。是君驰走车马之处",是专供君王驰走车马之道;"司马门"为皇宫的外门,凡出入宫禁者按例到此都要下车步行。曹植如此不持礼自重,显然让曹操很失望,并进而日渐疏远他。"二十四年,曹仁为关羽所围。太祖以植为南中郎将,行征虏将军,欲遣救仁,呼有所敕戒。植醉不能受命,于是悔而罢之"。从《三国志》曹植本传的这段记载可知,曹操在立曹丕为自己继承人之后,也并未放弃对曹植的着意锻炼、培养,他曾一度想委曹植以重任,任其为征虏将军,希望他能解曹仁被围之急,并以此增加其在军中威望。虽然按《三国志》裴注引《魏氏春秋》记载:"植将行,太子饮焉,偪而醉之。王召植,植不能受命,故王怒也",似乎是因为曹丕的有意设计,致使曹植失去这次建立军功的机会,但是,客观地说,曹植自身一贯的任意随性是他错失这次良机的根本原因。由此可见,曹操在立嗣问题上始终坚持一个标准:德才兼备,而曹丕则正是因符合这一标准而被立嗣。

曹丕在选择继承人方面,也同样从德、才两方面来考虑。曹丕共有九子,其中曹丕考虑立为太子的只有曹叡和元城哀王曹礼。据《三国志》卷三《魏书·明帝纪》裴注引《魏略》载:"(文帝)有意欲以他姬子京兆王为嗣,故久不拜太子",这里"他姬子京兆王"指的是曹丕与徐姬之子曹礼,彼时为京兆王。史书上对于曹礼的记载十分简略,不过曹丕既然考虑过立他为嗣,可推测其才干必然在诸子中比较突出。但曹丕最终还是选定了曹叡,其原因正如《三国志》卷三《魏书·明帝纪》裴注引《魏末传》中所载:"(明)帝常从文帝猎,见子母鹿。文帝射杀鹿母,使帝射鹿子,帝不从,曰:'陛下已杀其母,臣不忍复杀其子。'因涕泣。文帝即放弓箭,以此深奇之,而树立之意定。"显而易见,曹叡的仁德之心为他赢得了太子之位。

总之,曹氏家族重视家族教育,并形成了独特的教育理念,这种教育理念首先强调的就是教育要努力培养德才兼备的人才。

(二)重视文武并施,同时尊重个性发展

曹操在《孙子(兵法)序》中说:"(用)[恃]武者灭,(用)[恃]文者亡,夫差、偃王是也。"显而易见,在曹操的教育观念中,其子女徒然尚文或单纯允武无疑是不够的,他寄望其后代能内修文德,外治武道,即文韬武略,并行发展。

曹丕在《典论·自序》中述曰:"余时年五岁,上以世方扰乱,教余学射,六岁而知射,又教余骑马,八岁而能骑射矣。以时之多故,每征,余常从。"曹操自曹丕幼年时就注意培养他对于"弓马"的热爱,使"生于中平之季,长于戎旅之间"的曹丕能"善左右射",并且于建安初随自己南征穰时,在"亡兄孝廉子修、从兄安民遇害"之际,使时年仅10岁的曹丕得以"乘马得脱"。曹丕"又学击剑,阅师多矣",甚至与当时剑术高手奋威将军邓展比剑而能取胜。而与此同时,曹操也注意对曹丕"文"方面的熏陶。也是在《典论·自序》中,曹丕自叙:"上雅好诗书文籍,虽在军旅,手不释卷,每每定省从容,常言人少好学则思专,长则善忘,长大而能勤学者,唯吾与袁伯业耳。余是以少诵诗、论,及长而备历五经、四部、《史》、《汉》,诸子百家之言,靡不毕览。"这种"文武并施"教育,使曹丕认识到"夫文武之道,各随时而用",并终成为"有逸才,遂博贯古今经传诸子百家之书。善骑射,好击剑"的文武兼备之一代人主。

任城王曹彰,为曹操诸子中最勇猛且富有军事天赋者。《三国志》卷十九《魏书·任城威王彰传》载:"任城威王彰,字子文。少善射御,膂力过人,手格猛兽,不避险阻。数从征伐,志意慷慨。太祖尝抑之曰:'汝不念读书慕圣道,而好乘汗马击剑,此一夫之用,何足贵也!'课彰读《诗》、《书》,彰谓左右曰:'丈夫一为卫、霍,将十万骑驰沙漠,驱戎狄,立功建号耳,何能作博士邪?'"曹彰勇猛尚武且在军事方面天赋异禀,曹操觉得曹彰仅治武还不够,不过匹夫之勇,因而同时还"课彰读《诗》、《书》"。

曹植是曹操诸子中最才华横溢者。《三国志》卷十九《魏书·陈思王植传》评价他"文才富艳,足以自通后叶",并记载曹植"年十余岁,诵读《诗》、《论》及辞赋数十万言,善属文",早年最为曹操宠爱,并被曹操视为诸子中"最可定大事"者。曹操一方面惊异曹植的文学才华,另一方面自己南征北战之时,常让曹植随侍身边,不忘培养曹植的尚武精神。曹植也自言自己"生乎乱,长乎军",并在《求自试表》追忆当年随父出征情形:"昔从先武皇帝南极赤岸,东临沧海,西望玉门,北出玄塞,伏见所以行军用兵之势,可谓神妙矣。"史载曹植多次跟随曹操征战。如建安十一年(206年)征管承,十二年(207年)征三郡乌桓,十三年(208年)征刘表,二十年(215年)征张鲁。其《失题》诗云:"皇考建世业,余从征四方。栉风而沐雨,万里蒙露霜。剑戟不离手,铠甲为衣裳。"①记载的就是他随父征战四方的情形。因此虽然曹植以文才名世,其实是文武兼备之人。

曹操不仅用"文武并施"观念教育诸子,同时还以此教育族人。史载夏侯氏与曹氏渊源很深。曹操父亲曹嵩为曹腾养子,《三国志》卷一《魏书·武帝纪》裴注引吴人作《曹瞒传》及郭颁《世语》并云:"嵩,夏侯氏之子,夏侯惇之叔父。太祖于惇为从父兄弟。"夏侯渊为夏侯惇族弟,亦是曹操族弟。夏侯渊勇而好战,但是作战缺乏谋略,常身陷危境。曹操在《军策令》中就曾批评他说:"渊本非能用兵也,军中呼为'白地将军',为督帅尚不当亲战,况补鹿角乎。"②而且在其数战告捷之际,戒之曰:"为将当有怯弱时,不可但恃勇也。将当以勇为本,行之以智计;但知任勇,一匹夫敌耳。"③也还是教导他为将不能徒有尚武精神,不能只知"恃勇",还要熟知兵法,富有谋略。

---

① 曹操著,赵幼文校注:《曹植集校注》,北京:人民文学出版社,1984年。
② 中华书局编辑部编校:《曹操集》,北京:中华书局,1982年。
③ 陈寿:《三国志》卷九《魏书·夏侯渊传》,北京:中华书局,1982年。

正因为曹操秉持对家族成员"文武并施"的教育观念,他会根据家族成员不同的禀赋、爱好情况,善加引导:对好文者治武;对尚武者课文。曹操曾下《百辟刀令》曰:"往岁作百辟刀五枚适成,先以一与五官将。其余四,吾诸子中有不好武而好文学,将以次与之。"对好文者予以百辟刀,就是为了激发其尚武精神,使其能文武并施,全面发展。

　　曹操在强调诸子"文武并施"、全面发展的同时,还注意尊重他们的个性、爱好及志向,顺其自然,甚至助其发展。《三国志》卷十九《魏书·任城威王彰传》载:"太祖尝问诸子所好,使各言其志。彰曰:'好为将。'太祖曰:'为将奈何?'对曰:'披坚执锐,临难不顾,为士卒先;赏必行,罚必信。'太祖大笑。"对曹彰这样喜好沙场征战的儿子,曹操一方面不放弃"课彰读《诗》、《书》",刻意引导他"文"方面的发展;另一方面,对于他执意身先士卒、奔战沙场的精神很是赞赏,经常带曹彰转战各地,给他军中历练的机会,最后终于使其成长为一时名将。

　　曹丕、曹植兄弟受曹操影响,皆允文允武,且都偏爱文学,喜欢交结文学之士。《三国志》卷二十一《魏书·王粲传》载:"始文帝为五官将,及平原侯植皆好文学。粲与北海徐干字伟长、广陵陈琳字孔璋、陈留阮瑀字符瑜、汝南应玚字德琏、东平刘桢字公干并见友善……自颍川邯郸淳、繁钦、陈留路粹、沛国丁仪、丁廙、弘农杨修、河内荀纬等,亦有文采,而不在此七人之例。"王粲、徐干、陈琳、阮瑀、应玚、刘桢和孔融被后人并称"建安七子",与"三曹"一起历来被认为是建安文学的代表人物。王粲"善属文,举笔便成,无所改定,时人常以为宿构;然正复精意覃思,亦不能加也。著诗、赋、论、议垂六十篇"[①]。徐干据《三国志》卷二十一《魏书·徐干传》裴注引《先贤行状》载:"干清玄体道,六行修备,聪识洽闻,操翰成章,轻官忽禄,不耽世荣。"陈琳、阮瑀都做过曹操的司空军谋祭酒。《三国志》卷二十一《魏书·阮瑀传》裴注引《典略》载:"琳作诸书及檄,草成呈太祖。太祖先苦头风,是日疾发,卧读琳所作,翕然而起曰:'此愈我

---

① 陈寿:《三国志》卷二十一《魏书·王粲传》,北京:中华书局,1982年。

病。'数加厚赐。太祖尝使瑀作书与韩遂,时太祖适近出,瑀随从,因于马上具草,书成呈之。太祖揽笔欲有所定,而竟不能增损。"阮瑀少受学于蔡邕,素有捷才,《三国志》卷二十一《魏书·阮瑀传》裴注引《文士传》载:"太祖雅闻瑀名,辟之,不应,连见逼迫,乃逃入山中。太祖使人焚山,得瑀,送至,召入。太祖时征长安,大延宾客,怒瑀不与语,使就伎人列。瑀善解音,能鼓琴,遂抚弦而歌,因造歌曲曰:'奕奕天门开,大魏应期运。青盖巡九州,在东西人怨。士为知己死,女为悦者玩。恩义苟敷畅,他人焉能乱?'为曲既捷,音声殊妙,当时冠坐,太祖大悦。"应玚、刘桢家族历来爱好文学。《三国志》卷二十一《魏书·应玚传》裴注引华峤《汉书》载:"玚祖奉,字世叔。才敏善讽诵,故世称'应世叔读书,五行俱下'。著《后序》十余篇,为世儒者。延熹中,至司隶校尉。子劭字仲远,亦博学多识,尤好事。"《三国志》卷二十一《魏书·刘桢传》裴注引《文士传》记:"桢父名梁,字曼山,一名恭。少有清才,以文学见贵,终于野王令。"应玚、刘桢本人也文才出众,文帝在《又与吴质书》中评价他们:"德琏常斐然有述作意,其才学足以著书……公干有逸气,但未遒耳。"对于曹丕兄弟与诸文士的交往,曹操并不干涉,非但如此,他还亲自组织与诸文士的文学聚会,鼓励曹丕兄弟在这方面的兴趣爱好。如建安十六年曹丕于北园及东阁讲堂赋诗,命王粲、刘桢、阮瑀、应玚等同作;建安十七年曹操游西园,登铜雀台,命曹丕、曹植等兄弟各自为赋;建安十八年,曹丕随其父出猎作赋,并命陈琳、王粲、应玚、刘桢同作;建安十九年,曹丕数游文昌殿,在槐树下避暑乘凉,与王粲共作《槐赋》。

由于留意到曹丕兄弟对于文学的格外偏好,曹操还注意安排这些文学名士给他们作属官。曹丕为五官中郎将,曹植为临淄侯、平原侯时随侍的就有文学属官。《三国志》卷二十一《魏书·应玚传》载"(应玚)转为平原侯庶子,后为五官将文学"。《三国志》卷二十一《魏书·徐干传》记"(徐干)为五官将文学"。《世说新语·言语》刘孝标注引《典略》曰:"建安十六年,世子为五官中郎将,妙选文学,使(刘)桢随侍太子。"《三国志》卷二十一《魏书·刘廙传》曰:"(刘廙)转五官将文学。文帝器之,命廙通草书。"《三国志》卷二十一《魏书·苏林传》裴注引《魏略》载:

"(苏林)建安中,为五官将文学,甚见礼待。"《三国志》卷二十三《魏书·常林传》云:"文帝为五官将,(常)林为功曹。"《三国志》卷二十八《魏书·毋丘俭传》记:"(毋丘俭)为平原侯文学。"《晋书·列传第七·宗室》载:"魏陈思王植有俊才,清选官属,以(司马)孚为文学掾。"《晋书·列传第十四·郑袤》曰:"魏武帝初封诸子为侯,精选宾友,(郑)袤与徐干俱为临淄侯文学。"曹丕被立为魏王太子后,太子文学又有王昶、郑冲等人,也都是些以文学见长之士。如《三国志》卷二十七《魏书·王昶传》云:"文帝在东宫,昶为太子文学,迁中庶子。"《晋书·列传第三·郑冲》载:"及魏文帝为太子,搜扬侧陋,命(郑)冲为文学。"当然,这里的"文学"是汉代开始出现的官名,汉代州郡及王国一般都设有"文学",相当于后世的教官。因而,虽然担任曹氏兄弟"文学"之职的,并不全是能诗善赋的文学家,如司马孚,《晋书》载其"温厚廉让,博涉经史",《晋书》载郑冲"起自寒微,卓尔立操,清恬寡欲,耽玩经史,遂博究儒术及百家之言。有姿望,动必循礼,任真自守,不要乡曲之誉,由是州郡久不加礼",但这些人大都有文才。

这些文学属官与曹氏兄弟经常一起宴游。如《三国志》卷二十一《魏书·刘桢传》裴注引《典略》载"其后太子尝请诸文学,酒酣坐欢"。曹丕《与吴质书》文中也说:"时驾而游,北遵河曲,从者鸣笳以启路,文学托乘于后车"。他们"行则同舆,止则接席,何尝须臾相失!每至觞酌流行,丝竹并奏,酒酣耳热,仰而赋诗"。这对于发展曹氏兄弟对文学的兴趣,提高他们的文学创作能力是不无裨益的。

由此可见,注重对家族成员文才武略的培养,同时尊重其个性的自由发展,是以曹操为代表的曹氏家族在教育方面的理念之一。

(三)重经但不拘礼

汉武帝"罢黜百家,独尊儒术"的文教政策推行以后,儒学在汉代逐步发展成为经学,两汉在教育方面逐渐形成了崇经尊礼的理念。不仅中央与地方官学以经学作为教育的主要内容,私学教育也出现众多经学名家开馆授经的现象。部分世族名门开始以经学传家,于是两汉时期渐次出现一些经学世家。正如赵翼《廿二史札记》中所言:"古人习一业,则累世相传,数十百年不坠。盖良冶之子必学为裘,良弓之子必学为箕,所谓世业也。工艺且然,况于学士大夫之术业乎。"①《廿二史札记·后汉书·累世经学》中列举了孔氏、伏氏、桓氏等累世经学名门。像孔家孔安国之祖孔襄,在汉惠帝时为博士,孔安国及其侄孔延年"皆以治《尚书》"著称,都在武帝时为博士。"延年生霸,亦治《尚书》,昭帝时为博士"。孔霸之子孔光"尤明经学,历成、哀、平三帝,官御史大夫、丞相、太傅、太师、博山侯,犹会门下生讲问疑难"。而孔霸的曾孙孔奋,也"少从刘歆受《春秋左氏》"。孔氏一门在西汉可谓经学世家,煊赫一时,以至赵翼都赞叹:"计自孔圣后,历战国、秦及两汉,无代不以经义为业,见于前、后汉书,此儒学之最久者也。"伏氏、桓氏情形也相似。"伏氏自伏生以后,世传经学,清静无竞,东州号为'伏不斗'云。此一家历两汉四百年,亦儒学之最久者也"。而至于桓氏,则"计桓氏经学著于东汉一朝,视孔、伏二家稍逊其久,然一家三代皆以明经为帝王师,且至于五帝,则又孔、伏二氏所不及也"。除了孔氏、伏氏、桓氏累世以经学传家外,东汉一朝还有弘农杨氏、汝南袁氏也都是当时著名的经学世家。杨氏家族在东汉一朝以四世三公显赫于世。而袁氏家族在东汉更是达到了四世五公。赵翼在《廿二史札记》里不禁感叹:"古来世族之盛,未有如二家者。"杨氏从西汉末杨宝开始,数代都以精通经学著称。袁家也世代笃经。正如陈寅恪先生所言:"夫士族之特点既在门风优美,不同于凡庶,而优美之门风,实基于学术之因袭。故士族家传之学业乃与当时之政治社会有重要之影响。"

而至东汉末,社会历数十年动荡,经济、文化衰退萎靡。西汉时期煊赫一时的经学,在经历了东汉日益谶纬化的发展之后,这时也渐现颓态。虽然此时经学在一些世家大族内部仍然为家传族学,世家望族仍"多研讨儒经,遵循礼法"②,但在官方教育及一些开馆授学的私学教育中,经学已大大衰落了。

曹氏家族虽然并非以经学传家,但是曹氏也重视对家族成

---

① 赵翼:《廿二史札记》,王树民校证,北京:中华书局,1984年。
② 郑欣:《魏晋南北朝史探索》,济南:山东大学出版社,1989年。

员进行儒学教育。曹操本人就谙习经学,《三国志》卷一《魏书·武帝纪》裴注引《魏书》载曹操:"御军三十余年,手不舍书,昼则讲武策,夜则思经传。"按徐公持推测:"他对经学有相当造诣,据王沈《魏书》记载,他在光和年间曾因从妹夫宋奇被诛而免官,'后以能明古学,复征拜议郎'①,所谓'古学',当指古文经学,盖马融、郑玄所传之学。曹操古学修养深厚,从他引述前代典籍中可见一斑。即以《诗经》为例,在今存著述中引用不下数十处,如引'听用我谋,庶无大悔'②等等,又引述《论语》、《尚书》、《易》、《礼》、《春秋》亦复不少"③。这种推测不无道理,因为曹植《武帝诔》也说其父:"既总庶政,兼览儒林。"曹丕兄弟数人在经学方面受到的教育都是很系统的。曹丕《典论·自序》谓:"余是以少诵诗、论,及长而备历五经、四部、《史》、《汉》,诸子百家之言,靡不毕览。"《三国志》裴注引《魏书》也说曹丕"有逸才,遂博贯古今经传诸子百家之书"。《三国志》又谓曹植"年十余岁,诵读《诗》、《论》及辞赋数十万言,善属文"。而从曹植传下来的诗、赋、文等作品中,随处可见他对于《五经》、诸子百家作品的引用,也可以想见他对诸子、经学的熟悉程度。这种重视经学教育内容的传统,对曹叡等曹氏第三代影响也很大。曹叡据《三国志》卷三《魏书·明帝纪》裴注引《魏书》载:"生数岁而有岐嶷之姿"、"好学多识,特留意于法理",说明曹叡博学多闻;而且他个人似乎偏好"法理",没有表现出经学方面的特殊造诣。不过,他还是受到很好的经学教育。曹丕在即位当年封曹叡为武德侯时,就任命当时大儒郑称为武德侯傅,并嘱令郑称"勉以经学辅侯,宜旦夕入侍,耀明其志"④;在黄初三年封曹叡为平原王时,又选汉代经学宗师高堂生的后人高堂隆为平原王傅。而从太和二年夏六月他下达的"尊儒贵学、高选博士"的诏

---

① 陈寿:《三国志·魏书·武帝纪》裴注引,北京:中华书局,1982年。
② 陈寿:《三国志·魏书·武帝纪》,《求贤令》,北京:中华书局,1982年。
③ 徐公持:《魏晋文学史》,北京:人民文学出版社,1999年。
④ 陈寿:《三国志》卷二《魏书·文帝纪》裴注引《魏略》,北京:中华书局,1982年。

书,以及太和四年春二月倡导重兴经学教育的诏令,可以推测他对于经学的重视。此外,曹植之子曹志,曾做过西晋国子博士、博士祭酒,楚王曹彪之子曹嘉在西晋元康中也做过国子博士。由此可大致推断,曹氏第三代多受过较全面的经学教育。可见,曹氏在家族教育方面主要是以经学作为教育内容的。

儒家的传统观念讲究崇礼重教。两汉以来的世家大族多以经学传家,服膺孔圣遗教。陈寅恪在论及东汉中晚之世,得以与内廷之阉宦共同分享政治权力的外廷之士大夫之出身及其为人、为学情况时曾说:"主要之士大夫,其出身则大抵为地方豪族,或间以小族,然绝大多数则为儒家之信徒也。职是之故,其为学也,则从师受经,或游学京师,受业于太学之博士。其为人也,则以孝友礼法见称于宗族乡里。然后州郡牧守京师公卿加以征辟,终致通显。故其学为儒家之学,其行自必合儒家之道德标准,即仁孝廉让等是。质言之,小戴记大学一篇所谓修身齐家治国平天下一贯之学说,实东汉中晚世士大夫自命为其生活实际之表现。一观后汉书党锢传及有关资料,即可为例证。"①可见,直到东汉末,世族一般都重视经学,并以尊礼重教为尚。

而曹氏家族在这方面与一般世家情况相异,即曹氏在家族教育方面虽然依然以经学为主要内容,但是曹氏从曹操起,对于儒家典籍所传载的先王之教并不笃信,特别是儒家传统重视的礼教,曹氏一族每每随性突破,这就形成了曹氏不同于一般世族之家教育的突出特点——重经但不拘礼。

曹操行事往往不拘于礼。史载曹操"任侠放荡,不治行业",这里"任侠放荡"显然是指其举动随性、不拘礼法。这与儒家强调人日常行为举止要庄重,即孔子所谓"君子不重则不威",显然背道而驰。而《三国志》卷一《魏书·武帝纪》裴注引孙盛《异同杂语》中载"太祖尝私入中常侍张让室,让觉之;乃舞手戟于庭,逾垣而出。才武绝人,莫之能害",在主要显示曹操勇武过人的同时,也从侧面反映曹操的任性而为。此外,《三国

---

① 陈寅恪:《书〈世说新语〉文学类钟会撰四本论始毕条后》,载《金明馆丛稿初编》,北京:生活·读书·新知三联书店,2001年。

志》卷一《魏书·武帝纪》裴注引《曹瞒传》虽然指出曹操治军治民"持法峻刻",但在此之前又记载道:"太祖为人佻易无威重,好音乐,倡优在侧,常以日达夕。被服轻绡,身自配小鞶囊,以盛手巾细物,时或冠帢帽以见宾客。每与人谈论,戏弄言诵,尽无所隐,及欢悦大笑,至以头没杯案中,肴膳皆沾污巾帻,其轻易如此。"曹操这种爱好音乐,并常因此与倡优通宵达旦嬉戏的行为,是守礼之士所不能认同的。戴"帢帽"见客,也显见曹操的随性,因为帢帽是古代一种便帽,而按《三国志》卷一《魏书·武帝纪》裴注引《傅子》记载:"汉末王公,多委王服,以幅巾为雅。"至于与人谈论,以至"以头没杯案中,肴膳皆沾污巾帻",这与儒家强调的举止庄重更是背道而驰。

曹操不仅日常行止不拘于礼,对儒家所重视的一些礼法制度也屡加突破。儒家向来重视婚姻礼制。汉代以来,世族婚姻讲究门当户对。而曹操在婚姻观念上与当时的尊儒世家存在较大的差异。曹操之继室夫人卞氏"本倡家,年二十,太祖于谯纳后为妾"①,至建安初,曹操原配丁夫人被废,曹操遂将卞氏扶为继室。卞氏出身倡家,按一般世族观念可纳之为妾,是绝对不能扶为正室的。

受曹操的影响,曹氏诸子虽熟读经书,但行事放达,甚至屡破儒家礼法。曹丕虽然在曹操诸子中稍显性格沉毅,其实因为他好"矫情自饰",其本性也很跳脱,常不拘礼节。如他经常戏弄其文武臣属。《三国志·魏书·武帝纪》裴注引《魏略》载:"王忠,扶风人,少为亭长。三辅乱,忠饥乏噉人,随辈南向武关……五官将知忠噉人,因从驾出行,令俳取冢间骷髅系著忠马鞍,以为欢笑。"《三国志》卷二十一《魏书·吴质传》裴注引《质别传》也记载:"质黄初五年朝京师,诏上将军及特进以下皆会质所,大官给供具。酒酣,质欲尽欢。时上将军曹真性肥,中领军朱铄性瘦,质召优,使说肥瘦。真负贵,耻见戏,怒谓质曰:'卿欲以部曲将遇我邪?'骠骑将军曹洪、轻车将军王忠曰:'将军必欲使上将军服肥,即自宜为瘦。'真愈恚,拔刀瞋目,言:'徘

---

① 陈寿:《三国志》卷五《魏书·武宣卞皇后传》,北京:中华书局,1982年。

敢轻脱,吾斩尔.'遂骂坐。质案剑曰:'曹子丹,汝非屠几上肉,吴质吞尔不摇喉,咀尔不摇牙,何敢恃势骄邪?'铄因起曰:'陛下使吾等来乐卿耳,乃至此邪!'质顾叱之曰:'朱铄,敢坏坐!'诸将军皆还坐。铄性急,愈恚,还拔剑斩地。遂便罢也。"王忠因饥饿食人,曹丕令俳优取冢间骷髅系王忠马鞍上讥笑他;而曹真因为体肥,也被曹丕遣吴质找俳优随意戏弄。

《三国志》卷二十一《魏书·刘桢传》裴注引《典略》曰:"其后太子尝请诸文学,酒酣坐欢,命夫人甄氏出拜。坐中众人咸伏,而桢独平视。太祖闻之,乃收桢,减死输作。"《三国志》卷二十一《魏书·吴质传》裴注引《质别传》也载:"帝尝召质及曹休欢会,命郭后出见质等。帝曰:'卿仰谛视之。'其至亲如此。"儒家讲究男女之防,曹丕的做法显然和礼法的要求相悖。

此外,曹丕在婚姻观念上也与其父相似,并不关注妻子门第的尊贵与否。其郭后,虽然"祖世长吏",但"早失二亲,丧乱流离,没在铜鞮侯家",后因"有智数,时时有所献纳。文帝定为嗣,后有谋焉",而于黄初三年得立为后。曹丕之立郭后,打破了帝族与世家联姻的传统,于是,中郎栈潜就上疏劝谏:"在昔帝王之治天下,不惟外辅,亦有内助,治乱所由,盛衰从之。故西陵配黄,英娥降妫,并以贤明,流芳上世。桀奔南巢,祸阶末喜;纣以炮烙,怡悦妲己。是以圣哲慎立元妃,必取先代世族之家,择其令淑以统六宫,虔奉宗庙,阴教聿修。易曰:'家道正而天下定。'由内及外,先王之令典也。《春秋》书宗人衅夏云,无以妾为夫人之礼。齐桓誓命于葵丘,亦曰'无以妾为妻'。今后宫嬖宠,常亚乘舆。若因爱登后,使贱人暴贵,臣恐后世下陵上替,开张非度,乱自上起也。"①这反映了曹丕不顾传统礼法、"使贱人暴贵"的做法已经引起了当时儒士的非议。

曹丕违礼之举远不止此。曹丕素与夏侯惇关系亲厚。《三国志》卷二《魏书·文帝纪》裴注引《魏书》载延康元年夏四月庚午日夏侯惇薨时,曹丕"素服幸邺东城门发哀"。而这段记载之后裴注又引了东晋时期的世族代表孙盛对曹丕此举的评价:

---

① 陈寿:《三国志》卷五《魏书·文德郭皇后传》,北京:中华书局,1982年。

"在礼,天子哭同姓于宗庙门之外。哭于城门,失其所也。"显然,曹丕此举有违礼法,得不到儒士们的认同。而较此更为出格的是,曹操去世仅半年,延康元年七月甲午日曹丕"军次于谯"时,就开始"大飨六军及谯父老百姓于邑东"①。《三国志》裴注引《魏书》还记载曹丕:"设伎乐百戏,令曰:'先王皆乐其所生,礼不忘其本。谯,霸王之邦,真人本出,其复谯租税二年。'三老吏民上寿,日夕而罢。丙申,亲祠谯陵。"虽然曹操死前曾自立终制,明令一切从简,并不要求其诸子恪守三年之丧的陈规。不过,依照儒家礼法的精神,适当的克制与追思还是必要的。但曹丕仅半年便按捺不住,不仅公然在谯举行盛大的飨礼,设"伎乐百戏",而且三个月后,在其受禅后不久,又纳汉献帝二女为妃。以至孙盛忍不住严厉地指斥他曰:"魏王既追汉制,替其大礼,处莫重之哀而设飨宴之乐,居贻厥之始而坠王化之基,及至受禅,显纳二女,忘其至恤以诬先圣之典,天心丧矣,将何以终!是以知王龄之不遐,卜世之期促也。"②《世说新语》中更有曹操死后其生前姬妾多为曹丕所据的记载:"魏武帝崩,文帝悉取武帝宫人自侍。及帝病困,卞后出看疾。太后入户,见直侍并是昔日所爱幸者。太后问:'何时来邪?'云:'正伏魄时过。'因不复前而叹曰:'狗鼠不食汝余,死故应尔!'至山陵,亦竟不临。""伏魄"即招魂,古代有人死后登高招其魂的习俗。曹操死后不久,曹丕就迫不及待将父亲姬妾据为己有,不顾人伦之礼,随性至极,以致卞氏都斥其禽兽不如,至他死都不肯原谅他。

  曹氏诸子中像曹丕一样举动随性、屡屡违礼的并不在少数。曹植按《三国志》卷十九《魏书·陈思王植传》载:"性简易,不治威仪。舆马服饰,不尚华丽……而植任性而行,不自彫励,饮酒不节。"从"不治威仪"、"植任性而行,不自彫励,饮酒不节"等都可见曹植的任性、随意。曹植的这种任性而为个性在初见邯郸淳时表现得更为分明,这在《三国志》卷二十一《魏书·邯

---

  ① 陈寿:《三国志》卷二《魏书·文帝纪》,北京:中华书局,1982年。
  ② 陈寿:《三国志》卷二《魏书·文帝纪》裴注引孙盛评价,北京:中华书局,1982年。

邯郸传》裴注引《魏略》有详细的记载:"淳一名竺,字子叔。博学有才章,又善《仓》、《雅》、虫、篆、许氏字指。初平时,从三辅客荆州。荆州内附,太祖素闻其名,召与相见,甚敬异之。时五官将博延英儒,亦宿闻淳名,因启淳欲使在文学官属中。会临淄侯植亦求淳,太祖遣淳诣植。植初得淳甚喜,延入坐,不先与谈。时天暑热,植因呼常从取水自澡讫,傅粉。遂科头拍袒,胡舞五椎锻,跳丸击剑,诵俳优小说数千言讫,谓淳曰:'邯郸生何如邪?'于是乃更著衣帻,整仪容,与淳评说混言造化之端,品物区别之意.然后论羲皇以来贤圣名臣烈士优劣之差,次颂古今文章赋诔及当官政事宜所先后,又论用武行兵倚伏之势。乃命厨宰,酒炙交至。坐席默然,无以忤者。及暮,淳归,对其所知叹植之材,谓之'天人'。"当然,曹植的任性之举并不限于此。像前文所列曹植"尝乘车行驰道中,开司马门出",此举不仅违礼,更至背律,以至曹操闻后勃然大怒。据《三国志》卷十九《魏书·陈思王植传》裴注引《魏武故事》载,曹操因此连下数令:"令曰:'始者谓子建,儿中最可定大事。'又令曰:'自临菑侯植私出,开司马门至金门,令吾异目视此儿矣。'又令曰:'诸侯长史帐下吏,知吾出辄将诸侯行意否?从子建私开司马门来,吾都不复信诸侯也。恐吾适出,便复私出,故摄将行。不可恒使吾(以)谁为心腹也!'"

由前所述可见,曹氏诸子在接受经学教育的同时,举动却屡屡逾越儒家礼法的约束,而曹氏诸子之所以会有如此表现,显然与曹操的教育有关。前文载曹丕戏弄王忠,而并没有关于太祖因此斥责曹丕的文献记载。此外,曹操在闻知曹丕让甄氏出见其文学属官时,只是对刘桢胆敢平视甄氏勃然大怒,将其收监惩处①,而对甄氏见客并不置一词。可见曹操在教育诸子时并不强求他们尊礼崇教。

魏明帝曹叡接受的也是经学教育,但他同样不乏违礼之举。《三国志》载景初元年夏六月,有司议七庙之制,以曹操为太祖、曹丕为高祖、曹叡为烈祖:"有司奏:武皇帝拨乱反正,为魏太祖,乐用武始之舞。文皇帝应天受命,为魏高祖,乐用咸熙

---

① 刘义庆:《世说新语·言语》第十则"刘公干以失敬罹罪"即指此事。

之舞。帝制作兴治,为魏烈祖,乐用章(武)[斌]之舞。三祖之庙,万世不毁。其余四庙,亲尽迭毁,如周后稷、文、武庙祧之制。"曹叡并没有反对,这实是有违礼制。正如孙盛批评所言:"夫谥以表行,庙以存容,皆于既没然后著焉,所以原始要终,以示百世也。未有当年而逆制祖宗,未终而豫自尊显。昔华乐以厚敛致讥,周人以豫凶违礼,魏之群司,于是乎失正。"①清人王鸣盛《十七史商榷》中对此批评尤甚:"愚谓(孙)盛知魏人生存而豫为庙号之非,然未尽也。礼:'祖有功,宗有德。'自李唐始,无代不称宗,其滥斯极,要未有若魏之三世连称为祖,尤振古未闻,不但叡不能称此名,即丕亦因父业,何功之有?"②可见,曹叡此举很为历代儒士非议。《三国志》卷二《魏书·明帝纪》还记载:"(太和四年秋)八月辛巳,行东巡,遣使者以特牛祠中岳。"其后裴注引《魏书》曰:"行过繁昌,使执金吾臧霸行太尉事,以特牛祠受禅坛。"并评价此事:"臣松之按:《汉纪》章帝元和三年,诏高邑县祠即位坛,五成陌,比腊祠门户。此虽前代已行故事,然为坛以祀天,而坛非神也,今无事于上帝,而致祀于虚坛,求之义典,未详所据。"显然,认为曹叡此举亦有违"义典",过于随性。

曹叡在丧葬方面亦不守礼制。其父曹丕去世时,"明帝将送葬,曹真、陈群、王朗等以暑热固谏,乃止"③。父死不送葬,显然不合礼制。故裴注引孙盛评价:"夫窀穸之事,孝子之极痛也,人伦之道,于斯莫重。故天子七月而葬,同轨毕至。夫以义感之情,犹尽临隧之哀,况乎天性发中,敦礼者重之哉! 魏氏之德,仍世不基矣。"而当他爱女曹淑夭折,他却极为重视。不仅"追封谥淑为平原懿公主,为之立庙",而且"取(甄)后亡从孙黄与合葬,追封黄列侯,以夫人郭氏从弟悳为之后,承甄氏姓,封

---

① 陈寿:《三国志》卷三《魏书·明帝纪》裴注引,北京:中华书局,1982年。

② 王鸣盛:《十七史商榷》,上海:上海书店,2005年。

③ 陈寿:《三国志》卷二《魏书·文帝纪》裴注引《魏氏春秋》,北京:中华书局,1982年。

懿为平原侯,袭公主爵。"①这种做法实违礼制,因而陈群劝阻曰:"长短有命,存亡有分。故圣人制礼,或抑或致,以求厥中。防墓有不修之俭,嬴、博有不归之魂。夫大人动合天地,垂之无穷,又大德不逾闲,动为师表故也。八岁下殇,礼所不备,况未期月,而以成人礼送之,加为制服,举朝素衣,朝夕哭临,自古已来,未有此比。而乃复自往视陵,亲临祖载。愿陛下抑割无益有损之事,但悉听群臣送葬,乞车驾不行,此万国之至望也"②。但是明帝不从,一意孤行。这种做法孙盛认为非礼之极:"于礼,妇人既无封爵之典,况于孩末,而可建以大邑乎?篡自异族,援继非类,匪功匪亲,而袭母爵,违情背典,于此为甚。"③《宋书·志第七·礼四》也批评了曹叡此举:"魏明帝有爱女曰淑涉,三月而夭,帝痛之甚,追封谥为平原懿公主,葬于南陵,立庙京师。无前典,非礼也。"

此外,曹叡在婚姻观念上与其祖、其父简直如出一辙。曹叡为平原王时曾纳河内虞氏为妃,后宠爱毛氏,并于继位后立毛氏为皇后。毛氏出身寒微,其父不仅"本典虞车工",而且举止粗鄙,"卒暴富贵,明帝令朝臣会其家饮宴,其容止举动甚蛩骇,语辄自谓'侯身',时人以为笑",当时名士夏侯玄就耻与毛后之弟毛曾并坐。而虞氏之父为太守,门第较高,但明帝弃虞氏而立卑贱的毛氏,以至虞氏愤恨地诅咒:"曹氏自好立贱,未能以义举者也。然后职内事,君听外政,其道相由而成,苟不能以善始,未有能令终者也。殆必由此亡国丧祀矣!""曹氏自好立贱"道出了曹氏与儒族世家在婚姻观念上的重大差别,即曹氏通婚并不重门第,这与当时世族奉行的儒家礼法相悖,以至后来孙盛将此认为是曹氏享祚甚短的原因,他说:"古之王者,必求令淑以对扬至德,恢王化于《关雎》,致淳风于《麟趾》。

---

① 陈寿:《三国志》卷五《魏书·文昭甄皇后传》,北京:中华书局,1982年。

② 陈寿:《三国志》卷二十二《魏书·陈群传》,北京:中华书局,1982年。

③ 陈寿:《三国志》卷五《魏书·后妃传》裴注引孙盛言,北京:中华书局,1982年。

及臻三季,并乱兹绪,义以情溺,位由宠昏,贵贱无章,下陵上替,兴衰隆废,皆是物也。魏自武王,暨于烈祖,三后之升,起自幽贱,本既卑矣,何以长世?诗云:'缔兮绤兮,凄其以风。'其此之谓乎!"①

曹叡在接受正规的经学教育的同时,行事却屡屡随性违礼,这与曹丕对他的教育不无关联,或者更确切地说,这正体现了曹氏的教育理念对他的影响。曹氏自曹操起都不乏违礼之举,虽然他们在教育家族后代时很注重他们的儒学素养,这自然也就形成曹氏重经但不拘礼的教育传统。

(四)重视女性对家族教育的参与

重视女性对家族教育的参与(在曹氏家族教育中,主要表现为家庭中母亲对子女的教导),这一观念无疑也是曹氏教育获得成功的重要原因之一,在曹操的教育观念中,这一点表现尤为突出。

中国传统礼教男尊女卑的观念由来已久。《易·系辞上》曰:"天尊地卑,乾坤定矣。卑高以陈,贵贱位矣","乾道成男,坤道成女"。《列子·天瑞》曰:"男女有别,男尊女卑,以男为贵。"妇女不论在社会还是在家庭中都往往被置于从属的地位。在接受教育方面,也无法享受与男子同等的权利。因为按《易经》曰:"男正位乎外,女正位乎内;男女正,天地之大义也",女性的活动范围主要被局限在家庭之中,女子的责任不过是相夫教子,处理家务诸事;因而一直到汉代,一般而言,女子受教育的内容与男子都存在较大的差别,不注重女子在文化才能方面的教育,主要侧重于对于女子良好品德的培养,即女性主要接受妇德、妇言、妇容、妇功教育。如《周礼·九嫔》载:"九嫔掌妇学之法。以教九御。妇德。妇言。妇容。妇功。各帅其属。而以时御叙于王所。凡祭祀。赞玉齍。赞后荐。彻豆笾。若有宾客。则从后。大丧。帅叙哭者亦如之。"《礼记·内则》也记载了当时女子出嫁前要授之以"为妇之道":"女子十年不出,姆教婉娩听从。执麻枲,治丝茧,织纴组紃,学女事,以共衣服。

---

① 陈寿:《三国志》卷五《魏书·后妃传》裴注引孙盛言,北京:中华书局,1982年。

观于祭祀,纳酒浆笾豆菹醢,礼相助奠。"这种教育的目的性非常明确,就是培养女子勤劳节俭、忍辱负重的良好品德,为封建家庭培养标准的贤妻良母,因为贤妻宜于相夫,良母则适于教子。而汉代随着儒家在思想文化领域独尊地位的确立,则进一步强化了这种思想,于是出现了针对女子教育的一些女训、女诫作品。如《列女传》、《女宪》、《女典》、《女诫》(蔡邕、荀爽、班昭都各有一部)等等,其中最有名的应属班昭的《女诫》。这些女训、女诫作品主要阐述了妇女立身处世的道德标准和行为准则。

不过,也是在汉代,一些士大夫家庭中开始出现女性涉猎儒经的现象,这在《后汉书》中有相关记载。如明德马皇后"能诵《易》,好读《春秋》、《楚辞》,尤善《周官》、《董仲舒书》"①。和熹邓皇后"六岁能《史书》,十二通《诗》、《论语》。诸兄每读经传,辄下意难问。志在典籍,不问居家之事。母常非之,曰:'汝不习女工以供衣服,乃更务学,宁当举博士邪?'后重违母言,昼修妇业,暮诵经典,家人号曰'诸生'"②。顺烈梁皇后"少善女工,好《史书》,九岁能诵《论语》,治《韩诗》,大义略举"③。崔篆之母"师氏能通经学、百家之言,莽宠以殊礼,赐号义成夫人,金印紫绶,文轩丹毂,显于新世"④。其中最有名的当然还是班昭和蔡文姬,两人不仅谙习经书,而且博学多才。蔡文姬为蔡邕之女,"博学有才辩,又妙于音律"⑤。班昭也因为"博学高才",被和帝下令继修《汉书》"八表"及"天文志",后连一代大儒马融都"伏于阁下,从昭受读"⑥,更被和帝"数召入宫,令皇后诸贵人师事焉,号曰'大家'"。班昭不但撰写了《女诫》,还为刘向的《列女传》作过注。班昭丈夫的妹妹曹丰生及子妇丁氏也都以能文而出名。可见女子所受教育与家庭背景密切相关。然而,

---

① 范晔:《后汉书·皇后纪第十上》,北京:中华书局,2005年。
② 范晔:《后汉书·皇后纪第十上》,北京:中华书局,2005年。
③ 范晔:《后汉书·皇后纪第十下》,北京:中华书局,2005年。
④ 范晔:《后汉书·崔骃列传第四十二》,北京:中华书局,2005年。
⑤ 范晔:《后汉书·列女传第七十四》,北京:中华书局,2005年。
⑥ 范晔:《后汉书·列女传第七十四》,北京:中华书局,2005年。

即使在这些家庭提倡女性学经,其目的也还是用儒家的传统礼教来规范女子言行,培养她们良好的品德。而班昭在《女诫》中提到她撰写《女诫》动机时说:"鄙人愚暗,受性不敏,蒙先君之余宠,赖母师之典训。年十有四,执箕帚于曹氏,于今四十余载矣。战战兢兢,常惧黜辱,以增父母之羞,以益中外之累。夙夜劬心,勤不告劳,而今而后,乃知免耳。吾性疏顽,教道无素,恒恐子谷负辱清朝。圣恩横加,猥赐金紫,实非鄙人庶几所望也。男能自谋矣,吾不复以为忧也。但伤诸女方当适人,而不渐训诲,不闻妇礼,惧失容它门,取耻宗族。吾今疾在沉滞,性命无常,念汝曹如此,每用惆怅。间作《女诫》七章,愿诸女各写一通,庶有补益,裨助汝身。去矣,其勖勉之。"这反映出班昭对于当时男权社会这种观念深思后的主动迎合。总而言之,中国自古以来的男尊女卑观念,促使从先秦两汉始女性接受教育的内容更偏重于道德方面,其目标不过是将女性培养成封建家庭标准的贤妻良母,以利于相夫教子。

  对于中国传统的女性教育观念,曹操显然是认同的。他不顾东汉以来世族重视门第的婚姻观念而立出身倡家的卞氏为继室,这在很大程度上是因为卞氏的沉稳懂礼、知进退,能够担负相夫教子的责任。不过,与传统女性教育观念略有差异的是,曹操很重视女性(母亲)对于家庭成员的教育作用,他在《善哉行》中感叹自己"既无三徙教,不闻过庭语","既无三徙教"显然是对母亲在自己教育方面引导缺失的遗憾。可见,曹操实是重视母亲在家庭教育中的作用。

  而在曹操的家庭教育中,卞氏的作用确实是巨大的。关于卞氏,据《三国志·魏书·后妃传第五》载:"武宣卞皇后,琅邪开阳人,文帝母也。本倡家,年二十,太祖于谯纳后为妾。后随太祖至洛。"她出身倡家,身份低下,故而曹操最初只纳其为妾。不过,卞氏虽然出身不好,但个性刚毅沉着,《三国志》载:"及董卓为乱,太祖微服东出避难。袁术传太祖凶问,时太祖左右至洛者皆欲归,后止之曰:'曹君吉凶未可知,今日还家,明日若在,何面目复相见也?正使祸至,共死何苦!'遂从后言。太祖闻而善之。"因此,后来曹操嫡妻丁夫人被废后,卞氏就被曹操立为继室。曹操一生夫人众多,唯对卞氏格外看重,确实,这与卞氏自身的才德修养不无关系：

  文帝为太子，左右长御贺后曰："将军拜太子，天下莫不欢喜，后当倾府藏赏赐。"后曰："王自以丕年大，故用为嗣，我但当以免无教导之过为幸耳，亦何为当重赐遗乎！"长御还，具以语太祖。太祖悦曰："怒不变容，喜不失节，故是最为难。"①

  后性约俭，不尚华丽，无文绣珠玉，器皆黑漆。太祖常得名珰数具，命后自选一具，后取其中者，太祖问其故，对曰："取其上者为贪，取其下者为伪，故取其中者。"②

  后以国用不足，减损御食，诸金银器物皆去之。③

  太后每随军征行，见高年白首，辄住车呼问，赐与绢帛，对之涕泣曰："恨父母不及我时也。"太后每见外亲，不假以颜色，常言"居处当务节俭，不当望赏赐，念自佚也。外舍当怪吾遇之太薄，吾自有常度故也。吾事武帝四五十年，行俭日久，不能自变为奢，有犯科禁者，吾且能加罪一等耳，莫望钱米恩贷也。"帝为太后弟秉起第，第成，太后幸第请诸家外亲，设下厨，无异膳。太后左右，菜食粟饭，无鱼肉。其俭如此。④

从以上材料可知，卞氏不仅生性节俭，贤德知礼，且处事谨慎得体。因而，曹操很尊重她，并把"诸子无母者"，皆交给卞氏抚养。

曹操一生奔战各地，往往挈妇携子。而曹操又因为军务繁忙、日理万机，与子女相处的时间并不多，因而其诸子大多是在卞氏的教导下成长的。由此推想，曹操家庭教育的成功，卞

---

  ① 陈寿：《三国志·魏书·后妃传第五》，北京：中华书局，1982年。
  ② 陈寿：《三国志·魏书·后妃传第五》裴注引《魏书》，北京：中华书局，1982年。
  ③ 陈寿：《三国志·魏书·后妃传第五》裴注引《魏书》，北京：中华书局，1982年。
  ④ 陈寿：《三国志·魏书·后妃传第五》裴注引《魏书》，北京：中华书局，1982年。

功不可没。

卞氏对子女的教育十分严格,子女如有过错,她绝不姑息。《三国志·魏书·后妃传第五》裴注引《魏书》载:"东阿王植,太后少子,最爱之。后植犯法,为有司所奏,文帝令太后弟子奉车都尉兰持公卿议白太后,太后曰:'不意此儿所作如是,汝还语帝,不可以我故坏国法。'"曹植是卞氏最宠爱的儿子,犯法之后,卞氏就要求曹丕秉公而行。前文也提到曹丕曾不顾伦常、纳父旧妾,对此卞氏简直深恶痛绝,至曹丕死也不肯原谅他。

卞氏去世后,曹植作《卞太后诔》,其中"德配姜嫄,不忝先哲。玄览万机,兼才备艺。泛纳容众,含垢藏疾。仰奉诸姑,降接俦列。阴处阳潜,外明内察。乃践大位,母养万国。温温其人,不替明德。悼彼边氓,未遑宴息。恒劳庶事,兢兢翼翼。亲桑蚕馆,为天下式。樊姬霸楚,书载其庸;武王有乱,孔叹其功。我后齐圣,克畅丹聪。不出房闼,心照万邦。年逾耳顺,乾乾匪倦。珠玉不玩,躬御绨练。日旰忘饥,临乐勿宴。去奢即俭,旷世作显。慎终如始,蹈和履贞。恭祀神祇,昭奉百灵。局天蹐地,祗畏神明。敬微慎独,执礼幽冥。虔肃宗庙,蠲荐三牲"等句对于卞氏的称赞虽然不免有溢美之嫌,但是我们也能从中窥见卞氏自己俭朴勤劳、知礼慎独的美好品德对于曹氏兄弟的良好引导作用。而曹操在建安二十四年立卞氏为王后时的策令:"夫人卞氏,抚养诸子,有母仪之德。今进位王后,太子诸侯陪位,群卿上寿,减国内死罪一等",明确指出册立卞氏为王后的原因就在于他能"抚养诸子,有母仪之德",这是肯定卞氏在诸子教育中的贡献,同时也反映了曹操有重视女性参与家庭教育的观念。

曹丕一生夫人众多,不过他比较看重、且《三国志》中专门立传记载的只有甄氏和郭后。甄氏为曹丕元配,在嫁与曹丕之前,曾为袁绍之子袁熙之妻。《三国志·魏书·后妃传第五》裴注中有关于曹丕娶甄氏情形的记载:

> 熙出在幽州,后留侍姑。及邺城破,绍妻及后共坐皇堂上。文帝入绍舍,见绍妻及后,后怖,以头伏姑膝上,绍妻两手自缚。文帝谓曰:"刘夫人云何如此?

令新妇举头!"姑乃捧后令仰,文帝就视,见其颜色非凡,称叹之。太祖闻其意,遂为迎取。(《三国志·魏书·后妃传第五》裴注引《魏略》)

太祖下邺,文帝先入袁尚府,有妇人被发垢面,垂涕立绍妻刘后,文帝问之,刘答"是熙妻",顾揽发髻,以巾拭面,姿貌绝伦。既过,刘谓后"不忧死矣"! 遂见纳,有宠。①

从这两则史料来看,曹丕似乎是因为甄氏的容色过人而娶其为妻。这的确是曹丕纳甄氏的最初原因,但是,除貌美之外,甄氏还知书守礼、贤德睿智,这在《三国志》中有详细记载:

后天下兵乱,加以饥馑,百姓皆卖金银珠玉宝物,时后家大有储谷,颇以买之。后年十余岁,白母曰:"今世乱而多买宝物,匹夫无罪,怀璧为罪。又左右皆饥乏,不如以谷振给亲族邻里,广为恩惠也。"举家称善,即从后言。

后自少至长,不好戏弄。年八岁,外有立骑马戏者,家人诸姊皆上阁观之,后独不行。诸姊怪问之,后答言:"此岂女人之所观邪?"年九岁,喜书,视字辄识,数用诸兄笔砚,兄谓后言:"汝当习女工。用书为学,当作女博士邪?"后答言:"闻古者贤女,未有不学前世成败,以为己诫。不知书,何由见之?"

后年十四,丧中兄俨,悲哀过制,事寡嫂谦敬,事处其劳,拊养俨子,慈爱甚笃。后母性严,待诸妇有常,后数谏母:"兄不幸早终,嫂年少守节,顾留一子,以大义言之,待之当如妇,爱之宜如女。"母感后言流涕,便令后与嫂共止,寝息坐起常相随,恩爱益密。

十六年七月,太祖征关中,武宣皇后从,留孟津,帝居守邺。时武宣皇后体小不安,后不得定省,忧怖,昼夜泣涕;左右骤以差问告,后犹不信,曰:"夫人在

---

① 陈寿:《三国志·魏书·后妃传第五》裴注引《世语》,北京:中华书局,1982年。

家,故疾每动,辄历时,今疾便差,何速也?此欲慰我意耳!"忧愈甚。后得武宣皇后还书,说疾已平复,后乃欢悦。十七年正月,大军还邺,后朝武宣皇后,望幄座悲喜,感动左右。武宣皇后见后如此,亦泣,且谓之曰:"新妇谓吾前病如昔时困邪?吾时小小耳,十余日即差,不当视我颜色乎!"嗟叹曰:"此真孝妇也。"二十一年,太祖东征,武宣皇后、文帝及明帝、东乡公主皆从,时后以病留邺。二十二年九月,大军还,武宣皇后左右侍御见后颜色丰盈,怪问之曰:"后与二子别久,下流之情,不可为念,而后颜色更盛,何也?"后笑答之曰:"(讳)[叡]等自随夫人,我当何忧!"后之贤明以礼自持如此。

显然,甄氏可谓是封建传统教育培养的宜于相夫教子的女性典范。曹丕的郭后情况也与甄氏相似,其贤淑、多谋之举在《三国志》中多有记载:

> 后有智数,时时有所献纳。文帝定为嗣,后有谋焉。
> 后早丧兄弟,以从兄表继永后,拜奉车都尉。后外亲刘斐与他国为婚,后闻之,敕曰:"诸亲戚嫁娶,自当与乡里门户匹敌者,不得因势,强与他方人婚也。"后姊子孟武还乡里,求小妻,后止之。遂敕诸家曰:"今世妇女少,当配将士,不得因缘取以为妾也。宜各自慎,无为罚首。"
> 五年,帝东征,后留许昌永始台。时霖雨百余日,城楼多坏,有司奏请移止。后曰:"昔楚昭王出游,贞姜留渐台,江水至,使者迎而无符,不去,卒没。今帝在远,吾幸未有是患,而便移止,奈何?"群臣莫敢复言。六年,帝东征吴,至广陵,后留谯宫。时表留宿卫,欲遏水取鱼。后曰:"水当通运漕,又少材木,奴客不在目前,当复私取官竹木作梁遏。今奉车所不足者,岂鱼乎?"

毫不夸张地说,甄氏和郭后得以先后被曹丕立为嫡妻,她们自身具备的贤淑知礼的品德无疑是首要原因,女性具有如此品性显然宜于襄助丈夫、教育子女。而曹丕虽然不像曹操那样重视女性对于家族教育的参与,但是他还是相当认同她们对于家庭教育的作用的。在《周成汉昭论》中,他对周成王和汉昭帝从时代、出身、教养、辅臣、见识、德政方面进行对比论述,得出汉昭帝胜过周成王的结论。在论述两人的出身和最初所受教养方面时,他曾指出周成王"体上圣之休气,禀贤妣之胎诲",而汉昭帝"父非武王,母非邑姜。养惟盖主,相则桀、光。体不成圣,化不胎育",认为汉昭帝受到来自母亲方面的良好教导显然远远不如周成王,这本是他的劣势,但他却在政治上大有作为,由此可见汉昭帝远胜周成王。这也就从侧面肯定了女性对于家庭教育的重要作用。

第二节 曹氏政权的教育举措

东汉末年,群雄割据,当时"礼乐崩坏,雄战虎争,以战陈为务",时局动荡,社会经济文化凋敝,教育也因此而萎靡。在曹氏家族、孙权兄弟、刘备集团先后建立割据政权之后,曹氏政权率先采取措施复兴教育事业。

一、积极发展官学教育

汉代开始,官方教育机构主要分为中央太学和地方郡国学校两类。曹魏官方教育基本上承袭汉代,也包括太学教育与地方教育。一般而言,教育的发展,必须有赖于一定的政治与经济的基础。西汉至汉武帝元朔五年(前124年)始立太学,就是因为此时政权稳固,经济也获得了初步的发展,国力强盛。而曹魏在三国中官方教育发展起步较早,一方面因为曹魏当时独霸中原,政权稳定,军事、经济实力也较强,具备恢复教育的实力;另一方面也与曹氏家族对于教育的重视有关。正如魏明帝时高柔所上疏中所言:"太祖初兴,愍其如此,在于拨乱之际,并使郡县立教学之官。高祖即位,遂阐其业,兴复辟雍,州立课试,于是天下之士,复闻庠序之教,亲俎豆之礼焉。陛下临政,允迪睿哲,敷弘大猷,光济先轨,虽夏启之承基,周成之继业,诚无以加也。"①曹氏诸帝都很重视教育,因而在中央与地方郡县都积极采取相应的政策推进教育发展。

(一)建立太学

就中央太学而言,虽然据传商周时代就有了太学的初步形式,但以传授知识、研究专门学问为主要内容,并作为国家最高学府的太学却是从汉武帝时开始的。魏文帝于黄初五年(224年)四月于洛阳建立太学,正式开创曹魏的中央官学教育。其实早在曹丕创立太学之前,曹操于建安二十二年(216年)在邺城(今河南临漳县西)建立的泮宫就具有太学性质。不过因为曹操当时虽然已掌握了汉代的军政大权,且被封为魏王;但据《礼记·王制》诸侯所立学只能称"泮宫",因而曹魏太学的正式开创应始于文帝。不过,泮宫为文帝短期内迅速建起太学,提供了人才基础。

太学开创之际,条件十分简陋,《三国志·魏书·钟繇华歆王朗传第十三》裴注引《魏略》载:"至黄初元年之后,新主乃复,始扫除太学之灰炭,补旧石碑之缺坏,备博士之员录,依汉甲乙以考课。"但由于曹魏诸帝对官学教育的重视,太学很快就得到恢复发展。曹魏太学建制基本承袭两汉,但又有自己的特点:

第一,以经学为主修课程,同时也重视课程的多样化。按《三国志》载,文帝在立太学之初,就"制五经课试之法,置《春秋谷梁》博士"②。博士即太学的教学人员,而经学是两汉以来太学的传统课程,除西汉太学初立时,曾设诸子专书博士外,此后博士只为经学而设。曹魏太学初立便置经学博士,显见其很重视经学教育。魏明帝时,卫觊上疏:"九章之律,自古所传,断定刑罪,其意微妙。百里长吏,皆宜知律。刑法者,国家之所贵重,而私议之所轻贱;狱吏者,百姓之所县命,而选用者之所卑下。王政之弊,未必不由此也。请置律博士,转相教授。"③于

---

① 陈寿:《三国志·魏书·韩崔高孙王传第二十四》,北京:中华书局,1982年。
② 陈寿:《三国志·魏书·文帝纪第二》,北京:中华书局,1982年。
③ 陈寿:《三国志·魏书·王卫二刘傅传第二十一》,北京:中华书局,1982年。

是,在经学博士之外,曹魏还设有律学博士,教授刑律。此外,由于曹魏诸帝重视文学,因此文学课程在太学生的学习中也占有一定的比例。如《三国志·魏书·三少帝纪第四》载:"(甘露二年)五月辛未,帝幸辟雍,会命群臣赋诗。侍中和逌、尚书陈骞等作诗稽留,有司奏免官,诏曰:'吾以暗昧,爱好文雅,广延诗赋,以知得失,而乃尔纷纭,良用反仄。其原逌等。主者宜勅自今以后,群臣皆当玩习古义,修明经典,称朕意焉。'"叙述的就是高贵乡公亲临太学,令当时的太学博士和逌等赋诗,并提倡加强文学方面学习的情形。

第二,采取太学的考试与文官选任合二为一的考试制度。《通典》中有关于曹魏考试制度的记载:"魏文帝黄初五年,立太学于洛阳。时慕学者,始诣太学为门人。满二岁,试通一经者,称弟子;不通一经,罢遣。弟子满二岁,试通二经者,补文学掌故;不通经者,听须后辈试,试通二经,亦得补掌故。掌故满二岁,试通三经者,擢高第为太子舍人;不第者,随后辈复试,试通亦为太子舍人。舍人满二岁,试通四经者,擢其高第为郎中;不通者,随后辈复试,试通亦为郎中。郎中满二岁,能通五经者,擢高第,随才叙用;不通者,随后辈复试,试通亦叙用。"①具体地说,太学生刚入学称为"门人";满两年试通一经者,称"弟子",不能通者遣归;两年试通二经者,可以补掌故之官;满三年试通三经者,可迁为太子舍人;不能通者可随后辈再考,如试通后亦可为太子舍人。太子舍人满两年试通四经者,可升为郎中;不能通者可随后辈复考,如试通后亦为郎中。郎中满两年试通五经者,可随才叙用;不通者可随后辈复考,试通后亦叙用。这种逐年课经的淘汰考试制度,提供了太学生在校期间的从政机会,既促进太学生的学习热情,也在客观上有利于提高曹魏太学的教育质量。当年汉武帝兴办太学主要是为了培养大批牢固树立儒家大一统国家观念和宗法思想的人才,牢牢控制负责把朝廷的政策及时地贯彻到所辖地区的官僚机构,以加强中央集权。从曹氏采取太学的考试与文官选任合二为一的考试制度可看出,曹氏建立太学很大程度上也是为政权培养具有真才

---

① 杜佑:《通典·礼十三》,北京:中华书局,1988年。

实学的人才。

第三,入学不限出身。曹魏太学对入学者的家世并不做严格的审查,这与两晋南北朝时期中央官学实行等级教育、太学与国子学分立的情况相比,显见进步。曹魏太学建立二十余年后至正始年间,刘靖始上书建议"依遵古法,使二千石以上子孙,年从十五,皆入太学"①,此建议后来并没被采纳。可见,曹氏太学生入学并不大受家世背景的影响。

(二)推行地方教育

曹氏的地方教育开展较早。早在建安七年(202年)春正月,曹操驻军谯县时,有感于故土百姓死伤惨重,作《军谯令》,其令曰:"吾起义兵,为天下除暴乱。旧土人民,死丧略尽,国中终日行,不见所识,使吾凄怆伤怀。其举义兵以来,将士绝无后者,求其亲戚以后之,授土田,官给耕牛,置学师以教之。为存者立庙,使祀其先人,魂而有灵,吾百年之后何恨哉!"下此令,一方面安慰了死亡将士亲属,作为一种抚恤手段;另一方面,设置学师,也开启了曹魏的地方官学教育。对此,东晋庾亮予以很高的评价。他在武昌"开置学官"、发布兴学的命令中说:"魏武帝于驰骛之时,以马上为家,逮于建安之末,风尘未弭,然犹留心远览,大学兴业,所谓颠沛必于是,真通才也。"②

建安八年(203年)秋七月,曹操大破袁谭、袁尚军之后,颁布了恢复地方郡县教育的《修学令》。令下之后,得到一些地方官员的积极响应。河东太守杜畿"冬月修戎讲武,又开学宫,亲自执经教授,郡中化之"③。《三国志》裴注引《魏略》载:"博士乐详,由畿而升。至今河东特多儒者,则畿之由矣。"南阳太守杨俊"宣德教,立学校,吏民称之"④。史载弘农太守令狐邵"是时,郡无知经者,乃历问诸吏,有欲远行就师,辄假遣,令诣河东就

---

① 陈寿:《三国志·魏书·刘司马梁张温贾传第十五》,北京:中华书局,1982年。
② 沈约:《宋书·志第四·礼一》,北京:中华书局,1974年。
③ 陈寿:《三国志·魏书·任苏杜郑仓传第十六》,北京:中华书局,1982年。
④ 陈寿:《三国志·魏书·和常杨杜赵裴传第二十三》,北京:中华书局,1982年。

乐详学经,粗明乃还,因设文学。由是弘农学业转兴"①。扬州刺史刘馥"聚诸生,立学校,广屯田"②。冀州王烈"以典籍娱兴,育人为务,遂建学校,敦崇庠序"③。

文帝时,继续在地方发展官学教育。当时,雁门太守牵招"简选有才识者,诣太学受业,还相授教,数年中庠序大兴"④。京兆太守颜斐"又起文学,听吏民欲读书者,复其小徭"⑤。他们都为地方教育发展做出了较大贡献。

曹魏一直推行曹操时期颁布的以经学为主要内容的地方教育政策,但总体上而言,并不发达。

二、维护经学在官方教育中的主导地位

自从汉武帝"罢黜百家,表章六经"政策提出之后,经学逐步在两汉官学、私学教育中确立了自己的独尊地位。

儒学在经过西汉董仲舒改造后,为封建专制的中央集权制度提供了包括政治、法律、道德乃至社会习俗等各个方面的整套的规范和准则。因此得到两汉以来统治阶级的认可,建立了自己在思想文化领域的独尊地位。当然,两汉经学牢固的独尊地位与当时的选官制度也密切相关。两汉士人只有学通儒学,才能顺利通过考试,或被举荐入仕。因而,当时不仅官学因政府的强制推行而以经学为教学的基本内容,就是私学包括家学也以传授经学为己任。《册府元龟·学校部》"世业"条载:"自夫子以诗、礼授伯鱼而有趋庭之训。其后,汉武帝表彰六经,始立博士,开子弟员,设科射策,劝以官禄,学者寝盛,盖获利之路

---

① 陈寿:《三国志·魏书·任苏杜郑仓传第十六》裴注引《魏略》,北京:中华书局,1982年。

② 陈寿:《三国志·魏书·刘司马梁张温贾传第十五》,北京:中华书局,1982年。

③ 陈寿:《三国志·魏书·袁张凉国田王邴管传第十一》裴注引《先贤行状》,北京:中华书局,1982年。

④ 陈寿:《三国志·魏书·满田牵郭传第二十六》,北京:中华书局,1982年。

⑤ 陈寿:《三国志·魏书·任苏杜郑仓传第十六》裴注引《魏略》,北京:中华书局,1982年。

使然尔。故有父子讲习以著专门之称,世家祖述以成传业之美。莫不达章句之要,精诂训之说,克缵前绪,见推当时,以至历世祚之遐邈,不坠其家风。"但是,至东汉末年,对普通士人而言,笃学儒经已无法为他们敲开仕途之门了。当时征辟察举权主要由世族大家或外戚宦官把持,选拔人才严重背离最初的德才标准,"举秀才,不知书;举孝廉,父别居。寒素清白浊如泥,高第良将怯如鸡"。这准确地概括出了当时人才选拔中的种种荒谬现象。选官制度中的征辟察举制度,越来越显见其虚伪性。两汉以来经学的昌盛也无法改变东汉末国家分裂、中央集权帝国瓦解的现实,这就使得东汉以后的统治者对儒学治国安邦的有效性产生怀疑;再加上东汉末社会动乱的影响及受新的社会思潮——玄学、佛教等的冲击,于是,两汉经学在经历了高度的繁荣之后,不可避免地走向衰落了。

然而,稍具历史眼光的统治者也都清楚地认识到,经学能历数百年一直被统治阶级选为维护集权统治的工具,必然在维护中央集权政治方面有其特殊的作用。

与孙吴、蜀汉相比,曹魏政权最重视经学。曹氏家族在家族教育方面本来就重视经学,这种重经观念随着曹氏逐渐掌控国家政权,必然会上升为国家意志,形成相关政策,对曹魏教育的发展也必然会产生深远的影响。虽然前人在探讨曹操的思想时多认为其思想更偏重于名法,认为曹操并不注重儒学对于稳定乱世的作用,如顾农就认为:"曹操在一个相当长的时间内用权力抓政治、军事、经济大事,根本无意于复兴儒学。他的主要谋士荀彧曾提醒他在'外定武功'的同时应'内兴文学',具体地说便是'宜集天下通才大儒,考论六经,刊定传记,存古今之学,除其烦重,以一圣真'①,其时另外一些深受儒学传统浸淫的上层人士也竭力提倡加强经学研究,培养通经人才;曹操对此很不感兴趣,只是敷衍地下过一些命令,如建安八年(203年)七月曾下令'郡国各修文学,县满五百户各置校官,选其乡之俊

---

① 陈寿:《三国志·魏书·荀彧传》注引《彧别传》,北京:中华书局,1982年。

造而教学之'①,实际上并没有认真落实"②。其实这种见解还有待商榷。无可否认,在汉末动乱之际,严刑峻法确实是当时肃清军纪、恢复经济、稳定局面的有效手段,但是曹操雄才大略,应该能认识到,一旦曹氏政权稳定下来,儒家思想在思想文化领域统治地位的确立,将会有利于实现自己的专政统治,有利于这个政权的长治久安。两汉时期经学在稳定政权、维护君主专制统治方面取得的显赫成绩,毋庸置疑,能让人看清楚这一点。因而,在官渡之战、基本平定北方的前提下,曹操颁布重兴经学的《修学令》及一系列相关政策。建安十八年(213年)曹操被封为魏公后,就接纳了袁涣的大兴经学的建议:"魏国初建,为郎中令,行御史大夫事。涣言于太祖曰:'今天下大难已除,文武并用,长久之道也。以为可大收篇籍,明先圣之教,以易民视听,使海内斐然向风,则远人不服可以文德来之。'太祖善其言。"③并于建安二十二年五月正式设立了复兴儒学的泮宫。这些都充分说明曹操在教育方面还是重视经学的。

曹操之后,曹丕更是在复兴经学方面多次下过诏令。黄初二年(221年),他刚即位就发布了《追崇孔子诏》,其诏曰:"昔仲尼资大圣之才,怀帝王之器,当衰周之末,无受命之运,在鲁、卫之朝,教化乎洙、泗之上,栖栖焉,遑遑焉,欲屈己以存道,贬身以救世。于是王公终莫能用之,乃退考五代之礼,修素王之事,因鲁史而制《春秋》,就太师而正《雅》、《颂》,俾千载之后,莫不宗其文以述作,仰其圣以成谋,咨!可谓命世之大圣,亿载之师表者也。遭天下大乱,百祀堕坏,旧居之庙,毁而不修,褒成之后,绝而莫继,阙里不闻讲颂之声,四时不睹蒸尝之位,斯岂所谓崇礼报功,盛德百世必祀者哉!其以议郎孔羡为宗圣侯,邑百户,奉孔子祀。"又"令鲁郡修起旧庙,置百户吏卒以守卫之,又于其外广为屋室以居学者"④。封孔子二十一世孙孔羡

---

① 陈寿:《三国志·魏书·武帝纪》,北京:中华书局,1982年。
② 顾农:《建安文学史》,长沙:湖南教育出版社,2000年。
③ 陈寿:《三国志·魏书·袁张凉国田王邴管传第十一》,北京:中华书局,1982年。
④ 陈寿:《三国志·魏书·文帝纪第二》,北京:中华书局,1982年。

为宗圣侯,封邑百户,让其"奉孔子祀"。又诏令鲁郡官员复修孔庙,置兵卫戍守,广建室屋,以居学者,高调复兴儒学。曹魏在三国中最早重立太学(太学在两汉的教学内容主要为经学)。黄初五年(224年)太学初立,他就"制五经课试之法,置《春秋谷梁》博士"。而《三国志·魏书·钟繇华歆王朗传第十三》裴注引《魏略》记载,也是在太学刚建时,魏文帝就下令"补旧石碑之缺坏",即修复东汉的熹平石经,作《五经》范本。这些都是他为恢复经学教育而采取的措施。曹丕即位之后,选官制度除了实行九品中正制之外,还继续沿用汉代时的察举制。而据《三国志》载,当"三府议:'举孝廉,本以德行,不复限以试经'"时,华歆曾上书认为"丧乱以来,六籍堕废,当务存立,以崇王道。夫制法者,所以经盛衰。今听孝廉不以经试,恐学业遂从此而废。若有秀异,可特征用。患于无其人,何患不得哉?"对于华歆的建议,"帝从其言"①。华歆上书建议察举孝廉要试经,因为怕若不如此,学业遂废,曹丕采纳了此建议这也说明曹丕对经学教育的重视。此外,他不仅自注《典论》等著作,而且常常召集诸儒谈经论文。据《三国志·魏书·文帝纪第二》裴注引《魏书》曰:"故论撰所著《典论》、诗赋,盖百余篇,集诸儒于肃城门内,讲论大义,侃侃无倦。常嘉汉文帝之为君,宽仁玄默,务欲以德化民,有贤圣之风。"执政期间,他又召集诸儒,主持编纂了一部大型的儒学类书,即史载"又使诸儒撰集经传,随类相从,凡千余篇,号曰皇览"②。

明帝曹叡也尤为重视经学。太和三年夏六月,下诏曰:"尊儒贵学,王教之本也。自顷儒官或非其人,将何以宣明圣道?其高选博士,才任侍中常侍者。申敕郡国,贡士以经学为先。"明令高选博士,尊经贵学。太和四年春二月壬午,又下诏罢退"浮华不务道本者",其实也是针对当时经学颓废的现状,再次重申要全面复兴经学。而据《三国志·魏书·韩崔高孙王传第二十四》载,明帝时,高柔曾针对当时"博士执经""迁除限不过

---

① 陈寿:《三国志·魏书·钟繇华歆王朗传第十三》,北京:中华书局,1982年。

② 陈寿:《三国志·魏书·文帝纪第二》,北京:中华书局,1982年。

长"的现象,上书建言:"然今博士皆经明行修,一国清选,而使迁除限不过长,惧非所以崇显儒术,帅励怠惰也。孔子称'举善而教不能则劝',故楚礼申公,学士锐精,汉隆卓茂,搢绅竞慕。臣以为博士者,道之渊薮,六艺所宗,宜随学行优劣,待以不次之位。敦崇道教,以劝学者,于化为弘。"建议根据博士的学问优劣,而"待以不次之位",用以敦教劝学,曹叡采纳了,这其实也是曹叡为复兴经学教育而采取的措施。此外,据《三国志》载:"景初中,帝以苏林、秦静等并老,恐无能传业者。乃诏曰:'昔先圣既没,而其遗言余教,著于六艺。六艺之文,礼又为急,弗可斯须离者也。末俗背本,所由来久。故闵子讥原伯之不学,荀卿丑秦世之坑儒,儒学既废,则风化易由兴哉、方今宿生臣儒,并各年高,教训之道,孰为其继?昔伏生将老,汉文帝嗣以晁错;《谷梁》寡畴,宣帝承以十郎。其科郎吏高才解经义者三十人,从光禄勋隆、散骑常侍林、博士静,分受四经三礼,主者具为设课试之法。夏侯胜有言:'士病不明经术,经术苟明,其取青紫如俯拾地芥耳。'今学者有能究极经道,则爵禄荣宠,不期而至。可不勉哉!'"①曹叡因为担心苏林等鸿儒学问失传,特选"郎吏能高才解经者"三十人跟从他们学四经三礼,由此也可见曹叡对于经学的重视。

曹叡之后,三少帝享祚日短,但也都先后发布过复兴经学的诏令,或采取过有利于经学复兴的举措。齐王芳正始元年(240年)即位时才八岁。他接受的也主要是经学教育。史载:"(正始)二年春二月,帝初通《论语》,使太常以太牢祭孔子于辟雍,以颜渊配。"②"(正始五年夏)五月癸巳,讲《尚书》经通,使太常以太牢祀孔子于辟雍,以颜渊配;赐太傅、大将军及侍讲者各有差。"③"(正始六年冬)十二月辛亥,诏故司徒王朗所作《易传》,令学者得以课试。"④"(正始七年)冬十二月,讲《礼记》通,

---

① 陈寿:《三国志·魏书·辛毗杨阜高堂隆传第二十五》,北京:中华书局,1982年。
② 陈寿:《三国志·魏书·三少帝纪第四》,北京:中华书局,1982年。
③ 陈寿:《三国志·魏书·三少帝纪第四》,北京:中华书局,1982年。
④ 陈寿:《三国志·魏书·三少帝纪第四》,北京:中华书局,1982年。

使太常以太牢祀孔子于辟雍,以颜渊配。"①他每读通一经,就会派太常以太牢祭祀孔子。这是中国古代在太学祀孔之始,可见他本人是重视经学的,也进一步确立了儒学在官学中的尊显地位。不过因为曹芳即位时尚年幼,他对于经学的重视成效如何,难以深究。高贵乡公曹髦是魏文帝之孙、东海定王曹霖之子。齐王芳被废之后,他被诸公卿迎之为帝,其实不过是名义上的傀儡而已。《三国志·魏书·三少帝纪第四》载他"少好学,夙成",他重视并笃行经学。史载"(正元二年秋)九月庚子,讲《尚书》业终,赐执经亲授者司空郑冲、侍中郑小同等各有差"②,学通一经之后,下旨赏赐讲经诸臣。甘露元年夏四月丙辰,他还亲临太学,与诸儒辩经论义,就《易经》、《尚书》、《礼记》等儒学经典展开论辩。次年五月,他再临太学,即《三国志·魏书·三少帝纪第四》所载之"五月辛未,帝幸辟雍",诏令群臣研习经义。

从曹操开始至曹魏诸帝,以经学作为家族或官学教育的主要内容,重视经学教育,这是显而易见的。因为曹魏诸帝的重视,魏国的经学取得了较大的成就,传世的《十三经注疏》中,有三经皆为魏人所注,即孔安国《尚书传》、王弼《易注》、何晏《论语集解》。

第三节 曹氏家族在汉晋间教育观念、体制演变中的作用

作为汉晋间最为显赫的政治家族之一,曹氏家族对汉晋间政治、经济、文化的发展无疑会产生举足轻重的影响。就教育而言,汉晋间教育观念、体制的演变深受曹氏相关教育观念、教育政策的影响。

一、曹氏家族对汉晋间教育观念演变的影响

通过对曹氏家族教育及对曹魏政权教育政策的研究,我们

---

① 陈寿:《三国志·魏书·三少帝纪第四》,北京:中华书局,1982年。
② 陈寿:《三国志·魏书·三少帝纪第四》,北京:中华书局,1982年。

发现,曹氏在教育方面已然形成自己特有的教育观念,这种教育观念的实施是曹氏家族教育方面成功的主要原因。作为汉魏时期最为显赫的政治家族之一,曹氏的这种教育观念必然会引导这一时期的文化教育发生一系列变化,并对后世教育产生较为显著的影响。

(一)重视经学教育的观念对汉晋间文化的影响

正如前文所述,曹氏无论在家族教育还是在国家教育政策方面,都很注重经学。当然,曹氏重视经学教育,一方面是因为当时的世家大族都以谙习经学为传统,曹氏要跻身世家,成为汉末门阀士族的代表,必然要迎合这种传统,在家族成员教育方面强调经学内容;另一方面,曹氏对经学教育的重视更大程度上是出于维护其统治的需要。

前人在研究经学在汉末南北朝时期的发展情况时一般认为,经学虽然在东汉经历过一段高度繁荣的时期,正如《后汉书·儒林列传第六十九下》中所评论的"自光武中年以后,干戈稍戢,专事经学,自是其风世笃焉。其服儒衣,称先王,游庠序,聚横塾者,盖布之于邦域矣。若乃经生所处,不远万里之路,精庐暂建,赢粮动有千百,其耆名高义开门授徒者,编牒不下万人,皆专相传祖,莫或讹杂"[①];而自东汉末以降,至魏晋南北朝经学确实逐渐衰落。更有学者认为,曹氏作为这一时期最具影

---

① 《后汉书·儒林列传第六十九上》中对东汉经学的昌盛景象有更详细的描述,其文如下:"及光武中兴,爱好经术,未及下车,而先访儒雅,采求阙文,补缀漏逸。先是四方学士多怀协图书,遁逃林薮。自是莫不抱负坟策,云会京师,范升、陈元、郑兴、杜林、卫宏、刘昆、桓荣之徒,继踵而集。于是立《五经》博士,各以家法教授,《易》有施、孟、梁丘、京氏,《尚书》欧阳、大小夏侯,《诗》齐、鲁、韩,《礼》大小戴,《春秋》严、颜,凡十四博士,太常差次总领焉。

"建武五年,乃修起太学,稽式古典,笾豆干戚之容,备之于列,服方领习矩步者,委它乎其中。中元元年,初建三雍。明帝即位,亲行其礼。天子始冠通天,衣日月,备法物之驾,盛清道之仪,坐明堂而朝群后,登灵台以望云物,袒割辟雍之上,尊养三老五更。飨射礼毕,帝正坐自讲,诸儒执经问难于前,冠带缙绅之人,圜桥门而观听者盖亿万计。其后复为功臣子孙、四姓末属别立校舍,搜选高能以受其业,自期门羽林之士,悉令通《孝经》章句,匈奴亦遣子入学。济济乎,洋洋乎,盛于永平矣!"

响力的政治家族之一,对于这种衰落应负有无可推卸的责任。郝虹在《从曹氏三代人对儒学的态度看魏晋儒学的衰落》中就明确指出:"曹魏时期,统治者对儒学不重视的态度,是魏晋儒学走向衰落的重要因素之一。"①

不可置疑,汉末经学受社会动乱的影响和新的社会思潮的冲击,曾一度呈现中衰的迹象。与此形成鲜明对比的是玄学、佛学的空前发展,似乎经学在思想政治领域的主导地位已经全面丧失。但是客观看来,经学虽然衰落,但此时仍不失为与玄学、佛学相并列的思想流派,并作为魏晋南北朝时期的主流政治思想,被这一时期的统治者们作为治国的有效工具使用。而曹氏也并非如部分学者所认为的那样,不重视对于经学教育的推广。当然,曹氏三代的领袖人物曹操、曹丕、曹叡,可能在思想上并不笃信经学,但是,作为政治家、统治者,他们又认同经学对于治理国家的积极政治意义。

曹操本人确实以尚刑重法著称。曹操于魏国初建时任高柔为"丞相理曹掾"治刑狱时曾勉励他:"夫治定之化,以礼为首。拨乱之政,以刑为先。是以舜流四凶族,皋陶作士。汉祖除秦苛法,萧何定律。掾清识平当,明于宪典,勉恤之哉!"②显而易见,他很认同刑法的拨正乱政作用。《三国志·魏书·武帝纪第一》评价曹操"运筹演谋,鞭挞宇内,揽申、商之法术,该韩、白之奇策,官方授材,各因其器,矫情任算,不念旧恶,终能总御皇机,克成洪业者,惟其明略最优也。抑可谓非常之人,超世之杰矣",也很明确地指出曹操重法尚刑的倾向。此后傅玄说"近者魏武好法术,而天下贵刑名"③,刘勰也说"魏之初霸,术兼名法",基本上都有将曹操施政思想归于法家的倾向。

无可否认,在政局动荡的东汉末年,采取严刑峻法无疑是较为迅速稳定局面的有效手段,曹操正是基于此而重视刑法的

---

① 郝虹:《从曹氏三代人对儒学的态度看魏晋儒学的衰落》,载《管子学刊》,2005年第4期。

② 陈寿:《三国志·魏书·韩崔高孙王传第二十四》,北京:中华书局,1982年。

③ 房玄龄:《晋书·列传第十七·傅玄》,北京:中华书局,1974年。

使用的。而据此将曹操归于法家之属,则不免有失偏颇。前述曹操勉励高柔时曾说"治定之化,以礼为首;拨乱之政,以刑为先",再联系曹操在《论吏士行能令》中所言"治平尚德行,有事赏功能",我们可以清楚看到,苛刑峻法只是被曹操作为一种乱世时的有效政治手段,正如他认为清平安定时世需要依靠经学来作为政治治理的主要手段一样;这也可被视作以曹操为代表的曹氏数代统治者的共同认识。

正是基于这种认识,曹氏数代在东汉末政局稳定之后至曹氏代汉自立统治期间,就一直致力于对经学教育的推广,采取一系列相关措施。这在前文已有详述,这里不再赘言。曹氏作为汉晋之际中原地区的主要统治者,对于经学的提倡推广,无疑会对这一时期的文化发展产生深远影响。而经学经历了东汉末年的一度中衰之后至西晋时期得以重新转盛,曹氏于其中所起的作用自不待言,这也正是曹氏对于这一时期文化变迁的突出影响之一。结合这一时期经学发展情况,我们能看得更为清楚。

曹操在基本上稳定了中原地区之后,开始推出一系列恢复以经学教育为主的地方官学的政策,并着手营建泮宫,优遇经学名士等,虽然成效并不明显,但是却为此后曹魏统治时期经学的逐渐复兴奠定了初步的基础。曹丕践阼后,采取了重立太学、修补东汉熹平石经、恢复五经在太学中的地位等经学教育体系重建的措施。此后,明帝当政,虽然史载他"好学多识,特留意于法理"[①],并"常言'狱者,天下之性命也',每断大狱,常幸观临听之"[②],似乎他本人更热衷于法家思想,但由于他接受的是经学教育,并且他也清楚地认识到经学对于维护曹魏统治的重要性,因此他在位期间也很注重推行经学教育。不过,从景初中明帝诏书(此诏是针对苏林、秦静等大儒年事已高,恐无人能传其业而特下)的内容及此诏之后数年,"隆等皆卒,学者遂废"的情况看来,一直到明帝时期,经学依然处于久衰未兴状

---

① 陈寿:《三国志·魏书·明帝纪第三》裴注引《魏书》,北京:中华书局,1982年。

② 陈寿:《三国志·魏书·明帝纪第三》,北京:中华书局,1982年。

态。但是,此时历经曹氏数代在经学教育推广方面的努力,经学已届重兴的边缘。而三少帝时期,在河内儒学大族司马氏的倡导下,曹魏政权又继续采取一系列复兴经学的措施,经学复兴迹象已明。而到司马氏执政之后,经学之盛正如《晋书》中所载:"昔咸宁、太康、永嘉之中,侍中、常侍、黄门通洽古今、行为世表者,领国子博士。一则应对殿堂,奉酬顾问;二则参训国子,以弘儒训;三则祠、仪二曹及太常之职,以得质疑。今皇朝中兴,美隆往初,宜宪章令轨,祖述前典。世祖武皇帝应运登禅,崇儒兴学。经始明堂,营建辟雍,告朔班政,乡饮大射。西阁东序,《河图》秘书禁籍。台省有宗庙太府金墉故事,太学有石经古文先儒典训。贾、马、郑、杜、服、孔、王、何、颜、尹之徒,章句传注众家之学,置博士十九人。九州之中,师徒相传,学士如林,犹选张华、刘寔居太常之官,以重儒教。"[①]客观地说,由东汉末历经曹氏政权到西晋,经学得以逐渐复兴,很大程度上得益于曹氏数代的努力,因而,曹氏重经的教育观念在对汉魏之际经学的逐步复兴,对保持中国传统儒学的持续发展,无疑产生过积极影响。

(二)重视女性对家族教育的参与观念对汉晋间文化的影响

曹氏十分重视女性对家族教育的参与,这是曹氏家族教育取得成功的主要原因之一,同时,这种观念对汉晋间文化也产生较为明显的影响。

客观而言,中国传统女子教育的目标就是将女性培养成封建家庭标准的贤妻良母,以宜于相夫教子,这种观念也为曹氏家族所认同。不过,与之有所差异的是,曹氏不但认同女性在家庭中相夫教子的作用,而且还十分重视女性对家族(家庭)教育的参与。曹操是具有此种观念的最突出代表,而曹操诸子在各个领域的出众表现,正说明这一教育观念的成功。当然,曹氏能重视女性对于家族(家庭)教育的积极作用,肯定女性的价值,表现了曹氏家族思想方面的通达,在当时无疑具有进步意义,并对魏晋南北朝女性教育也产生了积极影响。

魏晋南北朝时期,女性踊跃接受并积极参与教育(包括家

---

① 房玄龄:《晋书·列传第四十五·荀崧》,北京:中华书局,1974年。

族教育),在当时已成为一种普遍现象。魏晋名士钟会(钟繇之子)以"有才数技艺,而博学精练名理"而著称。他的才学既与个人的禀赋、努力相关,也与其母张氏在其年幼时即注意对他开展早期教育有关。史载"夫人性矜严,明于教训,会虽童稚,勤见规诲。年四岁授《孝经》,七岁诵《论语》,八岁诵《诗》,十岁诵《尚书》,十一诵《易》,十二诵《春秋左氏传》、《国语》,十三诵《周礼》、《礼记》,十四诵成侯《易记》,十五使入太学问四方奇闻异训"①。张氏既注意对其进行启蒙教育,又传授如《易》、《易记》之类的专门之学。

晋人韦逞之母宋氏,"家世以儒学称。宋氏幼丧母,其父躬自养之。及长,授以《周官》音义,谓之曰:'吾家世学《周官》,传业相继,此又周公所制,经纪典诰,百官品物,备于此矣。吾今无男可传,汝可受之,勿令绝世'"②。韦逞年幼时,"宋氏昼则樵采,夜则教逞",后来韦逞学成立名,当与其母早年即对其开始的教育有关。

南朝宋宗炳的母亲师氏"聪辩有学义,教授诸子"③。南齐宣孝陈皇后"少家贫,勤织作,家人矜其劳,或止之,后终不改。嫁于宣帝……宣帝从任在外,后常留家治事教子孙"④。

北齐李彪之女,"幼而聪,令彪每奇之,教之书学,诵读经传……彪亡后,世宗闻其名,召为婕妤,以礼迎引。婕妤在宫,常教帝妹书,诵授经史。"元务光之母卢氏,"少好读书,造次必以礼。盛年寡居,诸子幼弱,家贫不能就学,卢氏每亲自教授,勖以义方"⑤。《北史·卢玄传附卢道虔传》载:卢道虔妻"元氏,甚聪悟,常升高座讲《老子》。道虔从弟元明隔纱帷以听焉。"卢元明非平庸之辈,他"涉历群书,兼有文义,风采闲润,进退可观",而他却愿拜嫂为师,甘为学生,可见元氏学问之非同寻常,

---

① 陈寿:《三国志·魏书·王凌毋丘俭诸葛诞邓艾钟会传》裴注,北京:中华书局,1982年。
② 房玄龄:《晋书·列传第六十六·列女》,北京:中华书局,1974年。
③ 沈约:《宋书·列传第五十三·隐逸》,北京:中华书局,1974年。
④ 萧子显:《南齐书·列传第一·皇后》,北京:中华书局,1959年。
⑤ 李延寿:《北史·列传第七十九·列女》,北京:中华书局,1959年。

同时也说明了道虔妻对于家族教育作出的贡献。魏收的《魏书》载北魏清河房爱亲妻崔氏"性严明高尚,历览书传,多所闻知,子景伯、景先,崔氏亲授经义,学行修明,并为当时名士"。显而易见,景伯、景先兄弟能成为当时名士,与其母对他们的辛勤教导密不可分。

魏晋南北朝女性积极投入教育特别是家族教育在当时已成为一种风尚,这与曹氏重视女性参与家族教育的教育观念的影响是密切相关的,当然,这种状况与魏晋南北朝时人性的相对解放、女性地位得到相应的提高也不无关联。

二、曹氏家族在汉晋间教育体制演变中的作用

纵观魏晋南北朝教育的发展历程我们发现,纵然动荡现实给教育的发展带来诸多不利因素,但当时的教育事业依然取得较为重大的成就和突破。就教育体制而言,两大显著的变化逐渐呈现:等级教育体系的逐步形成和分科教育的日渐成熟。曹氏在这种教育体制演变过程中所起的作用无疑是巨大的。

(一)曹氏家族在汉晋间封建官学等级教育体系形成过程中的作用

汉代开始,我国封建官学制度形成了初等教育(庠、序)、中等教育(学、校)、高等教育(太学)分级设立,中央官学[①]与地方官学[②]并行发展的基本格局。这种教育体制在形成初表现出相当高的包容性,即其教育对象基本不受出身限制,在以太学

---

① 汉代开始,中国封建中央官学主要以太学或国子学为代表。武帝时,西汉中央官学太学创立。东汉时中央官学还包括四姓小侯学、宫邸学和鸿都门学等,但存在时间都较短。西晋开始,在太学之外又设有国子学(或称为"国子监")。此后,太学与国子学或分立并存,或混而合一(笼统称为太学或国子学),但一直都是封建中央官学的主要代表。当然,历代中央官学除太学、国子学外还设有其他学校。如南北朝时北朝的四门小学、麟趾学,南朝的总明观和士林馆等,隋代中央官学设有四门学、书学、算学和律学等。

② 地方官学一般包括州学、郡学和县学。

为代表的中央官学中这种特点更突出①。汉武帝接受董仲舒建议,并于元朔五年公孙弘任丞相时正式创办太学。公孙弘等在奏议太学的具体招生方案时提出:"为博士官置弟子五十人,复其身。太常择民年十八已上,仪状端正者,补博士弟子。郡国县道邑有好文学,敬长上,肃政教,顺乡里,出入不悖所闻者……诣太常,得受业如弟子。"②这种方案为汉武帝采纳,实际上大体规定了汉代太学的招生方式和对象。招生方式有两种:太常直录和地方选送。无论是太常直录还是地方选送,其对象往往被限制在"民"的范围内,因为方案中提出博士弟子"复其身",即免除其徭役,而汉代宗室、外戚、官吏之家的直系后代并不存在"复其身"的问题。因而,早期太学生家世卑微者十分常见③。当然,早期太学也并不禁止官宦子弟入学,不过一般王侯公卿的子弟往往能够通过"任子"④的途径做官,不需要入太学谋求进身之阶,因而他们并不热衷于入太学学习。这样,汉代

---

① 受各地具体经济、政治及特殊的农业生产等条件限制,地方办学往往时兴时废,师资、生源年年都可能进行重新调整,难以保持较强的稳定性与持续性,因此笔者在考察封建官学制度时主要针对中央官学进行分析。

② 司马迁《史记》卷一百二十一《儒林列传第六十一》,北京:中华书局,1959年。

③ 如倪宽、萧望之、匡衡、翟方进等人都出身贫贱,这在《汉书》中都有详细记载。据《汉书·公孙弘卜式倪宽传第二十八》载:"倪宽,千乘人也。治《尚书》,事欧阳生。以郡国选诣博士,受业孔安国。贫无资用,尝为弟子都养。时行赁作,带经而锄,休息辄读诵,其精如此。"《汉书·萧望之传第四十八》载:"萧望之字长倩,东海兰陵人也。徙杜陵。家世以田为业,至望之,好学,治《齐诗》,事同县后仓且十年。"《汉书·匡张孔马传第五十一》载:"匡衡字稚圭,东海承人也。父世农夫,至衡好学,家贫,庸作以供资用,尤精力过绝人。"《汉书·翟方进传第五十四》载:"翟方进字子威,汝南上蔡人也。家世微贱,至方进父翟公,好学,为郡文学。方进年十二三,失父孤学,给事太守府为小史,号迟顿不及事,数为椽史所詈辱。方进自伤,乃从汝南蔡父相问己能所宜。蔡父大奇其形貌,谓曰:'小史有封侯骨,当以经术进,努力为诸生学问。'方进既厌为小史,闻蔡父言,心喜,因病归家,辞其后母,欲西至京师受经。母怜其幼,随之长安,织履以给方进读,经博士受《春秋》。"

④ 任子制是汉代常见的仕进途径之一,是一种依靠家族前辈的官位、功劳保任后代为官的制度。应劭解释说:"任子令者,《汉仪注》吏二千石以上视事满三年,得任同产若子一人为郎。不以德选,故除之。"

以太学为代表的中央官学自形成起就表现出较为鲜明的平民化色彩。不过,这种情形在逐渐发生变化,正如吕思勉先生所指出的:"前汉太学,颇多孤寒之士。如倪宽诣博士受业,贫无资用,常为弟子都养,及时时间行佣赁,以给衣食;翟方进西至京师受经,后母怜其幼,随之长安,织履以给;王章学长安,独与妻居,疾病卧牛衣中皆是。后汉亦非无其人,如桓荣少学长安,贫窭无资,常客佣以自给;公沙穆游太学,无资粮,乃变服客佣,为吴佑赁是也。然时儒学既行,时主复加提倡,贵游子弟,掺入其中,风气遂至一变。"①西汉后期,太学生的成分开始出现明显变化。汉平帝时,王莽主政,曾下令增加官宦子弟入太学,并不受名额限制:"增元士之子得受业如弟子,勿以为员。"②东汉顺帝时,左雄提出公卿子弟入太学的建议③。至东汉质帝本初元年(146年),更有梁太后明诏"自大将军至六百石,皆遣子受业,岁满课试,以高第五人补郎中,次五人太子舍人"④。至此,官宦子弟入太学人数大增,中央官学教育出现了特权化的倾向,但此时并不排斥平民子弟入学受教。

西晋政权成立初,沿袭曹魏旧制建立中央与地方官学。当时中央官学初以太学为主,且发展迅速,以致于公元272年,武帝下令进行裁汰整顿。据《宋书·志第四·礼一》记载:"晋武帝泰始八年(272年)有司奏:'太学生七千余人,才任四品,听留'。诏:'已试经者留之,其余遣还郡国。大臣子弟堪受教者,令入学'。"整顿之后,仍有太学生3 000人。咸宁四年(278年),太学再度繁荣。据《晋辟雍碑》载:"戎夏既泰,九域无事,以儒术久替,古典未隆,乃兴道教以熙帝载,廓开太学,广延群生,天下鳞萃,远方慕训,东越于海,西及流沙,并时集至,万有

---

① 吕思勉:《秦汉史》,上海:上海古籍出版社,1993年。
② 班固:《汉书》卷八十八《儒林传第五十八》,北京:中华书局,1959年。
③ 范晔:《后汉书·左周黄列传第五十一》载:"(左)雄又奏征海内名儒为博士,使公卿子弟为诸生。"
④ 范晔:《后汉书·质帝纪第六》,北京:中华书局,2005年。

余人。"当时太学规模较大,生源广泛,且受教育对象并不限出身。① 然而,随着国子学的出现,中国封建官学对教育对象基本不限出身的局面被打破,等级教育体系正式确立,并影响中国封建教育长达1600年之久。咸宁二年(276年),晋武帝下诏立国子学。国子学学生即所谓"国子",按《宋书·志第四·礼一》载:"盖《周礼》国之贵游子弟所谓国子,受教于师氏者也。"咸宁四年(278年),晋武帝又下旨"定置国子祭酒、博士各一人,助教十五人,以教生徒。博士皆取履行清淳,通明典义者。若散骑常侍、中书侍郎、太子中庶子以上,乃得召试"②。据此可见国子学受教对象与施教者都有鲜明的贵族化倾向。晋惠帝元康三年(293年),太学与国子学被明确区别开来:"官品第五以上得入国学。天子去太学入国学,以行礼也。太子去太学入国学,以齿让也。太学之与国学,斯是晋世殊其士庶,异其贵贱耳。然贵贱士庶,皆须教成,故国学太学两存之也,非有太子故立也。"③至此,等级化的教育体制正式形成,这实是教育发展史上的倒退现象。

恰值汉晋更替之际的曹魏政权,在这种等级化教育体制形成过程中,所发生的作用十分关键,主要表现在两方面:一是曹魏政权本身在教育方面坚持的是平民化立场,无疑这会对等级化教育体制形成起到延缓作用;二是曹魏政权在选拔官吏方面贯彻的九品中正制随着不断地发展最终又促进了等级化教育体制的形成。

西晋政权最初是因循曹魏旧制建立教育体系的。曹氏家

---

① 如赵至、霍原等人都出身贫贱,这在《晋书》中都有详细记载。《晋书·列传第六十二·文苑》载:"赵至,字景真,代郡人也。寓居洛阳。缑氏令初到官,至年十三,与母同观。母曰:'汝先世本非微贱,世乱流离,遂为士伍耳。尔后能如此不?'至感母言,诣师受业。闻父耕叱牛声,投书而泣。师怪问之,至曰:'我小未能荣养,使老父不免勤苦。'师甚异之。"《晋书·列传第六十四·隐逸》载:"霍原,字休明,燕国广阳人也。少有志力,叔父坐法当死,原入狱讼之,楚毒备加,终免叔父。年十八,观太学行礼,因留习之。贵游子弟闻而重之,欲与相见,以其名微,不欲昼往,乃夜共造焉。"
② 房玄龄:《晋书·志第十四·职官》,北京:中华书局,1959年。
③ 萧子显:《南齐书·志第一·礼上》,北京:中华书局,1959年。

族本起自寒门,故曹魏在官学教育方面始终坚持较为开明的立场。据《宋书》载:"齐王正始中,刘馥上疏曰:'黄初以来,崇立太学,二十余年,而成者盖寡。由博士选轻,诸生避役,高门子弟,耻非其伦,故无学者。虽有其名,而无其实,虽设其教,而无其功。宜高选博士,取行为人表,经任人师者,掌教国子。依遵古法,使二千石以上子孙,年从十五,皆入太学。明制黜陟,陈荣辱之路。'不从。"①这段文字记载了当时许多平民子弟入太学以避役的现象,说明曹魏太学招生不限出身;刘馥提出两千石以上官员的子孙方可入太学的建议未被采纳,这说明曹魏太学对教育特权化倾向的排斥。曹魏在官学建设方面所采取的政策显然对等级化教育体制的形成起到遏制作用。

与此同时,曹魏在官员选拔和考核方面实行的九品中正制,又从另一方面推进了等级化教育体制的形成。正如前文所述,曹魏九品中正制之设,最初纯为选拔人才,但其后来的发展却毫无疑问促成了两晋时期"门阀制度"的形成。而两晋时期门阀政治的存在,正是等级化教育体制形成的前提。

由此可见,在汉晋间封建官学等级教育体系形成过程中,曹氏家族扮演了一个悖谬式的角色:一方面,曹氏家族是遏制这种体系形成的主导力量;另一方面,曹氏家族又在客观上促成了这种体系的形成。

(二)曹氏家族在汉晋间分科教育体制发展过程中的作用

汉代开始,中国封建官学教育主要是以经学为教学内容。两汉时期,无论中央太学、地方郡国学校,还是像四姓小侯学、宫邸学等特殊学校,经学都是被指定为主要的甚至是唯一的学习课程。当然,此间出现的鸿都门学在课程设置上独属例外。作为我国第一所文学艺术专科学校,鸿都门学主要是辞赋、字画为教学内容。不过,虽然鸿都门学作为中国专科学校的萌芽,会对后世分科教育体制的形成产生一定影响,但由于其存在时间较为短暂,还不可能直接促成中国分科教育体制在这一时期的形成。

曹魏时期,从学校教育制度的演变来看,当时在学校的设

---

① 沈约:《宋书·志第四·礼一》,北京:中华书局,1974年。

置方面基本沿袭两汉旧制,依然维持中央太学与地方郡国学校并行发展的基本格局。不过,这一时期也出现了新的带有研究性质的专门学校和学术机构,魏明帝青龙四年(236 年)设置的崇文观就是这一性质的机构:"(青龙四年)夏四月,置崇文观,征善属文者以充之。"①崇文观征召善为文者任职,可见,这是一所侧重于文学方面培养的专门学术机构。崇文观的设立,反映了曹魏官学教育方面分类专门教授理念的萌芽。此外,正如前文所述,曹魏太学在课程设置上也出现了新的变化:律学课程的设置和文学类课程的增加。当然,曹魏时期中国分科教育体制并没有形成,但是,这种分类专门教授的理念及这一时期曹魏太学在课程设置方面的新尝试,都为后来分科教育体制的形成提供了有益的借鉴。

两晋南北朝时期,除了以经学教育为主的太学和国子学外,一些新类型的学校和学术机构如北朝的四门小学、麟趾学、露门学和南朝的总明观、士林馆等相继出现,这些机构的出现同样在某种程度上反映了当时教育分科教授的要求。而南朝刘宋时期专科学校的设立,则标志着我国分科教育体制的正式形成。据载,宋文帝"元嘉十五年,征次宗至京师,开馆于鸡笼山,聚徒教授,置生百余人。会稽朱膺之、颖川庾蔚之并以儒学,监总诸生。时国子学未立,上留心艺术,使丹阳尹何尚之立玄学,太子率更令何承天立史学,司徒参军谢元立文学,凡四学并建"②。宋文帝针对当时官学荒废的状况,广征名师,设立儒、玄、史、文四学,正式开始了中国分科教育的历史。此后南齐永明九年,孔稚珪上书建议于国子学设立律学助教,增开律学课程,当时"诏报从纳,事竟不施行"。但据《南齐书·志第八·百官》载,永明末,律博士最终设立,不过是被作为廷尉的属官设置的。③梁武帝天监四年,律学专科学校才最终出现,并专为此相应设律博士一人。

总而言之,两晋南北朝时期,中国教育逐渐形成分科教授

---

① 陈寿:《三国志·魏书·明帝纪第三》,北京:中华书局,1982 年。
② 沈约:《宋书·列传第五十三·隐逸》,北京:中华书局,1974 年。
③ 详见《南齐书》卷十六《志第八·礼上》,北京:中华书局,1972 年。

的体制,打破了我国传统的以经学为唯一课程的学校教育制度,对后世影响很大。而这种分科教育思想的萌芽及分类专门教授的尝试在曹魏时期已经出现,由此,可见曹氏家族对中国分科教育体制的发展有一定的作用及影响。

曹氏家族与建安文学新变

中国古代文学发展到汉魏之际、特别是建安时期,发生了重要变化,用现代学者的说法就是"文学的自觉"①。在这个过程中,曹氏家族发挥了重要的推动作用。

第一节 汉末社会风气的递嬗与文艺精神的高涨

从某种意义上说,审美的发生和文艺精神的出现,是个体生命意识觉醒的结果。先秦儒家高度重视礼乐文化,但是,音乐(及其代表的艺术精神)只是被他们作为思想教化的工具,或一种仪式。而纯文艺精神的发生是与道家思想存在密切关联的②,遗憾的是道家思想在先秦没有成为主流思想,到了汉武帝"罢黜百家,独尊儒术",也没有形成思潮。只是到了东汉中

---

① 一般认为这是鲁迅先生最早提出来的。不过,日本学者铃木虎雄提出过类似说法,由于鲁迅有留学日本的经历,对于日本学术的熟悉,于是,有学者认为鲁迅此说并不是他的首倡,而是引进自日本。参见孙明君《三曹与中国诗史》(北京:清华大学出版社,1999年)。上个世纪80年代以来,有学者认为中国"文学的自觉"不是以建安文学为标志,而是自汉赋创作开始。可参见赵敏俐《"文学自觉说"反思》(载《中国社会科学》,2005年第2期)。但是,我们认为鲁迅的说法更有理由。参见袁行霈总主编《中国文学史》第二卷(北京:高等教育出版社,1999年)相关论述。

② 详论参见徐复观《中国艺术精神》,沈阳:春风文艺出版社,1988年。

后期,在特定的社会政治环境下,道家思想作用于文人士大夫群体,方导致文艺精神的群体性发生[①],换言之,特定的文化性格决定着文艺精神的诞生。

在专制制度中,国家的最高权力往往集中于皇帝一人之手;皇帝是否英明、是否健康直接影响一个时代的治或乱。东汉中后期就出现这样的特殊现象——不管是偶然还是必然,皇帝或者早死,或者无子,继位的皇帝大多年幼,大权旁落于外戚之手,皇帝长大后想夺回权力,唯一可信赖的就是身边宦官,于是,皇帝、外戚、宦官及官僚为了统治权而相互争斗。桓帝崩,12岁的刘宏进入宫廷,是为汉灵帝。汉灵帝为了排挤外戚,只得借助每天围绕自己的宦官势力,却因此引起了信仰儒学的官僚士大夫阶层、高门大族及太学儒生的坚决反对,结果是皇帝和宦官结成同盟,一致打击官僚士大夫阶层,这就是汉末的"党锢之祸"。外戚、宦官争相干政,政争加剧,朝政日黯,大兴党锢之祸,士人的参政热情受到极大的打压,于是出现了思想的转向,他们消极退隐,逐渐放弃儒家经学,而信仰道家人生退隐哲学以明哲保身,以艺术活动自娱自乐,于是,道家思想就由民间向上层、由局部向整个中原区域扩散,社会风气也转向重享乐,艺术活动渐趋活跃。

张衡、蔡邕就是当时多才多艺的典型人物。蔡邕虽然在政治上对"鸿都门学"口诛笔伐,排挤才艺之士,而他自己就爱好文艺,多才多艺。与此同时,汉灵帝血统高贵,却出身低微,和刘备近似(如果刘备真是汉景帝之子中山靖王刘胜的后代),他长期生活在民间甚至底层,他为了巩固自己的地位、培植自己

[①] 参见余英时《士与中国文化》(上海:上海人民出版社,1987年)。章启群先生《论魏晋自然观——中国艺术自觉的哲学考察》(北京:北京大学出版社,2000年)则从哲学的角度,对中国艺术在魏晋时期出现的整体变化及其根源作了进一步考察和论证:"中国哲学自然观发生了一种深刻的转换。在这种转换中,魏晋哲学完成了一个丰富的审美主体的哲学建构,并由此展现了一个无限广阔的审美世界的可能性。这是否可以说(至少在逻辑上)是中国艺术自觉的一个哲学基础和依据?"他认为,魏晋哲学中的这种艺术化的审美主体的出现,及其与自然世界的内在和谐统一,无论从主体还是客体来说,都是构成当时中国艺术自觉的一个绝对的必要条件。

的势力,在太学之外开办了鸿都门学,引进技艺之士以为己用。宦官一般是不学无术的,在宫中以服务、取悦皇帝为己任,他们本来熟谙下层民间艺术活动,自然更能对于艺术活动推波助澜。钱穆就曾经指出:"文苑立传,事始东京,至是乃有所谓文人者出现。有文人,斯有文人之文。文人之文之特征,在其无意于人事上作特种之施用。……其至者,则仅以个人自我作中心,以日常生活为题材,抒写性灵,歌唱情感,不复以世用撄怀。是惟庄周氏所谓无用之用,荀子讥之,为知有天而不知有人者,庶几近之。循此乃有所谓纯文学。故纯文学作品之产生,论其渊源,不如谓其乃导始于道家。"①

他注意到东汉中后期以来道家思想的兴起与文学及其他艺术兴起的关联。刘大杰注意到曹丕之爱好文学与道家思想的关联:"爱好文学的人,大都是爱慕自由放达,不喜拘束,曹丕也是这样一个人。""他虽然自命备儒者之风,实际已接受道家的无为政治思想了。这样看来,荀粲、夏侯玄、何晏、王弼他们崇尚老学,并不是什么偶然的事。一个爱好文学尊奉黄老精神的皇帝,给予当代士大夫的影响,自然会产生那种玄学和旷达的风气。"②陈寅恪先生则注意到东汉末年文艺的异动还和特定社会阶层存在着密切的联动:"东汉中晚之世,其统治阶级可分为两类人群,一为内廷之阉宦,一为外廷之士大夫。阉宦之出身大抵为非儒家之寒族……主要之士大夫,其出身则大抵为地方豪族,或间以小族,然绝大多数则为儒家之信徒也。职是之故,其为学也,则从师受经,或游学京师,受业于太学之博士。其为人也,则以孝友礼法见称于宗族乡里。然后州郡牧守京师公卿加以征辟,终致通显。故其学为儒家之学,其行自必合儒家之道德标准,即仁孝廉让等是……然则当东汉之季,其士大夫宗经义,而阉宦则尚文辞。士大夫贵仁孝,而阉宦则重智术。

---

① 钱穆:《读文选》,载《中国学术思想史论丛》第 3 卷,合肥:安徽教育出版社,2004 年。
② 刘大杰:《魏晋思想论》,上海:上海古籍出版社,1998 年。

盖渊源已异,其衍变所致,自大不相同也。"①

自从汉武帝"罢黜百家,独尊儒术"以后,士大夫重视经学,重视功业,认为艺术活动是雕虫小技,不足挂齿。例如,汉代的辞赋作家就被最高统治者视作倡优,所以,士大夫们深受儒学影响,也很排斥文学艺术活动。与此对照,宦官本来生活在社会底层,熟悉民间生活,自然热爱艺术。而随着宦官势力的增强,特别是和汉灵帝大兴鸿都门学彼此呼应,艺术活动就在社会上广泛开展起来②。

正是在上述社会文化背景下,宦官家庭出身的曹操开始了他的政治、军事及文化活动,其任情自然的个性、灵活机智的政治智慧,以及崇尚文艺的爱好,显然都有着深厚的社会根源。

曹操通过其特定的出身直接与这股思潮发生了联系。《曹瞒传》记载:"太祖少好飞鹰走狗,游荡无度,其叔父数言之于嵩。太祖患之,后逢叔父于路,乃阳败面喎口;叔父怪而问其故,太祖曰:'卒中恶风。'叔父以告嵩。嵩惊愕,呼太祖,太祖口貌如故。嵩问曰:'叔父言汝中风,已差乎?'太祖曰:'初不中风,但失爱于叔父,故见罔耳。'嵩乃疑焉。自后叔父有所告,嵩终不复信,太祖于是益得肆意矣。"③汝南许劭,以知人著称,不少人因为他的点评而知名,曹操"常卑辞厚礼,求为己目。劭鄙其人而不肯对,操乃伺隙胁劭,劭不得已,曰:'君清平之奸贼,乱世之奸雄。'操大喜而去"④,可见曹操早年近乎无赖的形象。《曹瞒传》记载曹操掌权后不拘细行:"为人佻易无威重,好音乐,倡优在侧,常以日达夕。被服轻绡,身自佩小鞶囊,以盛手巾细物,时或冠帢帽以见宾客。每与人谈论,戏弄言诵,尽无所隐,及欢悦大笑,至以头没杯案中,肴膳皆沾污巾帻,其轻易如此!"曹操贪色,对于姿色出众的已婚女性更是情有独钟:其卞皇后本为倡女,他与吕布争秦宜禄妻,纳何晏母尹氏,纳张济

---

① 陈寅恪:《书〈世说新语〉文学类钟会撰四本论始毕条后》,载《金明馆丛稿初编》,北京:生活·读书·新知三联书店,2001年。
② 参见胡旭:《汉魏文学嬗变研究》,厦门:厦门大学出版社,2004年。
③ 陈寿:《三国志·魏书·武帝纪》裴注引,北京:中华书局,1982年。
④ 范晔:《后汉书·许劭传》,北京:中华书局,2005年。

妻,甚至与曹丕争袁熙妻甄氏。张华《博物志》记载:"又好养性法,亦解方药,招引方术之士,庐江左慈、谯郡华佗、甘陵甘始、阳城郗俭无不毕至,又习啖野葛至一尺,亦得少多饮鸩酒。"少年时的恶作剧,青年时的游荡无度,成年后的通脱、贪色、养生,这些都表明了出身寒族的曹操与信仰儒家思想、注重礼法的世家大族间的巨大距离①。值得注意的是,曹操在日常行为上的不守规矩、任情放达,显然和他在治军、治国策略上强调实用、灵活多变、诡谲奸诈存在着内在的联系。

不仅曹操如此,曹操身边人也大多如此。《三国志·魏书·武帝纪》注引《魏略》记载:"王忠,扶风人,少为亭长,三辅乱,忠饥乏啖人……(曹操)拜忠中郎将,从征讨。五官将知忠啖人,因从驾出行,令俳取冢间骷髅系著忠马鞍,以为笑乐。"《世说新语·伤逝》记载:"王仲宣好驴鸣。既葬,文帝临其丧,顾语同游曰:'王好驴鸣,可各作一声以送之。'赴客皆一作驴鸣。"西晋傅玄评价说:"魏文慕通达,天下贱守节。"②曹丕带领一群人,在送葬的场合,一起学习驴叫,这哪像一个储君的表现?《三国志》裴注引《魏略》记载:"(曹)植初得(邯郸)淳,甚喜,延入坐,不先与谈。时天暑热,植因呼常从取水自澡讫,傅粉,遂科头拍袒胡舞,五椎锻,跳丸,击剑,诵俳优小说数千言讫,谓淳曰:'邯郸生何如邪?'"曹植这一番精彩表演哪像贵公子?从曹操到曹丕到曹叡,所立皇后都不是世家大族出身,说明曹氏父子对待女性不看重门第。曹丕承袭乃父"本色",《世说新语·贤媛》记载:曹丕即位后,将曹操宫人全部留下来"自侍",尽管其贵为帝王,他死时他母亲卞太后都不愿参加他的丧葬,并且骂他"狗鼠不食汝馀,死固应耳"。晋人王嘉《拾遗记》(卷七)记载,时有民间女子薛灵芸,貌美异常,曹丕听说后即派人迎来宫中,"灵芸未至京师十里,帝乘雕玉之辇,以望车徒之盛,嗟曰:'昔者言"朝

---

① 陈寅恪最早注意到曹操之爱好文艺与其出身(当时社会阶层)之关联:"东汉之季,其士大夫宗经义,而阉宦尚文辞。士大夫贵仁孝,而阉宦则重智术。"(《书〈世说新语〉文学类钟会撰四本论始毕条后》,载《金明馆丛稿初编》,北京:生活·读书·新知三联书店,2001年)。

② 房玄龄:《晋书·傅玄传》,北京:中华书局,1974年。

为行云,暮为行雨",今非云非雨,非朝非暮。'改灵芸之名曰'夜来',入宫后居宠爱"。另,曹丕《与繁钦书》自述:"素颜玄发,皓齿丹唇","厥状甚美",曹丕自云喜欢得"不能自胜","炼色知声……谨卜良日,纳之闲房"。《三国志·魏书·刘桢传》裴注引《典略云》:"太子(曹丕)尝请诸文学,酒酣坐欢,命夫人甄氏出拜。坐中众人咸伏,而桢独平视。太祖(曹操)闻之,乃收桢,减死输作。"刘桢失礼是有错在后,曹丕让美妇人出来见人是不守礼法在前,而曹操的反应过度则正流露出他内心之隐秘。史料记载,曹操、曹丕父子在攻占邺城之后争夺甄氏,以及曹植暗恋甄氏似乎并非空穴来风。曹丕之子、后继位为明帝的曹叡,虽然在位时排击"浮华之士",倡导儒家经学,其实,他"盛兴宫室,留意于玩饰,赐与无度,帑藏空竭"①,他所器重的曹爽"饮食车马,拟于乘舆,尚方珍玩,充牣其家,妻妾盈于后庭"②。可见曹氏家族风气从曹操以来都是如此。

曹操所欣赏的"七子"亦大多如此,如王粲病逝,曹丕等人作驴鸣以送之,余嘉锡在《世说新语·伤逝》"王仲宣好驴鸣"条下,他据《后汉书·逸民传》所载名士戴良每为驴鸣以悦其母,按语:"此可见一代风气,有开必先。虽一驴鸣之微,而魏、晋名士之嗜好,亦袭自后汉也。况名教礼法,大于此者乎?"③王粲这个看似非常个人性的奇怪爱好,其实,也是有来历、有背景的。余嘉锡注意到这个爱好的背景与渊源,而清代史学家王鸣盛则注意到这种作风对他人的巨大影响,他认为"后世文人浮华轻薄之习,七人开之","一是风气流荡若此"④。他们都没有注意到,这股风气是在曹操治下才扩大影响的。曹操选拔人才不重门第,不重品德。诸文人和曹丕、曹植兄弟会聚于邺下之后,爱好相同,游乐宴饮,斗鸡走狗,作风豪奢。《三国志·魏书·王粲传》裴注引韦仲将评论说:"仲宣伤于肥戆,休伯都无格检,元

---

① 陈寿:《三国志·魏书》本纪,北京:中华书局,1982年。
② 陈寿:《三国志·魏书》本传,北京:中华书局,1982年。
③ 余嘉锡:《世说新语笺疏》,北京:中华书局,1983年。
④ 王鸣盛:《十七史商榷》卷四十"五人俱逝"条,北京:中华书局,1959年。

瑜病于体弱,孔璋实自粗疏,文蔚性颇怂骛。"《三国志·魏书·王粲传》注引《吴质别传》记载:"质黄初五年朝京师,诏上将军及特进以下皆会质所,大官给供具。酒酣,质欲尽欢。时上将军曹真性肥,中领军朱铄性瘦,质召优,使说肥瘦。真负贵,耻见戏,怒谓质曰:'卿欲以部曲将遇我邪?'骠骑将军曹洪、轻军将军王忠言:'将军必欲使上将军服肥,即自宜为瘦。'真愈恚,拔刀瞋目,言:'俳敢轻脱,吾斩尔。'遂骂坐。质案剑曰:'曹子丹,汝非屠几上肉,吴质吞尔不摇喉,咀尔不摇牙,何敢恃势骄邪?'铄因起曰:'陛下使吾等来乐卿耳,乃至此邪!'质顾叱之曰:'朱铄,敢坏坐!'诸将军皆还坐。铄性急,愈恚,还拔剑斩地。遂便罢也。"吴质是曹丕高度信任的人,所以,他很跋扈,不过,从这个记载也可以看出曹氏集团内士人风气的随意、散漫。

曹丕说自己在曹操培养下读书、学习、成长的经历云:"余是以少颂诗、论,及长而备五经、四部,《史》《汉》、诸子百家之言,靡不毕览。"①曹丕读书广泛、驳杂,其实反映了曹操的知识范围已越出儒家经学。曹操强调尚仁重德,却重用"不仁不孝,而有治国用兵之术"之士;多次强调"治定之化,以礼为首",同时又反复强调"拨乱之政,以刑为先"②、"礼不可以治兵"③。所以,《三国志》作者陈寿说曹操"揽申、商之法术,该韩、白之奇策"④,刘勰说"魏之初霸,术兼名、法"⑤。

西晋傅玄说:"先王之临天下也,明其大教,长其义节;道化隆于上,清议行于下,上下相奉,人怀义心。亡秦荡灭先王之制,以法术相御,而义心亡矣。近者魏武好法术,而天下贵刑名;魏文慕通达,而天下贱守节。其后纲维不振摄,而虚无放诞之论盈于朝野,使天下无复清议,而亡秦之病复发于今。"⑥"好法术"是指政治,"慕通达"影响的是社会风俗,明确指出曹氏言

---

① 曹丕:《典论·自叙》。
② 陈寿:《三国志·魏书·高柔传》,北京:中华书局,1982年。
③ 孙武:《孙子·谋攻篇》,曹操注。
④ 陈寿:《三国志·魏书·武帝纪》,北京:中华书局,1982年。
⑤ 刘勰:《文心雕龙·论说》。
⑥ 房玄龄:《晋书·傅玄传》。

行突破了儒学道德礼仪规范。明末清初思想家顾炎武论及两汉风俗,将汉末风俗之变的原因归咎于曹操:"孟德既有冀州,崇奖跅驰之士。观其下令再三,至于求负污辱之名,见笑之行,不仁不孝而有治国用兵之术者,于是权诈迭进,奸逆萌生。故董昭太和之疏,已谓当今年少不复以学问为本,专更以交游为业;国士不以孝悌清修为首,乃以趋势求利为先……夫以经术之治,节义之防,光武、明、章数世为之而未足;毁方败常之俗,孟德一人变之而有余。"①比顾炎武等批评得更为厉害的是何焯,他在《义门读书记》中云:"如此则所得者不过从乱如归之徒,虽取济一时,东汉二百年之善俗俄焉尽矣。由此篡乱相循,神州左衽,岂非中国礼教信义为操所斵丧而然耶!"晚清学者李慈铭在《越缦堂读书记》中也说:"自魏武崇尚权诈,流品不立,继以文、明,点饰浮华,由是风教凌迟,人不知有礼义。晋初佐命者,皆卑污无耻之徒,视篡盗为固有。"曹操的政策引起了中古士风与世风的深刻变化。刘大杰先生所论最为直白:曹操的用人政策"正式毁灭了儒家的仁孝学说,而仁孝学说,又是儒家思想的根底",因此,对于"魏晋时代士风的转变,曹操确是要负相当的责任"②。鲁迅先生认为,曹操在政治上尚刑名,在为人处事上尚通脱,"与当时的风气有莫大的关系。因为在党锢之祸以前,凡党中人都自命清流,不过讲'清'讲得太过,便成固执,所以在汉末,清流的举动有时便非常可笑了"。"更因思想通脱之后,废除固执,遂能充分容纳异端和外来思想,故孔教以外的思想源源引入"。③ 陈寅恪先生指出:"东汉与曹魏,社会风气道德标准改易至是,诚古今之巨变。而所以致此者,固由于魏武一人之心术,而其所以敢冒举世之大不韪者,则又因其家世传统少时熏习有以成之也。"④

---

① 顾炎武:《日知录》卷十三。
② 刘大杰:《魏晋思想论》,上海:上海古籍出版社,1998年。
③ 鲁迅:《而已集》,载《鲁迅全集》第三卷,北京:人民文学出版社,1980年。
④ 陈寅恪:《崔浩与寇谦之》,载《金明馆丛稿初编》,北京:生活·读书·新知三联书店,2001年。

概言之,东汉中叶以来社会政治、文化的发展促成了士人个体自觉意识的觉醒,并导致文艺思潮的发展。曹操文化性格的形成是上述动荡的社会背景和个体自觉的文化思潮作用的结果。纵览曹操一生的活动及其传世的文字可知,曹操不仅在思想方面表现出鲜明的复杂性,在性格层面更表现出明显的矛盾性,在兴趣爱好方面也与汉代上层社会形成明显的差异。

第二节　从即兴歌唱到书面写作

汉末建安时期,一方面是伴随着特定文人性格的形成而出现的文艺精神的高涨,另一个方面就是创作形态的重大变化,奠定了后代中国文学以诗歌为主的文学形态。

应该说,此前诗歌活动也在大规模进行。但我们要注意到,从形态看,无论《诗经》、《楚辞》还是汉乐府,都是依附音乐而展开的,它们本身还不是独立存在的;再从作者看,文人的大规模介入很少。因此,从即兴歌唱到书面写作、创作,是一个历时性演变的过程,我们认为这个重要的飞跃正发生在汉末建安时期。

张衡《七辨》载:"安存子曰:淮南清歌,燕余材舞……观者交目,衣解忘带。于是乐中日晚,移即昏庭,美人妖服,变曲为清,改赋新词,转歌流声。此音乐之丽也,子盍归而听诸?"其中"变曲"、"转歌"自是乐师和歌伎所能为,而"改赋新词",正是参与音乐会的文人们的工作。但是,如果没有音乐的支撑,显然,文人的诗歌创作活动也是无法进行的,一般可以说,音乐促进了诗歌,却也限制了诗歌的展开。正因为没有作诗之风气,班固《汉书·艺文志》之《诗赋略》概述西汉诗歌活动,于赋之外列"歌诗"一目,所谓"歌诗"即是歌唱之词。他在详列西汉"歌诗二十八家三百一十四篇"名目之后,论曰:"古者诸侯卿大夫交接邻国以微言相感,当揖让之时必称诗以谕其志,盖以别贤不肖而观盛衰焉。故孔子曰:不学诗无以言也。春秋之后,周道寝坏,聘问歌咏不行于列国,学诗之士逸在布衣,而贤人失志之赋作矣……自孝武之立乐府而采歌谣,于是有赵代之讴,秦楚之风,皆感于哀乐,缘事而发,亦可以观风俗知厚薄云。"如班固所言,《诗三百》衰落之后,有作赋之例而无作诗之风,显然,主要原因在于《诗经》被列为儒家经典,是不允许仿作的。当然,西汉确有一次作诗之事:景帝时(前156至前140年),韦孟作《在邹诗》,后韦孟之子韦玄成(前36年卒)作《自劾诗》、《戒子孙诗》。他们之作确为写作之诗,不是歌唱之词却以"诗"名篇。这是荀子之后第一次作诗之例。诗以"诗"名,且运用四言体,内容不出劝诫、自励,这显然是儒学在西汉重新被提倡的反映,这种行为正证明了人们对作诗的自觉意识。

转复的关键发生在东汉,尽管歌风不绝如缕,作诗却开始普及。《后汉书·梁鸿传》载:"(梁鸿)东出关,过京师,作五噫之歌,肃宗闻而非之,求鸿不得。"史载语焉不详,无法确知《五噫歌》是歌唱之词还是书写之诗。不过,它虽名为歌,但功用与以往及同时之歌不同,梁鸿有意用"五噫"之歌批评时政;且"五噫"之形式与当时音乐颇不同,足证为梁鸿新创。换言之,它既无音乐依据,歌唱的可能性甚少。梁鸿另有《适吴诗》、《思友诗》,形式为当时流行的楚辞体,梁鸿却以之赠别寄友,既然是寄友,就是一种自觉的创作而不是现场的哼唱。据此,我们推测梁鸿在进行自觉的写诗活动。班固《东都赋》最后写道:"主人之辞未终,西都宾矍然失容,逡巡降阶,然意下,捧手欲辞。主人曰:'复位,今将授子以五篇之诗。'宾既卒业,乃称曰:'美哉乎斯诗,义正乎扬雄,事实乎相如,匪唯主人之好学,盖乃遭遇乎斯时也。'"五篇"诗"之前三篇为四言体,即《明堂诗》、《辟雍诗》、《灵台诗》;后两篇是《宝鼎诗》、《白雉诗》,为楚辞体。前三首模仿《诗经》四言,显非唱词;后两篇虽为楚辞体,但既和前三篇合在一起,亦非唱词甚明。可以说,至迟到东汉前期梁鸿、班固时代,人们已经不再局限于四言,而是广泛地借用流行乐歌的各种体裁写诗。

班固的《咏史诗》就出现于这一特定的历史时期。《文选》卷三十六李善注谓此诗为"班固歌诗",李善显然没有意识到诗与"歌诗"之别。此诗歌颂缇萦救父的孝勇行为和汉文帝除肉刑的英明、宽厚,内容是有社会政治和伦理意义的,与西汉韦氏父子之作诗精神一致。因此,我们有理由认为,如其题目所显示的,这是一首诗而非歌唱之词。班固《汉书·艺文志》说:"《书》曰'诗言志,歌咏言',故哀乐之心感,而歌咏之声发。诵其言谓之诗,咏其声谓之歌。"《尚书》"诗言志,歌咏言",意在强调人心有所感而发于歌唱,无所谓"诵"、"咏"之别。班固却以"诵"、"咏"之说释之,正是他自己时代歌、诗分体之反映。班固《艺文志》又引《传》云:"不歌而诵谓之赋。"歌、诵的其区别是明显的。汉赋为诵读之文,班固既然称"诵其言谓之诗",其所谓诗当如赋,也就是书写之作。

当然,史书对东汉前期文人梁鸿、班固诗歌活动记载不是很明确,这种模糊性也许正是诗、歌分途之际的历史过渡性的反映;班固之后,诗与歌的区分就相当清晰,作诗可谓蔚然成风。如傅毅(约与班固同时卒)"永平中于平陵习章句,因作《迪志诗》"(四言体);刘珍(公元 126 年卒)曾作《赞贾逵诗》(四言体);石勋作《费凤别碑诗》(长篇五言);张衡(公元 139 年卒)作《四愁诗》(楚辞体);朱穆(公元 163 年卒)作《与刘伯宗绝交诗》(四言体);郦炎(生活时代在桓帝朝初)作《答客诗》(四言体);应季先作《美严王思诗》(四言体);侯瑾有《述志诗》;秦嘉(桓帝时人)有《述婚诗》(四言体)、《赠妇诗》(四言体)、《留郡赠妇诗》(五言体,三首);徐淑有《答秦嘉诗》(楚辞体);赵壹《刺世疾邪赋》中载有《秦客诗》(五言体)。蔡邕有《答对元式诗》(五言体)、《答元嗣诗》(四言体)、《翠鸟诗》(五言体)、《初平诗》(六言体)、《酸枣令刘熊碑诗》(四言体);孔融(153~208)有《杂诗》、《离合作郡姓名诗》[①]。这些诗作的数量并不太大,却呈增长趋势。在形式方面,五言体也不占主流,四言、五言、六言、杂言及楚辞体都在进行尝试。四言诗多用来劝诫或激励,显然仿自《诗经》,而其他多种体裁并存,其形式与民间乐歌的一致性,表

---

① 本书在这里没有引用人所熟知的辛延年《羽林郎》和宋子侯《董娇娆》,是基于如下两点考虑:第一,这两首诗歌首见于梁代徐陵编订之《玉台新咏》,于史无征,年代确切性不明;第二,这种亦步亦趋地模仿民歌和当时文人作诗的真意完全不同,文人士子作诗固然学习民歌,但主要是借鉴其形式。如果说它们确为汉人所作,也只是属于歌词系统的拟乐府诗,并不代表文人诗的某种特征。

明诗创作初起时在形式上确实受到音乐和民歌的影响;但写诗这种方式却是从脱离了音乐的《诗经》作为诵读之诗的传承方式中受到启示的。早期的诗在内容上也不免以劝诫为主,如荀子、韦孟父子之诗。经过长期的探索,到东汉时,诗的内容逐渐扩展,已不限于政治上的美刺或伦理上的劝诫,夫妇之情、朋友之谊也可以用诗来表现,客观上拓展了诗的内容范围,使诗逐渐代替歌,成为文人个人抒情写志之新工具。事实上,两汉文人一直拥有着抒情达意之工具,这就是骚体赋,但是,骚体赋毕竟是散文体,虽有诗之精神但不具诗之语言艺术之美,诗艺的最终被发现在于诗性精神与诗之文字的最终结合。

概括上述内容,可以这样表述:到汉末建安之前,书面的诗歌写作活动已经开展起来,但规模还不大,一方面是经学的束缚,另一方面还是受到音乐的制约,习惯于即兴歌唱。只有脱离了经学的束缚,并且脱离了音乐的束缚,诗歌创作才能大规模自觉地开展起来。

在建安那种动荡的形势下,上述两个条件都已具备。《三国志·魏书·武帝纪》云:"汉末大乱,众乐沦缺。"初平元年(190年),董卓挟持汉献帝西迁长安,行前大肆烧掠,洛阳宫室荡尽,几成废墟,两汉数百年的文化积累顿遭破坏,乐师逃散,乐制毁废。在军阀割据、群雄混战之中,曹操乘势而起,出于"挟天子以令诸侯"的政治需要,于建安元年(196年)九月将汉献帝迎到许县。《三国志·魏书·武帝纪》称:"自天子西迁,朝廷日乱,至是宗庙社稷制度始立。"但没有提到乐制的恢复情况。《三国志》卷二十九注引《魏书·杜夔传》云,建安十三年(208年)曹操南征刘琮而得杜夔,夔"以知音为雅乐郎……以世乱奔荆州……太祖(指曹操——引者注)以夔为军谋祭酒,参太乐事,因令创制雅乐"。南朝沈约《宋书·乐志》还补充说:"时又有邓静、尹商,善训雅乐,歌师尹胡能歌宗庙郊祀之曲,舞师冯肃、服养晓知先代诸舞,夔悉总领之。远考经籍,近采故事,魏复先代古乐,自夔始也。"杜夔所传古代雅乐,据《晋书·乐志》记载凡四曲:《鹿鸣》、《驺虞》、《伐檀》、《文王》,"皆古声辞"。除了杜夔所传雅乐后人可知其大概外,《南齐书·乐志》说:"魏歌舞不见,疑是用汉辞。"这种推测是正确的,因为尽管曹操实际上掌握了最高权力，汉献帝毕竟还是名义上的皇帝，雅乐仍然是汉宫廷音乐，曹操尚不能僭越，故言其时雅乐沿袭古辞于理为当。

曹操平荆州，除了得雅乐郎杜夔，还得到后为"建安七子之冠"的王粲。据《三国志·魏书·武帝纪》载，建安十八年五月，曹操被封为魏公，七月魏始建宗庙社稷；又《宋书·乐志》已载，"魏《俞儿舞歌》四篇，魏国初建所用，后于太祖庙并用之。王粲造"。又据《宋书·乐志》记载："文帝黄初二年，改汉巴渝舞曰昭武舞……其众歌诗，多即前代之旧；唯魏国初建，使王粲改作登歌及安世、巴渝诗而已。"可见，王粲除造《俞儿舞歌》之外，还写有《登歌》及《安世诗》，这些皆属庙堂雅乐。不过，尽管王粲是秉承曹操之命撰作雅乐，但由于其时曹操尚奉汉帝，故其词仍称颂汉德，如《俞儿舞歌》云："汉初建国家，区九州"、"汉国保长庆，来祚延万世"。概言之，曹操在建安时期乐制上所做工作主要是恢复性的，至于正式改变乐制，则是曹丕代汉称帝之后的事①。

从以上叙述中我们可以发现，由朝廷统一管理的音乐，一般人不可私造，只有受统治者之命方可为之。雅乐如此，而产于汉代民间的乐府是否如此呢？对此史书缺乏直接记载，只能间接推测之。《宋书·乐志》说："相和，汉旧歌也。丝竹更相和，执节者歌。本一部，魏明帝分为二，更递夜宿。本十七曲，朱生、宋识、列和等复合之为十三曲。"包括"相和"在内的"赵代秦楚之讴"被汉乐府机构采集、编订之后，显然是施用于统治阶层的，尽管其使用并不限于宫廷，但一般人没有经过皇权特许，是不能改作的，魏明帝沿袭这种做法。《三国志·魏书·武帝纪》注引《曹瞒传》曰："太祖为人佻易，无威重，好音乐，倡优在侧，常以夕达旦。"其《遗令》谓："吾婢妾与伎人皆勤苦，使着铜雀台，善待之……月旦十五日，自朝至午，辄向帐中作伎乐。"故《三国志》卷一注引《魏书》曰："太祖登高必赋，及造新诗，被之

---

① 详论参见拙文《建安诗歌形态论》、《建安乐制及拟乐府诗形态考述》、《歌与诗》诸文，收入《三曹与魏晋文学研究》，合肥：安徽文艺出版社，2011年。

管弦,皆成乐章。"我们注意到建安时期有曹操好乐、拟乐的大量记载,而其他人作合乐之词甚少,这当然反映出曹操通脱、好乐,同时,也可能反映出只有最高统治者才可以随便依乐撰词的历史事实。沈约《宋书·乐志》叙述南朝民歌吴歌、西曲"凡此诸曲,始皆徒歌,既而被之管弦"之后云:"又有因弦管金石,造歌以被之,魏世三调歌词之类是也"。《宋书》载录的"相和曲"十五曲中,除了《江南》、《东光》、《鸡鸣》、《乌生》、《平陵东》、《陌上桑》为汉代古辞,余下九首中只有一首为曹丕之辞,另八首皆为曹操之辞。现存曹操诗歌除以上八首,其他诸作亦皆混入汉乐府民歌曲调之中,在相和三调歌(清、平、瑟三调)中便有其著名作品《短歌行》、《苦寒行》等。由此我们可以推测,雅乐是一种宫廷、庙堂之乐,用于汉献帝宫廷之中,而曹操则可以大好乐府。由于汉乐府旧辞已大量散佚,曹操以枭雄的气魄摆脱经学的束缚而"造歌以被之"①,《资治通鉴》卷一三四胡三省注谓:"魏太祖……自作乐府,被于管弦。后遂置清商令以掌之,属光禄勋。"于是我们今天看到的就是汉旧曲,且由曹操所撰的新词。曹操在世如此,其死后乐府旧曲仍为最高层统治者管理。《晋书·乐志》称"黄初中,左延年以新声被宠","新声"显然为皇帝专用。事实上,拟作乐府必须要合乐,而一般士人并没有专门的伎乐队伍,故也不便于拟制。

现存建安拟乐府诗的数目也能说明这点。保存至今且明确可以判定为拟乐府作品的,除三曹父子之作以外,陈琳、阮瑀各有一首,左延年有《秦女休行》;王粲有《七哀》,《文选》著录则归入"诗·哀伤"类,不作乐府。虽然保存至今的数量并不等于当时数目,不过,作为当时的著名诗人,创作能力都很旺盛,而写作拟乐府诗数量却如此之少,显然别有原因,这原因可能就是前边所述非奉最高统治者之命不得随意拟作这一无形规定。

但似乎比较例外的是曹植写有大量拟乐府诗。从曹植后期辗转迁徙的遭遇看,其拟乐府诗合乐的可能性很小,这就暗

---

① 当然,曹操不仅摆脱了音乐的束缚,甚至也摆脱了乐府旧题的影响,直抒胸臆,书写时事,比如著名的《蒿里行》、《薤露行》,本来都是送葬曲,而曹操却用来书写时事。参见下文详论。

示着曹魏建国之后甚至建安后期在拟乐府创作上诗、乐分离的时代特点。汉末建安时期已经出现了歌、诗分途的趋势,此时文人士子仍然好乐,但他们开始了撰写书面之诗的新的艺术活动方式,曹丕《叙诗》中写道:"为太子时,北园及东阁讲堂并赋诗,命王粲、刘桢、阮瑀、应玚等同作。"刘桢《赠五官中郎将诗》云:"望慕结不解,贻尔新诗文","赋诗连篇章,极夜不知归,君侯多壮思,文雅纵横飞"。诗歌表现了当时"仰而赋诗"的生动场面,诗往往就是在那种场合下写出来的。既然他们会写诗,而且由于好乐,对乐府诗的体式又非常熟悉,所以,他们在写诗时,可能就不自觉地借用了乐府歌辞的旧有形式,这种拟乐府与配合乐府曲调写成的拟乐府歌词就有所区别了。实际上我们即使不考虑这一背景,单纯从诗歌内容看,由汉至晋的拟乐府诗的发展呈现出明显不同的时代特点:汉代宋子侯《董娇饶》、辛延年的《羽林郎》和民歌几无二致,而曹操的拟乐府则有强烈的写实性;到西晋陆机的《猛虎行》、《君子有所思行》等,则完全脱离了管乐,几成自我抒发的抒情诗。这就说明当作家根据曲调而填词时或多或少要受到曲调情绪或原歌词内容的影响,一旦作家摆脱其音乐曲调的影响,纯粹借用其形式,当做书面的诗歌来创作,那么这种拟乐府只是文人抒情诗歌的一种形式,已经不再具有音乐艺术和民间乐府的典型艺术特征。

  曹操拟乐府已带有个人抒情成分,那么到曹植后期其拟乐府创作则脱离了音乐的拘束,不再受到原曲调或内容的限制,已经文人化,有些则完全成为个人抒情诗了。举例来说,曹植的代表作《野田黄雀行》所采用的是标准的乐府题材,但原始的具有童话意味的素材在这里被作者用作抒怀的一个背景资料——向来解诗者都以为此诗别有寓意,暗指曹丕借口杀掉与曹植友善的丁仪、丁廙兄弟之事[1],而这种暗示、寄托正是文人诗典型的艺术技巧、艺术手法。由此可见,当诗、乐分途之后,作为书面诗歌而写作的拟乐府必然受到文人诗歌创作模式的影响,所以出现二者功能趋同、艺术手法相似的现象。曹植作

---

[1] 见徐公持:《曹植》,载《中国历代著名文学家评传》第 1 卷,济南:山东教育出版社,1983 年。

为广义的建安文学时代最后的一位著名诗人,其后期创作比较典型地反映了这一文学发展趋势。

当然,以上所论并不是说文人拟乐府诗完全消化在文人抒情诗创作之中,从其后来的发展看,仍然继承和体现了较多的写实性特点,具有作为一个特殊诗歌类型的共同性特征。

总之,诗、乐分途是由建安时期特殊的历史条件造成的,从建安时期乐府诗创作可以发现其逐渐脱离音乐而独立发展的特征,而如上所论,在上述历史演进的过程中,曹氏父子凭借其独特的社会地位做出了重大的历史贡献。

第三节 曹氏家族:一个尚文的政治军事集团

如前所述,建安,是东汉末代皇帝献帝刘协的年号,共二十五年(196~220)。外戚干政,宦官专权,党锢之祸,东汉中叶以来积累的各种矛盾到此时全面爆发,最后导致军阀混战和农民起义,在这双重打击下,刘氏王朝走向分崩离析。曹操乘乱而起,逐鹿中原,消灭了袁绍势力,统一了北方,最终由其子曹丕完成了皇权的更迭,建立了曹魏政权。与此同时,曹氏父子沐浴着东汉中叶以来文艺精神高涨的时代风气,爱好文艺,热心文学创作,成为一个重要的政治家族和文学家族。

曹操家族本来并不显耀。他的祖父是宦官曹腾,其父亲曹嵩乃曹腾养子,曹嵩出自何家并无确切记载,一般认为是谯郡夏侯氏,但是,曹操并没有确认,所以,当袁绍与曹操对垒的时候,袁绍指使手下文士陈琳作文骂曹操是"乞丐携养"、"赘阉遗丑"。但是,在汉末动荡的背景下,曹操既有政治上的远见卓识,也有克敌制胜的军事谋略,文武兼备,足智多谋,谋划生前、身后,最终摆脱了宦官家庭出身这一严重的不利因素的影响,乘乱而起,因时而变,战胜了同时代的各路军阀,统一了北方中原地区;他也从卑贱宦官的后代最终成长为一代高贵的帝王将相,创造了一个盖世英雄的神话,缔造了一个家族的传奇。

曹操能够成为盖世英雄,尽管有天才的因素,更来自勤奋学习,善于借鉴前人的经验,他不仅是一位卓越的政治家、军事家,也是一位卓越的思想家,一位勤勉而优秀的学者,一位多才多艺之人,一位重视文章写作、爱好文学的杰出作家。

汉末爱好书法乃一时风气,曹操就非常喜欢书法艺术。张华《博物志》载:"汉世,安平崔瑗、瑗子寔、弘农张芝、芝弟昶并善草书,而太祖亚之。桓谭、蔡邕善音乐,冯翊山子道、王九真、郭凯等善围棋,太祖皆与埒能。"爱屋及乌,曹操重视书法人才。宋代陈思《书苑菁华》记载一个故事:

> 钟繇(楷书大家)少时随刘胜入抱犊山学书三年,还与太祖、邯郸淳、韦诞、孙子荆、关枇杷等议用笔法。繇忽见蔡伯喈(蔡邕)笔法于韦诞坐上,自捶胸三日,其胸尽青,因呕血。太祖以五灵丹救之,乃活。繇苦求不与,及诞死,繇阴令人盗开其冢,遂得之。

梁鹄向师宜官学习书法,也是当时的著名书法家。西晋卫恒《四体书势序》记载:

> 梁鹄奔刘表,魏武帝破荆州,募求鹄。鹄之为选部也,魏武欲为洛阳令而以为北部尉,故惧而自缚诣门,署军假司马,在秘书以勤书自效,是以今者多有鹄手迹。魏武帝悬著帐中,及以钉壁玩之,以为胜宜官。

东汉的崔瑗、崔寔父子和张芝、张昶父子都是章草体书法大家。曹操的书法作品应该很多,宋代朱熹还曾经临摹曹操书帖:"余少时曾学此表。"可惜今天几乎都看不到了。现在能看到的曹操书法真迹为"衮雪"二字,这是建安二十年(215年),曹操西征张鲁到汉中,经过栈道咽喉石门(今陕西褒城)时,看到河中景象所书,字刻于河水礁石上。"衮雪"二字表现了河水汹涌澎湃的流势,河水冲击石块水花四散溅出,水大石众,犹如滚动之雪浪,故云"衮(滚)雪",左端有后人附书"魏王"二小字。两字字径一尺,确是汉代八分隶书体,又以圆笔出之,笔力横绝,遒劲挺拔,器宇轩昂,字如其人。1976年,遗迹被移存于汉中博物馆珍藏。

曹操精通音乐艺术,西晋张华就说:"桓谭、蔡邕善音乐……

太祖皆与埒能。"①曹操喜欢音乐,特别是民间俗乐。曹植《武帝诔》追念父亲:"既总庶政,兼览儒林,躬著雅颂,被之琴瑟"。裴松之《三国志》注引《曹瞒传》说:"太祖为人轻易无威重,好音乐,倡优在侧,恒以日达夕。"曹操的音乐修养之高,从《三国志·杜夔传》的一条记载可以看出:"黄初中,为太乐令、协律都尉。汉铸钟工柴玉巧有意思,形器之中,多所造作,亦为时贵人见知。夔令玉铸铜钟,其声均清浊多不如法,数毁改作。玉甚厌之,谓夔清浊任意,颇拒捍夔。夔、玉更相白于太祖,太祖取所铸钟,杂错更试,然后知夔为精而玉之妄也。于是罪玉及诸子,皆为养马士。"曹操生前甚至立下遗嘱,在他死后,让他的婢妾和伎人都住在铜雀台上,初一、十五从早晨到中午"辄向帐中作伎乐"。曹操征用阮瑀、祢衡,以及他后来帮助蔡邕女儿蔡琰从匈奴那里赎身回到中原,都是因为他们的音乐才能深受曹操喜爱。曹操喜爱雅乐,更喜爱俗乐。在汉末兵荒马乱之际,因为他的努力,汉代雅乐得以保存。因为他特别喜爱汉代民间兴起的清商乐,造成魏晋南朝清商乐大兴,与之相伴生的五言、七言诗歌也逐渐流行开来。

曹操还精通围棋,深谙酿酒技术和烹调技艺,懂得养生技巧及建筑设计。当然,他武艺高强,《三国志·魏书·武帝纪》注引王沈《魏书》记载:"太祖才力绝人,手射飞鸟,躬擒猛兽,尝于南皮一日射雉获六十三头。"《魏书》又载:曹操"造作宫室,缮治器械,无不为之法则,皆尽其意"。

因此,清代学者吴淇就说"多才多艺之士,于三国时仅得两人,一曰蜀武侯(诸葛亮),一曰魏武帝"。

当然,最值得注意的还是曹操的好学及对文章写作的重视、对文学的爱好。

曹操非常好学,早年初出仕,因为大刀阔斧打击宦官,后遭排挤弃官回到家乡谯郡,就是读书:

年纪尚少(30岁),顾视同岁中,年有五十未名为老,内自图之:从此却去二十年,待天下清,乃与同岁中始举者等耳。故以四时归乡里,于谯东五十里筑精舍,欲秋夏读书,冬春射猎。

---

① 陈寿:《三国志》裴松之注引《博物志》,北京:中华书局,1982年。

求低下之地,欲以泥水自蔽,绝宾客往来之望。

即使戎马倥偬,也不忘读书、思考。曹丕《典论·自叙》记载:"(曹操)雅好诗文书籍,虽在军旅,手不释卷,每每定省从容,常言人少好学则思专,长则善忘,长大则能勤学者,唯吾与袁伯业(袁伯业名遗,袁绍从兄)者。"

王沈《魏书》记载:"太祖创造大业,文武并施,御军三十余年,手不舍书,昼则讲武策,夜则思经传,登高必赋,及造新声,被之管弦,皆成乐章。"

曹操不仅自己有读书思考的良好习惯,而且要求手下也如此。《初学记》曾经引用一段他的指令:自今诸掾属、侍中、别驾,常以月朔各进得失,纸书函封,主者常给纸函各一。

此指令可以与以下记载进行对比,《三国志》卷五四注引《江表传》记载:

> 初,权谓(吕)蒙及蒋钦曰:"卿今并当涂掌事,宜学问以自开益。"蒙曰:"军中常苦多务,不容复读书。"权曰:"孤岂欲卿治经为博士邪?但当令涉猎见往事耳。卿言多务孰若孤?孤少时历览《诗》、《书》、《礼记》、《左传》、《国语》,唯不读《易》,至统事以来,省'三史'、诸家兵书,自以为大有所益。如卿二人,意性朗悟,学必得之,宁当不为乎?宜急读《孙子》、《六韬》、《左传》、《国语》及'三史'。"

吕蒙如此,其他人可以想见。

据统计,曹操除了诗歌作品,还有大量的表、奏、令、教、策、书文字传于世。《三国志·魏书·蒋济传》裴注引曹操自作有《家传》,《隋书·经籍志》载录《魏武帝集》二十六卷,《隋书·经籍志》另著录《魏武帝露布文》九卷,《隋书·经籍志·刑法篇》载录曹操有《魏主奏事》十卷,《文选》注引曹操《魏武四时食制》。当然,曹操著述最多的还是兵书,王沈《魏书》就提到曹操的兵书著述:"太祖自统御海内,芟夷群丑,其行军用师,大较依孙、吴之法,而因事设奇,谲敌制胜,变化如神。自作兵书十余万言,诸将征伐,皆以新书从事;临事又手为节度,从令者克捷,违教者自败。与虏对陈,意思安闲,如不欲战,然及至决机乘胜,气势盈溢,故每战必克,军无幸胜。"《隋书·经籍志》著录曹操"注"、"撰"兵书多种：

《孙子兵法》二卷,吴将孙武撰、魏武帝注；
《兵书接要》十卷,魏武帝撰；
《兵书略要》九卷,魏武帝撰；
《太公阴谋》三卷,魏武帝撰；
《续孙子兵法》二卷,魏武帝撰。

以上还没有全部列举出来,遗漏的可能更多,后代类书保存的片断很可能就是他在战争中随手写给将领的。《孙子兵法》原文近6 000字,而今传曹操之注有316条3 082字。曹操的《孙子注》是保存至今的有关《孙子》的最早的注释,其博大的征战思想和精深的军事哲理为世代所称道。宋代编选《武经七书》收录从先秦到唐宋间七部重要兵书,即《孙子》、《吴子》、《司马法》、《李卫公问对》、《尉缭子》、《三略》、《六韬》,其中《孙子》选用的就是曹操的《孙子注》,可见其重要性。

总体看来,曹操著述之丰富在当时是罕有其匹的。明代学者胡应麟说"自汉而下,文章之富,无出魏武者。集至三十卷,又《逸集》十卷,《新集》十卷,古今文集繁富当首于此"。《隋书·经籍志》记载袁绍、孙权、刘备等都无别集传世。曹操在著述上和袁绍、刘备、孙权等人明显不同,我们甚至可以认为,正是因为这个看似简单的差异,最终造成了他们人生道路与终极命运的巨大反差。

曹丕介绍他在曹操培养下读书、学习、成长的经历："余时年五岁,上(指曹操)以世方扰乱,教余学射,六岁而知射,又教余骑马,八岁而能骑射矣。以时之多故,每征,余常从……余是以少颂诗、论,及长而备五经、四部、《史》《汉》、诸子百家之言,靡不毕览。"①曹丕读书广泛、驳杂,其实反映了曹操的知识范围已越出儒家经学。曹操强调尚仁重德,却重用"不仁不孝,而有治国用兵之术"之士；多次强调"治定之化,以礼为首",同时又

---

① 曹丕:《典论·自叙》。

反复强调"拨乱之政,以刑为先"①、"礼不可以治兵",所以,《三国志》作者陈寿说曹操"揽申、商之法术,该韩、白之奇策"②,西晋傅玄说"魏武好法术而天下重刑名"③,刘勰说"魏之初霸,术兼名、法"④。

南朝诗论家钟嵘说"自王(褒)、扬(雄)、枚(乘)、(司)马(相如)之徒,词赋竞爽,而吟咏靡闻……诗人之风,顿已缺丧。东京(指东汉)二百载中,惟有班固《咏史》,质木无文"⑤。汉代辞赋写作非常流行,民间乐府很发达,从刘邦的《大风歌》一直到汉末,上层社会人士往往和民间一样当场歌唱以表达强烈的感情。可是,汉代上层文人却很少进行诗歌写作,根本原因是儒家经学思想的束缚与限制。按照经学的观念,诗歌是经典存在的形式,只能模仿而不能另外创作;民间诗歌被关注,只是出于政治的需要,是为了观风知政,了解民情风俗,因此,汉代有辞赋写作而无诗歌创作,有《诗经》学而无一般的诗学,有歌而无诗。一代枭雄曹操对诗歌和《诗经》的态度与认识却发生了根本性的改变。曹操《苦寒行》诗说:"悲彼《东山》诗,悠悠令我哀。"《东山》是《诗经·豳风》诗篇,《毛诗》解释说:"周公东征也。周公东征,三年而归,劳归士,大夫美之,故作是诗也……君子之于人,序其情而悯其劳,所以说也;说以使民,民忘其死,其为东山乎?"据考证,曹操此诗作于建安十一年(206年),其时他已平定中原,正亲率大军西征并州高干,途径太行山时值隆冬,天寒地冻,艰苦异常。他引用《东山》诗,既切合当时行军艰难情状,也有暗喻以周公自比平定天下之志的意思。曹操作诗还直接引用《诗经》陈句,如《短歌行》中"青青子衿,悠悠我心"出自《诗经·郑风·子衿》、"呦呦鹿鸣"出自《诗经·小雅·鹿鸣》,而且《短歌行》的四言形式正是《诗经》的基本体式。可见,曹操阅读《诗经》不是强调教育作用、美刺功能,而视为人之

---

① 陈寿:《三国志·魏书·高柔传》,北京:中华书局,1982年。
② 陈寿:《三国志·魏书·武帝纪》,北京:中华书局,1982年。
③ 房玄龄等:《晋书·傅玄传》,北京:中华书局,1974年。
④ 刘勰:《文心雕龙·论说》。
⑤ 钟嵘:《诗品·序》,北京:人民文学出版社,1998年。

常情或思想的自然表达——这就是一种新颖的立场。于是,曹操打破了儒家经学神秘性的局限,开始自觉的诗歌欣赏和创作活动。班固写过《咏史诗》,张衡等人也写过诗,汉末无名氏也创作了不少"古诗",自然我们不能说曹操是这股诗歌风气的发起人,但他以帝王之尊,自觉进行诗歌写作,提高了诗歌的地位,开创了一种新的文化活动方式,中国诗歌史才算真正开始。

身为一时霸主,曹操对当时的文化、文学活动产生了巨大的影响。曹操的主要谋士荀彧就称赞他"外定武功,内兴文学"①。他在打败袁绍、统一中原之次年(建安八年,公元203年)之七月,下令"郡国各修文学"②,复兴文教事业;后来,他在平定各地割据势力之后,不计前嫌,网罗了大批当时一流的文人,如孔融、陈琳、王粲等,"俊才云集",造就了邺下文学"彬彬之盛,大备于时"③的局面。

曹丕深受曹操的影响,也是文武兼备,多才多艺,"博贯古今经传诸子百家之书"④,爱好文艺,醉心音乐,重视文学,重视文章写作的社会价值,除了诗、赋、公文之外,他还撰写了政治文化论集《典论》和志怪小说集《列异传》,并组织编写了中国古代第一部类书《皇览》等。曹丕之子曹叡也爱好文学。当初曹丕、曹植兄弟争夺继位权,曹操倾心于曹植,看重曹植的文学才能优于曹丕。消灭袁绍集团之后,曹操在邺城西建铜雀台,令诸子即兴作赋咏叹,曹植领命,援笔立就,曹操不得不称奇,"始者,谓子建,儿中最可定大事"⑤。沈约《宋书·臧焘传》评论说:"自魏氏膺命,主爱雕虫,家弃章句,人重异术。"

---

① 陈寿:《三国志》卷十《魏书·荀彧传》注引《荀彧别传》,北京:中华书局,1982年。
② 陈寿:《三国志》卷一《魏书·武帝纪》,北京:中华书局,1982年。
③ 钟嵘:《诗品》,北京:人民文学出版社,1998年。
④ 陈寿:《三国志·魏书·文帝纪》本传注引《魏书》,北京:中华书局,1982年。
⑤ 曹操:《诸儿令》。

在曹操的影响下,其后辈皆爱好文艺,爱好文章①著述,曹氏家族文学人才辈出。

曹纯,与曹操同辈。其"好学问","纲纪督御,不失其理,乡里咸以为能。好学问,敬爱学士,学士多归焉,由是为远近所称"②。曹操之子孙,每一代都有作家。

曹操下一代的大作家更多,除了曹丕、曹植之外,还有多人:

曹彪,曹操之子,也就是曹植《赠白马王彪》所赠答对象。曹彪今存诗只有一首《答东阿王诗》,史书上不见其文学活动记载,不过,钟嵘评价过他的五言诗:"白马与陈思答赠,伟长与公干往复,虽曰以莛叩钟,亦能闲雅矣。"胡应麟评价说:"诗未有三世传者,既传而且烜赫,仅曹氏操、丕、叡耳,然白马名存钟品,则彪当亦能诗。"

曹据,曹操之子。《三国志·魏书·武文世王公传》裴注引《魏书》载录诏书云:"典籍日陈于前,勤诵不辍于侧",可见其对于阅读的爱好。

曹衮,曹操之子。《三国志·魏书·武文世王公传》载:"少好学,年十余岁能属文,每读书,文学左右常恐以精力为病,数谏止之,然性所乐,不能废也……凡所著文章二万余言,才不及陈思而好与之侔。"

另有曹操族子曹真、曹冏,也各有著述。

曹家第三代,第一人则是曹丕之子,明帝曹叡。除此之外,还有:

曹志,曹植之子,"好学有才行"③,新、旧《唐书》载有《曹志集》二卷,可见他也是尚文之人。

---

① 建安时期,人们所谓文,其实包括一切书写的文章,和现代的文学概念不同,但是,现代纯文学意义上的文体如诗、赋是包含在当时所谓"文"之中的,当然,那时开始重视纯文学之文,如诗、赋,这就是笔者所强调的新风气。

② 陈寿:《三国志·魏书·曹仁传》裴注引《英雄记》,北京:中华书局,1982年。

③ 陈寿:《三国志·魏书·陈思王植传》裴注引《(曹志)别传》,北京:中华书局,1982年。

曹嘉,曹彪之子。《三国志·魏书·武文世王公传》裴松之评语记载,入晋后曹嘉与石崇有诗赠答。

曹翕,曹操之孙,曹徽之子。《三国志·魏书·武文世王公传》裴松之评语对其撰述有记载。

曹羲,曹真之子。《三国志·魏书·诸夏侯曹传》有其著述记载。

曹家第四代:

曹髦,曹丕之孙,后为帝,是为高贵乡公,后反抗司马氏被杀,是曹魏的末代皇帝。《三国志·魏书·三少帝纪》裴注引《魏氏春秋》引钟会语云,曹髦"才同陈思,武类太祖"。史书上有其做诗的记载。

曹臣,曹植之孙,亦有撰述。

曹家第五代:

曹摅"博学有才藻"①,今传世有诗歌40首、赋3篇。

曹家第六代:

曹摅之子曹毗,是东晋创作成就很高的作家之一。②

曹氏家族的势力在司马氏篡位之后自然结束,但是,作为一个文学家族却仍在延续,因此,从文学层面看,曹氏家族一门六代跨越魏晋,不仅贡献了一大批作家,更重要的是组织、推动了当时的文学活动,凝聚了大批作家,推动了文学的发展与转变。

其实,与曹氏家族具有血缘关系并同属谯郡的夏侯氏也深受曹操的影响,也是文人辈出。根据严可均《秦汉三国六朝文》和逯钦立《先秦汉魏晋南北朝诗》统计,夏侯氏家族的能文之士有夏侯玄、夏侯霸、夏侯惠、夏侯湛、夏侯淳等,其中夏侯玄将儒家经学与老庄思想整合,是魏晋玄学的主要思想家。当然,曹氏家族对于当时文化的影响,并不局限于文学,思想潮流的改变也受到夏侯氏家族的影响。夏侯玄、嵇康、阮籍、何晏、王弼等人,在玄学上的成就也是受到曹氏家族影响的结果。

---

① 房玄龄等:《晋书·曹摅传》,北京:中华书局,1974年。
② 张明华等《曹氏文学家族研究》有概述,可参看。合肥:安徽教育出版社,2009年。

从总体看来,曹氏家族的文学活动跨越近两个世纪,高峰期就在汉末建安时期。在短短数十年之间,从曹操到曹丕再到曹叡,"魏氏三祖"前后相续三代帝王,"文宗蔚起,三祖叶其高韵"①,以魏氏"三祖"、"陈王"为中心,他们爱好文学,从事文学创作和文章写作,成绩斐然。

第四节　英雄和文士:"魏氏三祖"的文学开创之功

曹氏父子爱好文学,身体力行,亲自进行文章写作和文学创作。曹氏家族的文学创作代表了当时的最高成就,也奠定了诗歌发展的方向,推进了诗歌创作的自觉性和文人化进程。

曹植《武帝诔》追念曹操生前"既总庶政,兼览儒林,躬著雅颂,被之琴瑟"。王沈《魏书》记载曹操"创造大业,文武并施,御军三十余年,手不舍书,昼则讲武策,夜则思经传,登高必赋,及造新诗,被之管弦,皆成乐章"。可见,曹操戎马倥偬,南征北战之暇,高度重视文章写作,以敢作敢当的气魄改造文章传统,确立了新的写作典范,且文中表现出强烈的英雄气。具体而言,曹操的创造和贡献有如下数端:

第一,勇敢地革新传统,使用诗歌言志抒怀。

汉代有经学而无文学,或者更准确地说,有属于经学的"诗"学而无文学性的诗学。这就是汉代诗学的独特形态。汉儒诗学是以对《诗经》的笺注、解说为主要内容和形态而形成的一种专门学术,汉代经今古文之争及"四家诗"的论争便是围绕着对儒家经书暨《诗经》的字、词、文意的不同理解而展开的。从这个意义上说,汉代诗学是一门研究"诗"之用的学术,不是指导和促使人们进行一般诗歌创作的理论。尽管汉代官方继承了采诗观风的前代传统,但在文人中间并没有形成"缘事而发"的自觉的诗歌创作风尚。概言之,汉代有"诗经学",而无一般的"诗学";有辞赋写作,而无诗歌创作;有歌,而无诗。

---

① 房玄龄等:《晋书·文苑传叙》,北京:中华书局,1974年。

但是，曹操却以大胆革新的精神，摆脱神圣经学的束缚，借助汉乐府音乐文学的形式，自觉地运用诗歌言志抒情。既然汉代诗学是围绕《诗经》而展开的，曹操的诗学观念也借用了这个既有的"话语体系"，那么，其突破也直接表现在他对《诗经》的新颖理解和运用之中。

从现存资料来看，曹操没有对《诗经》直接发表评论，不过，他在诗歌创作中涉及《诗经》中的三篇作品，从中也反映出他对《诗经》、诗学的认识。他所引用《诗经》分别见于《短歌行》和《苦寒行》。《短歌行》诗云："青青子衿，悠悠我心。但为君故，沉吟至今。呦呦鹿鸣，食野之苹。我有嘉宾，鼓瑟吹笙。"这首诗写备设盛宴招待宾客，表达了渴望贤才的热切愿望。其中，"青青子衿，悠悠我心"为《诗经》成句，语出《诗经·郑风·子衿》，毛序谓此诗"刺学校废也。乱世则学校不修焉"。毛传解："青衿，青领也，学子之所服。"曹操引用此诗，正以"青衿"指代有学识、有能力之人才，符合毛诗之解读。王先谦《诗三家义集疏》（卷五）云："魏武《短歌行》'青青子衿，悠悠我心。但为君故，沉吟至今。'虽未明指学校，并无别解……三家诗无异义。"所言甚是。"呦呦鹿鸣"语出《诗经·小雅·鹿鸣》。对《鹿鸣》意旨的理解三家诗有争论。《诗三家义集疏》（卷十四）载鲁诗说："仁义陵迟，鹿鸣刺焉。又曰：鹿鸣者，周大臣之所作也。王道衰，君志倾，留心声色，内顾妃后，设酒食佳肴，不能厚养贤者，尽礼极欢，形见于色……此言禽兽得甘美之食，尚知相呼，伤时在位之人不能，乃援琴以刺之，故曰鹿鸣也。"毛诗的解释与此相反："宴群臣嘉宾也。既饮食之，又实币帛筐篚，以将其厚意，然后忠臣嘉宾得尽其心矣。"曹操求贤若渴，故其引《鹿鸣》诗句以见其志，其对《鹿鸣》的理解与毛诗合。曹操《苦寒行》诗云："悲彼《东山》诗，悠悠令我哀。"《东山》为《诗经·豳风》诗篇。关于《东山》诗意旨，三家诗与毛诗理解也稍有不同。如《诗三家义集疏》（卷十三）引齐诗云："东山拯乱，处妇思夫。劳我君子，役无休止。又曰：东山辞家，处妇思夫。伊威盈室，长股赢户，叹我君子，役日未已。"毛诗则说得非常明确："周公东征也。周公东征，三年而归。劳归士，大夫美之，故作是诗也……君子之于人，序其情而闵其劳，所以说之；说以使民，民忘其死,其唯东山乎?"据考,曹操《苦寒行》诗作于建安十二年(206年),其时他已基本平定中原、河北地区,只有袁绍外甥高干尚盘踞在并州,于是他亲率军队征讨并州,途经太行山时正值隆冬,天寒地冻,艰苦异常。而《东山》诗正切合曹操当时行军的艰难情状,且曹操平生好以周公自比,因此,他借《东山》诗暗寓平定天下之志。可见,曹操对《东山》诗的理解更接近毛诗。

现存曹操诗歌涉及《诗经》的用例并不多,不过,从这有限的几个用例中,还是可以看出他对《诗经》的理解基本出于毛诗而又有所发展。西汉是今文经的天下,故齐、鲁、韩三家诗得立于学官,毛诗只是以私学的形式在民间传承;东汉经今古文颇有合流之势,但具体就《诗经》传承而言,则是毛诗独兴而三家诗衰。古文经学家解经的一大特点是标榜从文字训诂入手而探其本,阐明经义,发扬"五经之道";就《诗经》之解释而言,尽管古文经学家也以美刺说《诗经》之用,但毕竟发现并承认《诗经》尤其民歌在产生过程中所体现的基本艺术活动规律,《毛诗序》云:"诗者,志之所之也,在心为志,发言为诗,情动于中而行于言,言之不足故嗟叹之,嗟叹之不足故咏歌之,咏歌之不足,不知手之舞之,足之蹈之。"它充分地肯定了诗歌产生于"情动于中"的抒情表现性,这与三家诗如齐诗用谶纬说诗真乃天壤之别!

在四家诗中,曹操独从毛诗,体现了汉末毛诗大兴的学术大势,表明了诗歌艺术精神的复苏,以及曹操对诗歌抒情性的体认。但曹操更重要的突破在于他挣脱了经学的藩篱,打破了《诗经》的神秘性,直接借用其诗句,甚至把《诗经》也视作抒情诗,从而可以像《诗经》那样用诗歌的形式吟咏情性、抒写怀抱,自觉地进行抒情诗歌的创作。例如,曹操诗云"悲彼东山诗,悠悠令我哀",完全把《东山》当成普通文学作品,不言功利性的美刺,而只是个人性的审美欣赏。曹操这种认识态度上的转变,正是诗学由经学还原为文学、弃美刺而抒情、文学创作与学术研究分途的表征。后来陆机的《七征》才更加强调《诗经》的抒情特征:"沫北有采唐之思,淇上有送子之叹,《关雎》以窈窕为戚,《溱洧》以谑浪为欢。"南朝的文学批评家也都是在承认《诗经》为经典的同时,肯定其为抒情诗歌,从而视之为后代诗歌发展的源头。当然,我们还不能说曹操已经达到了南朝文论家那样的认识高度,不过,后者的认识无疑是以曹操的诗学观念为逻辑起点的。

事实上,在两汉经学大盛之时,民间的歌唱也并未停止,汉末甚至出现了广泛的文人诗歌活动,诞生了以"古诗十九首"为代表的艺术精美的诗歌作品。但是,汉代正统诗学并没有正视这个生动的社会实践,因此,在官方的诗学理论与实际的诗歌实践之间,潜伏着巨大的矛盾。曹操突破了经学的限制,解决了诗学理论与诗歌实践之间的矛盾,从而解放了诗歌艺术,使诗歌艺术的发展进入了自觉与自由创作的时代。

曹操打破了经学的束缚,以王者之尊而作诗,甚至神圣的四言诗体也可以为我所用,开创了新风气。曹操现存诗歌二十余首,都是乐府诗旧题,甚至和汉代一样仍然合乐可唱。但是,继承中却出现重大的革新。如《薤露行》:

惟汉廿二世,所任诚不良。沐猴而冠带,知小而谋强。

犹豫不敢断,因狩执君王。白虹为贯日,己亦先受殃。

贼臣持国柄,杀主灭宇京。荡覆帝基业,宗庙以燔丧。

播越西迁移,号泣而且行。瞻彼洛城郭,微子为哀伤。

这首诗反映了汉末从何进欲杀宦官反而被宦官所杀、董卓乘乱操控权柄易主、迁都的重大史实,所以,明代学者钟惺《古诗归》赞之为"汉末实录,真诗史也"。

又如《蒿里行》:

关东有义士,兴兵讨群凶。初期会盟津,乃心在咸阳。

军合力不齐,踌躇而雁行。势利使人争,嗣还自相戕。

淮南弟称号,刻玺于北方。铠甲生虮虱,万姓以死亡。

  白骨露于野,千里无鸡鸣。生民百遗一,念之断人肠。

这首诗反映各地军阀借平定董卓之乱而兴兵,各怀鬼胎,导致相互火并,最后造成人民的苦难,"千里无鸡鸣,白骨露于野",同样,可归为"诗史"之列。

据记载,这两首汉代旧曲本来是送葬哀歌,曹操却丝毫不受乐府旧题的影响,反映重大时事,内容完全是新创。曹操借用《短歌行》、《步出夏门行》、《苦寒行》、《度关山》等乐府旧题,以及《气出唱》等游仙诗来表现其丰富的生活经历和复杂的生命体验,《短歌行》甚至还借用了《诗经》神圣的四言形式来表达自己的心声。

曹操诗歌沿用乐府旧题,继承了汉乐府"感于哀乐,缘事而发"的文化精神及其古直、悲凉的独特风格,反映出民歌的哺育作用和正面影响,但是,他大量地沿用乐府旧题言志抒情,反映重大历史事件,使用典故等艺术手法,可见其写作诗歌的自觉性。而这正是由民间不自觉的歌唱过渡到文人自觉艺术创造的重要转变。

第二,英雄气与慷慨悲歌。

曹操的诗歌继承乐府民歌反映现实的传统,以同情的态度反映人民的生活,一反汉末古诗自我伤感的诗歌创作惯性,这既是"世积乱离"的结果,也反映了曹操的同情心,历来备受肯定。其实,与他同情民生疾苦密切关联的是他的天下胸怀、社会责任意识和昂扬向上、积极进取的英雄主义精神。曹操是叱咤风云的乱世英雄,"身亲介胄,务在武功,犹尚废鞍览卷,投戈吟咏"[1],"鞍马间为文,往往横槊赋诗"[2],其诗歌意象壮美,气势宏大,内涵厚重,文字古朴,不尚修饰,正是他英雄气的自然流露。如《步出夏门行·观沧海》:

  东临碣石,以观沧海。水何澹澹,山岛竦峙。

---

[1] 房玄龄等:《晋书·袁瑰传》,北京:中华书局,1974年。
[2] 元稹:《杜工部墓系铭》。

> 树木丛生,百草丰茂。秋风萧瑟,洪波涌起。
> 日月之行,若出其中;星汉灿烂,若出其里。
> 幸甚至哉,歌以咏志。

诗歌展现了吞吐日月的气魄,正是诗人志在天下的胸襟的自然写照。《短歌行》更是名作:

> 对酒当歌,人生几何?譬如朝露,去日苦多。
> 慨当以慷,忧思难忘。何以解忧?唯有杜康。
> 青青子衿,悠悠我心。但为君故,沉吟至今。
> 呦呦鹿鸣,食野之苹。我有嘉宾,鼓瑟吹笙。
> 明明如月,何时可掇?忧从中来,不可断绝。
> 越陌度阡,枉用相存。契阔谈䜩,心念旧恩。
> 月明星稀,乌鹊南飞。绕树三匝,何枝可依?
> 山不厌高,海不厌深。周公吐哺,天下归心。

诗表达了作者对岁月不居的悲慨、"周公吐哺"的胸襟,这是其英雄气的自然流露;其"老骥伏枥,志在千里;烈士暮年,壮心不已"①是他积极奋进的心声。四言诗是《诗经》的传统,曹操《短歌行》不仅使用四言形式,甚至还直接化用了《诗经》成句以抒情,实现了推陈出新。近代著名学者刘熙载说:"曹公诗气雄力坚,足以笼罩一切,建安诸子未有其匹也。"

曹操其人其诗表现出的这种悲壮精神影响了一个时代,构成了建安风骨的核心精神。

第三,"改造文章的祖师"。

曹操的革新精神也直接表现在其散文写作方面,鲁迅称他是"改造文章的祖师","他胆子很大,文章从通脱得力不少,做文章时又没有顾忌,想写的便写出来"。其《让县自明本志令》说:"身为宰相,人臣之贵已极,意望已过矣!……设使国家无有孤,不知当几人称帝,几人称王……既为子孙计,又已败则国家倾危,是以不得慕虚名而处实祸,此所不得为也。"

和历史上其他帝王将相的扭扭捏捏相比,曹操如此真情告白,世所罕见!明代学者张溥就说:"《述志》一令,似乎欺人,未

---

① 曹操:《步出夏门行·龟虽寿》。

尝不抽序心腹、慨当以慷也。"在这篇文章中，曹操还叙述了两个人物的活动，乐毅被迫离开燕国离开燕昭王逃生到赵国，赵王希望和他一起谋攻燕国，乐毅拒绝；秦朝胡亥要杀蒙恬，蒙恬说自己三世事秦，绝无反秦之心。曹操然后写道："孤每读二人书，未尝不怆然流涕也。"

情感真切动人。曹操的文学创作具有抒情意味，非常富有感染力。曹操虽然是一代枭雄，却不顾琐碎，具有很强的世俗人情味，他在《遗令》中，安排身后事，甚至说到衣物和伎女的处置。如此真诚的态度令数十年后西晋著名文学家陆机"忾然叹息，伤怀者久之"。

曹操散文言语大胆，词锋犀利，通脱自如，一改汉代援引经义、雍容严谨的风气，内容生活化，真诚爽快，亲切自然，富有人情味，开一代风气。鲁迅还举例说，郑玄是汉末大儒，天下读书人的偶像，但是曹操竟然说"郑康成行酒伏地气绝"，足见曹操之胆大、随便，这就是通脱。在曹操作风的影响下，建安、魏晋散文创作呈现出新的风貌。

曹丕为曹操次子，建安十六年，"春正月，天子命公世子丕为五官中郎将，置官属，为丞相副"①，等于宣布曹丕是继承人；建安二十二年，被立为太子。曹操最早属意的接班人并不是曹丕，《三国志·魏书·曹冲传》记载，曹丕称帝后常言，"家兄孝廉，自其分也。若使仓舒在，我亦无天下"，"家兄"指的是其异母哥哥曹昂，在曹操战南阳张绣时为了掩护父亲曹操而战死；仓舒是曹丕的同母弟曹冲，因病早死，只是留下了"曹冲称象"这个故事。而曹丕没有提到同母弟曹植，他才是曹丕最大的竞争者。曹操也曾经属意于他，曹植"几为太子者数矣"②，但是，曹丕"矫情自饰，宫人左右，并为之说"，而曹植"任性而行，不自彫励，饮酒不节"③，最后曹丕战胜了对手获得了继位权，并最终代汉自立为帝，建立魏朝，是为魏文帝。所以，在很长时间主流的评价中，曹丕一直被认为道德有亏。其实，在封建时代争

---

① 陈寿：《三国志·魏书·武帝纪》，北京：中华书局，1982年。
② 陈寿：《三国志·魏书·陈思王传》，北京：中华书局，1982年。
③ 陈寿：《三国志·魏书·陈思王传》，北京：中华书局，1982年。

夺继位权之争,谈不上谁对谁错,历代帝王皆如此,今人不必再论其是非短长。从能力看,曹丕绝非等闲之辈。曹丕从小就在曹操的培养下读书、学习,文武双修,"夫文武之道,各随时而用。生于中平之季,长于戎旅之间,是以少好弓马,于今不衰,逐禽辄十里,驰射常百步。日多体健,心每不厌。"曹丕还说:"尝与平虏将军刘勋、奋威将军邓展等共饮。宿闻展善有手臂,晓五兵;又称其能空手入白刃。余与论剑良久,谓言将军法非也,余顾尝好之,又得善术。固求与余对。时酒酣耳热,方食芋蔗,便以为杖,下殿数交,三中其臂。左右大笑。展意不平,求更为之。余言吾法急属,难相中面,故齐臂耳。展言愿复一交。余知其欲突以取交中也,因伪深进,展果寻前,余却脚剿,正截其颡。坐中惊视。"①后代学者喜欢讨论曹丕、曹植文学才华优劣的问题,刘勰就说:"魏文之才,洋洋清绮。旧谈抑之,谓去植千里,然子建思捷而才俊,诗丽而表逸;子桓虑详而力缓,故不竞于先鸣。而乐府清越,《典论》辩要,迭用短长,亦无懵焉。但俗情抑扬,雷同一响,遂令文帝以位尊减才,思王以势窘益价,未为笃论也。"②相比较而言,曹植因为生活经历的变化而得以进行文学创作,展示自己的文学才华;而曹丕做了王位继承人后当上皇帝,其文学活动相对减少,曹丕没有表现出来,并不等于他没有文学才华,从具体创作来看,他的创作特色还是非常鲜明的。从现有资料来看,曹丕是当时对文学最有系统认识的人,而且,他对当时的文学活动进行了直接的组织和引导,如果没有他的努力,邺下风流就不会出现。东晋葛洪《抱朴子》内篇卷二《论仙》云:"魏文帝穷览洽闻,自呼于物无所不经。"明代学者钟惺就说:"风雅蕴藉,又非六朝人主所及"。

曹丕最终代汉自立,建立了魏朝,但其诗文创作中少见帝王气,却洋溢着浓厚温婉的文士气。曹丕除辞赋散文外,传世的诗歌有40余首。从民间歌唱到文人自觉诗歌创作这一倾向在曹丕笔下获得了新的进展,实现了民歌味与"文士气"的有机融合。且以《燕歌行》(二首之一)为例:

---

① 曹丕:《典论·自叙》。
② 刘勰:《文心雕龙·才略》。

> 秋风萧瑟天气凉,草木摇落露为霜,
> 群燕辞归雁南翔。念君客游思断肠,
> 慊慊思归恋故乡,何为淹留寄他方?
> 贱妾茕茕守空房,忧来思君不敢忘,
> 不觉泪下沾衣裳。援琴鸣弦发清商,
> 短歌微吟不能长。明月皎皎照我床,
> 星汉西流夜未央。牵牛织女遥相望,
> 尔独何辜限河梁?

《燕歌行》本是一个乐府题目,属于《相和歌》中的《平调曲》,而曹丕此作既有鲜明的民歌风调,如善写游子思乡、思妇怀远这一传统民歌题材,语言通俗,韵律简洁流畅,一韵到底,也有精致的艺术构思和明显的文人化表现,如清丽的词句、比兴手法、由白天到夜晚的内在时间结构等。明代学者胡应麟就说:"子桓《燕歌》二首,开千古妙境。子建天才绝出,乃七言独少大篇。"《芙蓉池作诗》、《于玄武陂作诗》、《黎阳作诗》等诗歌反映的是他们这些文士的日常生活,拓展题材了;讲究抒情技巧,语言渐趋工丽。故清代学者沈德潜就说曹丕有"文士气","一变乃父悲壮之习矣。要其便娟婉约,能移人情"。

曹丕不仅积极创作,还热心理论探讨,自觉地进行理论总结,并组织、倡导文学创作活动。汉代辞赋作家被最高统治者视作与"倡优"同列;大赋家扬雄也看不起辞赋,认为作赋乃"童子雕虫篆刻","壮夫不为"。但曹丕却提出文章也是"经国之大业,不朽之盛事"[①],文章写作更是表现个人创造精神,实现个人价值的途径,"生有七尺之形,死唯一棺之土,唯立德扬名可以不朽,其次莫如著篇籍"。除了诗、赋、一般公文之外,他亲自撰写了《典论》,完成了中国古代第一篇关于文章写作的专论——《典论·论文》,强调文章的社会价值及其实现个人价值的意义,探讨诸文体的写作要求。曹丕还将《典论》这部大书作为礼物分送孙权,可见,他对于著述的看重。他还组织撰写了大型类书《皇览》和志怪小说集《列异传》。他推崇徐干"著《中论》二

---

① 曹丕:《典论·论文》。

十余篇,成一家之言,辞义典雅,足传于后,此子为不朽矣"。七子中的徐干、陈琳、应玚、刘桢等死后,他亲自"撰其遗文,都为一集",以为纪念。曹丕根据自觉的理论,先后利用王位继承人及后来皇帝的身份,组织邺下文人开展创作,并评点同时代诸位作家的创作,促进了文学写作的普及,推进了文学自觉的过程,提高了文学创作的艺术水平。

曹叡深受祖、父影响,爱好读书,"自在东宫,不交朝臣,不问政事,唯潜思书籍而已"①。继位后重视文化事业,以帝王之尊爱好文学,继续推动着文学的发展:下诏求"才智文章之士";令人刊刻曹丕《典论》于太学,"与石经并以永示来世"②;"扬州别驾何祯有文章才,试使作《许都赋》,成不上封,得令人见"。他虽然在政治上非常不信任曹植,但他欣赏曹植的文学才华。太和六年(232年),曹叡幼子夭亡,他亲撰诔文,并主动与曹植讨论此文之写作情况:"吾既才薄,至于赋诔,特不闲。从儿陵上还,哀怀未散,作儿诔,为田家公语耳。"曹植死后,曹叡曾下诏追录其遗文,谓"(曹植)自少至终,篇籍不离手,诚难能也",并撰录曹植著作"赋、颂、诗、铭、杂论凡百余篇,副藏内外"③。曹叡此举固然出于亲情,同时也与他爱好文学有关。

"魏氏三祖"中,相比而言,曹叡的作品传世作品不多,成就也不高,而特色却还是鲜明的,曹叡的创作如同其祖、父,以乐府诗为主,且多师承其祖、父,表现出很强的"文士气"。刘勰云:"魏之三祖,气爽才丽,宰割辞调,音靡节平。观其《北上》众引,《秋风》列篇,或述酣宴,或伤羁戍,志不出于淫荡,辞不离于哀思。虽三调之正声,实韶夏之郑曲也。"注意到他们乐府诗歌创作突破乐府传统的特色。钟嵘《诗品》则云:"叡不如丕,亦称三祖。"

"魏氏三祖",前后相续,将近半个世纪,初步完成了诗歌由歌到诗的转型,完成了由民间歌唱到文人创作的革命性变化,开始了自觉的文学活动。

---

① 陈寿:《三国志·魏书·明帝本纪》注引《魏书》。
② 陈寿:《三国志·魏书·三少帝纪》注引《搜神记》。
③ 陈寿:《三国志·魏书·陈思王传》,北京:中华书局,1982。

第五节　曹植:建安诗歌文人化的意外完成

　　曹植生活在艺术精神、文学精神高涨的时代氛围之中,受其父兄的影响,"少小好为文章",是汉末建安、曹魏时期曹氏家族中的"绣虎",才高八斗,具有过人的文学才华,深受曹操喜爱:"年十岁余,诵读《诗》、《论》及辞赋数十万言,善属文。太祖尝视其文,谓植曰:'汝倩人邪?'植跪曰:'言出为论,下笔成章,顾当面试,奈何倩人?'时邺铜雀台新成,太祖悉将诸子登台,使各为赋。植援笔立成,可观,太祖甚异之。"①而文学家的浪漫、随性与政治的冷酷构成了不可调和的冲突,文学才华恰恰又限制了他政治谋略的培养,使得他在与曹丕争夺继位权的斗争中失败。后来史学家陈寿总结说:"植性简易,不治威仪,舆马服饰,不尚华丽……既以才见异,而丁仪、丁廙、杨修等为之羽翼。太祖狐疑,几为太子者数矣。而植任性而行,不自彫励,饮酒不节。文帝御之以术,矫情自饰,宫人左右,并为之说,故遂定为嗣。"又如《三国志》裴注引《魏略》记载:"(曹)植初得(邯郸)淳,甚喜,延入坐,不先与谈。时天暑热,植因呼常从取水自澡讫,傅粉,遂科头拍袒胡舞,跳丸,击剑,诵俳优小说数千言讫,谓淳曰:'邯郸生何如邪?'"——如此任性而行,饮酒不节,放纵不羁,缺乏政治家的稳重、成熟与老练,最终没有如愿当上皇帝,造成了他后半生的悲剧,也就在情理之中了。曹丕即位之后,立即对曹植进行打击,首先处死了其羽翼丁仪、丁廙兄弟,然后不断削其封邑、降其爵位,甚至欲治其死罪。曹丕死后,其子曹叡继位,曹植的生活待遇稍有好转,曹植甚至痴心妄想得到侄子的重用,但是,政治上他仍然是不被信任的,仍然被防范,如同"圈牢之养物",最后抑郁而终。然而,曹植在文学上的地位比"魏氏三祖"影响都大。

　　曹植生在乱世,长在英雄曹操身边,特别是在邺城时期,生活相对安定。因此,曹植创作了《名都篇》、《斗鸡》、《公宴》等

---

① 陈寿:《三国志·魏书·陈思王植传》,北京:中华书局,1982年。

"贵游"之作。但是,他关心时事,其高唱理想主义的诗作,如《泰山梁甫行》表现了底层百姓的艰难生活:"八方各异气,千里殊风雨。剧哉边海民,寄身于草墅。妻子象禽兽,行止依林阻。柴门何萧条,狐兔翔我宇。"其著名的《送应氏》(之一)就表现了董卓焚城之后洛阳的残破场景:

步登北邙坂,遥望洛阳山。洛阳何寂寞,宫室尽烧焚。

垣墙皆顿擗,荆棘上参天。不见旧耆老,但睹新少年。

侧足无行径,荒畴不复田。游子久不归,不识陌与阡。

中野何萧条,千里无人烟。念我平生亲,气结不能言。

而《白马篇》则表现了其功名信念和报国壮志:

白马饰金羁,连翩西北驰。借问谁家子,幽并游侠儿。

少小去乡邑,扬声沙漠垂。宿昔秉良弓,楛矢何参差。

控弦破左的,右发摧月支。仰手接飞猱,俯身散马蹄。

狡捷过猴猿,勇剽若豹螭。边城多警急,虏骑数迁移。

羽檄从北来,厉马登高堤。长驱蹈匈奴,左顾陵鲜卑。

弃身锋刃端,性命安可怀?父母且不顾,何言子与妻!

名编壮士籍,不得中顾私。捐躯赴国难,视死忽如归!

这些诗歌也显示了曹植的文学才华。

曹植在继位之争失败后,遭到巨大的人生压力,而这种人生艰难却对他的文学活动产生了正面的推动作用,可以说,曹植的文学贡献既来自天才因素,更是他政治斗争失败、人生失意、生命苦闷的意外收获。曹丕继位之后,曹植失去了生活的安乐、稳定、舒适,也失去了与人们正常交往、沟通的自由,孤独、痛苦、压抑的心理体验,使得他对个人命运的忧惧代替了早年胸中的浪漫豪情。谢灵运曾分析说:"平原侯植,公子不及世事,但美遨游,然颇有忧生之嗟。""忧生之嗟"确实可以概括曹植后期的生活与创作。简言之,曹植的文学贡献,简单地说,就是代表着中古诗歌文人化过程的完成。曹植诗歌、辞赋创作的文人化表现在以下两个方面:

第一,由沿用乐府旧题转变为自立新题进行创作。

建安文人虽然开始了书面诗歌创作,但是他们的诗歌活动还深受传统创作方式惯性的影响,直接的表现就是他们还有大量配合音乐的拟制诗歌,最典型的当然首推曹操。《三国志·魏书·武帝纪》注引《魏书》载,曹操于戎马倥偬之际,"昼则讲武策,夜则思经传,登高必赋,及造新诗,被之管弦,皆成乐章"。从中我们看到,在曹操身上,诗与歌的关系的特点是:二者出现了分离,尽管仍然讲究合乐,但是,毕竟不是开口即唱,"写"和"唱"已经分解为不同的步骤和阶段。曹丕、王粲、陈琳、刘桢、阮瑀等人,以及曹植前期的诗歌创作,也以沿用乐府旧题为主,体现了乐府体制的影响。可以肯定的是,由于生活环境的变化,曹植后期诗歌已不再可能有条件像曹操诗歌创作那样合乐而作,所以,其拟乐府诗仅仅是沿用乐府旧题而已。也正因为他的诗歌活动距离音乐越来越远,所以直接命题的纯粹的书面诗歌作品开始增加。据学者统计,曹植今存完整的诗歌作品有90首左右,其中拟乐府诗和直接命题诗各占半数[①],这个比例大大高于同时代的其他文人,而且,这些乐府诗的形态也发生了根本性的变化:不再是合乐可唱的,而是曹植的书面创作。

同样,由于生活环境的变化,曹植的诗歌减少了诗歌内容之社交性,大大发展了关注个人命运之抒情性,其诗歌创作的目的已转向抒发个人的政治压抑和生命忧思,不再是缺少自我的一般性咏叹时事,而是表现个人的经历、遭遇和感受。

---

① 徐公持:《魏晋文学史》,北京:人民文学出版社,1999年。

比较而言,曹操幕下之文人,在人生经历和实现人生抱负方面虽然都遭受到不同程度的打击和挫折,但远没有曹植在曹丕、曹叡父子治下忧患恐惧之体验与经历。当满怀雄心壮志的曹植遭到曹丕的摧抑,对个人悲剧命运的体味开始取代了对社会、理想的关注;慷慨激昂的浪漫激情转化为深沉浓郁的压抑感受。这种感受广泛地弥漫于他的写作活动中,既表现于赋,也表现于诗;既直接表现于命题诗,也表现在乐府诗中。如《七哀诗》便借一位丈夫弃家不归、秋夜独守空房的思妇感叹时光飘忽、盛年难再,寄托自己政治上失意、无所作为的怅恨。由于曹植完全脱离了群体,诗歌创作没有直接的赠答对象,抒怀而不是应酬,他创作这类诗歌、抒发这种感受并不是有针对性的向人倾诉,而是通过书面写作而展开自我心灵的对话,通过自我排遣、自我倾诉以换取心理上的平衡。例如历来备受赞美的载于《文选》的《杂诗六首》就表现了这种生活状态、创作特点,其一云:

> 高台多悲风,朝日照北林。之子在万里,江湖迥且深。
> 方舟安可极?离思故难任。孤雁飞南游,过庭长哀吟。
> 翘思慕远人,愿欲托遗音。形影忽不见,翩翩伤我心。

又如《杂诗》:

> 南国有佳人,容华若桃李。朝游江北岸,夕宿潇湘沚。
> 时俗薄朱颜,谁为发皓齿?俯仰岁将暮,荣耀难久恃。

只是借用屈原《楚辞》美人迟暮这个题材、意象和主题,含蓄地表现自己怀才不遇的苦闷和对有限生命的惋惜。曹植大量自立新题的创作,一无依傍,言志抒情,直接表达自己的生命感受。

其《赠白马王彪》序云:"黄初四年五月,白马王、任城王与余俱朝京师,会节气。到洛阳,任城王薨。至七月,与白马王还国。后有司以二王归藩,道路宜异宿止,意毒恨之。盖以大别在数日,是用自剖,与王辞焉。愤而成篇。"全诗夹叙夹议,即景抒情,悲愤交加,果然是"愤怒出诗人",清代学者方东树就赞美说:"此诗气体高峻雄深,直书见事,直书目前,直书胸臆,沉郁顿挫,淋漓悲壮……遂开杜公之宗。"所以,无论是内容的容量,还是技法之娴熟,此诗都是空前的。

曹植的辞赋亦如此。以男女艳情为题材的辞赋从宋玉开始,他有《高唐赋》、《神女赋》、《登徒子好色赋》;西汉中期司马相如有《美人赋》,此后两百多年因为受到儒家思想的拘束一时中断;到了东汉中期再次大量出现,现在还能看到的就有张衡《定情赋》、马芝《申情赋》、蔡邕《检逸赋》《青衣赋》;而与曹植同时代的还有阮瑀《止欲赋》、陈琳《止欲赋》、刘桢《清虑赋》、王粲《闲邪赋》、应场《正情赋》等。这些作品着重于描写男女情感本身。曹植《洛神赋》正是对上述创作传统的继承,单就文学成就而言就超越了它们,但辞采华丽,如表现洛妃的灵动之美:

> 其形也,翩若惊鸿,婉若游龙。荣曜秋菊,华茂春松。仿佛兮若轻云之蔽月,飘飘兮若流风之回雪。远而望之,皎若太阳升朝霞;迫而察之,灼若芙蕖出渌波。秾纤得衷,修短合度。肩若削成,腰如约素。延颈秀项,皓质呈露。芳泽无加,铅华弗御。云髻峨峨,修眉联娟。丹唇外朗,皓齿内鲜。明眸善睐,靥辅承权。瑰姿艳逸,仪静体闲……休迅飞凫,飘忽若神,凌波微步,罗袜生尘。

这类优美的语言和精致的描写是前无古人的。这篇赋更大的成就还表现出创作意识的新变与深化——作者突出地描绘对美丽动人的洛水女神从追求到最终幻灭的过程,其中寄寓了政治上的失意和理想的破灭,富有深度。这种精致的艺术构思来自于痛苦、深沉的生命体验,也是自觉的艺术创造的结果。

曹植能够摆脱音乐、摆脱传统模式的束缚进行自由创作,是他独特经历和特定人格共同作用的结果。诗歌或者反映社会时事(曹操),或者表现民间生活(曹丕乐府诗)。在曹丕父子相继当上皇帝之后,曹植近乎囚徒的生活强化了他的自我意识,也改变了他诗歌写作的方式与内容:他不得不长歌当哭,抒写人生苦闷,将诗歌创作当成平衡内心矛盾与焦虑的重要手段。

第二,高度注重诗歌的艺术性。

正是因为在政治上已经无所作为,曹植才转而将精力转向诗歌创作,以之作为一项价值实现的方式或者一种人生的补偿。追求个人精神价值的实现——这是中古诗人崇尚诗歌的一种内在的心理机制。

建功立业的雄心壮志,对生命和死亡的感叹、忧惧,歌颂感性生命与生活,以及友情——曹植前期的这类心理与文学主题,在后期基本上被对个人悲剧命运的感受、沉思和排遣所替代。自我抒发,表现个人的政治情结,并通过诗歌创造来实现人生价值,是曹植后期诗歌活动的基本特征。曹植曾经感叹:"慷慨有悲心,兴文自成篇。""何余心之烦错,宁翰墨之能传?"身处孤独无依之中,曹植只有借助"翰墨",以表达自己"心之烦错",也只有通过"翰墨"创造,来实现人生的价值。其《薤露行》诗云:

　　天地无穷极,阴阳转相因。人居一世间,忽若风吹尘。

　　愿得转功勤,输力于明君。怀此王佐才,慷慨独不群。

　　鳞介尊神龙,走兽宗麒麟。虫兽犹知德,何况于士人。

　　孔氏删诗书,王业灿已分。驰我径寸翰,流藻垂华芬。

表明曹植具有自觉的诗歌创作意识,他要借助诗歌实现人生价值,因此,曹植诗歌刻意讲究锻炼,注意对仗、辞藻、炼字,如诗句"名都多妖女,京洛出少年"、"八方各异气,千里殊风雨"、"凝霜依玉除,清风飘飞阁"等,《公宴》诗中一段:

　　明月澄清影,列宿正参差。秋兰被长坂,朱华冒绿池。

潜鱼跃清波,好鸟鸣高枝。神飚接丹毂,轻辇随风移。

　　曹植的诗还注意章法,结构上很少平铺直叙,"极工起调"①,往往首联描写环境渲染一种气氛,以造成先声夺人的艺术震撼效果,如《野田黄雀行》开头"高树多悲风,海水扬其波",《赠徐干》"惊风飘白日,忽然归西山",《杂诗》(六首之一)"高台多悲风,朝日照北林",《七哀诗》"明月照高楼,流光正徘徊"等。总体上,曹植的诗歌给人以华美工整、刻画细致的艺术美感。

　　曹植对于诗歌艺术性的自觉追求,其实是对文学独立价值的认可,是他独立精神的表现。曹植在《与杨德祖书》中说:"辞赋小道,固未足以揄扬大义……犹庶几戮力上国,流惠下民,建永世之业,流金石之功,岂徒以翰墨为勋绩、辞赋为君子哉?"但是,当他无法实现建功立业的伟大人生目标时,他便通过文学活动来展示并实现他的人生价值,换言之,将艺术创作当作自己人生价值实现的一个途径与手段,"若吾志未果,吾道不行,则将采庶官之实录,辨时俗之得失,定仁义之衷,成一家之言"。他自己就将自己的创作汇为一集:"故君子之作也,俨乎若高山,勃乎若浮云。质素也如秋蓬,摛藻也如春葩。泛乎洋洋,光乎皜皜,与雅颂争流可也。余少而好赋,其所尚也,雅好慷慨,所著繁多。虽触类而作,然芜秽者众,故删定别撰,为前录七十八篇。"

　　在汉代,"诗"是"诗经"的专称,在东汉末期之前文人中也没有普遍自觉的诗歌创作活动,民间的歌唱一般属于"歌诗"。曹丕在《典论·论文》中明确提出"诗赋欲丽","诗"和"赋"并列,显然"诗"已经演变为和赋一样的一种书面文体的专称,诗歌和作为儒家经典之一种的"诗",以及"歌"(即兴歌唱)分道扬镳、独立发展。如果说曹丕眼中的诗赋之同还局限于语言文字之"丽",还停留在理论认识层面,则曹植由于生活环境的原因而从事大量的书面创作,已开始展露"丽"的实际内涵。这种外在因素的加入显然加速了诗歌独立发展的进程。稍后于曹植

---

① 沈德潜:《说诗晬语》。

的正始诗人阮籍发展了这种倾向,阮籍著名的《咏怀诗》(其一)所谓"夜中不能寐,起坐弹鸣琴"、"徘徊将何见,忧思独伤心",其实非常清晰地显示了与曹植之生活形态及诗歌活动方式的关联、承袭。

综上所述,可见特定的文人性格、人生遭际决定了曹植必须借助创作实现个人心灵的对话;对于文学社会价值的认可,决定他对创作艺术性的自觉追求,这两点恰恰构成了后代文人文学活动的基本形态内涵。换言之,曹植的文学活动代表着文人创作范式的生成。曹植诗歌文质并美,故钟嵘赞美说:"骨气奇高,辞采华茂,情兼雅怨,体被文质。""陈思之于文章也,譬人伦之有周孔,鳞羽之有龙凤,音乐之有琴笙,女工之有黼黻。"日本著名汉学家吉川幸次郎指出:"把曹植的创作和他以前的文学史的状态加以对比,其结果,我们就会发现更为重大的事实。这就是,他几乎是最初的署名的抒情诗人。""抒情诗不再是自然发生的东西,而是伴随着个人的名字,亦即伴随着诗人个性表现的主体性,从而在新的意义上确立了它的价值,这不能不归功于曹植。"①

从总体上说,在中国古代文学从不自觉到自觉、古代诗歌从民间到文人化的历史进步过程中,曹氏父子以创作实绩完成了这一历史任务,曹操开其端,曹植结其尾,而且,他们的创作是构成了建安风骨精神的重要组成部分。

第六节　曹氏父子与建安文学人才的聚集

东汉中叶以来,出现了不少文人的诗歌创作活动;至建安前夕,随着文人群体整体的人格自觉,文章写作和诗歌创作逐渐普及,但是,董卓之乱及随之而起的军阀混战,导致文人四散。随着曹操逐渐统一北方,文人开始集中到其麾下。建安时期,出现了不少军阀集团,如袁绍集团、孙权集团、刘备集团等,他们都没有开展大规模的文学活动,但是,曹氏集团在曹操的

---

① [日]吉川幸次郎:《中国诗史》。

引领下,开展了大规模的文学创作活动。刘勰《文心雕龙·时序》云:

> 自献帝播迁,文学蓬转,建安之末,区宇方辑。魏武(曹操)以相王之尊,雅爱诗章;文帝(曹丕)以副君之重,妙善辞赋;陈思(曹植)以公子之豪,下笔琳琅;并体貌英逸,故俊才云蒸。仲宣(王粲)委质于汉南,孔璋(陈琳)归命于河北,伟长(徐干)从宦于青土,公干(刘桢)徇质于海隅;德琏(应玚)综其斐然之思;元瑜(阮瑀)展其翩翩之乐。文蔚(路粹)、休伯(繁钦)之俦,于叔(邯郸淳)、德祖(杨修)之侣,傲雅觞豆之前,雍容衽席之上,洒笔以成酣歌,和墨以藉谈笑。观其时文,雅好慷慨,良由世积乱离,风衰俗怨,并志深而笔长,故梗概而多气也。至明帝(曹叡)纂戎,制诗度曲,征篇章之士,置崇文之观,何(何晏)、刘(刘劭)群才,迭相照耀。少主(曹芳、曹髦、曹奂)相仍,唯高贵(曹芳)英雅,顾盼含章,动言成论。于时正始馀风,篇体轻澹,而嵇(康)、阮(籍)、应(璩)、缪(袭),并驰文路矣。

这段话集中介绍了从建安末到魏国时期文学创作活动的盛况,并且强调曹氏父子在这个文学高潮中的开创、领导作用。如前引刘勰所言,在曹操招聚当时作家之前,这些人原来就已经走上了创作之路,"仲宣(王粲)委质于汉南,孔璋(陈琳)归命于河北,伟长(徐干)从宦于青土,公干(刘桢)徇质于海隅;德琏(应玚)综其斐然之思;元瑜(阮瑀)展其翩翩之乐"——建安"七子"中的六人都在汉末的动荡中漂泊各地,与此同时,文学活动也在进行。从今天传世的作品也能看出这一点,比如王粲写的《七哀诗》,正是他在长安亲眼目睹了董卓之乱。但是,曹操却将大批的文人汇聚到自己的幕下,这既反映出他对文学的爱好,也是他重视人才而必然采取的措施。

董卓之乱,洛阳被焚毁,文人星散。曹操占据兖州之后,就着力加强人才队伍建设:一支队伍是一线战斗队伍,另一支队伍就是谋士队伍。人才问题始终是曹操非常关注的问题,迎帝都许不久,曹操上《陈损益表》提出十四项改革建议,主题就是"富国强兵,用贤任能"。"任天下之智力,以道御之,无所不可"①。他深知干戈扰攘之际需要各种人才,于建安十五年、十九年、二十二年先后下达了三道求贤令,建安十五年,他第一次下求贤令:"自古受命及中兴之君,曷尝不得贤人君子与之共治天下者乎!……今天下尚未定,此特求贤之急时也……若必廉士而后可用,则齐桓其何以霸世!今天下得无有被褐怀玉而钓于渭滨者乎?又得无盗嫂受金而未遇无知者乎?二三子其佐我明扬仄陋,唯才是举,吾得而用之。"他明确要求负责选举的官员必须打破儒家道德观念的束缚,"唯才是举"。建安十九年,曹操第二次下求贤令:"夫有行之士未必能进取,进取之士未必能有行也。陈平岂笃行,苏秦岂守信邪?而陈平定汉业,苏秦济弱燕。由此言之,士有偏短,庸可废乎!有司明思此议,则士无遗滞,官无废业矣。"在"有行"与"进取"之间,曹操要求不必求全责备,"士有偏短",德行虽有缺陷,但只要有才能,即可以任用。建安二十二年,曹操第三次颁布了求贤令,说:"昔伊挚、傅说出于贱人,管仲,桓公贼也,皆用之以兴。萧何、曹参,县吏也,韩信、陈平负污辱之名,有见笑之耻,卒能成就王业,声著千载。吴起贪将,杀妻自信,散金求官,母死不归,然在魏,秦人不敢东向,在楚则三晋不敢南谋。今天下得无有至德之人放在民间,及果勇不顾,临敌力战;若文俗之吏,高才异质,或堪将守;负污辱之名,见笑之行,或不仁不孝而有治国用兵之术:其各举所知,勿有所遗。"他明确提出"唯才是举",即使"不仁不孝而有治国用兵之术",仍然加以任用,明确要求选举必须突破儒家道德的拘束,唯重实际的"治国用兵之术"。从曹操的三次求贤令,可见他公然地向儒家道德标准提出了挑战。这是曹操实用主义政策的主要表现。袁绍家族"四世三公",虽然"门生故吏遍天下",但是,他既无远谋,又不重视人才,心胸也不宽广,结果众叛亲离,最终被曹操消灭。

曹操上述人才政策对于文艺活动的影响更为深远,因为文艺人才大多特立独行,个性非常突出,"古今文人,类不护细行,

---

① 陈寿:《三国志·魏书·武帝纪》,北京:中华书局,1982年。

鲜能以名节自立"①，而曹操因为爱好文艺所以才能宽容待之。曹操拔擢、重用的"治国用兵"人才，文武并用，不仅有政治、军事人才，还有不少文艺人才。这些人是社会舆论领袖，招纳他们等于扩大了社会影响，同时，确实与曹操爱好文艺的性情有关。例如，陈琳，原来在袁绍幕下，深受重用，曾经替袁绍写了一篇檄文给曹操，在文中对曹操极尽辱骂之能事，骂曹操祖父曹腾贪赃枉法，辱骂曹操父亲曹嵩："乞丐携养，因赃假位，舆金辇璧，输货权门，盗窃鼎司，倾覆重器"——极尽侮辱之能事。可是，曹操平定袁绍之后，陈琳转投曹操，陈琳因为文章写得好，曹操"爱其才而不咎"，不计前嫌，任用为司空军谋祭酒。史料记载："陈琳作诸书与檄文，草成，呈太祖。太祖（曹操）先苦头风，是日疾发，卧读陈琳所制，翕然而起，曰：'此愈我病。'数加厚赐。"又如阮瑀，他年轻时受学于汉末著名文学家、音乐家蔡邕，"善解音，能鼓琴"，很有音乐才华，生逢乱世，隐居不仕，"建安中，都护曹洪欲使掌书记（阮）瑀终不为屈"②。曹操闻其大名后，强行派人烧掉其居所，阮瑀才被迫出仕。阮瑀和陈琳一样擅长章、表、书、记，史载："太祖尝使瑀作书与韩遂，时太祖适近出，瑀随从，因于马上具草，书成呈之，太祖揽笔欲有所定，而竟不能增损。"③另外，蔡邕之女蔡琰远嫁匈奴，后被曹操赎回，这既出自对蔡邕友情的珍重，也因为曹操欣赏蔡琰的音乐才华及文学才能。

曹操诚恳对待人才，才能够罗致大批人才，最典型的例子就是祢衡。祢衡恃才傲物，傲慢刚烈。孔融说他"淑质贞亮，英才卓荦"，将其推荐给曹操，祢衡勉强来到曹操幕下，却自称狂病，不肯拜见曹操。曹操大为不快，想在大会宾客时招他为鼓史以羞辱他，谁知祢衡在演奏结束时当众裸体而立，容色不变，反而来羞辱曹操。后来祢衡勉强答应前去拜见曹操，可是真到了曹操门前，他却手拿大杖，捶地破口大骂。曹操非常生气，

---

① 曹丕：《与吴质书》。
② 陈寿：《三国志·魏书·王粲传》，北京：中华书局，1982年。
③ 陈寿：《三国志·魏书·王粲传》注引《典略》，北京：中华书局，1982年。

说:"祢衡竖子,乃敢尔!孤杀之犹雀鼠耳,顾此人素有虚名,远近所闻,今日杀之,人将谓孤不能容。今送与刘表,视卒当何如?"刘表也无法忍受祢衡的坏脾气,再次转送至江夏太守黄祖处,祢衡老毛病不改,黄祖最终将他斩首,死时只有26岁。后代有人说曹操借刀杀人,其实有点诬枉曹操。曹操如此宽容祢衡,就在于祢衡拥有过人的文艺才能,今天还能看到祢衡在江夏写的《鹦鹉赋》,虽是应酬之作,但作者别具匠心,托物言志,确实文采斐然。

值得说明的是,董卓焚毁洛阳、很快又淆乱长安之后,使不少士人流落到荆州,依附刘表,如开创荆州新学的宋忠、后来成为建安七子之冠的王粲亦来到荆州,著名政治家诸葛亮虽没有依附刘表,但是也寄居荆州,伺机而动,这是刘表网罗英才、成就大业的很好机会。但是,由于刘表志大才疏,缺少深谋远虑,缺少政治眼光,错过了这个机会,而曹操高瞻远瞩,重视人才,人尽其用,成就了大业①。

曹操网罗文艺人才的过程,大致有三个阶段:从平定大河以南到迎汉献帝都许,这是他汇聚文艺人才的第一阶段,刘桢、阮瑀、应场、路粹,以及文化名流赵俨此时投奔了曹操。第二个高峰则是建安九年(204年)消灭袁绍势力、占据邺城之后,袁绍幕下旧有以及河北地区的大批政治、军事、文艺人才被曹操收归幕下,陈琳、徐干就是此时加入曹操集团的。第三个高峰则是曹操平定中原之后,用兵南方消灭了割据荆州的刘表集团,王粲、杜袭、邯郸淳等进入曹操的幕下。

上述文人中最著名者当然是所谓"七子",曹丕《典论·论文》云:"今之文人,鲁国孔融文举,广陵陈琳孔璋,山阳王粲仲宣,北海徐干伟长,陈留阮瑀元瑜,汝南应场德琏,东平刘桢公干,斯七子者,于学无所遗,于辞无所假,咸自骋骐骥于千里,仰齐足而并驰。"曹植《与杨德祖书》说:"昔仲宣独步于汉南,孔璋鹰扬于河朔,伟长擅名于青土,公干振藻于海隅,德琏发迹于北魏,足下高视于上京。当此之时,人人自谓握灵蛇之珠,家家自

---

① 关于曹操的人才政策参见张作耀《曹操评传》,南京:南京大学出版社,2001年。

谓抱荆山之玉。吾王于是设天网以该之,顿八纮以掩之,今悉集兹国矣!"当然,还有另外的"七子",《三国志·魏书·王粲传》在叙述著名的建安"七子"之后云:"自颍川邯郸淳、繁钦、陈留路粹、沛国丁仪、丁廙、弘农杨修、河内荀纬等,亦有文采,而不在七人之列。"明人胡应麟就说:"是七子之外,又有七子也。"钟嵘在《诗品·序》中写道:"东京二百载中,惟有班固《咏史》,质木无文。降及建安,曹公父子笃好斯文,平原兄弟郁为文栋,刘桢、王粲为其羽翼;次有攀龙托凤,自致于属车者,盖将百计。彬彬之盛,大备于时矣!"钟嵘所谓"盖将百计",也只是约数,但仅此亦足见出曹操幕下文人之盛!

曹操的主要谋士荀彧就称赞他"外定武功,内兴文学"①。在其打败袁绍、统一中原之次年(建安八年,203年)七月,即下令"郡国各修文学"②;后来,他在平定各地割据势力之后,不计前嫌,网罗了大批当时一流的文人,如孔融、陈琳、王粲等,"俊才云集",造就了邺下文学"彬彬之盛,大备于时"的局面。在曹操这种尚文的政策引导之下,其政权所存在的河淮地区所涌现的文学家占当时文学家75%以上③。作为建安文学代表,"建安七子"虽然并不是尽出于谯、沛与汝、颍地区甚至河淮之间,其文学创作也不是从归于曹操幕中才开始,但是,他们却是因为文学才华才被曹操引入幕中,而且,在他们进入邺城之后,文学创作逐渐成为他们人生实践的主要内容,并成为其实现人生价值的重要方式,所谓"经国之大业,不朽之盛事"。此时与曹氏政权平行的还有孙氏的东吴政治军事集团、刘备的西蜀政治军事集团,但是,在东吴、西蜀并没有出现引人注目的大规模文学活动,而曹氏集团恰恰相反:从曹操到曹丕,从曹叡到曹芳,他们都爱好文学,而且是那个时期文学活动的组织者、示范者、引领者,从而造成了"俊才云蒸"的繁荣局面和邺下风流的创作

---

① 陈寿:《三国志》卷十《魏书·荀彧传》注引《荀彧别传》,北京:中华书局,1982年。

② 陈寿:《三国志》卷一《魏书·武帝纪》,北京:中华书局,1982年。

③ 胡阿祥:《魏晋本土文学地理研究》,南京:南京大学出版社,2001年。

盛况。

　　上述文人投奔到曹操幕下,并不一定都受到重用。建安十三年,曹操率军南征刘表,王粲归附,曹操辟之为丞相掾,赐爵关内侯。王粲后来又升任军谋祭酒。军谋祭酒,即军师祭酒,又称"军谘"或"军祭酒",是一个比较重要的职位,"以功高或久次者为之"①,王粲能在归附后并不长的时间内便担任此职,表明曹操对他的重视。曹操建立魏国后,又拜王粲为侍中。侍中一职在汉代地位就很高,在整个官僚集团中颇受推重,史称"司隶校尉见侍中,执板揖,河南尹亦如之"②。曹魏官制承袭汉代,魏侍中在承汉的基础上又"稍增华重","武冠,绛朝服,佩水苍玉"③。王粲去世后,曹植在《王仲宣诔》赞美说:"我王建国,百司俊乂。君以显举,秉机省闼。戴蝉珥貂,朱衣皓带。入侍帷幄,出拥华盖。荣耀当世,芳风暗蔼。"归纳起来,第一,王粲在"建安七子"中,年龄最小,且他是最晚归附的。第二,王粲是"七子"中唯一封侯的,虽然爵位并不高,却足以表明他在"七子"中的特殊地位。第三,王粲归附曹操以后,先后担任丞相掾、丞相军谋祭酒、侍中。值得注意的是,这三个职位都直接为曹操本人服务。而徐干、应玚、刘桢三人则从建安十六年起担任曹丕和曹植的僚属,陈琳、阮瑀虽因其"章表书记"为当时之俊,而一直服务于曹操,但无论从升迁的速度,还是职位的高低来说都不及王粲。第四,王粲随军出征的次数明显高于其他五人,八年间达六次之多。曹操"游观出入",王粲也"多得骖乘",这也在一定程度上说明了曹操对他另眼相看。总之,我们可以肯定地说,在"建安七子"中,王粲在曹魏政权中的政治地位相对是较高的,也就是说,他在建安文人中享有特殊的地位。但是,将王粲的地位以及使用放在曹魏整个官僚体系中考察,却是并不见得如此。这首先表现在王粲在曹魏政权中所担任的官职与他所起的作用是不相符的。魏国建立后,王粲担任侍

---

① 陈寿:《三国志·魏书·钟会传》裴注引《博物记》,北京:中华书局,1982年。
② 《三国会要》卷九《职官(上)》。"魏相国官属"条。
③ 李贤:《后汉书·百官三》注引蔡质《汉仪》。

中,与他一起任职的还有杜袭、和洽。王粲所受到的只是一种表面上的尊崇,实际上他仍然扮演着一个"不干势权"的角色。《三国志》卷二十三《杜袭传》载:"粲强识博闻,故太祖游观出入,多得骖乘,至其见敬不及洽、袭。袭尝独见,至于夜半。粲性躁,起坐曰:'不知公对杜袭道何等也?'洽笑曰:'天下事岂有尽耶?卿昼侍可矣,悒悒于此,欲兼之乎?'"王粲《杂诗》:"日暮游西园,冀写忧思情。曲池扬素波,列树敷丹荣。上有特栖鸟,怀春向我鸣。褰衽欲从之,路险不得征。徘徊不能去,伫立望尔形。风飘扬尘起,白日忽已冥。回身入空房,托梦通精诚。人欲天不违,何惧不合并。"可见,王粲在曹魏政权中虽然受尊崇,却无法与洽、袭二人相比。综上所述,我们可以得出这样的结论:归附曹操以后,王粲的政治地位有所提高,在当时的文人也享有特殊地位,但在整个官僚体系中的地位却并不高①。王粲如此,其他文人之不被实际重用更可想见。

事实上,曹操将诸文人聚集到自身身边,除了陈琳、阮瑀给曹操起草"章表书记",其他诸人大多只是被安排为曹丕、曹植的属官,特别是"文学"。先后担任曹丕的"文学"属官的有吴质、徐干、应玚、苏林、刘桢、邢颙、王昶、司马孚、郑冲、荀纬、卫凯、刘廙、卢毓等,担任曹植的文学属官则有毋丘俭、郑袤、应玚、邯郸淳、刘桢、任嘏、司马孚、邢颙、丁仪、丁廙、杨修等②。建安八年,曹操曾经下《修学令》:

> 丧乱以来,十有五年,后生者不见仁义礼让之风,吾甚伤之。其令郡国各修文学,县满五百户置校官,选其乡之俊造而教学之,庶几先王之道不废,而有以益于天下。

"文学"总体上是负责礼仪教化、经典教育、图书管理及文

---

① 何日取:《浅论王粲在曹魏政权中的政治地位》,载《西南民族大学学报》,2001年第5期。

② 参见石云涛:《邺中文士考》,载《建安唐宋文学考论》,北京:学苑出版社,2003年,以及魏宏灿:《逞才任情的乐章——曹操父子与建安文学》,合肥:安徽大学出版社,2010年,第四章第二节之论述。其实,我们注意到,曹丕、曹植的属官后来难免卷入了二人的继位之争。

字秘书等工作①。无论如何,都是一些文学侍从,参与当时的政治、军事活动其实是很浅的。也可以说,曹操只是因为爱好文学,所以,才将他们招聚起来。而从这些作家的角度看,他们也许并不满意,王粲的心态已如前论。又如陈琳《游览》二首之二:

    高会时不娱。羁客难为心。殷怀从中发。悲感激清音。
    投觞罢欢坐。逍遥步长林。萧萧山谷风。黯黯天路阴。
    惆怅忘旋反。歔欷涕沾襟。

可见陈琳的心情也并不爽快。

在兵荒马乱之际,作为一般文人实现政治理想当然是很难的,但是,我们从另外一个角度看,曹操及曹丕、曹植给他们提供了相对稳定的生活条件,为创作活动的开展提供了方便,也给予了他们最基本的尊重。《水经注·谷水》注引《文士传》载:"文帝之在东宫也,宴诸文学,酒酣,命甄后出拜。"《三国志·魏书·王粲传》注引《吴质别传》说:"帝尝召质及曹休欢会,命郭后出见质等。帝曰:'卿仰谛视之。'其至亲如此。"《世说新语·言语》刘注引《文士传》叙:"武帝至尚方观作者,见桢匿坐正色磨石。武帝问曰:'石何如?'桢因得喻已自理,跪而对曰:'石出荆山悬巖之巅,外有五色之章,内含卞氏之珍,磨之不加莹,雕之不增文,禀气坚贞,受之自然,顾其理枉屈纡绕而不得申。'帝顾左右大笑,即日赦之。"由此可见曹操与刘桢间的亲昵之状。所以,明人张溥《刘公干集题辞》评价说:"公干平视甄夫人,操收治罪,文帝独不见怒。死后致思,悲伤绝弦。中心好文,弗闻其过也。其知公干,犹如钟期、伯牙云。"曹丕的有些举止颇像后来的任诞名士,《世说新语·伤逝》载:"王仲宣好驴鸣。既

---

① 当时的"文学"概念和今天所谓文学不同,主要从事文字秘书、文章写作活动,当然也包括诗赋欣赏、写作等侠义的文学活动。参见吴光兴:《中古五史"文学传"的设置与中古文学观念》,载《唐研究》第十三辑,北京:北京大学出版社,2007年。

葬,文帝临其丧,顾语同游曰:'王好驴鸣,可各作一声以送之。'赴客皆一作驴鸣。"可见曹氏父子对待诸位文士还是比较平等、随和的。有了比较宽松的政治环境,比较安定的生活,他们才可以安心从事文学创作,这是曹操父子对于文学的重要贡献。

当然,曹操对文学只是出自个人爱好,将文学视作一种消闲或文化点缀,对文人也并非重用,这也造成了文人们的郁闷和失落。其实,从文学创作来说,他们表现郁闷的诗歌和散文更具有文学价值。所以,无论从正面还是负面看,曹操集团汇聚文人的行为都推动了文学的发展。

曹氏父子爱好文学,不仅亲自进行文学创作,而且利用他们重要的社会地位和影响力,招集文学人才,组织文学活动,扩大文学的影响。曹操没有控制北方之前,作家队伍所处比较分散,创作也很难统一;当曹操获得了政治、军事上的统治权,则将大批文人罗致于自己的幕下,形成了自觉的文学集团。

汉代士人普遍受到通经出仕政策的影响,拘守章句,皓首穷经,正襟危坐,道貌岸然却无助于世用。此前,历史上也出现过文化集团,并开展过专业的文学活动,如西汉梁孝王"招延四方豪杰,自山以东,游说之士莫不毕至"①,其中如枚乘等"梁客皆善属辞赋";淮南王刘安"为人好书鼓琴,不喜弋猎狗马驰骋,亦欲以行阴德拊循百姓,流名誉,招致宾客方术之士数千人",宾客中不少人如枚乘、淮南小山等擅长辞赋,辞赋创作也是这两个集团的主要内容之一。但是,这两个集团活动的主要内容却不是辞赋创作,且最高领导者本人并没有亲自从事辞赋写作。相比而言,邺下文人集团文人摆脱了经学的束缚,不拘名节,通脱放达,积极进取,追求建功立业;同时,爱好文学,他们在曹操麾下活动的主要内容之一就是吟诗作赋,特别是汉末以来书写工具——纸、笔普及,使得诗赋写作变得相当方便而随意,因此,在曹氏父子的带领下,邺下文人大规模地从事文学创作,真正实现了诗歌活动的自觉。

事实上,在邺城以曹丕、曹植兄弟为中心的文学活动,因为争夺继位权而兄弟阋墙,致使当时的文学活动开展得并不顺

---

① 司马迁:《史记·梁孝王世家》。

利,再加上自然原因,邺城的活动持续时间不长:建安十七年,阮瑀卒;二十年,路粹从征至汉中,以罪诛;二十二年,徐干、陈琳、应玚、刘桢"一时并逝",王粲亦病逝;建安二十三年,繁钦卒——随着这批文坛精英的去世,以及不久曹操去世、曹丕迁都洛阳并自立为帝,邺下风流自然如"雨打风吹去"。不过,在兵荒马乱之际,这项前无古人的文学集团活动,能够持续十多年,影响深远,启发来者,比如西晋石崇的金谷园之会、王羲之等人的兰亭诗会;文学创作风气更因此扩散开来,影响千古,功莫大焉。

总之,如果没有曹氏父子的倡导、组织和示范,就不会出现中国历史上第一个自觉的文学集团和"彬彬之盛"①的创作局面,也不会出现光照千秋的"建安风骨"。

第七节 邺下风流

在曹操将邺城定为政治活动中心后,这种文化活动就有了更大的舞台,从而大规模地开展起来。此时,围绕在曹氏父子周围的文人甚众,环境宽松,文艺活动丰富多彩,创作繁荣,文体丰富,佳作如林,个性鲜明——这就是名扬千古的"邺下风流"。而且,文人们长期相处,互相切磋,自然形成了某些相同之处,同时,受到曹氏父子的影响,他们的文学创作、特别是诗歌更容易带有一种共同的时代或环境风格即备受后代学者称颂的建安风骨。

曹操戎马倥偬,不能亲临邺城文化活动,但他是倡导者和发起人;曹丕、曹植驻守邺城,是文会的实际主盟者,兄弟俩在军政公务之余组织文艺人才进行大规模的文艺活动,如斗鸡、弈棋、饮酒、赏乐、畅游,开展诗文写作,这种文化盛况被后人称之为"邺下风流"②。多年以后曹丕还念念不忘当时盛况:"每念昔日南皮之游,诚不可忘。既妙思六经,逍遥百氏,弹棋间设,

---

① 钟嵘:《诗品·序》,北京:人民文学出版社,1998年。
② 元好问:《论诗绝句三十首》之三。

终以六博,高谈娱心,哀筝顺耳,驰骛北场,旅食南馆,浮甘瓜于清泉,沉朱李于寒水。白日既匿,继以朗月,同乘并载,以游后园。舆轮徐动,参从无声,清风夜起,悲笳微吟,乐往哀来,怆然伤怀。""昔日游处,行则连舆,止则接席,何曾须臾相失?每至觞酌流行,丝竹并奏,酒酣耳热,仰而赋诗,当此之时,忽然不自知乐也!"谢灵运《拟魏太子邺中集诗》序称:"建安末,余时在邺宫,朝游夕燕,究欢愉之极。天下良辰美景,赏心乐事,四者难并。今昆弟友朋,二三诸彦,共尽之矣。古来此娱,书籍未见,何者?"刘勰《文心雕龙·明诗》说:"建安之初,五言腾踊,文帝、陈思,纵辔以骋节;王、徐、应、刘,望路而争驱;并怜风月,狎池苑,述恩荣,叙酣宴,慷慨以任气,磊落以使才。"吴质《答魏太子笺》:"昔侍左右,厕坐众贤,出有微行之游,入有管弦之欢。置酒乐饮,赋诗称寿。"王粲《杂诗》说:

> 列车息众驾,相伴绿水湄。幽兰吐芳烈,芙蓉发红晖。
>
> 百鸟何缤翻,振翼群相追。投网引潜鲤,强弩下高飞。
>
> 白日已西迈,欢乐忽忘归。

应玚《公宴诗》:

> 巍巍主人德,佳会被四方。开馆延群士,置酒于斯堂。
>
> 辩论释郁结,援笔兴文章。穆穆众君子,好合同欢康。
>
> 促坐褰重帷,传满腾羽觞。

曹植《正会诗》:

> 初岁元祚,吉日维良。乃为嘉会,宴此高堂。尊卑列叙,典而有章。
>
> 衣裳鲜洁,黼黻玄黄。清酤盈爵,中坐腾光。珍膳杂还,充溢圆方。
>
> 笙磬既设,筝瑟俱张。悲歌厉响,咀嚼清商。俯视文轩,仰瞻华梁。

愿保兹善,千载为常。欢笑尽娱,乐在未央。皇室荣贵,寿若东王。

在汉末兵荒马乱的社会环境里,文人们生活如此安定、关系如此融洽,实在难得,南皮之游和西园之游就很能说明这一点。西园即铜雀园,位于邺城西郊,建有铜雀台、芙蓉池等景观。他们经常夜游西园:"乘辇夜行游,逍遥步西园。"①"清夜游西园,飞盖相追随。"②"吉日简清时,从君出西园。"③

当然,这种诗酒唱和的聚会在外地也常常举行,例如建安十四年(209年)冬,曹操亲率大军进攻孙权后由合肥返还,在其故里谯郡便举行了一场大规模的欢宴文会,曹丕《于谯作诗》说:"清夜宴贵客,明烛发高光……弦歌奏新曲,游响拂丹梁。余音赴迅节,慷慨时激昂……穆穆众君子,和合同乐康。"

建安文人纵饮畅游,随时随地吟诗作赋,他们彼此赠答,同题吟咏,创作了不少"游览"诗、"公宴"诗,群体性的诗歌创作及畅游诗、饮宴诗创作,则前无古人,更值得注意。刘桢《赠五官中郎将》诗说:"凉风起沙砾,霜气何皑皑。明月照缇幕,华灯散炎辉。赋诗连篇章,彻夜不知归。"应玚《侍五官中郎将建章台集诗》说:"公子敬爱客,乐饮不知疲。和颜既以畅,乃肯顾细微。赠诗见存慰,小子非所宜。为且极欢情,不醉且无归。"《公宴诗》说:"开馆延群士,置酒于斯堂。辩论释郁结,援笔兴文章。"由于赋重视客观描写,特别是咏物赋题材、描写对象相同,更能见出个人写作才能的差异。建安时期由于生活的安定、文学的创作的自觉,同题辞赋更多,如《三国志·魏书·陈思王曹植传》记载:"铜爵台新成,太祖悉将诸子登台,使各为赋。植援笔立就,可观,太祖甚异之。"曹丕《寡妇赋·序》称:"陈留阮瑀,与余有旧,薄命早亡,每感存其遗孤,未尝不怆然伤心,故作斯赋,以叙其妻子悲苦之情,命王粲并作。"程章灿《魏晋南北朝赋史》讨论相当细致,在此不赘。

其实,这些文人在来到曹操帐下之前,都已是当地的著名

---

① 曹丕:《芙蓉池作》。
② 曹植:《公宴》。
③ 王粲:《杂诗》。

文人,创作上各有成就。如王粲在流落到荆州之前,有感于关中之乱,写下了著名的《七哀诗》和《登楼赋》。但是,他们来到曹操幕下,新的环境,新的生活,使他们在诗歌创作上也就呈现出新的面貌。主要表现在以下三个方面:

第一,慷慨之气。

这个集团并非纯粹的文学集团,当时的文人关系其实并非纯粹的文学关系。这些文人投奔曹操,曹操重用他们,主要是基于政治追求的一致性——平定天下,实现建功立业、拯救苍生社稷从而英名不朽的人生理想。而曹丕、曹植兄弟比较平等地对待他们,更激发了他们的生活热情和进取之心:"从军有苦乐,但问所从谁。所从神且武,焉得久劳师?"①《三国志·魏书·王粲传》记载,曹操平定荆州,王粲归曹后说:"明公(指曹操)定冀州之日,下车即缮其甲卒,收其豪杰而用之,以横行天下。及平江汉,引其贤俊而置之列位,使海内回心,望风而愿治,文武并用,英雄毕力,此三王之举也。"王粲投奔刘表多年而不被重用,曹操平定荆州而重用之,王粲这些话看似奉承,其实确实是肺腑之言!这些人被曹操用为谋士,他们只是在军政之暇才开展文艺活动。因此,他们互相砥砺,具有同情民生疾苦的悲慨情怀、乘时立功的宏伟抱负、关怀天下的英雄主义气概。陈琳《游览》二首之二云:"节运时气舒,秋风凉且清。闲居心不娱,驾言从友生。翱翔戏长流,逍遥登高城。东望看畴野,回顾览园庭。嘉木凋绿叶,芳草纤红荣。骋哉日月逝,生命将西倾。建功不及时,钟鼎何所铭?收念还房寝,慷慨咏坟经。庶几及君在,立德垂功名。"应场《侍五官中郎将建章台集诗》句云:"欲因风云会,濯翼凌高梯。"

但是,他们毕竟生活在乱世,战争与瘟疫时刻造成着死亡,他们的诗歌中也流露出强烈的时光如流、年命不保、伤时叹逝,乃至及时行乐的"忧生之嗟"②。如"人生有何常,但患年岁暮"③。"天地无期竟,民生甚局促。为称百年寿,谁能应此录?

---

① 王粲:《从军诗》其一。
② 谢灵运:《拟魏太子邺中集诗》。
③ 孔融:《杂诗》。

低昂倏忽去,炯若风中烛"①。"常恐游岱宗,不复见故人"②。因此,形成了一种特别的英雄之风和慷慨之气。刘勰《文心雕龙·时序》说:"观其时文,雅好慷慨,良由世积乱离,风衰俗怨,并志深而笔长,故梗概而多气也。"慷慨,既有悲伤叹息的意思,也有昂扬奋发的意思。曹操《短歌行》曰:"慨当以慷,忧思难忘。"曹植《赠徐干》:"慷慨有悲心,兴文自成篇。"曹植《前录自序》:"余少而好赋,其所尚也,雅好慷慨。"值得注意的是,建安诗歌的慷慨虽然包含着悲伤的情绪,却超越了汉末无名氏古诗及时行乐的低沉颓废思想,而孕育着一种奋发进取的斗志和力量,这正是建安诗歌特有的感情特点。

第二,风骨之美。

三曹和七子的诗歌关心时局,渴望建功立业,感情强烈,同时,又高度重视艺术表达,追求艺术性,形成了文质并美的特征。南朝文学家沈约《宋书·臧焘传论》就说:"自魏氏膺命,主爱雕虫,家弃章句,人重异术。"《宋书·谢灵运传论》又云:"至于建安,曹氏基命;二祖陈王,咸蓄盛藻。甫乃以情纬文,以文被质。"后来刘勰在《文心雕龙》中反复肯定建安文学,其中《明诗》篇说:"晋世群才,稍入轻绮,张、潘、左、陆,比肩诗衢,采缛于正始,力柔于建安。"注意到"力"与建安诗歌的关联。钟嵘《诗品》则以"建安风力"评价之。唐代陈子昂提出了"汉魏风骨"的说法,李白更认为"蓬莱文章建安骨"③。到了宋人,严羽《沧浪诗话·诗评》则说:"黄初之后,惟阮籍《咏怀》之作,极为高古,有建安风骨。"第一次将"风骨"直接与建安诗歌联系在一起。刘勰《文心雕龙》有《风骨》篇专门讨论了"风骨"的内涵,根据现代学者的研究,刘勰所谓"风"侧重于对诗歌内容的要求;所谓"骨"侧重于对表达的要求,情志感人、辞藻华美才能称得上具有"风骨",可见,虽然刘勰并没有直接提出"建安风骨"的概念,其实,他在评价建安诗歌的时候已经涉及这两个方面。

建安诗人对于诗歌的艺术美是相当重视的。曹丕《典论·

---

① 刘桢:《失题诗》。
② 刘桢:《赠五官中郎将》四首之二。
③ 李白:《宣城谢朓楼饯别校书叔云》。

论文》讨论了诸种文体的不同写作要求,特别提出"诗赋欲丽",在这种自觉地意识指导下,三曹诗歌艺术上的进步是相当明显的。如曹植的《公宴》诗中词句:

  明月澄清影,列宿正参差。秋兰被长坂,朱华冒绿池。

  潜鱼跃清波,好鸟鸣高枝。神飚接丹毂,轻辇随风移。

对仗工整,词句华美,色彩丰富显示了作者的尚美之心和自觉的艺术追求。胡应麟说:"子键、子桓工语甚多,如'丹霞夹明月,华星出云间'、'秋兰被长坂,朱华冒绿池'之类,句法字法,稍稍透露。"① 如曹丕《芙蓉池作诗》:

  乘辇夜行游,逍遥步西园。双渠相溉灌,嘉木绕通川。

  卑枝拂羽盖,修条摩苍天。惊风扶轮毂,飞鸟翔我前。

  丹霞夹明月,华星出云间。上天垂光彩,五色一何鲜。

  寿命非松乔,谁能得神仙。遨游快心意,保已终百年。

诗歌充分显示了作者对自然景物的爱赏之心和对于语言文字之美的体验。

再单以对仗而论,建安诗歌的对仗是相当丰富的,一种是逻辑顺序严明的对仗,如:

  白日曜青春,时雨静飞尘。②
  仰手接飞猱,俯身散马蹄。③
  凝霜依玉除,清风飘飞阁。④

---

① 胡应麟:《诗薮》内编卷一。
② 曹植:《侍太子坐》。
③ 曹植:《白马篇》。
④ 曹植:《赠丁仪》。

> 秋兰被长坂,朱华冒绿池。①
> 中心陵苍昊,布叶盖天涯。②

还有一类,是不工整不严格的对仗,从中可以看出作者潜在的对偶意识,如:

> 低头窥圹户,仰视日月光。③
> 外参明时政,内不废家私。④
> 流波激清响,猿猴临岸吟。⑤
> 细柳夹道声,方塘含清泉。⑥
> 白旌若素霓,丹旗发朱光。⑦
> 辚辚大车,载低载昂。嗷嗷仆夫,载仆载僵。⑧

七子诗歌具有同样的艺术性。陈祚明《采菽堂古诗选》就称赞刘桢诗歌说:"笔气隽逸,善于琢句,古而有韵。比汉多姿,多姿故近;比晋有气,有气故高。如翠峰插空,高云曳壁,秀而不近。本无浩荡之势,颇饶顾盼之姿。"

除了前述章法的安排、对仗句和华丽辞藻的使用外,三曹与七子诗歌还超越了《诗经》、《楚辞》,以及汉乐府民歌朴素的比兴技巧,注意到整体诗境的创造,不少自然景物的描写不再是单纯的起兴而获得了独立的审美价值,清新明丽,和诗人的情感表达融为一体。曹操的《步出夏门行·观沧海》开阔的胸襟包容了壮美的大自然,写景与抒怀融合无间,"写沧海正自写也"⑨。如陈琳《游览》二首之二诗句:

> 东望看畴野,回顾览园庭。嘉木凋绿叶,芳草纤红荣。

---

① 曹植:《公燕诗》。
② 曹植:《升天行》。
③ 阮瑀:《咏史诗》。
④ 王粲:《从军诗·其一》。
⑤ 王粲:《七哀诗·其二》。
⑥ 王粲:《赠徐干》。
⑦ 曹丕:《黎阳作诗四首·其三》。
⑧ 曹丕:《黎阳作诗四首·其二》。
⑨ 张玉谷:《古诗赏析》卷八。

刘桢《公宴》诗句：

> 月出照园中,珍木郁苍苍。清川过石渠,流波为鱼防。
>
> 芙蓉散其华,菡萏溢金塘。灵鸟宿水裔,仁兽游飞梁。
>
> 华馆寄流波,豁达来风凉。

注意词语的选用和对仗的工整,色彩艳丽,可见作者之艺术匠心。

值得注意的是,建安诗人对于诗歌表达艺术的自觉和追求,并没有脱离内容的需要,实际上做到了文质并美,形成了一种感情真挚、表达简练的结合,这就是刘勰所谓的"风骨"之美:"文帝、陈思,纵辔以骋节;王、徐、应、刘,望路而争驱。并怜风月,狎池苑,述恩荣,叙酣宴,慷慨以任气,磊落以使才;造怀指事,不求纤密之巧;驱辞逐貌,惟取昭晰之能:此其所同也。"①

第三,五言诗成熟。

建安时期,诗体丰富,有七言诗,如曹丕的《燕歌行》;有六言诗,如孔融的作品;还有杂言诗,乐府诗也实现了脱胎换骨、推陈出新,甚至《诗经》体的四言诗在建安时期也焕发了活力,曹操的《短歌行》就是标志。但是,建安诗歌在诗体上最大的成就是五言诗的成熟。《文心雕龙·明诗》说:"建安之初,五言腾踊。"钟嵘对于建安诗人评价之高主要是指五言诗:"自王、扬、枚、马之徒,词赋竞爽,而吟咏靡闻。从李都尉迄班婕妤,将百年间,有妇人焉,一人而已。诗人之风,顿已缺丧。东京二百载中,惟有班固《咏史》,质木无文。降及建安,曹公父子笃好斯文,平原兄弟郁为文栋,刘桢、王粲为其羽翼。次有攀龙托凤,自致于属车者,盖将百计,彬彬之盛,大备于时矣。"②

以上是就以三曹与七子为中心的诗歌创作而言,其实,建安文人还创作了大量的辞赋、散文。

辞赋创作,总体上大赋减少,而抒情小赋增加,代表性的如

---

① 刘勰:《文心雕龙·明诗》。
② 钟嵘:《诗品·序》,北京:人民文学出版社,1998年。

王粲《登楼赋》、曹植的《洛神赋》、祢衡的《鹦鹉赋》等。他们纵饮畅游,随时随地吟诗作赋,留下了大量同题共作的咏物赋,刻画的对象有鹦鹉、槐柳、瓜果、迷迭香、车渠碗等,都是日常身边事物,题材小,呈现出与汉代不同的日常生活化的倾向,这是对辞赋创作领域的一次重要的开拓。

散文方面的开拓也相当明显。奏、议、铭、诔、书、论、章、表、记,都获得空前发展,既有实用性,也有艺术性,开始注意使用骈句,辞藻华美,文气酣畅。建安七子在上述诸文体写作上各有千秋。刘师培《论文杂记》论曰:"东京以降,论辩诸作,往往以单行之语,运排偶之词,而奇偶相生,致文体迥殊于西汉。建安之世,七子继兴,偶有撰著,悉以排偶易单行;即非有韵之文,亦用偶文之体,而华靡之作,遂开四六之先,而文体复殊于东汉。""东汉之文,句法较长,即研炼之词,亦以四字成一语。魏代之文,则合二语成一意。由简趋繁,昭然不爽。""西汉之时,虽属韵文,而对偶之法未严。东汉之文,渐尚对偶。若魏代之体,则又以声色相矜,以藻绘相饰,靡曼纤冶,致失本真。""东汉文人,既与儒林分列,故文词古奥,远逊西京。魏代之文,则又语意易明,无俟后儒之解释。"论述相当透彻。

建安诸子,以文会友,互相酬答,彼此交流,共同切磋,逐渐注意到文章写作的方法、技巧乃至规律,促进了写作技巧的传播、普及和创作水平的提高,也促进了中国古代文论的自觉与成熟。

曹植《与杨德祖书》就准确地反映了当时文人交流、切磋的盛况。作为当时文会活动的主盟者的曹丕、曹植兄弟获得了不少赞美甚至吹捧。刘桢称颂曹丕:"君侯多壮思,文雅纵横飞。小臣信顽卤,黾勉安能追?""赋诗连篇章,极夜不知归。君侯多壮思,文雅纵横飞。"①卞兰称颂曹丕文、赋:"窃见所作《典论》及诸赋颂,逸句烂然,沉思泉涌,华藻云浮,听之忘味,奉读无倦,正使圣人复存,犹称善不暇。"②曹丕在《答卞兰教》中则说:"作者不虚其辞,受者必当其实,(卞)兰比赋岂吾实哉?"陈琳称

---

① 刘桢:《赠五官中郎将》。
② 卞兰:《赞述太子赋并上赋表》。

赞曹植赋："音义既远，清辞妙句，焱绝焕炳，譬犹飞兔流星，超山越海，龙骥所不敢追。"①曹植认识到文章的独立性："文章之难，非独今也，古之君子犹亦病诸！"②他自述"世人之著述不能无病，仆尝好人讥弹其文，有不善者，应时改定"，批评陈琳"不闲于辞赋，而多自谓能与司马长卿同风，譬画虎不成，反为狗也"③。刘桢称颂徐干诗："猥蒙惠咳唾，贶以雅颂声。"④曹丕亲自编订《典论》这部大书，并且将之作为礼物分送孙权；当"七子"先后去世之后，他亲自"撰其遗文，都为一集"，以为纪念，在《典论·论文》对"七子"有更直接而清晰的评价。

曹丕的《典论·论文》就诞生于这种背景之下，曹丕所谓"文人相轻，自古而然"反映了作家广泛交流、相互切磋的状况。《典论·论文》其实是曹丕总结当时的创作现实和个人写作经验的理论成果。他首先提出了文学（文章）写作的重要价值，"盖文章，经国之大业，不朽之盛事"；其次讨论了诸文体写作的基本规范；再次，提出了作家文学创作与地域文化的关联，作家创作的个性化与作家内在气质的密切关系的观点，认识到了文学的个性特征。曹丕的这些论述在中国古代文学理论史上都具有空前的意义。

第八节　建安文学的历史地位与曹氏家族的重大贡献

从东汉到西晋，中国社会各方面都发生了重大的变化，首先，统一的帝国解散了，即使实现了局部的统一，内部也是纷争不已，战乱不断；其次，原来的社会结构被打乱了，门阀士族逐渐发育成型，而伴随着门阀士族的强大，选拔官吏的制度也向他们倾斜，曹魏时期九品中正制获得确立；再次，精神文化领域

---

① 陈琳：《答东阿王笺》。
② 曹植：《与吴季重书》。
③ 曹植：《与杨德祖书》。
④ 曹丕：《又赠徐干》。

也由儒家经学一统天下,逐渐转换为玄学流行,人们也由对道德的推崇转变为对于个体价值的关注——生命的价值及个体风度的推崇。正是在上述背景下,文学也处在转化过程中。汉代的文学观念是受儒家经学制约的,强调实用主义,强调美刺诗教,如大赋最后往往"曲终奏雅"。总体上,虽然汉代辞赋写作很繁荣,但汉代人却轻视辞赋,辞赋作家被视为倡优;汉代缺少自觉的文人诗歌创作活动,汉乐府只是统治者"观风知政"的意外结果;汉代的散文写作很发达,如史书、政论文写作。但是,这都是基于政治目的,不是为了实现文学价值。司马迁撰《史记》就是为了"究天人之际,通古今之变,成一家之言"[1]。因此,从总体上看,文章写作与诗歌创作不被重视,不具有独立的价值,也没有形成写作风气。东汉中期开始,随着政局的动荡,道家思想的抬头,大批知识分子逐渐从经学的束缚中解放出来,文学精神获得了解放,其直观的表现有两个方面:一个就是抒情小赋的大量出现,另一个则是以"古诗十九首"为代表的抒情诗的兴起。这种全新的趋势在建安时期获得了强有力的推进,曹操以帝王之尊却爱好文学,打破了传统经学的束缚,提高了文学的地位;以当权者身份组织文人活动,扩大了文学的影响。因此,"建安"虽然是东汉末代皇帝、衰弱、猥琐的汉献帝刘协的年号,这个时期兵荒马乱、战乱频仍、民不聊生,然而,由于以曹氏父子为中心的文学活动,创造了"建安文学",在中国文学史上,这却是一个光彩夺目、影响深远的发展阶段或关键时期。此时文学领域的新变直接影响着此后中国文学的发展。其新变主要表现在以下三个层面:

第一,歌消诗兴的转型[2]。

尽管现行著作认为中国文学、中国诗歌活动是从上古、先秦开始的,但是,严格地说,文学作为"语言的艺术",书面的诗歌创作不是从上古也不是从先秦开始的,甚至两汉也还没有自觉的、普遍的书面诗歌创作。汉代流行辞赋创作,但是,汉代的

---

[1] 司马迁:《报任安书》。

[2] 详论参见吴怀东:《歌与诗——试论中国古代文人诗的成立》,载孙以昭主编:《中国文化与古代文学》,合肥:安徽大学出版社,1997年。

一流文人如司马迁、司马相如等都没有诗歌写作,而且,汉代的"诗"、"歌"异称,前者一般特指"诗经",而歌唱与歌在汉代流行:民间的歌唱(乐府)姑且不论,项羽被围苦唱"垓下曲",刘邦衣锦还乡之时情不自禁高唱"大风歌",可见,无论是上层贵族还是平民百姓,基本上是以歌唱方式来抒情的。

但是,从汉末建安开始,歌唱却越来越成为一种专门的技艺,尽管文人们仍然歌唱,而书面写作以抒情的新风兴起,歌唱之风的消退和个体书面写作之风的兴起是中国古代诗歌史上意义深远的重大转变。这个形态的变化其实包含两个方面:表层的是物质层面,就是书写手段的简化,如果没有汉末以来纸、笔的普及,那可能仍然是随口吟唱;深层的则是精神层面,就是文人个体意识的自觉和内敛人格的形成,如果没有生命的苦闷,哪有独对青灯的长歌当哭?因此,建安时期,歌唱之风的消退和个体书面写作之风的兴起,正是中国古代诗歌史上意义深远的重大转变。

第二,"建安风骨"的确立。

如前所述,以三曹与建安七子为中心的文章写作和诗赋创作,具有一种特殊的时代风格。早在南朝,学者们就已肯定、赞美建安文学所具有的独特时代风格,沈约肯定说:"至于建安……甫乃以情纬文,以文被质。"刘勰赞美说:"慷慨以任气,磊落以使才;造怀指事,不求纤密之巧;驱辞逐貌,唯取昭晰之能。"[①]钟嵘则将"建安风力"[②]作为他诗歌美的理想标准。初唐陈子昂在《修竹篇序》中认为"汉魏风骨,晋宋莫传",以六朝绮丽反衬"汉魏风骨"之可贵;盛唐诗人李白则称颂"蓬莱文章建安骨"。可见,建安诗歌乃至建安文学的"风骨"精神,是后代评论家、诗人的一致评价,构成了后代诗论家批评形式主义文风的重要思想资源。

第三,"文学的自觉"。

中国古代的"文学"概念是不断演变的,《论语·先进》云:"文学,子游、子夏。"扬雄《法言·吾子》解释说:"子游、子夏得

---

① 刘勰:《文心雕龙·明诗》。
② 钟嵘:《诗品·总论》,北京:人民文学出版社,1998年。

其书矣。""文学"是指有关经典的知识。《墨子·贵义》便将"书于竹帛,镂之金石,琢之盘盂,传遗后世子孙"视为"文学",《非命》云:"凡出言谈,由文学之为道也,则不可而不先立义法。"此处的"文学"即指"立言"的文辞。到了汉代,"文学"则主要指学术,尤指有关儒家经典的学术。《史记·儒林传序》云:"延文学会儒者百人……以文学礼义为官……自此以来……斌斌多文学之士矣。"但是,由于汉代文章写作日盛,文章的使用范围日益扩展,人们普遍推崇写作才能,逐渐形成了专称书面之文的概念"文章"、"文辞"。《汉书·公孙弘传赞》云:"文章则司马迁、司马相如"、"刘向、王褒以文章显",类似例子甚多。"文章"概念的兴起,本身表明文章写作的普及及被重视。

到了建安时期,开始正面肯定文章写作(当然包括纯文学的诗赋写作)的价值与意义,而"文章"中更受重视的是诗赋。曹丕在《典论·论文》中说:"盖文章经国之大业,不朽之盛事,年寿有时而尽,荣乐止乎其身,二者必至之常期,未若文章之无穷。是以古之作者,寄身于翰墨,见意于篇籍,不假良史之笔,不托飞驰之势,而声名自传于后。"《与王朗书》云:"唯立德扬名,可以不朽,其次莫如著篇籍。"在《又与吴质书》中,曹丕推崇徐干"著《中论》二十余篇,成一家之言,辞义典雅,足传于后,此子为不朽矣";同情应玚"斐然有述作意,其才学足以著书,美志不遂,良可痛息"。不仅如此,曹丕《典论·论文》云:"文本同而末异,盖奏议宜雅,书论宜理,铭诔尚实,诗赋欲丽。"明确提出"诗赋欲丽"的观点,充分肯定诗赋的独立审美价值。

20世纪,西学东渐,按照西方纯文学的标准,学者们认定了建安时期文学的特殊地位。鲁迅就认为:"用近代的文学眼光看来,曹丕的一个时代可说是'文学的自觉时代'。"[①]换言之,中国古代自觉的文学创作是从建安时期起步。也正因为出现了"文学的自觉",文学创作才被视作人生价值实现的重要途径之一,从而广大作家自觉地追求、研讨艺术美,才能实现文学艺术的不断发展。伴随着自觉化,文学的个性特征,包括作家的个性、文体的个性逐渐明显。

---

① 鲁迅:《魏晋风度及文章与药及酒之关系》。

概言之,正是在建安时期,曹操父子及围绕他们的"建安七子",既勇敢承担社会责任,也追求个体自由;既追求建功立业,也开展文学创作,创造了建安文学的繁荣,作家众多,文体丰富,佳作如林,并实现了"歌消诗兴"的转型,创造了"建安风骨",促进了"文学的自觉",开始了中国古代文学发展的新阶段。

曹氏家族与魏晋政治制度变迁

官制是研讨一个朝代政治的核心问题,官制的变化能深刻反映出政治变化的本质。自秦汉以来,为适应大一统中央集权的需要,自上而下地建立起一个庞大的封建官僚机构。这个机构总体分为中央和地方两级。官制的建立不可能一蹴而就,建立以后,封建官僚机构也要随着时代、时事的变化而有所更迭、变化。在西汉的官制变化之中,引人注目的是在庞大的官僚系统中逐渐分化出了中朝官与外朝官两个系统。两个系统自汉武帝时开始并立,其后互相消长,互为影响。总的趋势是,在皇权的支持下,中朝官逐渐在职权、地位上占据上风,地位日渐重要;外朝官则在皇权的打压之下,职权不断分化,地位也随之逐渐降低。最终,中朝官牢牢掌握了朝政,外朝官则日趋被边缘化。

曹操在乱世混战中逐渐夺取权力,曹操夺权及其子孙建立曹氏家族权力的过程,也是逐渐改革官制的过程,正是这样一个背景,决定着曹魏官制的特色。

第一节 曹操对汉代官制的重建与改革

东汉献帝时,社会动荡,军阀割据,民不聊生。原有的官僚系统也遭到了毁灭性的打击。重建、发展新的官僚体制成为时代发展的必然要求。曹操把握住历史机遇,大力发展自身实力,建立了一整套新的管理机构。但这套官僚系统并非仅仅是对东汉官僚系统的复制,而是在原有官僚系统的基础上,根据自身实力发展的需要,不断变革,而建立起的"霸府"这一具有历史开创意义的官僚体系。最终,曹氏家族依托这一新的官僚体系——"霸府"完成了朝代的更迭。

曹操创立"霸府"是一个创举,这一创举为后代晋、宋、齐、梁、陈及北魏、北齐、北周等几朝所学习、继承。他们纷纷利用这一新的朝代更迭方式,完成了自身权力的嬗变,由相权取代了皇权。可以说,曹操的"霸府"深刻影响了两晋及南北朝的政治运行。

曹操崛起于军阀混战之中,以"挟天子以令诸侯"的政治手腕首先占据了政治上的优势,其后在长期的东征西讨之中,逐渐将朝政权力集中于自身,以相权取代了皇权,为曹丕以魏代汉奠定了坚实基础。

在曹操"挟天子以令诸侯"之前,汉代官制已在不断演变。自西汉至东汉,汉代官制总体呈现着皇权逐步侵蚀相权,权力逐渐集中于皇帝的趋势。

在两汉的中央政府层面,为适应大一统的国家政治,汉朝廷建立起一整套严密的官僚系统。这套系统随着政治的发展而不断变化,其职位的设立、职务职责的变更,前后期都有着很大的不同。在种类、层级多样的职官、职位中,核心即是以丞相、太尉、御史大夫为基础的三公九卿(也称作"外朝")与大将军、大司马、尚书台、侍中等构成的"中朝"官。中朝与外朝在两汉的政治中发挥着重要的作用。如果以皇权为参照,则外朝对皇权天然起着分权的作用;中朝则是皇权加强的产物,起着集中政权、巩固皇权的作用。所以,外朝自汉武帝以后长期受着皇权的压制、分化,而中朝则不断地被强化。掌控了中朝,也即掌控了政府权力,西汉霍光、王凤、王根,东汉窦宪、梁冀等外戚,西汉的石显、东汉的"十常侍"等宦官专权,均是通过掌控中朝而得以实现的。

外朝权力在汉代不断被削弱,其中表现最突出的就是丞相职权、责的变化。

丞相,西汉初亦称"相国",辅助皇帝处理全国政务,所谓"掌丞天子,助理万机",地位十分重要。由于丞相职权过重,对于专制皇权而言起一定的分权作用，这引发了皇帝的不满。所以，从汉武帝开始，中朝官开始出现，皇帝开始逐渐将政权集中于中朝，用以巩固皇权。在武帝之后，汉成帝进一步控制、削弱相权。汉成帝设置三公官：大司空、大司马、丞相。丞相虽然官名没有变化，但是职权已被分化。哀帝元寿二年改丞相为大司徒，更进一步地削弱相权，削弱外朝的政治势力，增强皇权。

东汉以后，光武帝建武二十七年下诏命"大司徒"之号去"大"，只称司徒。丞相的职责也随着名号的改变而变化。汉初丞相的职责非常广泛，"掌承天子，助理万机"，"宰相者，上佐天子理阴阳，顺四时，下遂万物之宜，外镇抚四夷诸侯，内亲附百姓，使卿大夫各得任其职也"。具体而言，汉代丞相的职责[①]有：一、谏阻君主的责任与权力。二、举荐、任命官吏的权力。三、总领百官奏事的权力。四、举恶察奸、先斩后奏的权力。五、总领郡国上计，考课百官和奏行赏罚的权力。六、为京畿诸郡的上诉机关、地方郡守令长的考绩也由丞相负责。

东汉以后，丞相名称改为司徒，其职责有了巨大变化。《后汉书·百官志》记载："司徒，公一人。本注曰：掌人民事。凡教民孝悌、逊顺、谦俭、养生送死之事，则议其制，建其度。凡四方民事功课，岁尽则奏其殿最而行赏罚……凡国有大疑大事，与太尉同。"其后注引孔安国说："（司徒）主徒众，教以礼义。"可见，丞相的权责在东汉转为司徒后大大削弱，已经丧失了百官之长的地位。由"掌丞天子，助理万机"一变而为"主徒众，教以礼义"，由政权的全面执掌变为仅仅执掌民事教导。虽然地位仍属于三公，但已处于太尉之下。

东汉后期，外戚与宦官专权日益严重，原有的三公九卿制度遭到了严重破坏，三公九卿已经成为政策的执行者，而没有任何的决策权。中央层面的权力集中于被称为中朝的尚书台、侍中、大将军等手中。

献帝即位以后，董卓、李傕、樊稠、郭汜等人先后于洛阳、长安作乱，给东汉朝廷以沉重打击。在动乱中，东汉朝廷中央官员死伤殆尽，皇帝也是朝不保夕。在历尽艰难险阻之后，汉献

---

① 杨鸿年、欧阳鑫：《中国政制史》，武汉：武汉大学出版社，1989年。

帝从长安逃出,由曹操迎至洛阳。随后"天子假太祖节钺,录尚书事。洛阳残破,董昭等劝太祖都许。九月,车驾出轘辕而东,以太祖为大将军,封武平侯。自天子西迁,朝廷日乱,至是宗庙社稷制度始立"①。出于政治斗争的需要,曹操将大将军职位让给了袁绍,汉献帝又拜曹操为司空,行车骑将军。至此,在曹操的军事保障之下,东汉朝廷稍稍得以喘息,宗庙制度得以重新确立。中央级别的官署、职位等也得以基本恢复正常。可以说,曹操对于东汉朝廷有重建之功。

但是,曹操的重建又是根据自己的需要而进行的。在其后的时间里,曹操一方面尊奉天子,"挟天子以令诸侯";另一方面又不断地对东汉朝廷进行符合自己利益的改造。这种改造最突出的体现即是曹操"霸府"的形成。关于曹氏"霸府"的行政安排,我们将在下节予以介绍,此处不再赘述。

除了建立"霸府"之外,曹操的一些所作所为也反映出其对东汉朝廷原有官制的不屑与改造。

首先,曹操在迎天子于洛阳之后,自为司空并行车骑将军,同时录尚书事,使得"百官总己以听",朝政大权紧紧握在自己手中。袁绍虽然得到了大将军的封号,地位应在曹操之上,但在政治上已经处于被动局面,不得不在形式上服从天子,也即服从天子背后曹操的旨令。

其二,建安十三年,曹操罢三公官,置丞相、御史大夫,曹操自为丞相。不过,御史大夫"不领中丞,置长史一人"②。曹操任命郗虑为御史大夫,但没有恢复其监督官吏的职责,此时的御史大夫仅是虚衔而已,并无实权,朝政大权仍然为曹操所控制。曹操占据丞相之名,所行职权却远远超出汉初丞相。如建安二十年,"天子命公(曹操)承制封拜诸侯守相。"《三国志·魏书·武帝纪》裴注引《汉魏春秋》曰:"天子以公典任于外,临事之赏,或宜速疾,乃命公得承制封拜诸侯守相……自今以后,临事所甄,当加宠号者,其便刻印章假授。"曹操获得了只有皇权才具

---

① 陈寿:《三国志·魏书·武帝纪》,北京:中华书局,1982年。
② 陈寿:《三国志·魏书·武帝纪》裴松之注引《献帝起居注》,北京:中华书局,1982年。

备的直接任命地方郡守的权力,这则是以前丞相所不具备的。

第三,建安二十一年,曹操被封为魏王,打破了汉高祖所订"白马之盟"中非刘氏不得为王的规定,明显地表现出自己欲政权嬗替的政治野心。

除了以上列举的一些之外,曹操诛杀伏皇后并杀献帝二子一事也可说是曹操对于汉官制及礼仪制度的突破和对于名存实亡的东汉皇权的不屑。《三国志·魏书·武帝纪》注引《曹瞒传》记载:"公遣华歆勒兵入宫收后……牵后出。帝时与御史大夫坐,后被发徒跣过,执帝手曰:'不能复相活邪?'帝曰:'我亦不自知命在何时也。'……遂将后杀之,完及宗族死者数百人。"

可以说,曹操一方面重建了东汉朝廷,另一方面又不断地在原有体制内寻求突破,直至最后暴露篡汉的雄心。

第二节　曹操霸府与汉魏中央官制变化

东汉自桓帝、灵帝之后,宦官掌握了中朝的权力,并利用侍中、中常侍的特殊地位把持朝政。大将军窦武与大将军何进力图铲除宦官,但都以失败而告终。失败的主要原因都是没有看到此时的中常侍、侍中等中省官已经将东汉前期尚书台的政策决定权掌握在手中,并直接架空皇权,掌握朝政。此时的外朝三公官仅是政策的执行者而已,而原来掌握政策决定权的尚书台也变为政策执行的监督者。虽然也有外戚或士人以大司马、大将军的身份录尚书事,处理政务,但由于政权的重心已经转移,他们对于混乱的朝政,也是心有余而力不足,无力收拾局面。

随着何进被诛,董卓率凉州兵团进入东都洛阳,其种种残暴措施给东汉朝廷以致命打击。可以说,董卓的所作所为直接开启了后来曹操的霸府统治模式。建安元年,汉献帝被曹操迎立,建都许,曹操"挟天子以令诸侯"建立霸府,皇权进一步衰落,政权自然而然地开始了新一轮的嬗替过程。

曹操建立霸府以后,不断扩充自身实力,重建和改革东汉中央官制,使其为自己掌控朝权服务。在这期间,曹操根据实际情况,参照以往制度,设立、改造了一系列的官职,使得此时官制呈现出明显的过渡特点。

一、曹操霸府的设立

霸府之名,在曹操之前并未出现。陶贤都认为:"所谓霸府,也叫霸朝,是权臣建立的控制皇帝和朝廷,作为国家实际权力中心的府属机构。"①东晋袁宏在《三国名臣颂》里将曹操所建立的府属机构称为"霸朝",称荀彧"文若怀独见之照,而有救世之心,论时则人方涂炭,计能莫出魏武,故委图霸朝,预谋世事"。崔琰"崔生高朗,折而不挠,所以策命魏武、执笏霸朝者,盖以汉主当阳,魏后北面者哉"。

曹操设立霸府并非一蹴而就,而是在一定的政治发展基础上逐步完成的。总体说来,曹操之所以能设立霸府,原因有如下几点。

第一,董卓废立皇帝,大肆杀戮朝臣,造成东汉中央政府官僚系统损失殆尽。

大将军何进在意图诛杀"十常侍"张让等人之时采取的错误决策,直接导致了东汉灵帝后的朝政崩溃,社会动荡。《后汉书·何进列传》记载:"(袁)绍等又为画策,多召四方猛将及诸豪杰,使并引兵向京城,以胁太后。进然之。主簿陈琳入谏……进不听。遂召前将军董卓屯关中上林苑,又使府掾太山王匡东发其郡强弩,并召东郡太守桥瑁屯成皋,使武猛都尉丁原烧孟津,火照禁中,皆以诛宦官为言。"何进失败后,董卓掀起了动乱。杀少帝、太后,立陈留王为献帝,并携百官西迁长安,火烧洛阳都城。在携百官西迁长安后,董卓把持朝政,对于异己者肆意杀戮。据《后汉书·孝献帝纪》记载:"初平元年,三月戊午,董卓杀太傅袁隗、太仆袁基,夷其族。"又"二年,冬十月壬戌,董卓杀卫尉张温"。在董卓被王允、吕布设计诛杀以后,其部将李傕、郭汜、樊稠、张济等叛乱。"攻京师……陷长安城,太常种拂、太仆鲁旭、大鸿胪周奂、城门校尉崔烈、越骑校尉王颀并战殁,吏民死者万余人","李傕杀司隶校尉黄琬,甲子,杀司徒王

---

① 陶贤都:《曹操霸府与曹丕代汉》,载《唐都学刊》,2005年第5期。

允,皆灭其族"。在献帝投奔"白波帅"杨奉,逃离长安回到洛阳时,百官一路上或因饥饿或因战乱,又损失不少。

在这种情况之下,东汉中央政府官员几乎被杀戮殆尽,中央官僚系统已经名存实亡,已没有能力维持中央政府的正常运转。

第二,东汉将军幕府制度的发展,为曹操设立霸府提供了参照。

东汉在外戚或皇室成员专权时往往以大将军或其他将军的封号录尚书事,位在三公之上。其幕府也就成为了左右政权的公府。东汉明帝初,东平宪王刘苍拜骠骑将军,"置长吏掾史员四十人"。和帝时,窦宪为车骑将军,"官属依司空",及征伐匈奴有功回来以后,迁大将军,"旧大将军……置官属依太尉,宪威权震朝廷,公卿希旨,奏宪位次太傅下,三公上。长史、司马秩中二千石,从事中郎二人六百石,自下各有增"①。这时候幕府制度还没有形成,属于初创阶段。自邓骘开始,凡为车骑将军加"仪同三司",或者大将军者,都可以组织规模比照三公府的幕府②。《后汉书·续百官志》在叙述将军府的组织时说:"长史、司马皆一人,千石。本注曰:'司马主兵如太尉。'从事中郎二人,六百石。本注曰:'职参谋议。'掾属二十九人,令史及御属三十一人。本注曰:'此皆府员职也。'又赐官骑三十人及鼓吹。"《续百官志》又记载,太尉府有"掾属二十四人,令史及御属二十三人。"可见中朝将军府的规模比太尉府要庞大不少。这样的规模自然是为了控制政权的需要,随着后期中朝将军实力的增强,幕府也日渐发展。御属增加,幕府与将军府的关系密切,幕府的运作及其对朝政的把持方式都为曹操"霸府"的建立树立了参照。

第三,董卓之乱后,地方军阀割据,纷纷设立自己的幕府,建立起自己的军事管理系统。曹操也不例外。在迎献帝都许之前,曹操已是东郡太守、镇东将军,已经有了自己的部属和一

---

① 范晔:《后汉书·窦融列传》,北京:中华书局,2005年。
② 桓帝建和九年,"增大将军府举高第茂才,官属倍于三公",仅是特例。见范晔:《后汉书》卷二十四,北京:中华书局,1965年。

套幕府运作系统。这是霸府建立的基础。正是有了这个基础，曹操才能迅速地延揽士人，为己服务。

二、曹操霸府的建立与组成

(一) 曹操霸府的建立过程

曹操利用霸府机构不断集中朝政权力，但霸府的发展并非一蹴而就，大致可以分为三个阶段[①]：

第一阶段，自建安元年至建安十三年(208年)。此时曹操由镇东将军自领司隶校尉，录尚书事，再为大将军、司空、行车骑将军事。

在这一阶段，中央政府中枢机构仍然沿用东汉的内外朝体制。内为尚书台，外为三公之制。除了司空曹操以外，还有司徒赵温。由于太尉一职长期空缺，赵温没有实权，此时的朝政大权已经牢牢控制于录尚书事的司空曹操手里。不过，曹操的专权也面临着皇权的冲击与反抗。建安五年(200年)正月，汉室外戚车骑将军董承(献帝祖母董太后侄子)联络一部分官员，密谋诛杀曹操。曹操发觉以后，董承等人被夷灭三族。据说董承等人是奉了献帝的密诏。此后，建安八年(203年)曹操又设立司直，"督中都官"。司直官原为武帝初设置，官属丞相，职责是"佐丞相举不法"；哀帝时，丞相改为大司徒，司直一职仍旧，东汉光武帝时罢置。曹操设立司直，自然是把它作为自己的属官。

曹操霸府此时也有所发展。建安九年(204年)，曹操攻破邺城，自领冀州牧。其后，曹操采纳谋士郭嘉的建议，"多辟召青、冀、幽、并知名之士，渐臣使之，以为省事掾属"。曹操大量征辟的名士，除少数直接进入司空府外，大部分都在冀州府任职，此时冀州府即成为了曹氏霸府的重要组成部分。另外，曹操自此长期居留在邺城，司空府也由许都迁到邺城，在许都仅留有司空府的留府。这样，曹操就可以在邺城大力发展自己的势力，而把汉朝廷搁置一边，使邺城成为新的政治中心。

第二阶段，自建安十三年至建安十八年(213年)。曹操恢

---

① 参见柳春新：《曹操霸府述论》，载《史学月刊》，2002年第8期。

复西汉丞相制,更进一步把持朝政,架空皇权,强化霸府统治。此时朝代更迭的倾向也更为明显。

建安十三年正月,曹操借故将司徒赵温免官,"夏六月,罢三公官,置丞相、御史大夫。癸巳,曹操自为丞相"①;八月,又立光禄勋郗虑为御史大夫。这一改变,表面上是恢复了西汉的丞相制度,但实际上,是把分散的三公权力重新归于丞相一人。郗虑虽然是御史大夫,但其执掌仅为汉司空之权,并没有恢复御史大夫的监察权。很明显,恢复丞相制度只是曹操玩弄政治手段、强化霸府统治的一条捷径,使得其对政权的控制更加牢固。

曹操就任丞相以后,进一步采取措施加强集权统治。建安十六年(211年)正月,汉献帝以曹操世子曹丕为五官中郎将,置官属,同时又封曹植、曹据、曹豹为侯。十八年正月,曹操又以汉献帝的名义"并十四州,复为九州",目的即是通过恢复古时的冀州,扩大自己的直接控制区域。同年五月,汉献帝被迫以冀州十郡策封曹操为魏公,加九锡之礼。

此时,曹操内部也开始出现反对曹操取代皇权的力量,代表即是曹操的重要谋臣荀彧。荀彧出身于著名的颍川荀氏家族,怀有深厚的大族情感,他以"匡扶汉室"为己任,反对曹操进爵魏公,受赐九锡。荀彧也因此受到曹操的冷落疏远,被迫自杀。

第三阶段,自建安十八年至建安二十五年(220年)。这一阶段,曹操有计划地进行"以魏代汉"的政治步骤,同时篡汉建魏和反魏兴汉的斗争也更加尖锐。

曹操封魏公建立魏国以后,即设立尚书、侍中、六卿等魏国职官,由其属下的重要臣僚担任。自此,魏国的职官系统逐渐完备起来。建安二十一年(216年)四月,曹操晋爵为魏王,并在各种重要的礼仪方面享有和皇帝一样的规格,并选定曹丕为魏太子,选定了继嗣。这一切都说明,皇权的更迭不可避免,汉朝廷已走到了它的尽头。

当曹操紧锣密鼓地实施"以魏代汉"的各项步骤时,其政权

---

① 范晔:《后汉书·孝献帝纪》,北京:中华书局,2005年。

内部的亲汉势力的反应也愈加强烈,由此造成了双方的激烈对抗和冲突。建安十九年(公元 214 年)十一月,汉献帝伏后因对曹操专权不满而被诛杀。二十三年正月和二十四年九月,在许都和邺城相继发生了两起针对曹操的谋反事件,目的都是要阻止曹操篡汉自立。尽管这两次谋反都被镇压了下去,但事件本身却影响了曹操"以魏代汉"的进程。

通过这三个阶段的发展,曹操霸府确立了皇权嬗替的进程。"以魏代汉"仅仅是一个时间问题了。

(二)曹操霸府的组织

曹操通过霸府牢牢掌握政权,一步步完成了"以魏代汉"的政治步骤。在这个进程之中,曹操根据实际需要建立起自己完整的僚属机构,对完成政权嬗替以后的魏官制的发展产生了重要影响。

总的来说,曹操对霸府机构僚属的设置是与霸府的发展阶段相适应的。在不同的阶段,曹操根据政治斗争和军事斗争的需要,逐渐将自己的僚属系统趋于完善。其在继承汉代官制系统的基础上不断根据需要加以创制,设立了一些新的职位,形成自己的特点。

关于曹操霸府三个阶段的僚属情况,如表 5-1 所示。

曹操自建安元年担任司空,行车骑将军事后,即对原有司空府僚属系统进行大规模的改革。增加僚属,扩充属员,司空职权也和东汉司空有很大不同。①:

表 5-1

人数、品级 府属\职位	东汉司空	曹操司空府	职责	备注
军师祭酒		一人,第五品		
军师		一人,第五品	参谋军事	
长史	一人,千石。(掾属二十九人②)	一人,千石,第六品	署诸曹事	东汉司空长史协助司空处理事务

① 参照《后汉书·百官志》与洪饴孙《三国职官表》编制。
② 此处掾属《后汉书·百官志》中未列具体职官名。

续表

人数/职位/品级/府属	东汉司空	曹操司空府	职责	备注
司马		一人,千石,第六品	主兵事	
从事中郎		二人,千石,第六品	职参谋议	
主簿		一人,第七品	省录众事	
参军		二人,第七品		
西曹掾		一人,比四百石,有属一人,二百石。	典选举	
东曹掾		一人,比四百石,第七品。	典选举	
户曹掾		一人,比三百石,第七品	主田户、祠祀、农桑	
仓曹掾		一人,比三百石,第七品	主仓谷	
诸曹掾		属无考。		
记室				刘放、路粹、陈琳、阮瑀曾任记室
司直		一人		
令史及御属	四十二人			

东汉司空职责,据《后汉书·百官志》记载:"掌水土事。凡营城起邑,浚沟洫、修坟防之事,则议其利,建其功。凡四方水土功课,岁尽则奏其殿最而行赏罚。凡郊祀之事,掌扫除乐器,大丧则掌将校复土。凡国有大造、大疑、谏争,与太尉、司徒同。"可见,东汉时司空仅负责水利营建等事,与军事没有任何关系。曹操司空府则不然,从其掾属设置即可看出,其职责侧重于军事。所以说,此时的司空府是曹操建立霸府的第一阶段。

曹操霸府第二阶段,曹操由司空转为丞相,而曹操丞相府职责、僚属与西汉丞相、东汉司徒府也有很大不同,如表 5-2 所示。①

表 5-2

府属 \ 人数、品级、职位	东汉司空	曹操司空府	职责	备注
军师祭酒			无定员,第五品	
中军师			二人,第五品	参谋军事
长史	二人,千石	一人,千石。(掾属三十一人)	二人,为左右长史,千石,第六品	署诸曹事
留府长史			一人	曹操领兵出战,则统留事
行军长史			一人	
前、后、左、右军师			各一人,第五品	
军师			无定员,第五品	
司马			二人,为左右司马,千石,第六品	主兵事
从事中郎			二人,千石,第六品	职参谋议
主簿			四人,第七品	省录众事
主簿祭酒			一人,第七品,	省录众事 主簿久次者为之
参军			二十二人,第七品	
参军祭酒			一人,第七品	参军久次者为之
西曹属			二百石,第七品	典选举 建安二十二年省
东曹掾			一人,比四百石,第七品。	典选举

---

① 参照《汉书·百官公卿表》、《后汉书·百官志》与《三国职官表》编制。

续表

人数、品级、府属\职位	东汉司空	曹操司空府	职责	备注
户曹掾		一人,比三百石,第七品。有属二人,二百石,第七品	主田户、祠祀、农桑	
法曹掾		一人,比三百石。属一人,二百石,第七品	主邮驿科程事	
兵曹掾		一人,比三百石,有属一人,二百石,第七品	主兵事	
仓曹属		二人,二百石,第七品	主仓谷事	
诸曹掾		属无考		
记室		无定员,二百石,第七品		
司直	一人,比二千石	一人,比二千石		
令史及御属		三十六人		
门下督		无定员(品秩无考)		

从表中可以看出,曹操霸府规模迅速扩大,在军事职能不断加强的基础上,行政职能也在不断加强。曹操霸府已经牢牢控制政权,朝代更迭已经不可避免。

而曹操霸府的僚属系统也可大致分为文官系统和武官系统两大类。

据表 5-1 可知,东汉司空属官有长史 1 人,千石;掾属 29 人、令史及御属 42 人。但是,曹操担任司空时,"百官总己以听",司空的性质已经发生变化,司空府僚属的规模自然也较以往大大增加。在先后成为丞相、冀州牧、魏公、魏王后,曹操的僚属规模更进一步扩大,逐渐建立起一整套与东汉朝廷对应的官僚系统。这套系统既继承汉代官制,又根据实际需要不断地进行改革。有的是重新设立旧官执行新的职权,如前所提到的司直;有的是设置新的职位,如军师祭酒;有的是原有职位的职权有所扩大,如司空长史、司空东西曹掾等。

第一类是设置旧官,但执行新的职权或职权有所扩大。

长史。汉代的司空仅掌水土、营建事。司空长史1人,秩千石。《后汉书·百官志》虽没有明言其职责职权,但作为司空的辅助官员,应没有参与朝政的权力。而曹操司空府由于是东汉政权真正的中心,所以司空长史及后来的丞相长史的职权也比以前有了很大改变。不过,长史作为司空或丞相重要辅助职员的性质并没有改变。如《三国志·魏书·武帝纪》记载:"(刘备)阴与董承等谋反,至下邳,遂杀徐州刺史车胄,举兵屯沛。遣刘岱、王忠击之,不克。"裴松之注引《魏武故事》曰:"岱字公山,沛国人。以司空长史从征伐有功。"可见司空长史在此时还有了行军打仗的职权。再如丞相长史王必,在面对耿纪、韦晃等人的叛乱时,和颍川典农中郎将严匡一起平息了这次叛乱。在刘岱、王必等人的身上我们并没有看到其有关水土、营建方面的职责表现,这显示出长史的职能已经发生了改变。

东西曹掾。曹操霸府的东西曹掾一对内、一对外分别掌管着霸府内与朝廷的人事任免权力,在霸府中地位突出。在曹操担任魏公以前,毛玠一直担任司空府、丞相府的东曹掾,崔琰则先后任丞相府的西曹掾、东曹掾,两人主持选举的时间最长,影响也最大。他们在任职期间,曹操实际总揽了中央和地方的选举用人权。

记室。记室的职官名称在东汉时即已出现,是三公和大将军幕府临时设置的佐僚之一,主要掌管章表、书记、文檄。曹操霸府中记室的职权与东汉前期相比虽然并没有太大的改变,但却有所扩大。此时记室不光掌管书记、文檄等,而且还可以参议军事,如刘放即"参司空军事,历主簿、记室"。

主簿。原是汉以后的通用官名,主要从事文书与案牍工作。此时职权也有所扩大,如刘晔为主簿,从曹操征张鲁,"督后诸军",说明其也有了军事职能。

军师。军师是汉末诸侯割据时所普遍设立的军事官员。袁绍、袁术都曾设置,《后汉书·卢植传》说:"卢植,字子幹,涿郡涿人也……隐于上谷,不交人事。冀州牧袁绍请为军师。初平三年卒。"《后汉书·孔融传》:"初,马日䃅奉使山东,及至淮南,数有意于袁术。术轻侮之,遂夺取其节,求去又不听,因欲逼为军师。日䃅深自恨,遂呕血而薨。"冀州牧刘表也设有军师,《襄阳耆旧记》卷一云:"蔡瑁,字德珪,襄阳人……刘表时,江夏南部章陵太守,镇南大将军军师。"①曹操府中军师一职的最早记载见于《三国志·吴志·孙破虏讨逆传》注引《会稽典录》记载:"初,曹公兴义兵,遣人要(周)喁,喁即联合兵众,得二千人,从公征伐,以为军师。"军师的地位在府中是相当高的,任职的也多是名士之流。周喁是如此,荀攸更是典型。《三国志·魏书·荀攸传》记载:"荀攸,字公达,彧从子也……太祖素闻攸名,与语大悦,谓荀彧、钟繇曰:'公达,非常人也,吾得与之计事,天下当何忧哉。'以为军师……冀州平,太祖表封攸曰:'军师荀攸,自初佐臣,无征不从,前后克敌,皆攸之谋也'……转为中军师。"随着曹操霸府的扩大,军师的数量也开始增多,在魏公国成立前夕,也出现了中军师、前军师、左军师、右军师等称呼。

第二类是曹操霸府新创制的职属,这主要集中于军事官员中。

军师祭酒。这是曹操霸府的创制。《三国志·魏书·武帝纪》记载,建安三年正月,"公还许,初置军师祭酒"。《宋书·百官志》上"三公官属条"云:"祭酒,晋官也。汉吴王濞为刘氏祭酒。夫祭祀以酒为本,长者主之,故以祭酒为称。汉之侍中,魏之散骑常侍高功者,并为祭酒焉。公府祭酒,盖因其名也。"建安三年,曹操时任司空兼领车骑将军,军师祭酒在此时设立,应是曹操扩大参谋名额之举,当时任军师者只有荀攸一人,而军师祭酒却无定额。在军事倥偬之际,更可收广纳人才之效。军师祭酒的职掌,史无明文,但可想见的是参谋军事无疑是其最重要的职责。如《三国志·魏书·郭嘉传》记载,郭嘉自袁绍而归曹操后,被任命为司空军祭酒。一直到郭嘉病逝,仍为军祭酒。但"每有大议,临敌制变……平定天下,谋功为高。"《晋

---

① 转引自张军:《曹操霸府的制度渊源与军事参谋机构考论——兼论汉末公府的"幕府化"过程》,载《石家庄学院学报》,2006年第5期。

书·职官志》云:"及当涂得志,克平诸夏,初有军师祭酒,参掌戎律。"或许掌管戎律也是军师祭酒的分内之事。在霸府中任职军师祭酒者,还有不少文学之士,掌管军国文檄,如王粲、徐干、陈琳、阮瑀、路粹等。

军谋掾。军谋掾的设置与军师祭酒一样属于曹操霸府的创制,不过,与军师和军师祭酒相较而言其在府中的位望要稍低一些。任职者也多非名士。如《三国志·魏书·仓慈传》注引《魏略》云:"令狐邵,字孔叔……九年,暂出到武安毛城中。会太祖破邺,遂围毛城。城破,执邵等辈十余人,皆当斩。太祖阅见之,疑其衣冠也,问其祖考,而识其父,乃解放,署军谋掾。仍历宰守,后徙丞相主簿,出为弘农太守。"又《三国志·魏书·王肃传》注引《魏略》云:"薛夏,字宣声。天水人也。博学有才。天水旧有姜、阎、任、赵四姓,常推于郡中,而夏为单家,不为降屈……太祖……召署军谋掾。文帝又嘉其才,黄初中为秘书丞。"军师、军师祭酒多为当时霸府中之重臣,为曹操的重要谋士;而军谋掾则有礼纳人才,兼为后世储备人才的意味了。实际上,军师、军师祭酒、军谋掾在曹操霸府中共同形成了军事参谋性质的官职序列。军师地位最高,军师祭酒次之,军谋掾又次之。

参军。参军之名虽不起于曹操霸府,但却在曹操霸府中得以固定化。参军起于汉末,《三国志·魏书·陶谦传》记载:"陶谦……迁幽州刺史,征拜议郎,参车骑将军张温军事,西讨韩遂。"陶谦是以前刺史、现议郎的身份担任参军。此后参军在曹操霸府中亦得以设置。如荀彧"参同计画,周旋征伐,每皆克捷,奇策密谋,悉皆共决",他是以"侍中光禄大夫持节,参丞相军事"的,级别很高。由此可见,参军往往是以他官来参议军事,但其地位显要,职责复杂。如张范在霸府中以议郎身份"参丞相军事,甚见敬重。太祖征伐,常令范与邴原留,与世子居守。太祖谓文帝:'举动必谘此二人。'世子执子孙礼"。参军职位后来逐渐固定化,在曹操霸府中常设,开启了朝官幕僚化之先河,并为晋以后霸府所效仿。需要说明的是,参军并非只可参议军事,必要时也可以领兵为将。如《三国志·魏书·曹仁传》记载:"仁弟纯,初以议郎参司空军事,督虎豹骑从围南皮。"

《三国志·魏书·曹休传》记载:"刘备遣将吴兰屯下辨,太祖遣曹洪征之,以休为骑都尉,参洪军事,太祖谓休曰:'汝虽参军,其实帅也。'洪闻此令,亦委事于休。"从这里也可以看出参军设置的灵活性,它既文既武,也是霸府与东汉朝廷幕僚和朝臣身份互转的重要途径。关于曹操霸府中军师、军师祭酒与参军之人,张军曾制作了一张表①,如表 5-3 所示。

表 5-3

人名	本贯	司空府 (196—208)	丞相府 208—220	入曹操幕府前之经历	出处(魏书卷次)
傅巽	北地		军师祭酒	刘表(幕下)	卷1注
王粲	山阳		军师祭酒	刘表	卷1注
傅干	北地		参军→东曹属		卷1注
刘琮	山阳		参军	荆州牧	卷6
曹纯	沛国	参军		曹操从弟	卷9
荀彧	颍川	(曹操奋武司马)	参军	韩馥→袁绍	卷10
荀攸	颍川	军师	中军师	蜀郡太守	卷10
贾诩	武威		参军	董卓→张绣	卷10
袁涣	陈郡		军师祭酒	刘备→袁术→吕布	卷11
张范	河内		参军	袁术	卷11
张承	河内		参军祭酒	袁术	卷11
凉茂	山阳	(掾)	左军师	公孙度	卷11
毛玠	陈留	(东曹掾)	右军师		卷12
何夔	陈郡	(掾属)	参军→东曹掾	袁术	卷12
邢颙	河间		参军→东曹掾	田畴(徐无山坞主)	卷12
钟繇	河间		参军→前军师	李傕→郭汜	卷13
华歆	平原	参军	军师	豫章太守→孙策	卷13
王朗	东海	参军	军师祭酒	会稽太守→孙策	卷13
郭嘉	颍川	军师祭酒		袁绍	卷14
程昱	东郡		参军	刘岱(兖州刺史)	卷14
董昭	济阴	军师祭酒		袁绍→张杨(河内太守)	卷14

---

① 张军:《曹操霸府的制度渊源与军事参谋机构考论——兼论汉末公府的"幕府化"过程》,载《石家庄学院学报》,2006年第5期。

续表

人名	本贯	司空府 (196—208)	丞相府 208—220	入曹操幕府前之经历	出处（魏书卷次）
刘放	涿郡	参军	（主簿·记室）	王松（渔阳）	卷14
孙资	太原		参军		卷14
成公英	金城		参军·军师	韩遂（凉州）	卷15注
徐干	北海	军师祭酒			卷21
陈琳		军师祭酒·掌记室	门下督	何进→袁绍	卷21
阮瑀	陈留	军师祭酒·掌记室	仓曹掾属		卷21
路粹	陈留	军师祭酒·掌记室			卷21注
仲长统	山阳		参军	高干	卷21
陈群	颍川	（西曹掾属）	参军→东西曹掾	刘备	卷22
卫臻	陈留		参军→户曹掾		卷22
杜袭	颍川		军师祭酒	刘表	卷23
裴潜	河东		参军→理曹掾	刘表	卷23
李义	冯翊		军师祭酒		卷23注
杜夔	河南		军师祭酒·参太乐事	刘表	卷29

总的说来，曹操霸府职官的设置，在继承汉代朝官、幕府僚属设置的基础上，往往根据实际情况予以灵活安置。有些官职保留下来，并为曹丕建魏后所继承；有些则是设置以后"事毕则省"，自然消亡。前者如侍中，《通典》卷二十一"职官"三记载："侍中本秦丞相史也，使五人往来殿中，东厢奏事，故谓之侍中。"两汉时，侍中改为加官，成为中朝官的一部分。《汉书·百官公卿表》记载："侍中、左右曹、诸吏、散骑、中常侍皆加官，所加或列侯、将军、卿、大夫、都尉、尚书、太医、太官令、至郎中，亡员，多至数十人。"加此官者，可以出入禁中，担任皇帝侍从。从曹操霸府开始，侍中的人数被逐渐加以固定，"魏晋以来置四人，别加官者则非数"[1]。后者如五官中郎将与左右中郎将，由于曹丕曾担任此职，所以在其即位后，这一职位也就撤销了。

---

[1] 房玄龄等：《晋书·职官志》，北京：中华书局，1974年。

第三节　曹氏代汉后官制的变革及对后宫干政的限制

一、曹丕、曹叡对魏国官制的变革

建安二十五年（公元 220 年），曹操病逝，世子曹丕继承魏王、丞相之位，改元延康。同年十月，曹丕正式以魏代汉，建立魏国。魏国建立以后，在曹操霸府的基础之上迅速建立起自己的官僚体系。新朝廷的主要官僚均是原霸府中的重要成员。如表 5-4 所示。

表 5-4

人物	在霸府中的任职	在魏朝廷职官
贾诩	司空参军、太中大夫	太尉
华歆	司空参军、军师、御史大夫	相国
王朗	司空参军、军师祭酒、大理	御史大夫
桓阶	丞相掾主簿、魏国尚书	尚书令
陈群	司空西曹掾属、丞相参军、御史中丞	尚书仆射、侍中
邢颙	司空掾、丞相参军、东曹掾	侍中、尚书仆射
陈矫	司空掾属、丞相长史、西曹属	吏部尚书
刘放	司空参军、主簿记室、秘书郎	中书监
孙资	丞相参军、秘书郎	中书令
刘廙	丞相掾属、魏国黄门侍郎、丞相仓曹掾	侍中
刘晔	司空仓曹掾丞相主簿	侍中
辛毗	丞相长史	侍中
鲍勋	丞相掾	侍中
钟繇	魏国大理、相国	廷尉

从上表可以看出，曹丕魏国朝廷主要官员均来自霸府。正因如此，曹丕才能如此顺利地完成政权更替。

曹氏魏国共计 45 年，曹丕、曹叡在位的时间再加上曹爽辅政的十年,曹氏皇族真正控制朝政的时间仅有 29 年。在这短短 29 年的时间里面,魏国官制发生了一些变化,呈现出自己的特点。这主要体现在魏国职官名义上:虽然设立太尉、相国、御史大夫,但实际行政职权却控制在尚书、侍中、秘书等机构中。而且曹丕在即位以后不到一个月的时间里,即对原有官制进行改革。《三国志·魏书·文帝纪》记载:"黄初元年十一月癸酉……改相国为司徒,御史大夫为司空,奉常为太常,郎中令为光禄勋,大理为廷尉,大农为大司农。郡国县邑,多所改易。"

由此可见,曹丕很快就恢复了东汉时的三公制。众所周知,东汉时期虽然名义上是三公议定政策,但实际上真正具有政策决定权的是尚书台。曹丕恢复东汉三公制,目的也就是将权力再一次集中于尚书台,由外朝转入内朝,便于自己掌握。霸府时期的丞相负责制也就完成了其历史使命,与东汉皇权一起走到了终点。

同时,曹丕又不是简单地恢复东汉三公制,他也根据实际情况对官制进行了适当的调整。如他继承霸府的侍中制度,明确了侍中的人数为四人。对秘书监加以改造,将秘书监一分为二,一部分归到中书,如刘放、孙资即从原来的秘书郎转迁为中书监、中书令;另一部分即掌管文书奏章、艺文图籍的权力仍归新的秘书监。其后曹叡、曹爽时期,均根据需要对官制进行了一定的改变。兹将所涉职位简要介绍如下:

尚书台。尚书一职自东汉以来地位日渐重要,尚书台也成为中央政府的核心机关。《三国志·魏书·武帝纪》记载,曹操在建立魏国的同时即"初置尚书、侍中、六卿"。注引《魏氏春秋》说:"(曹操)以荀攸为尚书令,凉茂为尚书仆射,毛玠、崔琰、常林、徐奕、何夔为尚书,王粲、杜袭、卫觊、和洽为侍中。"曹丕即位以后,逐渐扩大尚书台的规模。尚书台由尚书令、尚书仆射、尚书丞、列曹尚书等组成,尚书令、尚书仆射分别为尚书台的正副行政长官。《晋书·职官志》记载:"尚书令,秩千石……仆射,服秩印绶与令同。案汉本置一人,至汉献帝建安四年,以执金吾荣郃为尚书左仆射,仆射分置左右,盖自此始。"但是曹丕以后,尚书仆射有时仅设一人。

在尚书令、尚书仆射之下为列曹尚书。《晋书·职官志》记载较为详细:"列曹尚书,案尚书本汉承秦置,及武帝游宴后庭,始用宦者主中书……至成帝建始四年,罢中书宦者,又置尚书五人,一人为仆射,而四人分为四曹,通掌图书秘记章奏之事,各有其任。其一曰常侍曹,主丞相御史公卿事。其二曰二千石曹,主刺史郡国事。其三曰民曹,主吏民上书事。其四曰主客曹,主外国夷狄事。后成帝又置三公曹,主断狱,是为五曹。后汉光武以三公曹主岁尽考课诸州郡事,改常侍曹为吏部曹,主选举祠祀事,民曹主缮修功作盐池园苑事,客曹主护驾羌胡朝贺事,二千石曹主辞讼事,中都官曹主水火盗贼事,合为六曹。并令仆二人,谓之八座。尚书虽有曹名,不以为号。灵帝以侍中梁鹄为选部尚书,于此始见曹名。及魏改选部为吏部,主选部事,又有左民、客曹、五兵、度支,凡五曹尚书、二仆射、一令为八座。"

在列曹尚书之下又有尚书丞与尚书郎,他们均是尚书的助手。尚书丞一般有左右二人。尚书郎则人数较多。《晋书·职官志》记载:"尚书郎,西汉旧置四人,以分掌尚书……及光武分尚书为六曹之后,合置三十四人,秩四百石,并左右丞为三十六人……至魏,尚书郎有殿中、吏部、驾部、金部、虞曹、比部、南主客、祠部、度支、库部、农部、水部、仪曹、三公、仓部、民曹、二千石、中兵、外兵、都兵、别兵、考功、定课,凡二十三郎。青龙二年,尚书陈矫奏置都官、骑兵,合凡二十五郎。每一郎缺,白试诸孝廉能结文案者五人,谨封奏其姓名以补之。"

可见,尚书台规模较大,职责也非常多,举凡朝政的各个方面,均有涉足。

侍中。古官名,秦时既已设立,汉代因袭之。《通典》卷二十一职官三说:"侍中本秦丞相史也,使五人往来殿中,东厢奏事,此谓之侍中。"两汉时,侍中仅是加官的一种,可以加在大将军、将军、尚书等官职之上。加此官后,即可以出入禁中,担任皇帝侍从。西汉初期,侍中仅是"往来殿中"、"直侍左右",在生活上侍奉皇帝。汉武帝以后,随着皇权的加强,侍中作为皇帝的近侍之臣,也逐渐参与政事,成为中朝官的一部分。东汉时期,侍中的主要职责是"掌侍左右,赞导众事,顾问应对"。由于尚书台权力的扩大,侍中的权力遭到了侵夺。而且,由于东汉时宦官专权,由士人担任的侍中逐渐被排挤和疏远,他们最基本的"入侍天子"的职掌也被宦官担任的中常侍所取代。但在东汉灵帝时期,设立侍中寺,有了自己的官署,所以侍中在这一时期里权力有所增强。到了曹魏时期,侍中的地位有所提高,而且省尚书事的职能得到延续。《宋书·百官志》记载:"魏晋散骑常侍、侍郎与侍中、黄门侍郎共平尚书奏事,江左乃罢。"此时,侍中人数得到固定,也有自己的官署与僚属。《晋书·职官志》说:"侍中……秦汉俱无定员,以功高者一人为仆射。魏晋以来置四人,别加官者则非数。掌傧赞威仪,大驾出则次直侍中护驾,正直侍中负玺陪乘,不带剑,余皆骑从。御登殿,与散骑常侍对扶,侍中居左,常侍居右。备切问近对,拾遗补阙。"

侍中在曹魏时期的职责较为广泛。一是侍奉皇帝的日常生活起居。二是侍从皇帝左右。三是顾问应对,参与国家机密。例如侍中刘晔即多次为曹操、曹丕、曹叡在军事上出谋划策。四是拾遗补阙,进行诤谏。在专职的谏官出现之前,上自卿大夫,下至庶民,都可以向皇帝提出诤谏。曹魏时期,侍中固定以后,向皇帝进谏也是其基本职责之一。如《三国志·魏书·辛毗传》记载:"(文帝)欲徙冀州士家十万户实河南。时连蝗民饥,群司以为不可,而帝意甚盛……毗与朝臣俱求见,帝知其欲谏,作色以见之,皆莫敢言……帝曰:'吾不与卿共议也。'毗曰:'陛下不以臣不肖,置之左右,侧之谋议之官,安得不与臣议邪!'"

秘书。曹操霸府中既已设立秘书,职掌较为广泛。《晋书·职官志》记载:"中书监及令,案汉武帝游宴后庭,始使宦者典事尚书,谓之中书谒者,置令、仆射。成帝改中书谒者令曰中谒者令,罢仆射。汉东京省中谒者令,而有中官谒者令,非其职也。魏武帝为魏王,置秘书令,典尚书奏事。文帝黄初初改为中书,置监、令,以秘书左丞刘放为中书监,右丞孙资为中书令;监、令盖自此始也。及晋因之,并置员一人。秘书监,案汉桓帝延熹二年置秘书监,后省。魏武为魏王,置秘书令、丞。及文帝黄初初,置中书令,典尚书奏事,而秘书改令为监。后以何祯为秘书丞,而秘书先自有丞,乃以祯为秘书右丞。及晋受命,武帝以秘书并中书省,其秘书著作之局不废。惠帝永平中,复置秘书监,其属官有丞,有郎,并统著作省。"

由此可知,曹操在晋爵为魏王时,即把原来的秘书郎集中且设立了秘书令一职。后曹丕继承这一做法,并根据秘书的两种不同的职责而将秘书令一分为二,分别为中书与秘书监。霸府中的秘书职责大体可以分为两部分:一是掌图籍密录,艺文书籍,属于档案工作;二是草拟文案,出谋划策。中书主管章表诏令的制发,秘书监则负责皇室、中央政府档案文书和图书秘籍的保存、管理。如曹丕在黄初三年,以首阳山东为寿陵,作终制诏书,其中就规定"其以此诏藏之宗庙,副在尚书、秘书、三府"①。

秘书、中书由于与皇帝接触较多,作为陪侍内臣,参与谋议机密政事,所以政治地位重要。有时甚至还能对帝王决策产生重大影响。如中书监刘放,据《三国志·魏书·刘放传》记载:"放善为书檄,三祖诏命有所招喻,多放所为。"又,"其年,(明)帝寝疾,欲以燕王宇为大将军,及领军将军夏侯献、武卫将军曹爽、屯骑校尉曹肇、骁骑将军秦朗共辅政……帝引见放、资,入卧内,问曰:'燕王正尔为?'放、资对曰:'燕王实自知不堪大任故耳。'帝曰:'曹爽可代宇不?'放、资因赞成之。又深陈宜速召太尉司马宣王,以纲维皇室。帝纳其言,即以黄纸授放作诏。"

二、曹氏对后宫干政的限制与约束

曹魏政权不仅在中央职官系统进行大刀阔斧的改革,有鉴于东汉时期宦官与外戚专权,政治混乱的弊端,还对宫廷政治制度也做出了相应的改造或变革。

延康元年二月壬戌日,刚刚即魏王位的曹丕即下令,"其宦人为官者不得过诸署令,为金策著令,藏之石室"。可见曹丕对于宦官和朝政之间的关系认识得非常清楚,对宦官可能对朝政造成的危害做了一次彻底的预防。黄初三年,九月甲午,曹丕再次下诏:"夫妇人与政,乱之本也。自今已后,群臣不得奏事太后,后族之家不得当辅政之任,又不得横受茅土之爵;以此诏传后世,若有背违,天下共诛之。"这样,曹丕通过两份诏令对宦

---

① 陈寿:《三国志·魏书·文帝纪》,北京:中华书局,1982年。

官和外戚对朝政可能造成的危害做了预防。魏明帝曹叡也基本执行了这些政策。

曹魏政权不仅通过法典性质的诏令来禁止宦官与外戚干预朝政,也在官制上对宦官和外戚予以限制。

据《后汉书·百官志》记载,宦官可以担任的职务有:中常侍(千石,本注曰:后增至比二千石。从入内宫,赞导内众事,顾问应对给事)、小黄门(六百石,掌侍左右,受尚书事。上在内宫,关通中外及中宫以下众事)、黄门署长(四百石)、画室署长(四百石)、玉堂署长(四百石)、中黄门冗从仆射(六百石,主中黄门冗从。居则宿卫,直守门户,出则骑从,夹乘舆车)、中黄门(比百石)、掖庭令(六百石)、永巷令(六百石)、御府令(六百石)、祠祀令(六百石)、钩盾令(六百石)。而在魏国建立以后,宦官所担任的职务不能超过宫中各署署令,原有宦官担任的中常侍,由于和皇帝接近,地位重要,《三国志·魏书》中已看不到宦者担任六百石以上官职的记录。另外,魏又设立黄门令,"主省中诸宦者",但已不是由宦官担任。甚至连掌管"后宫贵人采女事"的掖庭令,也不是由宦者担任。可见,曹魏政权对宦官干政非常警惕,从制度上加以限制,做好预防。

至于"后族之家"干预朝政的现象,曹魏政权自始至终没有出现,原因大约有三点:一是如前所述,文帝有限制"后族之家"的诏书。二是如《三国志·魏书·后妃传》记载:魏明帝虞妃所言"曹氏自好立贱",后族出身多为贫贱,如明帝毛皇后父毛嘉,"本典虞车工",且其"卒暴富贵,明帝令朝臣会其家饮宴,其容止举动甚蚩骏……时人以为笑",素质较低,缺乏干预朝政的能力。三是自高平陵事件之后,曹魏政权已为司马氏攫取,曹魏的"后族之家"也就更没有机会染指朝政了。

第四节 九品中正制与曹魏选官制度

秦汉以来,随着大一统国家的建立,实行以皇权统治为中心的中央集权制度,逐渐建立起了一个规模庞大的官僚系统。与此相适应,对官吏的选拔、考核、任命制度也日渐完整、严密。

秦和西汉、东汉先后实行的选官制度有察举、征召、辟除、博士弟子课试、任子制、赀选。随着东汉末年皇权衰微,军阀割据混战,原有的选官制度已经无法适应当时形势的发展,选官制度迫切需要改革。所以,自曹操开始,在继承前代察举制等的基础上,逐渐设立了九品中正制度。不过,九品中正制度从开始制定到最终形成,有一个逐渐发展变化、蜕变的过程。

一、曹魏霸府对官吏的选拔

在九品中正制度施行之前,秦及两汉主要实行的是以察举制为中心兼有其他选官方式的制度。秦代享国日短,选官制度尚没有出现重大改革,所实行的主要还是战国时并不规范的"客卿制"、"养士制"及"世禄世卿制"。如《史记·秦始皇本纪》记载:"吕不韦为相,封十万户,号曰文信侯。招致宾客游士,欲以并天下。李斯为舍人。"又据《史记·蒙恬列传》记载:"始皇二十六年,蒙恬因家世得为秦将,攻齐,大破之,拜为内史。"据《秦会要》记载,秦代实行较多的选官制度还有荐举、选吏、任人保举、征聘等[①]。可见,在秦代选官制度已经初具规模,只是由于秦代国祚较短,还没有来得及对选官制度进行进一步的改革,但其制度无疑对汉代选官制度产生了深刻影响。汉建立以后,在制度上多依秦制,选官也不例外。汉代选官制度有察举制、征辟(辟除)、征召、任子、博士弟子课试及赀官制等。在这其中,察举制作为汉代选官制度的主体,处于选官制的核心位置,对汉代政治的影响最大、最为久远。除此以外,征辟、征召及任子、赀官等也都对汉代政治产生了较大影响,有的时候影响更为直接;还有上书自荐、以方技或才能入仕、计吏拜官等方式。总的看来,汉代选官制度以察举制为主体,兼用任子、征召、辟除等,方式多样,做法灵活。但是随着汉末政治形势的变化,官制发生了重大改变,选官方式自然也随之而变。

察举制、征召、博士弟子考试等官员选拔制度都需要社会相对安定、中央政府能牢固地控制地方为前提。而献帝即位后,政局混乱,地方军阀割据混战,原中央与地方政府机构消亡

---

① 孙楷:《秦会要》,杨善群校补,上海:上海古籍出版社,2004年。

殆尽。原有的选官制度也不能适应新形势的变化,建立新的制度迫在眉睫,因此,曹操开始了有目的的选官制度改革。总体而言,曹操对于官员选拔非常重视,但是由于历史条件的限制,曹操并没有设立一整套的官吏选拔制度,往往执行的是临时性的政策。但是曹操所确立的选官政策为以后曹魏政权的官员选拔制度建立奠定了基础。这主要体现于以下几个方面:

第一,"唯才是举"的选拔标准。

随着战争的不断发展和曹魏政权的不断稳固,曹操霸府时期对于人才的需求非常旺盛,所以,在汉代选官制度的基础上,曹操多次发布求贤令,希望文武官员大力举荐人才。曹操选拔人才的标准可以说是对以往标准的巨大突破。《三国志·魏书·武帝纪》注引《魏略》记载曹操建安八年庚申令曰:"议者或以军吏虽有功能,德行不足堪任郡国之选……未闻无能之人,不斗之士,并受禄赏,而可以立功兴国者也。故明君不官无功之臣,不赏不战之士;治平尚德行,有事赏功能。论者之言,一似管窥虎欤!"在这里,曹操明确提出反对任官以德行为主,相反却应以"功能"为评价的中心。这里的所谓"功能",也即军吏的才能。建安二十二年,曹操再次下令:"今天下得无有至德之人放在民间,及果勇不顾,临敌力战;若文俗之吏,高才异质,或堪为将守;负污辱之名,见笑之行,或不仁不孝而有治国用兵之术;其各举所知,勿有所遗。"可见,曹操选拔人才以"才"为中心,"唯才是举",对于"德"则并不太看重,实用主义倾向非常明显。

第二,设立典选官,贯彻执行"唯才是举"的政策。曹操在霸府设立东曹掾,主持官员的选拔。东曹掾基本上认真贯彻了曹操的用人思想。如毛玠,《三国志·魏书·毛玠传》记载:"其所举用,皆清正之士,虽于时有盛名而行不由本者,终莫得进。""其典选举……诸宰官治民功绩不著而私财丰足者,皆免黜停废,久不选用。"

第三,官吏因材任命,因人设官、因人设职。曹操对于人才的选拔和使用,也讲求实用。他根据人才的特点,因地制宜地设置官职。如军师祭酒,《三国职官表》记载:"无员,第五品。

建安三年,武帝为汉丞相时初置,后因之。"①在曹操为汉丞相时,担任军师祭酒的有董昭、薛洪、董蒙、王选、袁涣、王朗、任藩、杜袭、王粲、傅巽、张承、郭嘉、张京、李义、杜夔、董芬等人。这些人才能各不相同,王粲擅长文章,郭嘉为曹操的军事智囊,杜夔音乐才能卓著。由此可见,曹操设立军师祭酒,不设定人数,正是为了根据人才的实际情况,随时增减,做到人尽其才。

第四,试行九品选人制度。曹操攻灭袁绍平定冀州以后,依靠出自冀州高门的清河崔琰网罗当地名士。平荆州后,曹操同样录用了一批荆州大姓,并命荆州名士韩嵩"条列州人优劣",加以任用。这些可以说是九品中正制度施行的雏形。

曹操霸府对于魏选官制度的建设还处于草创阶段,有些还没有成为固定化的制度,但曹操多样化的用人思想和举措对曹丕时期九品中正制度的建立产生了很大影响。

二、曹丕与九品中正制

曹操选拔人才的核心标准是"唯才是举",在曹丕即位以后,虽然仍强调人才的重要性,但是世家大族的政治影响逐渐显现,对官吏的选拔产生影响。黄初元年,曹丕采纳陈群的建议实行九品中正制。此后,随着世家大族势力的进一步发展,九品中正制度逐渐沦为世家大族控制、左右朝政的重要工具。

虽然如此,在九品中正制建立并发挥作用的初期,曹氏家族对九品中正制度的建立、发展还起着主导性的作用。

(一)九品中正制实行的原因与基础

九品中正制度在魏文帝时得以施行,有其深刻的历史政治原因。总体而言,原因有以下几点:

第一,董卓之乱以后,军阀割据混战,政局动荡不安,东汉政权名存实亡,已经丧失了实施察举制的基础。因此,新的制度必然会应运而生。董卓之乱以后,关东诸军各自为战,互相攻伐,社会动荡,民不聊生。此时原有的政治秩序已经全部被推翻,没有一个相对稳定的统治核心,也没有相对稳定的整套官僚体系。豪强世族或自保一方,或流徙千里,原有大规模实

---

① 洪饴孙:《后汉书三国志补表三十种》,北京:中华书局,1984年。

行察举制的主体与对象都已经消失,察举制已处于一种名存实亡的状态。而且,察举制重在举而不在察,制度的设计缺陷越来越明显,也越来越不适应现实的需要。

第二,地方豪强世族势力强盛。东汉以来,地方豪强世族势力逐渐发展,成为一支可以左右政局的重要力量。如东汉窦氏、邓氏、梁氏、王氏、何氏等豪门贵族,都曾经烜赫一时。他们在政治上享有特殊地位,还经常获得皇帝的封赏。如东汉和帝以后,窦氏家族封侯拜爵,满门富贵。东汉章帝窦皇后即出自窦氏家族。窦氏家族与皇室数代通婚,《后汉书·窦融传》记载:窦氏家族有"一公、两侯、三公主、四二千石,相与并时。自祖及孙,官府邸第,相望京邑。奴婢以千数,于亲戚功臣中,莫与为比。"新野邓氏家族,邓禹是帮助光武帝夺取天下的功臣之一,官至司徒、太傅。刘氏皇族与邓氏家族也是累世通婚。明帝女沁水公主嫁邓禹之孙邓乾,另一女平皋公主也嫁给邓禹之孙邓藩,而邓禹的孙女就是和帝的皇后。和帝去世以后,邓太后在安帝一朝临朝称制二十年。《后汉书·邓寇列传》记载邓氏家族:"累世崇贵,凡侯者二十九人,公二人,大将军以下十三人,中二千石十四人,列校二十二人,州牧、郡守四十八人。其余侍中、将、大夫、郎、谒者不可胜数,东京莫与为比。"除了外戚豪族以外,地方大姓世族也在政治上占据了一定地位,如南阳袁氏,也是"累世台司",袁绍族父袁汤为汉司徒,父袁成为五官中郎将,叔父袁隗为太傅,在政治上也有很大影响。

东汉豪强世族除了在政治上享有特权,占据重要地位以外,经济上也较独立。东汉坞堡、庄园经济发达。豪强世族往往拥有大量土地、奴婢,经济上自给自足,并且拥有自己的庄园武装。这种情况一直延续到三国时期,如《三国志·蜀志·麋竺传》记载刘备妻兄麋竺即是"祖世货殖,僮客万人,赀产巨亿"。僮客即是奴婢、奴客。本传又说麋竺曾送给刘备"奴客二千金银货币以助军资",可见豪强世族势力的强大。

正是因为有这样的政治、经济实力,在黄巾起义爆发以后,东汉豪强世族纷纷组织武装抗拒起义军。这说明地方豪强世族往往拥有自己的军事力量。如《三国志·魏书·李典传》记载:"李典字曼成,山阳钜野人也。典从父乾,有雄气,合宾客数千家在乘氏。初平中,以众随太祖,破黄巾于寿张,又从击袁术,征徐州。吕布之乱……太祖使乾子征将乾兵,与诸将击兰、封。"

另外,这些豪强世族往往还具备较高的文化修养,教育程度普遍较高。东汉桓帝、灵帝以后,政治日乱,官学也逐渐废弛。此时,豪强世族由于有较强的经济、军事实力而往往能自保一方,因此拥有优良的教育条件,故受教育程度普遍较高。

第三,东汉人物品评之风兴盛。东汉中后期,在外朝的清流士人为了同宦官专权斗争,利用察举制的乡间举荐之法,积极评判人物,主导舆论。而品评的标准即是儒家所提倡的伦理秩序、道德思想。所以要考察一个人的道德行为,其宗族乡党(包括师友)的评论,也即"乡论",是最有权威性的。太守选拔掾属、举荐秀才孝廉都必须考虑和依据乡论。而主持乡里清议即操纵乡论的,往往是乡里的世族大姓。

东汉时最著名的人物品评者首推郭泰、许劭。《后汉书·许劭传》说,"天下言拔士者咸推许、郭";同传又说他与从兄许靖"俱有高名,好共核论乡党人物,每月辄更其品题,故汝南俗有月旦评焉"。郭泰出身虽低微,但汝南许氏却是累世三公。有据家世可考的遭遇党锢之祸的名士们也以大姓世族为主,这说明世家大族占据着名士中的较大比例,掌握着品评人物的舆论潮流。正是由于这种舆论导向的作用,以及较强的政治经济实力,东汉后期,名士对于选举制度的施行往往起着决定性的作用。

曹氏家族虽也是地方世家大族,但却是出身"浊流",为"阉竖"之后,因此,在注重人物品评的东汉时期,与其他世家大族相比必然处于下风。而其他地方世家大族的经济军事力量又是曹氏集团发展必须依靠的重要部分,所以,对于世家大族,曹世集团采取了既压制又联合的方法。体现这种方法的之一即是曹魏集团在官吏选拔上采用了九品中正制。

(二)九品中正制的设立

延康元年,曹丕即位以后,采纳魏国吏部尚书陈群的建议,用"九品官人之法"。对于九品官人之法的具体内容,《三国志》所言极略,《通典》卷十四《选举二》中记载:"魏文帝为魏王时,三方鼎立,士流播迁,详覆无所。延康元年,吏部尚书陈群以天朝选用不尽人才,乃立'九品官人之法',州郡皆置中正,以定其选,择州郡之贤有识鉴者为之,区别人物,第其高下。"杜佑认为:"九品之制,初因后汉建安中天下兵兴,衣冠士族多离本土,欲征源流,虑难委悉,魏氏革命,州郡县俱置大小中正,各取本处人任诸府公卿及台省郎吏有德充才盛者为之。区别所管人物,定为九等。"由此可见,曹丕所采纳的"九品官人之法",其初衷是为裁定地方人物,定其品等,以备官吏选拔之用。而服务对象是"衣冠士族",并非寒门庶族。立法所维护的也是"衣冠士族"的利益。可以说,九品中正制就是对曹操"唯才是举"选拔官吏标准的放弃。可见,此时的曹魏政权在曹操去世之后,对于政权的控制力开始下降,对高门士族的政治影响力进行了妥协。

九品官人之法的核心是"中正",掌握了"中正"也即掌握了九品官人之法选举制度的核心。陈群所定的中正任命之选却是"本处人任诸府公卿及台省郎吏有德充才胜者",则中正的人选已经限定了两点:一是"本处人",也即本地人。说明九品中正制侧重于地方乡党评议,这一点与汉代乡党清议相同。第二,中正应是"任诸府公卿及台省郎吏有德充才胜者",则说明中正必须由在当时已担任高位的人来任命。而当时已经获得高位的又是哪些人呢?

曹操起于世家大族,虽是"浊流"之后,其起兵之初就与其他世家大族关系密切。《三国志·魏书·武帝纪》注引《世语》即云:"陈留孝廉卫兹以家财资太祖,使起兵,众有五千人。"此后在不断征战之中,曹操也需要借助地方豪强世族的力量,以取得胜利,如泰山臧霸、孙观等人。

献帝迁都许以后,曹操选用大批人才来发展自己,其中最受信重的莫过于荀彧。凭借荀彧的影响,曹操政权又收罗了许多著名的人才。这些人才更多的集中于汉末高门大户,如颍川荀、陈、钟三家,此外还有出自颍川大族之外的杜袭、辛毗、郭嘉等人。另外荀彧还举荐了司马懿、杜畿等颍川以外的大族,以及先世不详但从此以后即是魏晋士族的平原华氏、东海王氏、高平郗氏、太原孙氏等。这些都足以说明,曹魏集团从起兵之初到迅速发展最终完成朝代更迭,始终离不开世家大族的影响。

曹魏集团在自身发展中,除了要借助世家大族的力量以外,同时也要注意压制地方豪强势力,以维护自身统治。豪强世族势力的膨胀必然会对皇权产生威胁,而且为了恢复统一和集权的统治秩序,克服汉代尚名背实、朋党交结的选举流弊,曹操多次下求贤令,主张"唯才是举",官员的任命也并不重视家世背景。他不能容许有和朝廷相对立的政治集团,也不容许地方豪强势力利用所谓乡里清议来干扰朝廷用人之权。曹操"唯才是举"的政策在其东征西伐中取得了显著的效果,而且一直延续到文帝时期。"唯才是举"的另一层意思即选举权归于台阁,官吏的选拔任免升迁必须由代表着中央政府的台阁主持。这对于抑制地方豪强世族的势力,增强皇权,恢复和巩固统治秩序起到了很好的效果。

从上可以看出,曹操一方面要抑制地方豪强世族的势力,但是另一方面他又不得不去借助地方豪强世族势力进行军事和政治斗争。这就决定了曹魏集团对于地方豪强世族态度的两面性。

曹丕即位以后颁布"九品官人之法",但是九品官人之法的执行时间始于何时,由于史籍记载缺失或过于简略,历来众说纷纭。一种说法是在制定时即为开始实施,制定时间即开始实施的时间;一种说法认为,在"九品官人之法"制定以前,曹操就已经开始实施以九品选任官吏的方法了。如前所述,曹操攻破荆州以后,命荆州名士韩嵩"条列州人优劣",加以任用。元代史学家马端临也认为九品之法"皆出于曹魏之初"[①]。

曹丕实行九品中正制,同时也不断发布求贤诏书。这反映出曹丕一方面继承曹操的"唯才是举"政策,一方面又和地方豪强世族在政治利益上相互妥协。九品中正制的核心是中正,控制了中正也即控制了官吏的评判与任免之权。在中正的设立、任命上,我们不难发现曹魏集团与地方豪强势力关系的两面性。

---

① 马端临:《文献通考》,北京:中华书局,1986 年。

第一，曹丕时期，中正官是由中央政府任免，这体现了用人之权"归于台阁"的政策初衷。第二，中正同时又是选用"择州郡之贤有识鉴者为之"，而且须是"本处人任诸府公卿及台省郎吏有德充才胜者"，这体现了皇权对地方世族豪强的妥协。

中正之官设立以后，其职责在曹丕时期，并非如后世那样仅看被评判者的家世来决定其优劣高下。此时，作为皇权和地方豪强世族政治妥协的中正之官，在皇权尚处于强势的情况之下，参照乡党清议，也还能发挥出荐举优秀人才的职能，如杜佑《通典》卷第十四《选举》所说："其有言行修著，则升进之，或以五升四，或以六升五；傥或道义亏阙，则降下之，或自五退六，自六退七矣。"

但是，毕竟乡党清议对吏部考核影响很大。中正、公府与尚书在选拔、评判官吏人选之时，不得不面临社会舆论的冲击。这舆论往往由名士所引发、主导。另外，在执行之中，中正必然要面对地方豪强世族的影响和控制。这从九品中正制度执行之初的中央政府官员的家世即可看出。曹魏因政治、军事的需要，不得不辟除了大量地方名士。这些名士后来成了拥戴曹丕即位的中坚力量。如颍川陈氏、钟氏、荀氏，以及司马懿家族等等。此时，中正的任命也只能从这些人中选择，而这些已经占据高位的地方豪强世族代表，必然要为本族争取更大的利益。

由此，九品中正制度在设立之初，就已经面临两个严重的问题：如何保证中正官评判的公平？评判的标准是以皇权意志为准还是以地方豪强世族的利益为准呢？

为了争取在中正评判中能登为上品，在魏明帝太和六年（232年），一批来自曹魏上层的官宦子弟走上政治舞台，他们通过人物品题和交友串联，左右了人才舆论的导向，严重干扰了政府的选官工作，这就是"浮华案"。魏明帝采纳司徒董昭的建议，要求迅速查办"浮华案"。经查实，聚众清议的青年朝廷官员中，存在一个以何晏、夏侯玄、诸葛诞为首，名为"四聪"、"八达"、"三豫"的15人团体。魏明帝以"浮华交会"控制人才舆论干扰朝廷选举为名，将其骨干成员免官禁锢。"浮华案"的发生，说明中正和台阁在评判、任命官吏的时候很容易受到外界舆论的干扰。如何克服外界舆论的干扰，使得官吏选拔任命能够做到"因才施用"、"唯才是举",使九品中正制更好为皇权服务,维护和巩固统治秩序,就是魏明帝曹叡决定对九品官人之法制度进行改革的重要原因。

景初元年(237年),魏明帝令刘劭等人作官吏选举的考课法。《都官考课》完成于景初二年(238年),原文已佚,条文的细节已经不可考。但据《三国志·魏书·刘劭传》记载:"景初中,受诏作《都官考课》。劭上疏曰:'百官考课,王政之大较,然而历代弗务,是以治典阙而未补,能否混而相蒙。陛下以上圣之宏略,愍王纲之驰颓,神虑内鉴,明诏外发。臣奉恩旷然,得以启蒙,辄作《都官考课》七十二条,又作《说略》一篇。'"

从刘劭的上疏来看,《都官考课》的主要内容应是对官员的政绩进行考核,本着"因名核实"的精神,务求"名实相副",这是对曹操"唯才是举"思想的继承。

《都官考课》出台以后,魏明帝曹叡将该法交群臣评议,因其触及世族特权,遭到了很多官员的反对。不久,曹叡去世,该法也就束之高阁,不了了之。

曹芳即位以后,曹爽与司马懿共同辅政。由于曹爽所代表的是曹魏宗室皇族的利益,而司马懿作为地方世家大族的代表,因此,二者自然成为对立面。在辅政之初,曹爽以大将军的身份占据首辅之位,政治上处于主动地位。为了维护曹魏宗室皇族的利益,曹爽引何晏、夏侯玄、李胜、邓飏等人,积极进行改革。其中一项即是针对九品中正制。曹爽意图削弱中正的评判力量,使官吏选拔任用之权集中于台阁。如夏侯玄所论那样"官长各以其属能否献之台阁,台阁则据官长能否之第,参以乡闾德行之次,拟其伦比,勿使偏颇"[①]。但是,由于正始十年司马懿发动"高平陵政变",诛杀曹爽进而控制了政权,因此,改革没有持续下去。

司马懿夺取政权以后,由地方豪强世族控制、代表着其利益的九品中正制继续实行。而且,中正的权力越来越大,轻德行、才干重家世背景的现象越来越明显,最终将九品中正制度变成豪强世族把持朝政的工具。

---

① 陈寿:《三国志·魏书·夏侯玄传》,北京:中华书局,1982年。

三、曹氏选官举措在汉晋官制演变中的作用

由汉至晋,官吏选拔制度从以察举制为主,征召、辟除等制度为辅一步步转变为九品中正制度,在这个演变过程中,作为九品中正制度的推行者,曹氏家族发挥了重要作用。

首先,曹操在东西征战的过程中非常重视人才的重要性,千方百计地搜罗人才,为己所用。在官吏的任命与选拔上,不拘一格,唯才是举,大大突破了汉代的察举、征召、任子制度,为九品中正制度的施行奠定了基础。

在长期的征战中,曹操多次下令征召人才,并明确提出"唯才是举"的用人政策。其先后下令《论吏士行能令》、《举贤勿拘品行令》等求才政令,强调"才"的重要性,而不拘泥于"德行"之辩,更不会去专注于出身、地位等外在因素。曹操帐下的谋士、将领的出身也是多种多样,品行也是参差有别,但这些都没有影响到曹操、曹丕对他们的信任和任用。

曹操"唯才是举"的用人思想不光体现在官吏的任用上,同样也体现于官吏的选拔之中。纵观曹操对于官吏的选拔,我们不难看出其用人之道体现出这样一些特点:

因人设官。根据人才的特点创制新的官职,如前面所提到的军师祭酒与军师掾。

官位的职责也是因人因时因事而定,特殊情况下可以"越权行事"。如曹氏霸府中的长史,本是辅佐之职,但情况紧急之下亦可带兵。如丞相长史王必,在面对耿纪、韦晃等人的叛乱时,即和颍川典农中郎将严匡一起带兵平息了这次叛乱。

在"唯才是举"的基础上,寻求地方豪强世族的支持。如曹操在攻打荆州之后,即命韩嵩"条列州人优劣",加以任用;在占领冀州之后采纳郭嘉的建议,广揽地方人才,寻求地方豪强世族的支持。这可看作九品中正制出现的先声。

从曹氏崛起之初直至代汉建魏都离不开地方豪强世族的支持。谯郡夏侯氏、陈留卫氏、颍川陈氏、荀氏、冀州傅氏等均是支持曹氏家族的代表。曹氏家族争取地方豪强世族的支持是为了代汉而立,地方豪强支持曹氏的目的则是一方面借曹氏实力保护自身利益,另一方面则是要借曹氏势力促进自身家族

的发展。曹氏家族与地方豪强世族互相扶持、帮助均是建立在维护自身利益的基础之上,二者并非天然的紧密盟友,而是利益集团的互惠互利。这也决定了二者的结合并非是铁板一块,假如利益关系出现了冲突,这种结盟就会迅速瓦解。

为维护这种互惠互利的关系,曹氏家族必须与地方豪强进行利益的分配。这分配的结果就是九品中正制度的施行。可以说,九品中正制度是曹氏家族与地方豪强世族斗争妥协的结果。

曹氏家族曾试图利用对九品中正制度的改革来改变皇权受到约束的现实,但最终没有成功。

景初元年(237年),魏明帝令刘劭等人作官吏选举的考课法。《都官考课》完成于景初二年(238年),但是由于代表地方豪强世族的官吏们强烈反对,最终不了了之。究其原因,即九品中正制度在执行过程中,作为品评人物、选拔官吏的核心职位——中正逐渐为地方世家大族所掌握,甚至出现了地方世家大族世代掌握、世袭中正职位的情况。这样的结果必然是地方豪强世族势力不断增强,而皇权在地方的代表——地方政府的实力被压缩、挤占。皇权与地方豪强世族的利益产生冲突,客观上就要求曹氏家族对九品中正制度进行改革。但是由于地方豪强世族的实力比较强大,改革最终失败。

总体而言,曹氏政权是一个由地方豪强世族与曹氏家族结合的混合式的集权统一体。双方既有共同的利益,也有不可调和的矛盾冲突。曹氏家族为维护自身统治,也不得不对地方豪强世族采取既拉拢又压制的措施,妥协的结果就是九品中正制的施行。曹魏集团设立九品中正制,既是对汉代世家大族"乡举里选"的模拟,同时又意图将选举权归于台阁,掌握选拔任用人才的权力。这既是名士大族控制士人的方式在国家用人制度上的反映,同时也是对名士大族的一种制约。九品中正制虽然最终沦为世家豪族控制朝政的工具,但是不可否认的是,在其设立之初,还是有着一定的历史进步性。

第五节 曹操经济思想与屯田制度

东汉末年,经历了黄巾军起义、董卓之乱的东汉朝廷再也没有力量维持大一统的统治。此时,群雄并起,割据混战,百姓流离失所。再加上大旱、蝗灾、瘟疫,导致人口数量急剧下降,州郡残破不堪。"是时谷一斛五十万,豆麦二十万,人相食啖,白骨盈积,残骸余肉,臭秽道路……(献帝)既至安邑,御衣穿败,唯以野枣园菜以为喉粮。自此长安城中尽空,并皆四散,二三年间,关中无复行人"[①]。各州郡都出现了大量的无主公田。幸存下来的百姓为躲避战乱、瘟疫、大旱等不得不四处流徙。这种情形之下,各地割据势力无不尽力争夺土地、人民、粮食,以增强自身实力。其中,曹操军事政治集团由于采取了多种有效的经济措施,使得自身实力迅速得到增强,进而为统一北方打下了坚实的基础。

一、曹操的军事经济思想

军事斗争说到底是经济实力的较量,只有具备强大的经济实力支撑,军事斗争才能够取得胜利。曹操对自己的军事纲领有着明确的表述:"丰足军用,摧灭群逆,克定天下。"其所有的政治、经济、军事政策都是围绕这个目标而进行。

为完成自身目标,曹氏采取了一系列的经济政策,反映了曹操的军事经济思想。大体而言,曹操的军事经济思想反映在以下几个方面。

(一)以农养战,注重农业生产

在长期征战中,曹操认识到农业生产的重要性。建安元年,曹操下《置屯田令》:"夫定国之术,在于强兵足食。秦人以急农兼天下,孝武以屯田定西域,此先代之良式也。"曹氏集团的屯田目标非常明确,即以农养战,"急农兼天下",用农业生产获取的利润来支撑巨大的军事消耗。在许下屯田成功以后,曹

[①] 房玄龄等:《晋书·食货志》,北京:中华书局,1974年。

氏将这种模式进一步推广到自己统治的各个区域,取得了巨大的经济效益,保证了军事行动的后勤补给。

(二)改革赋税,平抑豪强兼并

欲"克定天下",就需要使统治区保持相对稳定。曹氏家族统治集团为维护、巩固自己统治地位,一方面不得不寻求地方豪强世族的支持,让出部分政治、经济利益;另一方面,为缓解农民与地主阶级的矛盾,巩固自身统治,曹氏集团也采取措施减轻农民负担,抑制地主豪强对农民的残酷剥削。如曹操在攻灭袁绍之后即下令:"河北罹袁氏之难,其令无出今年租赋。"①

不光如此,在领冀州牧以后,曹操又下令:"有国有家者,不患寡而患不均,不患贫而患不安。袁氏之治也,使豪强擅恣,亲戚兼并,下民贫弱,代出租赋,衒鬻家财,不足应命;审配宗族,至乃藏匿罪人,为逋逃主。欲望百姓亲附,甲兵强盛,岂可得邪!其收田租亩四升,户出绢二匹、绵二斤而已,他不得擅兴矣。郡国守相明检察之,无令强民有所隐藏,而弱民兼赋也。"②在此,曹操不光要求要缓解农民们需要缴纳的赋税压力,同时又要求"郡国守相"严格执法,禁止豪强对农民兼并和转嫁赋税。

在此令中,曹操对赋税缴纳数量做了具体限定,一是规定缴纳租税以田亩、户为单位,明确了缴纳主体和租税缴纳基准单位,削除了其余的捐税,减轻了农民的负担。二是降低赋税缴纳水平,"田租亩四升,户出绢二匹、绵二斤"。相对于东汉以及袁绍统治时农民所需缴纳的赋税额则大大降低,曹氏也得到了广大农民的拥护。

(三)盐铁专营,增加政府收入

为增强经济实力,曹操革除东汉后期的盐铁私营制度③,取而代之为官营,迅速增加了政府收入,增强了自身实力。

曹氏的盐铁专营和屯田制度的施行关系密切。《晋书·食

---

① 夏传才:《曹操集注》,郑州:中州古籍出版社,1986年。
② 陈寿:《三国志·魏书·武帝纪》,北京:中华书局,1982年。
③ 东汉时期,"郡国罢盐铁之禁,纵民煮铸入税县官"。见范晔:《后汉书·和帝纪》,北京:中华书局,1997年。

货志》记载:"建安初,关中百姓流入荆州者十余万家,及闻本土安宁,皆企望思归,而无以自业。于是卫觊议为:'盐者国之大宝,自丧乱以来放散,今宜如旧置使者监卖,以其值益市犁牛,百姓归者以供给。勤耕积粟,以丰殖关中,远者闻之,必多竞还。'于是魏武遣谒者仆射监盐官,移司隶校尉居弘农。流人果还,关中丰实。"

为增加盐铁收入,曹操设立司金中郎将一职,专人管理。曹操在《与王修书》中说道:"察观先贤之论,多以盐铁之利足赡军国之用。昔孤初立司金之官,念非屈君,余无可者……以军师之职,闲于司金,至于建功,重于军师。"①

(四)厉行节约,以身作则,紧缩支出,以保证大政之需

曹操早年担任济南相时即反对贪腐,禁断淫祀,力主整治地方奢侈风俗。掌握军政大权以后,曹操继续整肃朝政,提倡节俭,禁行奸邪鬼神之事,反对迷信奢侈腐化之风。曹操又与军士同甘共苦,不喜华丽,服饰朴素,出入亦是轻车简从。去世后,曹操也仅是敛以时服。其后魏文帝曹丕继续秉承节约之风,以身作则。

二、曹操实行屯田制的原因

在曹操军事经济思想中,以农养战是中心,在当时也是当务之急。反映到政策层面,即是曹魏集团自建安元年的大规模屯田。可以说,屯田制是曹魏集团经济政策的中心。

屯田制度起自秦汉,下至明清。在历史发展的特殊时期里,屯田制对我国古代乃至现代的政治、经济、军事都产生了独特的重要作用。曹魏集团进行屯田,规模大,成效显著,为增强自身实力,统一北方奠定了坚实的基础。曹操屯田始于建安元年(196年)曹操迎献帝都许昌之后。曹操听从枣祗、韩浩等人的建议,"募民屯田许下,得谷百万斛。于是州郡例置田官,所在积谷,仓廪皆满"②。自此以后,屯田制作为发展农业的一项基本制度被确立了下来,并在较长的时期里得以有效实施。

---

① 《三国志·魏书·王修传》裴松之注引《魏略》。
② 司马光:《资治通鉴》卷六十二。

曹魏集团之所以采取屯田制,主要有以下几个方面的原因:

首先,屯田可以快速足食强兵,解决军粮不足的问题。

汉末,割据势力并起,曹操崛起于兖州、豫州,袁绍占据河北,袁术占据淮南,孙策据有江东,刘表盘踞荆州,其他大大小小的割据势力更是盘踞一方,互相攻伐,混战不休。在这种局面下,曹操军事政治集团要想生存并发展自身实力,首先必须在军事上取得胜利。而军事的成功离不开稳固、强大的后勤补给。而当时由于连年混战,大旱、蝗灾、瘟疫等天灾不断,人口大量消亡,社会生产遭到了极大破坏。粮食短缺即成了一个社会突出问题,战争也一样受到粮食短缺的影响。"中平以来,天下乱离,民弃农业,诸军并起,率乏粮谷,无终岁之计,饥则寇掠,饱则弃余,瓦解流离,无敌自破者,不可胜数。袁绍在河北,军人仰食桑椹,袁术在江淮,取给蒲蠃,民多相食,州里萧条"①。

曹魏集团同样粮食紧缺。在攻打陶谦和吕布时,均因"军粮尽"而被迫收兵。在平定兖州叛乱时,由于军粮匮乏,曹操甚至想要投靠袁绍,在袁绍使人说曹操连合时,"太祖新失兖州,军食尽,将许之"②,被程昱劝阻,并且程昱还"略其本县,供三日粮,颇杂以人脯"③,方才帮助曹操渡过难关。所以曹操欲经略四方,统一天下,"军食不足"即成为曹操必须解决的首要问题。

其次,屯田可以安抚流民,稳定自身统治。

由于战乱不断,天灾频仍,百姓不得不四处流徙,或为躲避战乱,或为他乡觅食。此时,在曹魏统治区也聚集了大量的流民。再加上黄巾军的降兵,总数应该不少。在缺乏土地、生产工具、种子等生产资料的情况下,他们随时可能造成社会新的动荡,给曹操的统治带来威胁。如何安置这些流民,使他们附着在土地之上,也是摆在曹魏集团面前的一个迫切问题。但同时,这些失地农民的存在又为发展农业生产提供了较为充足的劳动力资源,使得农业生产的恢复有了可能。

---

① 司马光:《资治通鉴》卷六十二。
② 陈寿:《三国志·魏书·程昱传》,北京:中华书局,1982年。
③ 陈寿:《三国志·魏书·程昱传》,北京:中华书局,1982年。

要想利用劳动力较为充足的有利条件,首先必须有充足的土地保障。东汉末年由于军阀混战、割据造成的大量无主公田的出现则提供为曹操屯田了重要条件。《三国志·魏书·司马朗传》说:"往者以民各有累世之业,难中夺之,是以至今。今承大乱之后,民人分散,土业无主,皆为公田,宜及此时复之。"从这里可以看出,此时土地由于汉末群雄逐鹿中原,混战不休已造成大量荒芜的无主土地。曹魏集团可以将之收为公田。

有了较为充足的劳动力和可以适当分配的大量公田,这就使得屯田制的施行成为可能。

再次,屯田可以促进曹魏集团政治、军事的发展。

在农业劳动力的死亡和流失严重、土地大量荒芜的紧迫情况下,屯田显然是组织与发展农业生产、成就霸业的良策。在曹魏集团内部,一些谋士看到了这点。《三国志·魏书·毛玠传》记载毛玠向曹操献言:"今天下分崩,国主迁移,生民废业,饥馑流亡,公家无经岁之储,百姓无安固之志,难以持久……夫兵义者胜,守位以财,宜奉天子以令不臣,修耕植,畜军资,如此则霸王之业可成也。"

建安元年(196年),曹操在羽林监枣祗、部将韩浩等人的提议下开始在许下招募流民,进行屯田,并任命任峻为典农中郎将,枣祗为屯田都尉,建立起一套独立于州郡行政体系的屯田管理体系。屯田当年即取得了很好的效果,"其时岁则大收","得谷百万斛"。由于效果突出,屯田制度也很快在曹魏统治区推广开来。屯区规模逐渐扩大,管理形式也渐趋完善,《三国志·魏书·任峻传》注引《魏武故事》曹操《加枣祗子处中封爵并祀祗令》记载:"于是州郡例置田官,所在积谷,仓廪皆满。故操征伐四方,无运粮之劳,遂能兼并群雄。"曹操对屯田及建议支持屯田的枣祗也给予了高度评价:"丰足军用,摧灭群逆,克定天下,以隆王室,祗兴其功。"

曹魏集团自曹操开始,一直非常重视屯田工作,开辟了多处重要的屯垦区。

三、曹操屯田的经营

为进一步开展和推广屯田,增强自身实力,曹魏集团采取了一系列的政策措施,并根据实际情况予以调整。

(一)屯田的形式与规模

曹魏屯田制的形式有民屯与军屯两种。民屯是曹魏集团首先采取的屯田形式。许昌屯田之初的募民屯田即为民屯,所招募的流民以失地的普通农民为主。许昌屯田在取得成功以后,"郡国例置田官",屯田迅速在各地推广,民屯的规模也不断扩大,产生的效益也很突出。据王鑫义考证①,仅在淮河流域,曹魏集团即有如下民屯垦区。

颍川屯区。

颍川屯区是曹魏政府最早开辟的一个民屯区。颍川屯区开辟时,羽林监颍川枣祗的职务是与县令相当的屯田都尉,他的上级是典农中郎将任峻。颍川屯区自建安初年开辟后,一直是曹魏时期的一个重要的民屯区。建安二十三年(218年),严匡曾任颍川典农中郎将。黄初年间(220~226),魏文帝曹丕"车驾徙许昌,大兴屯田"。这大约是以颍川这个老屯区的经营活动为典范,推动曹魏统治所及的地区继续开展屯田的一种举措。此后,裴潜、徐邈都曾先后出任颍川典农中郎将。

襄城屯区。

襄城即今河南襄城县,原属颍川郡。最迟至建安末年,曹魏政府已于此设立民屯,邓艾曾为"襄城典农部民",说明在魏文帝时,襄城屯区已是一个郡级屯区。《三国志·魏书·邓艾传》注引《世语》云:"邓艾少为襄城典农部民……谒者阳翟郭玄信,武帝监军郭诞元奕之子。建安中,少府吉本起兵许都,玄信坐被刑在家,从典农司马求人御,以艾、苞与御。"又据《三国志·魏书·武帝纪》记载,吉本起兵在建安二十三年春正月,故知当时襄城民屯已开辟,邓艾最迟在建安末已为襄城典农部民。

沛国南部屯区。

这个屯区是由沛国南部都尉袁涣开辟的。《三国志·魏书·袁涣传》云:"拜为沛南部都尉。是时新募民开屯田;民不乐,多逃亡。涣白太祖曰:'夫民安土重迁,不可卒变,易以顺行,难以逆动,宜顺其意,乐之者乃去,不欲者勿强。'太祖从之,

---

① 王鑫义:《淮河流域经济开发史》,合肥:黄山书社,2001年。

百姓大悦。"可见在这个屯区设置之初,虽名为"募民",实为强制徙民,结果遭到"不欲者"的反对。由于曹操采纳了袁涣"乐之者乃取,不欲者勿强"的意见,终于建立起了这个民屯区。

襄贲屯区。

襄贲县在今山东苍山县东南,当时属东海郡。建安初年,曹魏政府也曾在这里设置民屯。《三国志·魏书·吕虔传》云:建安四年(199年),"襄贲校尉杜松部民炅母等作乱,与昌豨通。"这里的"部民"即是从事民屯的"典农部民"的简称,而"校尉"即"典农校尉"。这条史料说明建安时期曹魏政府曾在这里设立过一个郡级民屯区。

濮阳屯区。

当时的濮阳在今河南濮阳县西南,位于古黄河南岸的淮河流域北部边缘。建安时期这里也设有一个郡级民屯区。

睢阳屯区。

睢阳县位于今河南商丘县南。睢阳屯区是魏文帝时新开辟的一个郡级屯区。其首任典农校尉卢毓,"心在利民,躬自临视,择居美田,百姓赖之"。由此可见这个屯区的经营情况比较好。

原武屯区。

原武县治今河南原阳县,位于淮河流域的西北边缘地区。曹魏政府也曾在这里设立一个郡级屯区。景初(237～239)中,魏明帝毛皇后的弟弟毛曾任"原武典农"。正始三年(242年),李胜任新置的荥阳郡太守、领原武典农校尉,"政有遗惠"。

淮南屯区。

曹魏时的淮南民屯以今安徽寿县南的著名水利工程芍陂为经营中心。建安五年至建安十三年(200～208),曹操以刘馥为扬州刺史,"广屯田,兴治芍陂"等水利工程,"以溉稻田,官民有畜"。建安十四年(209年)秋七月,曹操又亲至淮南,"置扬州郡县长吏,开芍陂屯田"。《三国志·魏书·仓慈传》云:"建安中,太祖开募屯田于淮南,以慈为绥集都尉。"所谓"绥集都尉",顾名思义,其职责即招抚流民开展屯田,则绥集都尉即屯田都尉或典农都尉之别称。据《三国志·魏书·仓慈传》记载,仓慈自建安中在淮南经营民屯,直到黄初末年因迁长安令才离开淮南屯田岗位。这说明自建安五年刘馥在淮南兴办的民屯,至少到黄初末年一直没有间断。但是,由于魏吴战争的影响,曹魏在淮南的屯田逐渐由以民屯为主转变为以军屯为主了。然而直到曹魏末年淮南仍有小规模的民屯。据《三国志·魏书·毋丘俭传》记载,正元二年(255年),驻屯寿春的镇东将军毋丘俭叛变,"安丰津都尉部民张属就射杀俭"。这里的"部民"也即"屯田部民"的简称。由此可知当时安丰津(今安徽霍邱县北)有一个县级小屯区。

由上可知,曹魏集团在淮河流域的屯区多,规模大,管理得也较好,成效较为显著,对曹魏集团的壮大和发展提供了重要的粮食、经济保障。当然,除了淮河流域以外,曹魏集团还因地制宜,在自己统治区内不断扩展民屯规模。如《晋书·食货志》记载:"贾逵之为豫州,南与吴接,修守战之具,竭汝水,造新陂,又通运渠二百余里,所谓贾侯渠者也。时济北颜斐为京兆太守……京兆遂以丰沃。郑浑为沛郡太守……浑于萧、相二县兴陂遏,开稻田……比年大收,顷亩岁增,租入倍常,郡中赖其利。魏明帝世徐邈为凉州,土地少雨,长苦乏谷。邈上修武威、酒泉盐池,以收虏谷。又广开水田,募贫民佃之,家家丰足,仓库盈溢"。

同时,为了给屯田提供初始资金,曹魏集团还在经济上给予支持。

由于盐业专营利润高,收归国有后可以大大增加国家财政收入。曹操"魏武遣谒者仆射监盐官,移司隶校尉居弘农,于是流人果还,关中丰实"①。用增加的收入来促进屯田的发展,提升了国家的经济实力,稳定了统治局势,且足食强兵。

曹魏集团进行屯田的另一种形式就是军屯。

军屯古已有之,秦汉屯田的主要形式就是军屯。汉代赵充国西域屯田即是采用这种方式。曹魏集团在前代军屯形式的基础上,扩大了军屯的规模,使得军屯不再仅是一种巩固边防的措施,还可以是增强自身军事实力的重要保证之一。曹魏集团进行军屯的开始时间较民屯迟。

---

① 房玄龄等:《晋书·食货志》,北京:中华书局,1974年。

《晋书·宣帝纪》记载:"魏国既建……(司马懿)言于魏武曰:'昔箕子陈谋,以食为首。今天下不耕者盖二十余万,非经国运筹也。虽戎甲维卷,自宜且耕且守。'魏武纳之,于是务农积谷,国用丰赡。"也就是说曹魏正式建置军屯,当在建安十八年(213年)魏立宗庙社稷以后。可以说军屯是在战事相对缓和或输送军粮不便的情况下才正式实施的。

正式实施并非是说在魏国初建之前没有军屯。建安初年夏侯惇兴办的陈留屯田即是曹魏早期军屯的一个典型事例:"太祖自徐州还,惇从征吕布,为流矢所中,伤左目。复领陈留、济阴太守……时大旱,蝗虫起,惇乃断太寿水作陂,身自负土,率将士劝种稻,民赖其利。"①初平四年(193年),袁术向陈留郡扩张,曹操率军反击,"术走襄邑,追到太寿,掘渠水灌城"。由此可知太寿水在陈留郡襄邑县(今河南睢县)境内,夏侯惇当是在此率将士修治遭战争破坏的水利工程,以营屯种稻。

至建安末年,由于曹操已先后消灭了北方的割据势力,战争转移到魏吴、魏蜀边界。在政局渐趋稳定的形势下,曹魏在淮河流域的军屯也逐渐由乘战争间歇经营的不稳定型军屯向稳定型军屯转变。

徐州屯区。

徐州军屯始于黄初年间。《三国志·魏书·文帝纪》裴松之注引《魏书》记载魏文帝曹丕记述徐州军屯经营情势云:"兴农淮泗间,筑室都徐方,量宜运权略,六军咸悦康。"后来,徐州军屯又有所发展。大约正始四年至嘉平二年间(243~250),征东将军胡质"假节都督青徐诸军事,广农积谷,有兼年之储。置征东台,且佃且守"。其经营范围大致在淮河下游的今苏北和皖东北一带。

豫州南部屯区。

正始(240~249)中至正元二年(255年),王昶先后任征南将军和征南大将军,假节都督荆豫诸军事。王昶曾任洛阳典农,有丰富的屯田经验,当他调任军职时仍不忘开展农业生产。《三国志·魏书·王昶传》称:"乃表徙治新野,习水军于二州

---

① 陈寿:《三国志·魏书·夏侯惇传》,北京:中华书局,1982年。

(即荆豫二州),广农垦殖,仓库盈积。"王昶经营的豫州军屯大约在豫州的南部,即淮河上游地区。

淮颍屯区。

曹魏在淮河流域的军屯以正始年间邓艾经营的淮颍军屯规模最大,效果亦最为显著。《三国志·魏书·邓艾传》:"时欲广田畜谷,为灭贼资,使艾行陈、项以东至寿春。艾以为'田良水少,不足以尽地利,宜开河渠,可以引水浇溉,大积军粮,又通运漕之道。'乃著《济河论》以喻其指。又以为'昔破黄巾,因为屯田,每大军征举,运兵过半,功费巨亿,以为大役。陈蔡之间,土下田良,可省许昌左右诸稻田,并水东下。令淮北屯二万人,淮南三万人,十二分休,常有四万人,且田且守。水丰长收三倍于西,计除众费,岁完五百万斛以为军资。六七年间,可积三千万斛于淮上,此则十万之众五年食也。以此乘吴,无往而不克矣。'宣王善之,事皆施行。"这段史料记述了司马懿支持下的邓艾淮颍军屯的盛况,其虽然指出了淮北军屯区的大致范围,但还不够具体,而对淮南军屯的记载尤为简略。由此,有必要结合其他有关史籍的记载再做一些具体说明。

正始以后,邓艾离开了淮颍军屯,但淮颍军屯在邓艾经营的基础上仍持续发展。甘露二年(257年)二月,诸葛诞据寿春叛乱,"敛淮南及淮北郡县屯田口十余万官兵"①,说明直到曹魏末年淮颍军屯的规模仍很可观。

淮河流域虽然是曹魏屯田的重要基地,但官渡之战以后,随着曹魏统治区域的扩大,屯田规模也随之扩大。淮河流域的屯田即不再在曹魏整个屯田中占据主要地位。

由于《三国志》在记载屯田时非常简略,也缺乏志、表予以系统、直观的介绍。屯田资料往往在传主人物其他事迹中概括记述,中间遗失资料细节应不少。但从现存资料来看,曹魏屯田东起山东,西至甘肃金城、敦煌,规模及所取得的效益都远超吴蜀。这一方面和曹魏集团中原地区生产力恢复较快、生产水平较高关系紧密以外,也与曹魏集团为屯田制定的一系列政策密切相关。

---

① 陈寿:《三国志·魏书·诸葛诞传》,北京:中华书局,1982年。

(二)曹魏屯田的管理体制

为有效开展屯田,促进生产发展,足食强兵,营建稳固的统治后方,曹魏集团专门针对屯田发布了一系列的管理法规,建立起一套独立于州、郡、县、乡行政体系的管理体制。

首先,曹操确立了一套有利于快速开展屯田的管理体制。

民屯方面,在许昌屯田之始,曹魏即初建了一套独立于地方行政体系的屯田管理方式。他任命羽林监枣祗为屯田都尉,任峻为典农中郎将作为枣祗的直接上司,枣祗直接向任峻负责。而屯田都尉相当于县令这一级别,典农中郎将相当于郡太守。这在魏元帝曹奂咸熙元年(264年)的罢屯田诏令中有所体现:"是岁,罢屯田官以均政役,诸典农皆为太守,都尉皆为令长。"①

在典农中郎将之上,屯田先是由曹魏设立的司空户曹掾主管,曹操升为丞相后,由丞相府户曹掾接管。建安十八年(213年),曹魏集团置大司农一职,全权负责屯田事务。与典农中郎将平行的还有屯田校尉,二者都是秩二千石。相当于县令的屯田都尉是秩四百石。其下还有典农功曹、屯司马等。这样就由上而下的建立起了一整套屯田管理体制,并独立于地方行政之外。这种管理体制有利于朝廷政令法规的贯彻执行,而且专司屯田,也有利于开展、扩大屯田规模,提升屯田效益。

军屯方面,由于是"且耕且守",所以,军事编制没有改变。曹魏集团的军屯管理即由军事负责人直接负责。屯田中所有问题,按军事组织原则,由军队内部自行管理和解决军屯管理。是一种独立的管理体系。

其次,在组织形式方面,曹魏集团也因地制宜,予以安排。

对于民屯,曹魏集团的管理是把他们按照军事编制组织起来,以军事纪律管理和指挥。参加屯田的"良民"被称为客,有时也称"屯田客"。他们50人为一个生产单位,若干生产单位

---

① 陈寿:《三国志·魏书·三少帝纪》,北京:中华书局,1982年。

在一起组织成基层单位,称之为"屯",人均耕地约为50亩①。这点在嘉峪关墓壁画中有所反映。在墓室一里有一幅画,画着正在劳作的农民,一共有6人,4男2女。两男在扶犁耕地,两女在持钵播种,还有两人驾牛拉着犁具。由壁画画面来看,这6个人并不是一个家庭的成员,而是被集中在一起劳作的。他们在一起正是由于屯田组织的原因。

屯田客主要从事生产,必要时也参加战斗。如据前所引正元二年(255年),镇东将军毋丘俭叛变,"安丰津都尉部民张属就射杀俭"。实际上这是一种强制性的组织方式,便于掌控劳动力数量、计划安排和落实生产任务、统一协调和指挥生产活动及其他公共基础设施建设。同时,屯田客不须交纳赋税,也无需服其他徭役,这使得他们能够专心进行农业生产。所以,虽然他们耕种土地需要缴纳的租税很高,但在当时情况下,曹魏集团还是在客观上为他们提供了一个相对稳定的生产生活环境,这也提高了他们的生产积极性,加快了社会经济的恢复。

对于军屯而言,其组织主要是以"营"为单位,这在嘉峪关壁画中也有所反映。在其墓室三里有屯营屯垦图。屯营图:帐内坐一将军,帐外有两士卒,左面一士卒手持便面(便面,扇子的一种),右面士卒手持长戟。大帐外环绕小帐三重,小帐外戟盾林立,左方为牙门,两侧各有一面牙旗。另一幅为兵屯图,上部为两列士卒,荷载持盾正在行军操练,步兵之间,有两人:一军士持剑在前,另一将官骑马在后。画下部绘有两人驾牛耕作,前一人为披发跣足,穿窄袖衫和肥大短裤,应为胡人;后一人为汉人。"从三号墓屯兵壁画推测,坞堡中把士兵按营编制,以营为单位进行戍耕,将全部收获归入军队。再按制度发给作为生活必需品,目的是用来把士兵束缚在土地上,这样既可以保证有足够的兵源,又可以保证有充足的劳动力。"②

---

① 高敏认为"每五家耕种屯田65亩,是汉代的规定",每家合13亩。兵士屯田据流沙坠简推算,或人均14.6亩,或人均24亩多。见其著《魏晋南北朝社会经济史探讨》,北京:人民出版社,1978年。

② 甘肃省文物队、甘肃省博物馆、嘉峪关市文物管理所《嘉峪关壁画墓发掘报告》,北京:文物出版社,1985年。

军屯以屯为基本单位。屯置司马,每屯约 50 人。基层单位称为"屯营",每营或有 60 人。中央和地方另设掌管军屯之官,官名不详。但军屯机构与官职的设置,基本上是在继承与发展汉制的基础上形成的。诸如汉代屯田校尉一类的官名,大都沿用。《三国志·魏书·仓慈传》说:"建安中,太祖(操)开募屯田于淮南,以慈为绥集都尉"。魏文帝黄初四年(223 年),设司农度支校尉(亦称"司农校尉"),专掌诸军屯田。

在军队内部的屯田管理中,由于资料缺乏,难以确定其职官系统。但总体应与民屯管理相差不远。

第三,屯田分成方法。

军屯由于生产、生活资料和生产工具均是由国家提供,所以生产收入也全部属于国家,不存在收入分成问题。屯田分成主要体现于民屯方面。

在屯田开始之初,关于屯田收成的分配问题,有过争论。曹操自己就有记述:"当兴立屯田,时议者皆言当计牛输谷,佃科已定。施行后,祗白以为僦牛输谷,大收不增谷,有水旱灾除,大不便。反复来说,孤尤以为当如故,大收不可复改易。祗尤执之,孤不知所从,使与荀令君议之。时故军祭酒侯声云:科取官牛,为官田计。如祗议,于官便,于客不便。声怀此云云。孤乃然之,使为屯田都尉,施设田业"。①

可见,在屯田收成分配问题上,曹魏集团内部有过两种意见。一种认为应依照旧例"计牛输谷",采取固定租税的方式。但是这种方法于民便,于官不便。实行的结果正如枣祗所说"大收不增谷",丰年时国家收入并没有增加。而一旦碰到旱涝等自然灾害则会导致农作物减产,国家收入就会降低,政府甚至不得不要免除赋税。曹操在这件事情上也犹豫不定,但在枣祗的坚持下,分析利弊,曹操最终同意了他的意见。

曹操最终采取了"分成法",即国家对于屯田客的农业收入采取一定比率进行分割。参照标准为是否租用官牛。假如租用官牛耕种,则国家与屯田客之间按四六分成。国家占十分之六,客占十分之四。如果没有租用官牛,则国家与屯田客五五

---

① 陈寿:《三国志·魏书·任峻传》,北京:中华书局,1982 年。

分成。这种分成法的好处是租税成为一个变量,可以根据实际情况进行调整。国家始终能占有收入的大部分,无论丰年荒年,国家始终能够增加财政收入。

四、屯田的效果与屯田制度的退出

(一)屯田的效果

屯田在建安元年实行以后,当年即取得了良好效果。随之迅速在各地加以推广,"于是州郡例置田官,所在积谷,仓廪皆满"。由此,屯田成为了曹魏集团的一项基本经济政策,对曹魏集团的壮大和发展产生了重要推动作用。

首先,屯田提升了曹操的军事实力。正是由于有了屯田,曹操解决了重要的军粮问题,达到了"足食强兵"的预定效果。"故操征伐四方,无运粮之劳,遂能兼并群雄",曹操也因此肯定建议屯田的枣祗的历史功绩:"丰足军用,摧灭群逆,克定天下,以隆王室,祗兴其功"。其次,屯田稳定了大批流民,促进了曹魏统治区的经济恢复。屯田制使得大量流民固着于土地之上,稳定了社会秩序,降低了流民起义的可能性,也促进了经济的发展。

(二)屯田制度的退出

随着经济的恢复和社会形势的变化,咸熙元年(264年)魏元帝最终下诏"罢屯田官以均政役",屯田制正式退出。屯田政策的退出是由多方面原因决定的。

第一,是屯田在实施过程中,极高的剥削率越来越限制了生产的发展和经济的恢复。屯田客逐渐对严苛的剥削越来越不满,并引发了不断的反抗和起义。《三国志·魏书·吕虔传》云:建安四年(199年),"襄贲校尉杜松部民炅母等作乱,与昌豨通"。与曹魏集团一样实行相似屯田政策的孙吴也同样面临部民的反抗。《三国志·吴书·贺齐传》:"豫章东部民彭材、李玉、玉海等起为贼乱,众万余人。(贺)齐讨平之。"

曹魏后期,朝廷开始把租牛客户(屯田客户)赏赐给公卿大臣。租牛客户本来不承担国家徭役,只纳分成租。屯田客户被赐给私家后,当然也只向私家纳地租。因此"小人惮役,多乐为之,贵势之门动有百数"。除了赏赐的客以外,困于徭役的下层人民也去投充,客的队伍在封建大土地上普遍存在,并迅速扩大。①

为逃避租税与严苛的剥削,屯田客们要么起身反抗,要么遁入世族大姓之家作其佃农,但这必然会降低朝廷赋税收入。为保证和增加国家收入,曹魏集团必须保证有一定数量的自耕农,并收缴赋税,而屯田则不能满足这一点。

第二,是此时世族势力迅速发展,豪强世族兼并土地情况日益严重,造成大量农民失地,成为世族庄园的僮仆。土地兼并日趋严重,大量土地集中于世族豪强之家,国家"公田"大量减少,也就没有更多的土地资源来推广和实行屯田制度。同时世族庄园经济较为发达,这种坞堡式的庄园经济在国家经济总量中的比重也日趋上升。由此造成的结果就是,豪强、世族拥有的客越来越多,人身依附关系越来越强,而政府赋税缴纳的主体——自耕农数量却越来越少。仲长统《昌言·理乱篇》中即提到有横跨郡国的大片土地,经营农业、畜牧业和商业,役使成群的奴婢和成万的徒附,有的还豢养着剑客死士为其效命。仲长统所说的"徒附"应即是"客"。如前所引的刘备妻兄糜竺即是这样一个豪族之人。《太平寰宇记》卷二十二海州东海县"县理城"条所引《水经注》称糜家的这些僮客为"糜家之隶",他们被安置在糜家的庄、牧上从事农牧劳动,且一经安置,就世代相承地固定在土地上②。

第三,从根本上说,为维护统治,曹魏集团需要一定数量的自耕农来缴纳赋税。废除屯田,使屯田客成为自耕农,即成为统治的需要,也即魏元帝诏书所言"均政役"。

屯田制自曹操在建安元年(196 年)开始实施,于魏元帝咸熙元年(264 年)废除,前后共 68 年。曹魏集团在继承汉代屯田制的基础上又加以发展,使之成为统治初期的基本经济制度。同时的吴蜀也都实行过内容与形式类似的屯田制度。这

---

① 唐长孺:《魏晋南北朝隋唐史三论——中国封建社会的形成和前期的变化》,武汉:武汉大学出版社,1992 年。
② 唐长孺:《魏晋南北朝隋唐史三论——中国封建社会的形成和前期的变化》,武汉:武汉大学出版社,1992 年。

说明在当时的社会条件下,只有屯田制最符合当时实际生产情况,屯田制也确实为曹魏集团的稳固与发展带来巨大效益。但由于社会生产力的发展,社会形势的不断变化,屯田制也越来越不符合生产力及中央集权统治的要求,其退出也是历史发展的必然。

第六节　曹氏家族与汉魏兵制变革

一、汉代的兵制

军队是政权得以存在和发展的保证,没有强大而稳定的军队,一个政权想要生存和不断发展是不可能的。正因如此,历朝历代均重视军队的建设。

(一)军队的组成

汉代军队主要由南北军、三辅兵、城中兵、州郡兵和边郡兵组成。南北军是汉代的中央部队,通常部署于京城附近;州郡兵则部署于地方;城中兵隶属于长安令;边郡兵则处在卫戍国境第一线。

汉初的中央禁兵,有南北二军,担负京城及宫殿的守备与宿卫责任。所谓南北军是根据军队驻扎地点的位置而定名的。南军在未央宫南,北军在未央宫北,分别隶属于卫尉、中尉。南军是宫殿内的宿卫兵,北军是京城的拱卫兵。在城外驻扎的三辅兵也由中尉管理。

宫殿宿卫除了卫尉所领的南军以外,还有殿中诸郎。《汉书·文帝纪》记载,文帝自进入未央宫,当夜即拜宋昌为卫将军领南北军,张武为郎中令,行殿中。武帝时,郎中令改为光禄勋,扩大了郎中令所领诸郎的名额,使其居则掌宿卫宫殿门户,出则充车骑。郎官护卫和南军兵卫的分工关系为:郎官执掌宫内的诸宫殿门户,南军卫士则掌管宫门的守备,及宫中的徼循。《汉书·百官公卿表》说:光禄勋"掌宫殿掖门户",卫尉"掌宫殿门卫屯兵"。卫宏《汉旧仪》说:"殿外门署属卫尉,殿内郎署属光禄勋"。此外,武帝又置期门、羽林,亦主宿卫,"掌执兵送从"。平帝时改期门为虎贲。

武帝以后,北军也出现变化。第一,中尉更名为执金吾,令缇骑520人,掌京城门内的巡徼守卫。第二,增置八校尉:中垒校尉,掌北军垒门外,又外掌西域(光武时撤并);屯骑校尉,掌骑士;步兵校尉,掌上林苑门屯兵;越骑校尉,掌越骑;长水校尉,掌待诏射声者;虎贲校尉,掌轻车。第三,增置城门校尉,掌京师城门屯兵,府属有司马及十二城门候。这是武帝时征和二年有鉴于戾太子伪诏持节发兵而设立的。这样,原来的北军,发展成为八校,原属中尉的北军,一变成为八校之一。而原来总领北军的中尉,则改为执金吾。八校兵不全部驻扎于城内,如步兵驻扎上林苑门,长水校尉兵驻扎在长水及宣曲。东汉建立以后,光武帝建武七年,长水校尉、射声校尉被撤并。

郎卫仍属于光禄勋,东汉有光禄勋卿一人,"掌宿卫宫殿门户,典谒署郎更直执戟,宿卫门户"。其下有五官中郎将一人,主五官郎;左中郎将主左署郎,右中郎将主右署郎。"凡郎官皆主更直执戟,宿卫诸殿门,出充车骑。唯议郎不在直中"。又有虎贲中郎将主虎贲宿卫,羽林中郎将主羽林郎,皆掌宿卫侍从。

皇宫兵卫属于卫尉,卫尉卿一人,"掌宫门卫士宫中徼循事"。其下有南宫卫士令一人,掌南宫卫士;北宫卫士令一人,掌北宫卫士令;左右都候各一人。此外宫掖门每门有司马一人。

宫外的防卫属于执金吾(武帝太初元年,中尉更名为执金吾)。执金吾"掌宫外戒司非常水火之事,月三绕行宫外"。胡广曰:"卫尉巡行宫中,则金吾徼于外,相为表里,以擒奸讨猾。"

北军八校(其中胡骑校尉不常置,故八校也常称为"七校"),光武时撤并为五营,其中虎贲并入射声,胡骑并入长水,又撤中垒校尉而置北军中候,掌监五营,并称之为"北军五营",皆掌宿卫,负责京城内外的守备任务。

西汉的地方兵主要是州郡兵。州郡兵主要有材官(步兵)、骑士、楼船(水军)三个兵种。楼船主要分布于江淮流域以南地区,金城、天水、陇西、安定、北地、上党、上郡多骑士,三河、颍川、沛郡、淮阳、汝南、巴、蜀多材官。在汉初还有车骑兵。如高祖十一年秋,淮南王黥布反,"上乃发上郡、北地、陇西车骑,巴、蜀材官及中尉卒三万人为皇太子卫,军霸上"。惠帝七年冬十月,"发车骑、材官诣荥阳"。景帝时,"匈奴入雁门,太守冯敬与战死,发车骑、材官屯"。可见此时,车骑也是地方兵的一种,主要分布于上郡、北地、陇西等西北区域。

东汉光武帝即位后,于建武七年下诏:"今国有众军,并多精勇,宜且罢轻车骑士、材官、楼船士及军假吏,令还复民伍。"所以,东汉军队基本上是由中央政府直接控制的南北军组成,地方军队较少。

除南北军、州郡兵以外,武帝之后由于部分匈奴投降,武帝在边郡设立属国,将匈奴或其他少数民族投降人员编制入伍,由属国都尉统领。

(二)集兵方式

综观两汉征兵方式,大致有征兵制、募兵制、谪兵制等。

西汉以征兵制为主要集兵方式。全国男子年满23岁即为征兵对象,开始服兵役。一年为材官(步兵)、骑士(骑兵)、楼船(水军),也即郡国常备兵,在地方上受军事训练;一年为卫士或戍卒,守卫京师或屯戍边地。期满以后,即罢归还乡为民,但遇有军事需要,政府仍可随时调发。56岁以后,才免除当兵的义务。

征兵制所针对的对象往往是郡国兵。有事时,天子以虎符檄召,没有虎符,任何人不得调动。汉高祖十年,陈豨叛乱,高帝亲征,对大臣们说:"吾以羽檄征天下兵,未有至者。今计惟邯郸中兵耳。"同一年,淮南王英布反,高祖也是"征诸侯兵"。而在事情结束以后,所征的诸侯兵或地方郡国兵皆"罢归家"。征召的信物除了皇帝的檄文以外,还应有虎符或者"节"。如《汉书·武帝纪》记载,建元三年,"闽粤围东瓯,遣中大夫严助持节发会稽兵,浮海救之"。

除了征兵以外,西汉还根据具体情况调兵。如高祖十年,"秋七月,淮南王布反……上赦天下死罪以下,皆令从军"。由此可见,汉代征兵的对象不光是平民,在特殊情况下,罪犯也可以是征兵的对象。这应是汉代谪兵制的先声。

自武帝对匈奴大规模用兵以后,随着战争的大量消耗,汉代的兵源开始紧张。迫不得已,武帝时开始采取新的集兵方式——招募。招募的士兵也有相应的名称,如勇敢、犇命、应募、私从等。如《汉书·昭帝纪》记载,始元元年,"遣吕破胡募吏民,及发犍为、蜀郡犇命,击益州。应劭曰:'旧时郡国皆有材官骑士以赴急难,今夷反,常兵不足以讨之,故权选取精勇,闻命犇走,故谓之犇命。'"①由于早期募兵制只是国家在兵源不足时候的权宜之计,所以对于应募者也就给予了相当的优惠条件。在战争结束后,应募者可以自由选择继续留在军队或者退出。也由于应募者有较高的自由选择权,他们的战斗士气自然较高,战斗力也比较强。正是由于这个原因,自汉武帝之后,西汉政府越来越多的使用募兵。募兵制度也逐渐固定下来,成为一种集兵方式。

至西汉末年,农民起义风起云涌,原有的郡国兵和中央军队在战争中被不断消耗掉,战斗力也迅速下降。募兵由于战斗力强,募兵制也逐渐转变为汉朝廷主要的集兵方式。光武帝刘秀也正是在一支有较强战斗力募兵军队的基础上建立了东汉政权。

上文已经提到,在特殊情况下,罪犯也可以是军队的征召对象。武帝之后,将罪犯征为兵士的情况越来越多。如武帝太初元年,派遣李广利发天下贬谪之人,西征大宛。天汉四年,又发天下贬谪之人及勇敢之士,派遣李广利等率领出击匈奴。昭帝元凤五年,下诏调发三辅及郡国恶少年及吏有告劾亡者屯辽东。宣帝神爵元年,西羌造反,诏"发三辅、中都官徒弛刑……诣金城。"随着罪犯被征召入伍成为常态,谪兵制也成为西汉集兵方式的一种。

西汉同时也出现了世兵制的萌芽。汉武帝时期,在羽林军中设立孤儿营。《汉书·百官表》记载:"又取从军死士之子孙养羽林官,号曰羽林孤儿。《汉旧仪》:'诸孤儿无数,父死子代。皆武帝时击胡死,子孙不能自活。养羽林官。'"②

整体而言,西汉初期,集兵方式以征兵制为主。自武帝大规模用兵之后,兵源开始日趋紧张,集兵方式也日趋多样化。

---

① 钱文子:《补汉兵志》,北京:商务印书馆,1936年。
② 钱文子:《补汉兵志》,北京:商务印书馆,1936年。

募兵由于战斗力较强,逐渐由临时性的政策转为正式集兵方式的一种。另外,在特殊情况下,征召罪犯的谪兵制及父死子代的征兵模式也开始出现,规模也逐渐扩大。

东汉时的集兵方式与西汉有很大的不同。这首先表现为,征兵制虽没有正式废除,但实际上基本没有执行。为让百姓休养生息,且西汉末利用"都试"控制郡国地方兵起事者不乏其人,因此,削弱地方武备就成了刘秀的一项既定政策。建武六年(30 年),"诏罢郡国都尉,并职太守"①。次年,又以"国有众军,并多精勇"为名,诏"罢轻车、骑士、材官、楼船士及军假吏,令还复民伍"②。"自是无复都试之役"③,取消了"都试"。自此直至东汉末年,征兵制渐趋衰落。

征兵制度的衰微造成了严重的后果。《续汉书·百官志》刘昭注引应劭《汉官》说:"自郡国罢材官骑士之后,官无警备,实启寇心。一方有难,三面救之,发兴雷霆,烟蒸电激,一切取办,黔首嚣然。不及讲其射御,用其戒誓,一旦驱之以即强敌,犹鸠雀捕鹰鹯,豚羊弋豺虎,是以每战常负,王旅不振。"

东汉军队战斗力衰弱,在农民起义军面前不堪一击,这刺激了豪强世族私家武装的发展。东汉末年,豪强世族纷纷利用黄巾起义的时机,招募军队,从依附于自己的农奴中选取精壮,"缮五兵,习战射",组织了自己的私人武装。这一方面增强了东汉朝廷镇压农民起义的力量,另一方面也加剧了封建割据势力的发展、膨胀。使得东汉朝廷的统治名存实亡。

整体而言,西汉及东汉初期,中央政府对于军队的控制力相对较强。西汉时期,在征兵制的条件下,士兵归属于国家,皇帝稳固地控制着军队。将帅与士兵同属于国家控制。士兵与将帅之间没有人身上的依附关系。"兵制可采,唯有汉氏。或有四夷侵轶,则从中命将,发五营骑士,六郡良家,贰师、楼船、伏波、下濑,咸因事立称,毕事则省。虽卫霍勋高绩重,身奉朝

---

① 马端临:《文献通考》卷 150,兵二。
② 范晔:《后汉书·光武纪》。
③ 司马彪:《续汉书·百官志》。

请,兵皆散归"①。

二、曹氏家族与曹魏兵制的形成

东汉末年的黄巾起义,严重削弱了东汉政权,使得东汉统治名存实亡。这主要表现:经过黄巾起义军的冲击,原有的中央和地方政府机构被严重破坏,已无力对地方实施有效的管制。加上地主豪强势力在镇压黄巾起义的过程中迅速膨胀,私兵、部曲规模不断扩大,坞堡林立,大小军阀各自依保壁而战,政府已经无力进行有效的管理。董卓之乱后,为讨伐董卓,初平元年,后将军袁术、冀州牧韩馥、豫州刺史孔伷、兖州刺史刘岱、河内太守王匡、渤海太守袁绍、陈留太守张邈、东郡太守桥瑁、山阳太守袁遗、济北相鲍信"同时俱起兵,众各数万,推绍为盟主",曹操此时也带着自己从陈留募集的士兵参与讨卓,"行奋武将军"。可以说这是曹魏集团建立自己特色的兵制的开始。

曹魏兵制与汉代兵制有很大不同。洪饴孙说:"曹氏官制,名与汉同,而实变之……宫禁不主于光禄勋,更置殿中诸司,屯卫不归于南北军,别设领军之职……公府之属,增至百余,军师之名,徧列诸署。外则诸州属于四征,而将军忽为方镇,都督加于岳牧,而刺史仅号单车。典兵则征镇安平之号,十倍于两京;郎将则东西南北之称,不止于三署。是则分更升降,与汉大殊。古今名号之改移,两晋南北朝之建置,时皆权舆此时者也。"②

曹魏兵制的建立始于曹操。曹操自起兵之时即开始对原有兵制根据实际进行改革。这体现于其军队组成、集兵方式及军事组织管理三个方面。其中引人注目的是曹魏政权根据实际建立了士家制度,正式实施世兵制。不过,由于高平陵政变之后,司马氏攫取了曹魏政权,兵制多有变化。严格说来,应将嘉平之后的曹魏政权视为晋朝的先声,其时的兵制建设更应归属于晋,而非曹魏。

---

① 杜佑:《通典·兵制》。
② 洪饴孙:《后汉书三国志补表三十种·三国职官表》,北京:中华书局,1984年。

（一）军队的组成

中平六年，曹操在陈留，"散家财，合义兵"，《三国志·魏书·武帝纪》注引《世语》说："陈留孝廉卫兹以家财资太祖，使起兵，众有五千人。"《三国志·魏书·卫臻传》注引《先贤行状》说："太祖到陈留，始与兹相见，遂同盟……合并三千人，从太祖。"可见曹操初期起兵的军队组成除了自己所募士兵以外，主要就是地方豪强势力的私家部曲。这成为了曹魏军队的组成基础。

从中平六年开始，曹操经过四处征伐，实力不断增强，随之逐渐建立了一支强大的军队。及至曹丕代汉建魏，曹魏军队的兵制设置逐渐规范。就曹操时期而言，军队组成主要由宿卫兵与作战部队组成。但是，曹操时期的宿卫兵不像汉代的卫尉、中尉士兵那样很少投入具体战斗，而是经常性的参加战斗。

曹操时期首先建立的宿卫兵为虎豹骑。虎豹骑为骑兵，战斗力强，装备精锐。《三国志·魏书·曹纯传》："纯所督虎豹骑，皆天下骁锐……及北征三郡，纯部骑获单于蹋顿……从征荆州，追刘备于长坂，获其二女辎重，收其散卒。"《三国志·蜀志·先主传》："曹公将精骑五千急追之，一日一夜行三百余里，及于当阳之长坂……大获其人众辎重。"此处"精骑"即是指曹纯所率领的虎豹骑。前后指挥虎豹骑的，有曹纯、曹休、曹真。

与虎豹骑一样，入供宿卫，征战的还有许褚所率领的虎士，以及典韦所率领的亲兵。《三国志·魏书·典韦传》："（操）拜韦都尉，引置左右，将亲兵数百人，常绕大帐。韦既壮武，其所将皆选卒，每战斗，常先登陷阵。"《三国志·魏书·许褚传》："拜都尉，引入宿卫。诸从褚侠客，皆以为虎士。从征张绣，先登，斩首万计，迁校尉……后迁武卫中郎将，武卫之号，自此始也……文帝践祚……迁武卫将军，都督中军宿卫禁兵。"

魏文帝即位，其宿卫军的组成是直接集成曹操的虎豹骑、虎士、亲兵系统。许褚继续率领武卫营，是最亲近的宿卫禁兵。许褚以后，担任武卫将军的有曹爽、曹训。《三国志·魏书·曹真传附子爽传》："明帝在东宫，甚亲爱之。及即位，为散骑侍郎，累迁城门校尉，加散骑常侍，转武卫将军，宠待有殊。"

作为曹操禁兵的虎豹骑、虎士、亲兵由中领军、中护军统领。《三国志·魏书·夏侯惇传附韩浩传》:"(韩)浩至中护军,(史)涣至中领军,皆掌禁兵"。注引《魏书》云:"太祖善之,迁(浩)护军。太祖欲讨柳城,领军史涣以为道远深入,非完计也,欲与浩共谏。浩曰:'……吾与君为中军主,不宜沮众。'遂从破柳城,改其官为中护军,置长史、司马……史涣……太祖初起,以客从,行中军校尉,从征伐,常监诸将,见亲信,转拜中领军。"由此可见,此时中护军与中领军即是中军的指挥者,入则掌禁兵宿卫,出则监诸将。魏文帝即位后,中领军主五校、中垒、武卫三营;中护军则在中领军下,"掌禁兵,总统诸将任,主武官选举"①。

接受中领军统属的禁兵在魏国建立之后,还有中护将军、中垒将军、中坚将军、武卫将军。《晋书·宣帝纪》:"(正始)六年秋八月,曹爽毁中垒中坚营,以兵属其弟中领军(曹)羲。"可见,中垒、中坚各有营属,典宿卫。

除了中领军统属的五营禁兵以外,东汉以来的五营兵,即屯骑校尉、步兵校尉、越骑校尉、长水校尉、射声校尉在曹魏时期依然存在。《三国志》中也常看到五营校尉的记载。

不过,虽然五营仍然存在,但实际上已经远不如原来五营的地位重要。五营虽仍领兵,但人数少得可怜。《三国志·魏书·孙资传》注引《孙资别传》说:"今五营所领见兵,常不过数百,选授校尉,如其辈类。"五营校尉地位下降,所领士兵人数也少,自曹操时期即已如此。何兹全认为,建安年间,曹操以丞相执军政大权,这时他一方面精选并加强自身府署的宿卫,一方面就极力削弱汉室宿卫军的实力,也即削弱五营的兵力。至曹丕建魏,魏国的武卫、中领、中护发展成为新朝廷的宿卫军时,五营即仅作为旧朝遗制存留而已。

至于汉代负责宫殿内宿卫的五官、左、右三署郎,魏时已不复存在。五官中郎将在魏文帝践祚以后即省去。左中郎将、右中郎将也在魏时省去。《宋书·百官志》左中郎将、右中郎将条云:"左中郎将,右中郎将。秦官,汉因之。与五官中郎将领三

---

① 洪饴孙:《后汉书三国志补表三十种·三国职官表》,北京:中华书局,1984年。

署郎。魏无三署郎,犹置其职。晋武帝省。"

曹操时期,宿卫兵除了宿卫以外,必要时还要参加战斗。文帝践祚以后,宿卫兵就很少参加直接的战斗了,但必要时仍需要服从调遣。《三国志·张郃传》记载:"诸葛亮复出……(明)帝自幸河南城……遣南北军士三万及分遣武卫、虎贲使卫郃。"

曹魏政权建立以后,兵制也渐趋稳定。中领军、中护军等在京城负责京城守备和宫殿宿卫。这部分兵力似乎不是很多。由于曹魏面对吴蜀联盟,故将重兵主要部署于东南地区和西部关中一带。分别由大司马、大将军领兵驻扎。但是部队的重大调动必须有中央政府命令。洪饴孙《三国职官表》记:"大司马上公,一人,第一品,掌武事……大司马或屯合肥,见《曹仁传》,或屯皖,见《明帝纪》,以备吴。""大将军上公,一人,第一品,掌征伐背叛……大将军每屯长安以备蜀。"不过需要指出的是,这些部队虽然常驻在京城之外,但都属于中央政府直属军队,由中央政府直接调动。

除了以上军队以外,地方上还设有少量的部队,负责地方治安管理。由郡太守和郡都尉直接管理。这些部队战斗力较弱,一般不直接参加的战斗,往往协助军队进行后勤运输,提供给养。《三国职官表》记载:"每郡都尉一人,比二千石,第五品。大郡或置二人,或为东西部,或为南北部。典兵禁,备盗贼。"

(二)集兵的方式

如前所述,西汉时期的集兵方式以征兵制为主。到了东汉,虽然名义上征兵制仍然存在,并可能随时投入使用,但实际上很少执行。东汉末年的黄巾起义与董卓之乱严重削弱了东汉政权,全国性的统一局面因为军阀混战已经不复存在。为躲避战乱,人民流离失所,四处迁徙。人口大量死亡,"白骨露于野,千里无鸡鸣",对于人口的统计和有效管理已是不可能,征兵制也就丧失了执行的基础。当然,这并不是说征兵制不能实施。如任峻曾在河南发兵,《三国志·魏书·任峻传》说:"汉末扰乱,关东皆震,中牟令杨原愁恐,欲弃官走。峻说原曰:'董卓首乱,天下莫不侧目,然而未有先发者,非无其心也,势未敢耳。明府若能唱之,必有和者。'原曰:'为之奈何?'峻曰:'今关东有十余县,能胜兵者不减万人,若权行河南尹事,总而用之,无不济矣。'原从其计,以峻为主簿。峻乃为原表行尹事,使诸县坚守,遂发兵。"

同书《杜畿传》记卫固、范先在河东发兵事:"太祖既定河北,而高干举并州反。时河东太守王邑被征,河东人卫固、范先外以请邑为名,而内实与干同谋……于是追拜畿为河东太守……固欲大发兵,畿患之,说固曰:'夫欲为非常之事,不可动众心。今大发兵,众必扰,不如徐以资募兵。'固以为然,从之,遂为资调发,数十日乃定。"

正是因为征兵比较困难,而且用时较长,所以曹魏集团在筹建自己的军队时,募兵就成为了自然选择。

前文已经提到,曹操在陈留起兵,"散家财,合义兵",荥阳一战失利,部队损失殆尽。不得已,曹操"乃与夏侯惇等诣扬州募兵,刺史陈温、丹阳太守周昕与兵四千余人"[①]。曹洪"扬州刺史陈温素与洪善。洪将家兵千余人,就温募兵,得庐江上甲二千人,东到丹阳,复得数千人,与太祖会龙亢"[②]。"乐进字文谦,阳平卫国人也……以胆烈从太祖,为帐下吏。遣还本郡募兵,得千余人,还为军假司马、陷阵都尉"[③]。

募兵制能够存在,需要两个前提条件:一是社会上有过剩的人口存在。西汉的募兵制得以产生,就是因为武帝以后土地高度集中,大量农民破产,而城市工商业不够发达,城市无法容纳这些人口。这些人也就转化为无业游民。他们既可以成为流民,也可以成为职业兵。到了东汉末年,社会的动荡,人民的流亡也增加了大量的社会无业游民,这即成为了募兵的来源。

不过所谓招募,有时也并非完全出于人民的自愿,还有强制的办法。如袁谭在青州的募兵:"使两蒋募兵下县,有赂者见免,无者见取。贫弱者多,乃至于窜伏邱野之中。放兵捕索,如猎鸟兽。"[④]如前所引曹操至扬州募兵:"还到龙亢,士卒多叛。"

---

① 陈寿:《三国志·魏书·武帝纪》,北京:中华书局,1982年。
② 陈寿:《三国志·魏书·曹洪传》,北京:中华书局,1982年。
③ 陈寿:《三国志·魏书·乐进传》,北京:中华书局,1982年。
④ 陈寿:《三国志·魏书·袁绍传》,北京:中华书局,1982年。

裴松之注引《魏书》曰："兵谋叛，夜烧太祖帐……其不叛者五百余人。"募兵四千余人，不叛者仅有五百余人，可见大部分人并非自愿。

募兵制的第二个前提条件就是，应募后可以改善本人乃至家庭的境遇。东汉末年的军阀混战，社会动荡，人民大量死亡。此时，活着就成为最基本也是最大的个人和家庭需要。军队作为一个战斗的整体，其生存能力远比个人要强。加入军队，也成为一些人改善自身生活的自然选择。不过，自魏、吴各具国家规模以后，募兵也就有了一定的规范。凡募兵须先得到政府的允可，各地将领不得随便招募。《三国志·吴书·潘濬传》裴松之注引《吴书》说："骠骑将军步骘屯沤口，求召募诸军以增兵。权以问濬，濬曰：'豪将在民间，耗乱为害，加骘有名势，在所所媚，不可听也。'权从之。"

募兵以外，曹魏还强制降民、俘虏及逃亡民户为兵。相对于召募还有一定的自由来说，降民、俘虏及逃亡民户为兵则完全是强制性的。以降户为兵，如曹操以青州黄巾降者为兵。《三国志·魏书·武帝纪》："（初平三年）太祖领兖州牧，遂进兵击黄巾于寿张……追黄巾至济北，乞降。冬，受降卒三十余万，男女百余万口，收其精锐者，号为青州兵。"

对于因逃避徭役或者赋税而流窜亡命的人，曹魏集团更是于剿掳之后，照例调以为兵。《三国志·魏书·程昱传》："昱收山泽亡命，得精兵数千人，乃引军与太祖会黎阳，讨袁谭、袁尚。"《三国志·魏书·吕虔传》："太祖以虔领泰山太守。郡接山海，世乱，闻民人多藏窜……虔将家兵到郡，开恩信……诸山中亡匿者尽出安土业。简其强者补战士，泰山由是遂有精兵，冠名州郡。"

募兵、征兵、以俘虏为兵都有着一定的限制。由于人口流动迅速，四处流亡，无法根据户籍进行征兵。募兵往往以社会流动人口、无业游民为招募对象，兵源数量不能得到保证。以俘虏、逃亡之人为兵也只能是补充部分兵源。为取得战争胜利，巩固自身实力，曹魏集团迫切需要稳定的兵源和强大的战斗力，这样，世兵制就成为了曹魏政权主要的集兵方式。

世兵制的内容包含两个方面：一是兵民分离（兵、民户籍分列),二是兵户世代为兵,父死子代,兄终弟及(非皇帝特许,不得改变其身份),从而形成一个以当兵为世业的职业兵阶层①。

曹魏世兵制又称为"士家制度"。《三国志·魏书·辛毗传》:"文帝践祚……欲迁冀州士家十万户实河南。"可见,此时士家制度已经建立。士家有独立的户籍,必须经皇帝诏准,才能改变身份。《三国志·魏书·少帝纪》载帝褒扬合肥新城死节战士刘整、郑像诏:"今追赐整、像爵关内侯,各除士名。"除士名,即从士家的专门户籍上除名。又《晋书·王尼传》说士家子王尼"初为护军府军士,胡毋辅之与琅邪王澄、北地傅畅、中山刘舆、颍川荀邃、河东裴遐迭属河南功曹甄述及洛阳令曹摅请解之。摅等以制旨所及,不敢"。晋承魏制,可见曹魏士家要想解除士家身份须有皇帝制诏。

曹魏士家制度的形成有着多方面的原因。一是曹魏集团起兵及征战之初,往往吸收豪强地主的部曲私兵。而部曲私兵本质上是为豪强地主控制的田庄农民。二者本身就有着被依附和依附的关系。在豪强地主起兵之后,这种依附关系就转变为部曲私兵对将帅的依附关系。曹魏国家军队多是由部曲私兵升格而成,原有的兵士对将帅的依附关系,逐渐自然地转变为兵士对国家的强烈人身依附关系。这就使得曹魏集团可以像封建地主豪强那样去控制和支配兵士及其家属,形成士家制度。

初期,曹魏士家兵士家属随军队一起迁转,必要时兵士家属也要参加战斗。《三国志·魏书·武帝纪》注引《魏书》记载,兴平二年,吕布、陈宫率万人袭曹操,时"兵皆出取麦,在者不能千人,屯营不固。太祖乃令妇人守陴,悉兵拒之"。兵士家属随营只是不得已而为之,一旦建立了稳定的后方,随营的家属即移居地方。曹魏政权继续沿袭先秦以来的"保质"制度的做法,将兵士家属聚居一处,集中管理,作为人质严加控制。

士家制度形成的第二个原因即曹魏政权为兵士及其家属提供经济保障,满足其基本生活需要。如《三国志·魏书·武帝纪》载曹操于建安十四年七月令:"自顷以来,军数征行,或遇

---

① 白寿彝主编:《中国通史》,上海:上海人民出版社,1995年。

疫气,吏士死亡不归,室家怨旷……其令死者家无基业不能自存者,县官勿绝廪,长吏存恤抚循,以称吾意。"既是"不绝廪",则说明原本存在着发放廪粮赡养兵士家属的制度。赡养兵士家属的制度使得兵士之家在经济上完全依附于封建政权,这就大大强化了政权对兵士及其家属的控制和支配能力。[①] 由此,父死子继、兄终弟及的士家制度即有了存在的基础。

随着青州黄巾投降曹操,曹操"受降卒三十余万,男女百余万口,收其精锐者,号为青州兵"。《三国志·魏书·贾逵传》注引《魏略》又记载,曹操病逝时,"青州军擅击鼓相引去",朝廷"乃为作长檄,告所在给其廪食"。自青州黄巾乞降至曹操病逝,历时28年,仍然存在青州军之名,可见青州兵是一个自称编制、与众有别的特殊集团。合理的解释就是曹操将投降的男女百余万口随宜安置,青州兵的兵源也就固定由这些降户补充,产生规范化的"父死子代,兄终弟及"的补代制度。将这种补代制度推广开来,曹魏士家制度也就正式形成了。

在魏、蜀、吴三个集团中,曹魏的地域面积最大,人口也最多,有了士家制度,曹魏政权就可以得到比较稳定且充足的兵源,弥补战争带来的消耗。晋承魏制,继续执行士家制度,虽然也有一些变化,但士家制度还是为晋统一全国提供了强大的军事保障。

(三)曹魏军队管理体制

曹魏军队管理体制在继承东汉的基础上,又有不少变化。大致而言,曹魏军队管理体制的建立可分为四个阶段。

第一阶段,曹操起兵至司空府时期(189～207),军队管理体制初见规模。这一时期,曹操部队由无到有,由小到大,军队数量不断增加,管理也随时而宜,灵活性较大。初步建立了三级管理体制:第一级由曹操及霸府中的军师、军师祭酒、长史、司马、参军等组成军队管理中枢机构,对曹魏军队进行全面管理。第二级由曹操委派中领军、中护军、四征将军、或宗族、亲近等对军队进行直接管理。曹操在这一时期主要由自己带兵征伐,牢牢控制军队。如《三国志·魏书·曹仁传》:"从征徐

---

① 白寿彝主编:《中国通史》,上海:上海人民出版社,1995年。

州,任常督骑,为军前锋……从平荆州,以仁行征南将军,留屯江陵。"《三国志·魏书·曹纯传》:"初以议郎参司空军事,督虎豹骑从围南皮。"《三国志·魏书·曹休传》:"刘备遣将吴兰屯下辩,太祖遣曹洪征之,以休为骑都尉,参洪军事。太祖谓休曰:'汝虽参军,其实帅也。'"由此我们也可发现,曹操此时的军事管理还不够规范,有相当的灵活性,往往根据需要派遣亲近部将以参、行、领等方式行驶军队管理职权。第三级则为地方部队,曹操往往委派地方豪强势力、亲近或降将对其进行管辖,统属军队。如臧霸,《三国志·魏书·臧霸传》:"太祖之讨吕布也,霸等将兵助布……太祖募索得霸……以霸为琅邪相,敦利城、礼东莞、观北海、康城阳太守,割青徐二州,委之于霸。"再如文聘,《三国志·魏书·文聘传》:"(文聘)为刘表大将……太祖征荆州,琮举州降……太祖先定荆州,江夏与吴接,民心不安,乃以聘为江夏太守,使典北兵,委以边事,赐爵关内侯。"

第二阶段,曹操由司空转为丞相至封为魏公,建立魏国之前(207～213)。这一时期,原有三级管理体制更趋完善。

第一级仍是以曹操为中心,以军师、参军、长史、司马等组成的军队中枢管理机构。随着战争的发展和曹魏势力的不断扩张,中枢管理人员亦不断增加,机构规模也随之逐渐扩大。第二级为曹操所设立的四征将军、杂号将军、中领军等统帅中军、外军。此时由于魏国制度仍未完全建立,军队管理不得不仍依原有汉制进行。所以曹操继续采用派员参、行、领、督等方式管理军队。如《三国志·魏书·曹真传》:"(太祖)以真为征蜀将军,督徐晃等破刘备别将高详于阳平。"第三级为曹操委派的亲近将领屯兵军事要地,直接管理、统帅部队,随时听从调遣。如《三国志·魏书·张辽传》记载:"时荆州未定,复遣辽屯长社……太祖既征孙权还,使辽与乐进、李典等将七千余人屯合肥。"《三国志·魏书·张郃传》记载:"拜(郃)荡寇将军……屯广石……太祖乃引出汉中诸军,郃还屯陈仓。"

第三阶段,曹操封为魏公,建立魏国至病逝(214～220)。此时魏国建立,"置尚书、侍中、六卿",初步建立比较完善的行政系统。军事管理也形成制度,更为规范,管理体制依然为三级。第一级为魏公与尚书台所组成的军事中枢。《三国职官

表》记尚书台僚属机构,如表 5-5 所示:

表 5-5

职官	人数	品秩	职责
尚书令	一人	千石,第三品	掌凡选署及奏下尚书文书众事,总典纲纪,无所不统。
尚书仆射	二人	六百石,第三品	主开封,掌授廪假钱谷。署尚书事,令不在,则奏下众事。
吏部尚书	一人	六百石,第三品	主选事。
左民尚书	一人	六百石,第三品	主缮修功作、盐池园苑。
客曹尚书	一人	六百石,第三品	主外国夷狄。
五兵尚书	一人	六百石,第三品	主中兵、外兵、骑兵、别兵、都兵。
度支尚书	一人	六百石,第三品	掌军国支计。
尚书左右丞	二人	四百石,第六品	左丞主台内禁令、宗庙祠祀、朝仪礼制、选用置吏、纪诸不法、无所回避。右丞掌库藏庐舍、凡诸器物之物、刑狱兵器。
郎中	二十五人	四百石,第六品	有殿中、吏部、驾部、金部、虞曹、比部、南北主客、祠部、度支、库部、农部、水部、仪曹、三公、仓部、民曹、二千石、中兵、外兵、都兵、别兵、考功、定课、都官、骑兵。

　　尚书台的五兵尚书、相关郎中官与尚书令共同辅助魏公处理军事政务。曹操重要谋士军师荀攸相应转为尚书令。第二级与第三级军事管理体制与曹操任丞相时相同,故不赘述。

　　第四阶段,曹丕代汉建魏,曹魏政权军事管理体制正式形成。此时的管理体制又可大致分为四级。第一级为在原有魏国尚书台基础上形成的中央军事管理中枢,全面管理军事,为最高军事管理机关,由皇帝直接控制。第二级则增加了大将军、大司马、大都督等职位,协助皇帝处理军务。

　　大将军之位在西汉即已出现。东汉时设立将军名号较多,主要有大将军、骠骑将军、车骑将军、卫将军与前后左右将军等,其中大将军位次最高。外戚专理朝政,也往往以大将军身份录尚书事。正如《晋书·职官志》所说:"大将军,古官也。汉武帝置,冠以大司马名,为崇重之职。及汉东京,大将军不常置,为之者皆擅朝权。至景帝为大将军,亦受非常之任。"

曹操迎献帝都许之后，先为大将军，封武平侯，正是此意。但很快由于政治需要，曹操让出大将军号，而以司空身份录尚书事，同时兼领军事。袁绍虽为大将军，但与曹操并不互相统属。袁绍去世以后，大将军之职一度空缺。延康元年，夏侯惇以前将军迁为大将军。其后，曹仁、孙权、曹真、司马懿、曹宇、曹爽先后担任过大将军一职。不过，其中曹丕拜孙权为大将军，只是对其进行拉拢而已，与军权无关。大将军既可以自己带将领兵作战，也可以都督其他将领。如建安中，曹操为相，"始遣大将军督之。二十一年，征孙权还，夏侯惇督二十六军是也"①。

大司马。《晋书·职官志》说："大司马，古官也。汉制以冠大将军、骠骑、车骑之上，以代太尉之职，故恒与太尉迭置，不并列。及魏有太尉，而大司马、大将军各自为官，位在三司上。"如魏明帝即位以后，"以太尉钟繇为太傅，征东大将军曹休为大司马，中军大将军曹真为大将军，司徒华歆为太尉，司空王朗为司徒，镇军大将军陈群为司空，抚军大将军司马宣王为骠骑大将军"。太和二年，又"以大将军曹真为大司马，骠骑将军司马宣王为大将军"。可见此时大司马与大将军同时并立，且位次相同，均在三司之上。晋承魏制，大司马与大将军也是同时并立，且位次相同。

持节都督。为更好地进行军事统领，曹丕设置了都督一职。《晋书·职官志》："魏文帝黄初三年，始置都督诸州军事，或领刺史。又上军大将军曹真都督中外诸军事、假黄钺，则总统内外诸军矣。"此后都督一职得到了发展，"魏明帝太和四年秋，宣帝（司马懿）征蜀，加号大都督"。都督具有军事指挥权，《三国志·魏书·三少帝纪》中记载，曹爽为了把持朝政，向皇帝进言，对司马懿采取明升暗降的方法进行调迁，但并没有剥夺其军权，"其以太尉（司马懿）为太傅，持节统兵都督诸军事如故"。后来，为示尊宠，在"都督"前加上"大"字。如高贵乡公曹髦"命大将军司马文王加号大都督，奏事不名，假黄钺"。第三级，在大将军、大司马、大都督之外，曹氏政权还设立中军大将

---

① 房玄龄等：《晋书·职官志》，北京：中华书局，1974 年。

军、上军大将军、抚军大将军、镇军大将军等职,其职责是带领军队进行征伐驻守。如《晋书·宣帝纪》记载:"(黄初)六年,天子复大兴舟师征吴,复命帝居守……天子……诏帝曰:'吾东,抚军当总西事;吾西,抚军当总东事。'……明帝即位……天子诏帝屯于宛,加督荆豫二州诸军事。"第四级,设立四征、四镇、四平、四安将军,以及一些杂号将军,让其驻屯于军事要地,随时听候调遣。洪饴孙《三国职官表》记:"征东将军一人,二千石,第二品。武帝置,黄初中位次三公,领兵屯寿春。统青、兖、徐、扬四州刺史……征南将军,一人,二千石,第二品,武帝置。黄初中位次三公。领兵屯新野。统荆豫二州刺史……征西将军一人,二千石,第二品。武帝置,黄初中位次三公。领兵屯长安。统雍凉二州刺史……征北将军,二千石,第二品。武帝置(通典:太和中置),黄初中位次三公。领兵屯蓟,统幽、冀、并三州刺史。""镇东将军……领兵如征东。""镇南将军……领兵如征南。""镇西将军……领兵如征西。""镇北将军……领兵如征北。"士卒相对固定驻扎于某一区域,有利于部队迅速集结调动,处理战争的突发情况。

除了一些杂号将军外,骠骑、车骑、卫将军等地位较高。《晋书·职官志》记载:"骠骑、车骑、卫将军、伏波、抚军、都护、镇军、中军、四征、四镇、龙骧、典军、上军、辅国等大将军,左右光禄、光禄三大夫,开府者皆为位从公。"

曹氏集团与地域文化

汉末建安时期,政局动荡,首都很难再成为政治、经济、军事、文化中心,"政在家门"①,政治利益集团之间带有更多的地方性、家族性特征,因此,文化及其传承、传播自然更多地表现为一种家族传统和地域风尚。陈寅恪先生指出:

> 盖自汉代学校制度废弛,博士传授之风气止息以后,学术中心移于家族,而家族复限于地域,故魏、晋、南北朝之学术、宗教皆与家族、地域两点不可分离。②

> 盖有自东汉末年之乱,首都洛阳之太学,失其为全国文化学术中心之地位,虽西晋混一区宇,洛阳太学稍复旧观,然为时未久,影响不深。故东汉以后学术文化,其重心不在政治中心之首都,而分散于各地之名都大邑。是以地方之大族盛门乃为学术文化之所寄托。中原经五胡之乱,而学术文化尚能保持不坠者,固由地方大族之力,而汉族之学术文化变为地方化及家门化矣。姑论学术,只有家学之可言,而学术文化与大族盛门常不可分离也。③

---

① 陈寿:《三国志》卷六《袁术传》注引《魏书》载袁术语,北京:中华书局,1982年。
② 陈寅恪:《隋唐制度渊源略论稿》,石家庄:河北教育出版社,2002年。
③ 陈寅恪:《崔浩与寇谦之》,载《金明馆丛稿初编》,北京:生活·读书·新知三联书店,2001年。

陈寅恪先生以上所论是整个魏晋南北朝时期的一般状况。就曹操而言,其文化来源一是家族,二是故乡。曹操的家族本来不显,祖父为宦官,父亲为过继养子,关于其家族文化,陈寅恪先生亦有论及:

> 东汉中晚之世,其统治阶级可分为两类人群,一为内廷之阉宦,一为外廷之士大夫。阉宦之出身大抵为非儒家之寒族……主要之士大夫,其出身则大抵为地方豪族,或间以小族,然绝大多数则为儒家之信徒也。职是之故,其为学也,则从师受经,或游学京师,受业于太学之博士。其为人也,则以孝友礼法见称于宗族乡里。然后州郡牧守京师公卿加以征辟,终致通显。故其学为儒家之学,其行自必合儒家之道德标准,即仁孝廉让等是……然则当东汉之季,其士大夫宗经义,而阉宦则尚文辞。士大夫贵仁孝,而阉宦则重智术。盖渊源已异,其衍变所致,自大不相同也。①

从总体来说,曹操出身于宦官家庭,受到儒学教育自然较少,行为也就不拘一格。问题在于,曹操个人言行举止的文化性格有其个性因素,但曹操组织、领导的是一个政治、军事集团,他个人的文化性格还不等于一个组织、一个集团的文化品质,因此,我们必须考察曹氏集团的主要成员的来源,并进一步考察成员的言行举止及其文化的共同性,才能准确把握其文化特点,进而了解曹氏集团政治文化活动的社会根源及其与时代思潮的关联。在本章中,我们试图钩稽相关资料,对曹氏家族活动的地域文化背景因素进行大概的推测和粗略的描述。

第一节 谯郡区位及其先秦地域文化源流

曹氏出身于谯地。谯,即后来的亳州,位于今安徽西北,

---

① 陈寅恪:《书〈世说新语〉文学类钟会撰四本论始毕条后》,载《金明馆丛稿初编》,北京:生活·读书·新知三联书店,2001年。

"春秋时为陈国之谯邑,战国时属宋,秦属砀郡,汉属沛郡,后汉为沛国"①。

亳州地处黄淮海平原南部,属于禹贡古豫州之域。气候处在暖温带南缘,属于暖温带半湿润气候区。该区域气候特征为:季风明显,气候温和,光照充足,雨量适中,无霜期长,四季分明,春温多变,夏雨集中,秋高气爽,冬长且干,适合动植物生长。上个世纪90年代,在今蒙城县发掘了尉迟寺(古谯郡附近)古文化遗址,出土了大量水器、容器,这类器物与酿酒和饮酒有关。只有粮食有了剩余才能进行酿酒,尉迟寺大量酒具的存在从侧面反映了当时农业生产的规模和水平。与尉迟寺遗址所处新石器时代晚期阶段相同,亳州富庄、亳州城父后铁营等地也有遗址发掘,这些出土器具都说明了在当时皖北地区亳州、蒙城一带,气候湿润,土壤肥沃,农业生产发达,这为文化的发展提供了重要的物质基础。通过这些遗址的发掘和研究,考古界已经证明皖北地区,不仅受到大汶口及龙山文化的影响,而且地处文化的交叉区域,皖北地区也开始形成自己的特色②。

从交通角度看,亳州西接今河南鹿邑、郸城,北接河南商丘、夏邑,东接河南永城,南与东南接阜阳市与涡阳县。民国《亳县志略》记载:"亳县地势平坦,无山川阻隔。陆路交通,尚称便利;航运除涡河外,余均水势浅狭,不能通航……涡河航运,帆船来往,络绎不绝……亳县陆路交通,可别为南北东西二大干线:一为归信公路……为通阜阳三河尖至河南信阳之大道。一为蚌鹿路……为通涡阳蒙城怀远蚌埠之要道。"③可见,亳州是连接中原和江淮地区的重要通道,扼中原门户。

正因为农业发达、交通便利及交流的频繁,亳州就比较容易成为当时的文化中心和政治中心,而早商文化就与亳地有着密切的联系,"亳"这个古地名提供了有关二者文化联系的历史信息。

---

① 杜佑:《通典》卷一百七十七《州郡七·谯郡》。
② 王吉怀:《尉迟寺史前聚落遗存的微观考察与研究》,载《文物世界》,2005年第2期。
③ 刘治堂:《安徽省亳县志略》,南京:江苏古籍出版社,1998年。

《史记·殷本纪》记载："成汤,自契至汤八迁。汤始居亳,从先王居,作《帝诰》。"由此可见,"亳"应是当时商民族的居住点,或者是他们的部落的都会所在。商民族何以将自己的居住点称之为"亳"?"亳"字又有着什么样的涵义?是否与亳州有关联?对此学术界一直争论不休。据研究,早商共有亳、隞、相、邢、奄五都,其中亳都历成汤至大戊五世十王,年代最长,也最为重要。自《史记·殷本纪》记载"汤始居亳"后,关于亳的地望问题一直是众说纷纭,聚讼不已,始终没有定论。历史上既有北亳、南亳、西亳、杜亳四说,近世又增有郑亳、黄亳、垣亳三说,其中又以西亳和郑亳说争论最为激烈。双方都找出大量的文献资料与考古发现来支持自己的观点。值得注意的是,西亳说一般信从南亳说,多认为汤先都南亳,后徙西亳;近来也有郑亳说学者对南亳持否定态度,认为"南亳说不可轻易否定"①。西亳即今河南偃师二里头夏商文化遗址,郑亳为郑州商城遗址;南亳地望即古文献所称"梁国谷熟",一般认为在今河南商丘西南。南亳说在学术界有着广泛影响,因为有大量文献记载的支持。南亳说汉初开始出现,《史记·货殖列传》曰:"夫自鸿沟以东,……芒砀以北,属巨野,此梁宋地。陶、睢阳亦一都会也。昔尧作于咸阳,舜渔于雷泽,汤止于亳。其俗犹有先王遗风。"所指陶、睢阳应为今定陶、商丘一带,即所谓"汤止于亳"之地望即在商丘附近。"南亳"之名则始于西晋,皇甫谧《帝王世纪》袭司马迁"梁宋"旧说:"梁国谷熟为南亳,即汤都也。"②此后学者多信从南亳说,如北魏郦道元《水经·睢水注》就说:"睢水又东经亳城北,南亳也,即汤都矣。"唐李泰《括地志》曰:"宋州谷熟县西南三十五里南亳故城,即南亳,汤都也。"唐李吉甫《元和郡县图志·河南道三》云:"谷熟县……亦殷之所都,谓之南亳,汤所都也。"南宋郑樵《通志·都邑略·商都》云:"成汤受命,始迁于南亳……今南京谷熟是也。"清金鹗《求古录礼说》卷十《汤都考》也说:"汤都仍属谷熟镇为是。"虽然反对或对南亳说持怀疑态度的学者有不少,他们认为"三亳"说起于西晋皇甫

---

① 宋豫秦:《南亳地理之我见》,载《中原文物》,2001年第6期。
② 裴骃:《史记·殷本纪·集解》引。

谧,在此之前并未出现,如王国维即认为皇甫之说并不确切①,但是,综合分析,南亳说自有其存在的合理性,南亳应是汤始居之亳。

据研究,南亳地望,即古文献所称"梁国谷熟",在今河南商丘西南,与安徽亳州较为接近,换言之,亳州即使不是南亳之地,也在南亳的大范围里。明确亳州与南亳的历史关联非常重要。虽然殷商后来迁都离开此地,但是,曾经作为殷商古帝都的文化,对于亳州地域文化的影响应该还是存在的。都城文化至少包括政治参与、重视享受等文化因素,具体而言,参政、艺术、饮酒、武术等因素都会对于当地的政治、经济、文化有很深影响。

周朝时期,亳地并非政治中心,但是,春秋战国时期,黄淮海平原农业生产继续发展,并达到了比较高的水平,《史记·货殖列传》云:"沂、泗水以北,宜五谷桑麻六畜,地小人众,数被水旱之害,民好蓄藏,故秦、夏、梁、鲁好农而重民,三河、宛、陈亦然。"其中,陈地即包括亳州地区。如前所述,亳地地处交通要道,是华北与江淮地区的交流枢纽,文化交流频繁,因此,亳州此时具备形成独特区域文化特色的条件,如春秋战国时期这个地域的老庄文化。

周王朝立国之后,以崇礼尚乐为特征的周文化兴起。周文化对各地区文化发展产生了强势导引作用,因而,鲁、晋、卫、宋、齐、秦、楚等都不同程度地受到周文化的影响。但是,到了春秋战国时期,伴随着礼崩乐坏,诸子学说相继在不同地域兴起和发展:鲁国崇儒,在继承西周文化的基础上发展起来的儒学在鲁国影响很大,同时,墨家思想在鲁地也颇为盛行;齐地学术文化思想纷杂,儒家、道家、阴阳五行学说都相当发达;三晋(赵、魏、韩)地区流行法家和纵横家思想,儒家思想在此也有一定传播;秦国受三晋文化影响较大,法家思想盛行;楚、陈、宋等地则流行道家思想。当时各国君主为称霸图强,都大力延揽人才,秦、齐、楚、魏、赵等国都曾士人云集。而仅以各地所出文化

---

① 王国维:《说亳》,载《观堂集林》,北京:中华书局,1988年。

人才而论,则以周、齐、鲁、三晋、郑、卫等地最为繁盛①。总之,长期分裂割据的政治局面、各地的历史传统,以及不同水平的社会经济发展,使得先秦时期各地区学术文化及其发展呈现出鲜明的地域性特征。

春秋时期,亳州初为陈国之焦、夷二邑,后并入楚国。当时楚国核心腹地荆楚地区因为远离中原地区,总体上受周礼乐文化的濡染不深,而道家思想却蓬勃发展。道家思想创始人老子的出生地及早年活动地主要是河南鹿邑、安徽亳州一带,道家思想的重要代表庄子一生也主要活动在河南商丘至安徽亳州地区蒙城一带,因而,早在春秋战国时代,道家思想在今河南东南部和安徽亳州地区就产生了一定的影响,亳州作为楚国与中原地区交接的重要地带,又不可避免较早地接受中原学术文化影响,这就使得先秦时期亳州学术文化必然具有某种杂糅色彩。不过,这一时期亳州学术文化还相当弱,《汉书·艺文志》辑录的先秦作品中,并没有可确证为亳人的作品②。

道家思想经过秦汉已经发展成为全国性的显学,虽然经过秦始皇焚书坑儒及汉武帝"罢黜百家,独尊儒术",但是,在其产生之地,道家思想仍然具有最大的影响。严耕望先生说:"道家地理中心,大抵在淮水以北之楚境,即陈、蔡故地,北至于宋,实陈、宋等国旧疆,涡、(西)泗、颍、汝流域,即今河南东南、安徽西北地区……荆楚可能只是附庸地带耳。至于齐、魏、梁地,则发展所及矣。"③如刘安在淮南信仰道家思想。除了汉初尚黄老思想作用之外,淮南地区根基深厚的道家思想传统显然是不可忽

---

① 严耕望:《战国学术地理与人才分布》,载《严耕望史学论文选集》(上),北京:中华书局,2006年。

② 《汉书·艺文志》辑录的先秦作品中,有《庄子》52篇,为庄子及其后学所作。关于庄子的籍贯是河南商丘还是安徽亳州地区蒙城县一直存在争议,因此也就不能论定《庄子》是亳人作品。《汉书·艺文志》中另有《老子邻氏经传》4篇、《老子傅氏经说》37篇、《老子徐氏经说》分别是邻氏、傅氏、徐氏传《老子》。而老子是河南周口地区鹿邑人还是安徽亳州市涡阳县人,关于这个问题学者历来也是聚讼纷纭。

③ 《战国学术地理与人才分布》,转引自胡阿祥:《魏晋本土文学地理研究》,南京:南京大学出版社,2001年。

视的重要影响因素①。

概言之,秦汉之前,谯郡位于早商文化帝都文化圈内,帝都文化对于本地地域文化产生了深远影响,而春秋战国时期出现的老庄道家文化,也是本地重要的地域文化因素,而且,因为这两大因素,还衍生出其他次文化传统因素,如政治文化、尚武文化、养生文化等。

第二节　曹氏家族与药、酒养生文化

谯沛之地流行着深厚的养生文化,如饮酒、服药等,这与古帝都文化、老庄思想密切相关。

谯地酿酒历史悠久,酒文化发达。早在战国时期,庄子在《庄子·达生》篇中第一次系统地论述了酒能排除外在干扰、导向精神自由的作用,提出酒可以使人通向"神全"的哲学内涵:

> 夫醉者之坠车,虽疾不死。骨节与人同而犯害与人异,其神全也。乘亦不知也,坠亦不知也,死生惊惧不入乎其胸中,是故遻物而不慴。

生于酒乡,曹氏家族对酒有着特殊的爱好。曹氏家族自述的先祖汉初曹参"日夜饮醇酒"②。曹操本人与酒有着不解之缘,他会酿酒,建安元年,向汉献帝献上家乡的"九酝酒",从而使此酒成为宫廷用酒。当然,曹操更喜欢饮酒。《三国志·武帝纪》载:"太祖到酸枣,诸军兵十余万,日置酒高会。"其《短歌行》举酒高歌:"对酒当歌,人生几何?譬如朝露,去日苦多。慨当以慷,忧思难忘。何以解忧?唯有杜康。"其《气出唱》其二云"酒与歌戏,今日相乐诚为乐",把饮酒看作人生的一大乐事。虽然曹操为了行军作战下过禁酒令,只是在当时战乱不断、经

---

① 徐复观认为,"从事《淮南子》这一集体著作中的道家,他们所抱的道家思想,与'黄老'这一系的道家思想,实系分门别户,另成一派"。见其《两汉思想史》第 2 卷,上海:华东师范大学出版社,2001 年。

② 司马迁:《史记·曹相国世家》。

济不振的情况下采取的节省粮食、整顿世风、息民养农的举措,而到后来,违禁的人越来越多,酒禁也就名存实亡了。他的儿子曹丕和曹植也都好酒,并常常与朋友如应玚、刘桢等饮酒。曹丕称酒为"旨酒"、"桂酒"、"醇酒"、"甘醪",有"旨酒盈玉觞"(《于谯作》)、"旨酒停杯"(《秋胡行》)、"酌桂酒"(《大墙上蒿行》)、"但当饮醇酒"(《艳歌何尝行》)、"大酋奉甘醪"(《善哉行》其二)等诗句。曹植《箜篌引》写他与亲朋好友饮酒:"置酒高殿上,亲朋随我游。中厨办丰膳,烹羊宰肥牛。秦筝何慷慨,齐瑟和且柔。阳阿奏奇舞,京洛出名讴。乐饮过三爵,缓带倾庶羞。主称千金寿,宾奉万年酬。"曹植经常豪饮,在《名都篇》中就说:"归来宴平乐,美酒斗十千"。建安二十四年(219年)八月,魏军败北襄阳,主将曹仁所率之师被蜀将关羽围困,曹操欲举用曹植为中郎将,火速前去救援,曹植竟然"醉不能受命"。《三国志·曹植传》载其"饮酒不节"。曹植在后来的《与吴质重书》里声称:"当斯之时,愿举泰山以为肉,倾东海以为酒……食若填巨壑,饮若灌漏。"以之为"大丈夫之乐"。曹植明知贪杯的危害,也曾在所作《酒赋》中大谈酒为"荒淫之源"的道理,然而,在"群庶崇饮,日富月奢"[①]的世风影响下,曹植与酒结下了不解之缘。他借酒广交才俊之士,叙说"吾与二三子,曲宴此城隅"(《赠丁廙》)。的欢快,他借酒倾诉离愁别恨,抒发"亲昵并集送,置酒此河阳"(《送应氏》)的伤感。酒陡长了他的豪气,使其举杯高呼"君子通大道,无愿为世儒"(《赠丁廙》),酒平添了他的才情,使其创作了大量"藏之于名山,传之于同好"(《与杨德祖书》)的诗文,同时,酒也给他带来了诸多的麻烦,黄初二年(221年),被监国使者灌均上疏奏其"醉酒悖慢,劫胁使者"[②]。

当曹氏掌握了军政大权之后,饮酒更成为社会风气。曹魏时期大量公宴诗的出现与曹氏家族喜好宴饮有着密切的关系。《文选》六臣注对"公宴"诗的解释有两种:一是吕延济注曹植《公宴诗》曰:"公宴者,臣下在公家侍宴也。此宴在邺宫,与兄(曹)丕宴饮。"二是张铣注王粲《公宴诗》曰:"此侍曹操宴,时曹

---

① 王粲:《酒赋》。
② 《三国志·曹植传》。

未为天子,故云公宴。"建安时期,规模较大的文人宴会主要有两类:一类是正会,又称"元会"。《晋书·礼志》载"每年岁首元旦,曹操正会文昌殿,用汉仪。汉仪有正会礼,正旦受贺公侯一下执贽来庭。二千石以上升殿称岁后作乐宴飨,诸子临会赋诗。"朝会时先是接受百官的朝贺祝寿,后举行宴会,会上百官上寿酒,然后饮酒赋诗,可见酒是朝会中不可缺少的一个项目。这种正规的场合下所作的诗并不多,现存全部魏诗只有曹植《正会诗》一首。另一类就是曹氏兄弟组织的游宴赋诗活动。《三国志·邴原传》注引《邴原别传》载"太子宴会,众宾百数十人"。建安公宴诗的主要内容就是描述这类公宴活动的。曹丕在《与吴质书》回忆与诸子当年宴酒赋诗的情景:"昔日游处,行则同舆,止则接席,何尝须臾相知,每至觞酌流行,丝竹并奏,酒酣耳热,仰而赋诗,当此之时,忽然不自知乐也。"其他公宴诗,无论是从宴会的主持者身份"皇太子"、"大将军"、"宋公",还是从作诗的动机"有令赋诗"、"被命作诗"、"应诏作诗"来看,都表明此类诗歌是在公宴的场合所作的诗。王粲《公宴诗》显然是诗人归曹后受到优厚的礼遇和热情的招待,而发出的颂扬之声,所以,李善说"此诗侍曹操宴":

  昊天降丰泽,百卉挺葳蕤。凉风撤蒸暑,清云却炎晖。
  高会君子堂,并坐荫华榱。嘉肴充圆方,旨酒盈金罍。
  管弦发徽音,曲度清且悲。合坐同所乐,但愬杯行迟。
  常闻诗人语,不醉且无归。今日不极懽,含情欲待谁。
  见眷良不翅,守分岂能违。古人有遗言,君子福所绥。
  愿我贤主人,与天享巍巍。克符周公业,奕世不可追。

曹植《公宴诗》开门见山地点明了此次公宴的背景:

  公子敬爱客,终宴不知疲。清夜游西园,飞盖相追随。

　　明月澄清景,列宿正参差。秋兰被长坂,朱华冒绿池。

　　潜鱼跃清波,好鸟鸣高枝。神飚接丹毂,轻辇随风移。

　　飘飘放志意,千秋长若斯。

此次宴会的主持者就是诗中的"公子"曹丕。曹丕设宴,宾主和众人一同沉醉于宴会欢乐的气氛中,直至宴会结束之时还不知疲倦。将赋诗与酒宴和欣赏周围的美景联系在一起,达到诗、酒、景的结合,酒助诗情,使得气氛更加的和谐热烈。

建安时期,以曹氏父子为中心的宴饮活动十分频繁。曹丕和曹植都是当时诗坛的中心人物,而且有各自的文学集团,他们经常与文人们一起诗酒唱和,流连风月。刘勰在《文心雕龙·明诗》中说三曹、七子等人"并怜风月,狎池苑,述恩荣,叙酣宴"。他们在宴饮的时候多饮酒赋诗,留下了大量诗文作品,王粲、刘桢、阮瑀、应玚等人都有以"公宴"为题的诗作。当然,饮酒是普遍的社会风气,但是,谯地的酒文化之发达,无疑可以视作本地的具有特色的地域文化。

谯地还是中国四大古药都之一。地理、气候条件得天独厚,中药材品种丰富,据今人统计,该地出产中药材130多种,在今天安徽的四大名药中,亳州独占2种(白芍、菊花)。因为产药,自然谯地也名医辈出。东汉末年出现了神医华佗,《三国志·华佗传》载,其医术高超,精通方药、针灸、养生等,他曾用"麻沸散"使患者麻醉,然后施行手术治疗,这就是医学史上最早的外科手术:

　　华佗字元化,沛国谯人也……晓养性之术,时人以为年且百岁而貌有壮容。又精方药,其疗疾,合汤不过数种,心解分剂,不复称量,煮熟便饮,语其节度,舍去辄愈。若当灸,不过一两处,每处不过七八壮,病亦应除。若当针,亦不过一两处,下针言当引某许,若至,语人。病者言已到,应便拔针,病亦行差。若病结积在内,针药所不能及,当须刳割者,便饮其麻沸散,须臾便如醉死无所知,因破取。病若在肠中,便断肠湔洗,缝腹膏摩,四五日差,不痛,人亦不自寤,一月之间,即平复矣。

据记载,华佗有轻身神方和不老延年神方,"颍川郤俭能辟谷,饵茯苓。甘陵甘始亦善行气,老有少容。庐江左慈知补导之术"①。

受故乡丰厚的医药文化的熏染,曹氏家族对药有着特殊的兴趣。曹操对药膳颇有研究,撰写了有关"药膳"内容的《四时饮食制》。曹操、曹植父子注重养性,求药延寿。《三国志·武帝纪》注曰:"太祖又好养性法,亦解方药,招引方术之士,左慈、华佗、甘始、郤俭等,无不毕至。又习啖野葛至一尺,亦得少饮鸩酒。"曹操希冀延长寿命以便成就事业,在这种心态的支配下,他写下了相当数量的游仙诗,在诗中他寄托了求药延寿的思想②。《气出唱》:

  驾六龙,乘风而行。行四海,路下之八邦。历登高山临溪谷,乘云而行。行四海外,东到泰山。仙人玉女,下来翱游。骖驾六龙饮玉浆。河水尽,不东流。解愁腹,饮玉浆。奉持行,东到蓬莱山,上至天之门。玉阙下,引见得入,赤松相对,四面顾望,视正〔焜〕煌。开玉心正兴,其气百道至。传告无穷闭其口,但当爱气寿万年。东到海,与天连。神仙之道,出窈入冥,常当专之。心恬澹,无所愒。欲闭门坐自守,天与期气。愿得神之人,乘驾云车,骖驾白鹿,上到天之门,来赐神之药。跪受之,敬神齐。当如此,道自来。(其一)

  华阴山,自以为大。高百丈,浮云为之盖。仙人欲来,出随风,列之雨。吹我洞箫,鼓瑟琴,何闾闾!酒与歌戏,今日相乐诚为乐。玉女起,起舞移数时。

---

① 曹丕:《典论》。

② 曹操为了养生,还信奉民间方术,这里还涉及曹操是否信奉道教的问题(参见陈华昌:《曹操与道教及其游仙诗研究》,西安:陕西人民出版社,2002年)。我们认为汉末道教兴起,曹操对道教肯定有所接触,但是,不一定信仰。

鼓吹一何嘈嘈。从西北来时,仙道多驾烟,乘云驾龙,郁何茂茂。遨游八极,乃到昆仑之山,西王母侧,神仙金止玉亭。来者为谁?赤松王乔,乃德旋之门。乐共饮食到黄昏。多驾合坐,万岁长,宜子孙。(其二)

游君山,甚为真。崔嵬砟硌,尔自为神。乃到王母台,金阶玉为堂,芝草生殿旁。东西厢,客满堂。主人当行觞,坐者长寿遽何央。长乐甫始宜孙子。常愿主人增年,与天相守。(其三)

其他如"思得神药,万岁为期"(《秋胡行》其二),"交赤松,及羡门,受要秘道爱精神。食芝英,饮醴泉,拄桂枝,佩秋兰"(《陌上桑》),都是涉及游仙的幻想。他想象遍游泰山、蓬莱、昆仑,与赤松、王乔、西王母等仙人共处,服神药,食芝英,以希冀寿命得以延长。曹操"烈士暮年,壮心不已"(曹操:《步出夏门行》),统一天下的治世精神始终未磨灭,"不戚年往,忧世不治"(《秋胡行》其二。)是他在游仙诗中求药延寿的最好注解。

曹丕在游仙诗《折杨柳行》中也写到了服药,但对其抱着怀疑的态度:

西山一何高,高高殊无极。上有两仙僮,不饮亦不食。

与我一丸药,光耀有五色。服药四五日,身体生羽翼。

轻举乘浮云,倏忽行万亿。流览观四海,茫茫非所识。

彭祖称七百,悠悠安可原。老聃适西戎,于今竟不还。

王乔假虚辞,赤松垂空言。达人识真伪,愚夫好妄传。

追念往古事,愦愦千万端。百家多迂怪,圣道我所观。

受其父影响,曹植对求药延寿之事深信不疑,其《飞龙篇》云:

> 晨游泰山,云雾窈窕。忽逢二童,颜色鲜好。乘彼白鹿,手医芝草。我知真人,长跪问道。西登玉台,金楼复道。授我仙药,神皇所造。教我服食,还精补脑。寿同金石,永世难老。

其《平陵东行》云:

> 阊阖开,天衢通,被我羽衣乘飞龙。乘飞龙,与仙期,东上蓬莱采灵芝。灵芝采之可服食,年若王父无终极。

其《五游咏》云:

> 九州不足步,愿得凌云翔。肖遥八纮外,游目历遐荒。披我丹霞衣,袭我素霓裳。华盖芬晻蔼,六龙仰天骧。曜灵未移景,倏忽造昊苍。阊阖启丹扉,双阙曜朱光。徘徊文昌殿,登陟太微堂。上帝休西棂,群后集东厢。带我琼瑶佩,漱我沆瀣浆。踟蹰玩灵芝,徙倚弄华芳。王子奉仙药,羡门进奇方。服食享遐纪,延寿保无疆。

从上述诗中可以看出,曹植所说的"仙药"主要是以灵芝之类中草药制成的。

曹操还喜欢各种养生的方术。虽然曹植在《辨道论》中说:"世有方士,吾王悉招致……自家王与太子及余兄弟,咸以为调笑,不信之矣。"准确地说,曹操未必全信,但还是相当重视的。《三国志》注引西晋张华《博物志》就说:"曹操好养性法,亦解方药,招引方术之士,庐江左慈、谯郡华佗、甘陵甘始、阳城郄俭,无不毕至,又习啖野葛至一尺,亦得少饮鸩酒。""甘始、左元放、东郭延年行容成御妇人法,并为丞相所录。问行其术,亦得其验。降就道士刘景受云母九子丸方,年三百岁,莫知所在。武帝恒御此药,亦云有验"。由此可见,曹操对于养生方术的高度重视。

总之,对于养生的重视,既是汉末时代思潮,也是谯郡地域文化传统,而通过曹氏父子,这种地域文化得以放大,并产生影响。

第三节　谯沛地区的尚武传统和领袖性格

谯地存在着浓厚的政治参与意识和尚武传统。以曹操为首的曹氏家族,不仅文采风流绝世,而且能文能武,文武双全。曹氏家族的尚武精神与谯沛之地的军事政治传统有关。

曹操集团核心人员主要由两部分组成:一部分来自汝、颍地区,另一部分就是来自他家乡谯、沛地区。前者大多出生世家大族,主要担任出谋划策之职,以文见长;后者基本上不是世家大族出身,主要担任统兵征讨的将军和宿卫,崇尚武力。

曹操为沛国谯县人,初期跟随曹操的将领自然多谯沛人士。以往学者在讨论曹魏多武将时往往只论及其多为曹氏、夏侯氏及其他谯沛人士,却忽略了谯沛人士中多武将是由谯地固有的军事政治传统影响的原因。

前已述及亳州可谓中州门户、徐兖咽喉的一座军事重镇,其地理位置极其重要,素有"南北分疆,此亦争衡之所也"①的说法。秦汉时期在谯地及其附近地区就发生了不少重要的战争:秦末陈胜、吴广于大泽乡起义后,由于难克彭城,便先占据了谯县;汉高祖刘邦亦奋起于谯沛之地,当时项梁刚死,楚怀王为了安慰人心,"以沛公为砀郡长,封为武安侯,将砀郡兵"②;其后刘邦集团与项羽集团之间著名的垓下之战亦距谯郡不远。《史记》卷九十《彭越传》张守节《史记正义》曰:"(垓下)在亳州也。"东汉光武帝刘秀曾于建武四年(28年)"七月丁亥,幸谯。遣捕虏将军马武、偏将军王霸围刘纡于垂惠"③;东汉时刺史部由13个减为12个,沛郡改为沛国,隶属豫州,而"谯刺史治",更彰显其战略地位。由此可见谯地其军事政治地位的重要性,三国时期高柔就说亳州为"四战之地"④。清代顾祖禹曾说:"昔者曹瞒

---

① 顾祖禹:《读史方舆纪要》卷二十一《南直三》"亳州"条。
② 司马迁:《史记》卷八《高祖本纪》。
③ 范晔:《后汉书》卷一上《光武帝纪》,北京:中华书局,2005年。
④ 陈寿:《三国志·魏书·高柔传》,北京:中华书局,1982年。

得志,以谯地居冲要,且先世本邑也,往往治兵于谯,以图南侵。"①另外,谯与沛相邻,在汉代一直属于沛的属县,谯、沛的民风自然很接近。谯沛之地正是诞生汉朝的开国皇帝刘邦的地方,从刘邦的成长经历可以看出,此地崇尚武力、不守小节、敢作敢当,以及领袖群伦的文化性格。

谯沛之地军事政治传统培养了曹氏宗族乡党的武人气质和领袖性格。曹操起家在武功方面很大一部分都是依靠其家族势力。曹氏、夏侯氏为谯地两大家族,其家族成员多勇武者,如夏侯惇14岁的时候,"人有辱其师者,惇杀之,由是以烈气闻"②。曹仁的勇略,"贲、育弗加也。张辽其次焉"③。除曹操宗族之外,谯地其他人亦受到了当地的军事传统的影响。如典韦,"形貌魁梧,膂力过人,有志节任侠"④,是一位难得的勇猛武将;许褚,曹操另一员猛将,"容貌雄毅,勇力绝人",汉末动乱时,曾聚集"少年及宗族数千家,共坚壁以御寇","由是淮、汝、陈、梁间,闻皆畏惮之"⑤。许褚投靠了曹操之后,曹操称其为"此吾樊哙也"⑥,直接担任了曹操的宿卫都尉。特别要说明的是,不惧生死,敢作敢当的人,在乱世中自然容易受到一般人的拥戴,容易成长为政治、军事领袖。

曹操"才武绝人"⑦。曹操自伐董卓始,夺兖州、征张绣、平徐淮、战官渡、定四州、征乌桓、占荆州,兵锋所指,所向披靡,击败了一个又一个貌似强大不可战胜的对手,应该说,是一位杰出的军事家。曹操对兵法颇有研究,并有军事著述,《三国志》注引晋人孙盛《异同杂语》云,曹操抄集诸家兵法,名曰《接要》,又注《孙武》十三篇,皆传于世。《隋书·经籍志》记载,曹操作

---

① 顾祖禹:《读史方舆纪要》卷二十一《南直三》"亳州"条。
② 陈寿:《三国志》卷九《魏书·夏侯惇传》,北京:中华书局,1982年。
③ 陈寿:《三国志》卷九《魏书·曹仁传》裴注引《傅子》,北京:中华书局,1982年。
④ 陈寿:《三国志》卷十八《魏书·典韦传》,北京:中华书局,1982年。
⑤ 陈寿:《三国志》卷十八《魏书·许褚传》,北京:中华书局,1982年。
⑥ 陈寿:《三国志》卷十八《魏书·许褚传》,北京:中华书局,1982年。
⑦ 陈寿:《三国志》注引晋人孙盛《异同杂语》,北京:中华书局,1982年。

《〈孙子兵法〉注》二卷、《〈孙子兵法〉集解》一卷、《〈太公阴谋〉解》三卷,自撰兵书有《续孙子兵法》二卷、《兵书接要》十卷(另有三卷本)、《兵书略要》九卷、《魏武帝兵法》一卷。

曹操诸子也多文武兼备。曹丕也自小受到良好的军事训练,跟着曹操转战南北。《典论》自叙曰:"余时年五岁,上以世方扰乱,教余学射,六岁而知射,又教余骑马,八岁而能骑射矣。以时之多故,每征,余常从。""夫文武之道,各随时而用,生于中平之季,长于戎旅之间,是以少好弓马,于今不衰;逐禽辄十里,驰射常百步,日多体健,心每不厌。""余又学击剑,阅师多矣。"《三国志》注引《魏书》亦云曹丕"善骑射,好击剑"。曹植不仅"才高八斗",其实,也是曹操手下的一员干将,深谙军事之道。建安十九年七月,曹操东征孙权,曹植留守邺城,二十四年,曹仁为关羽所围,太祖以曹植为南中郎将,行征虏将军①。任城王曹彰更是勇武绝人,能征善战,《三国志·魏书·任城陈萧王传》言其"少善射御,膂力过人,手格猛兽,不避险阻。数从征伐,志意慷慨","武艺壮猛,有将领之气"。

第四节　老庄思想与曹操的文化智慧

产生并流行于谯郡地区的老庄思想是一个复杂的思想集合,涉及政治、养生等多个文化层面②,该思想使曹操集团养成了刚柔兼济、随时应变的生存智慧和文化性格。

曹操为汉末宦官曹腾之孙,其父曹嵩从谯郡夏侯氏家族过继而来,在当时重视门第风气之下,实在不甚光彩,颇为大族所鄙视。袁绍讨伐曹操,其檄文就说曹操之父曹嵩乃曹腾"乞丐携养",曹操自然是"赘阉遗丑"③。汉末宦官为了控制皇权,与外戚争夺权力,搅乱朝政,为非作歹,最终引发了上层权势阶层

---

① 陈寿:《三国志·魏书·任城陈萧王传》,北京:中华书局,1982年。
② 参见李泽厚:《中国古代思想史论》,北京:人民出版社,1985年。
③ 陈寿:《三国志·魏书》卷六《袁绍传》注引《魏氏春秋》载陈琳文,北京:中华书局,1982年。

的火并。而曹操的祖父曹腾却与众不同，能够主动与外戚合作，拥立幼帝，赢得了比较好的名声，但是，这不能改变当时社会普遍对宦官的恶评。走上政坛之后，曹操在斗争策略方面，机智而奸诈，不拘一格，讲究实用，"既智又诈，既傲又卑，既自信又多疑，以及放荡任性，不畏强暴，敢作敢为，善于纵横捭阖，专断嗜杀等"①，其性格具有鲜明的多面性、矛盾性，这也是千百年来人们对其评价争议激烈的重要原因②。曹操在日常生活中及君臣礼节上不守儒家礼法，并不代表他彻底否定儒家思想③。曹操不少从实用出发的政策实际上与儒家思想相抵触，比如曹操在建安二十一年发布的《举贤勿拘品行令》提出："今天下得无有至德之人放在民间，及果勇不顾，临敌力战；若文俗之吏，高才异质，或堪为将守，负污辱之名，见笑之行，或不仁不孝，而有治国用兵之术，其各举所知，无有所遗。"可是，他却以孔融"浮艳"、"乱俗"而杀之；曹操深知"治平尚德行，有事赏功能"，在其统治地位稳定之后，他也提倡讲究忠心的儒家思想。其子曹丕称帝后为了维护自己的权威就采取了兴儒的政策，《三国志》卷二《文帝纪》注引《魏书》云："帝常嘉汉文帝为君，宽仁玄默，务欲以德化民，有圣贤之风。"

曹操所具有的复杂多面甚至自相矛盾的文化个性的原因，一方面是受到时代环境之影响，汉末政局日趋混乱，思想发展的多元化是大势所趋，曹操思想之驳杂、矛盾是受到这个背景之影响的，另一方面则是其个体因素的影响：一是其宦官家庭出身，二是曹操所受到的地域文化传统的影响。陈寅恪先生从权宜策略的角度评价了曹操的政策及其文化渊源：

> 东汉外廷之主要士大夫，既多出身于儒家大族，如汝南袁氏及弘农杨氏之类，则其修身治家之道德方法亦将以之适用于治国平天下，而此等道德方法皆出自儒家之教义，所谓"禹贡治水"、"春秋决狱"，以及"通经致用"、"国身通一"、"求忠臣于孝子之门"者，莫

---

① 张作耀：《曹操传》，北京：人民出版社，2000年。
② 参见《曹操论集》，北京：生活·读书·新知三联书店，1960年。
③ 参见张作耀《曹操传》，北京：人民出版社，2000年。

不是指此而言。凡士大夫一身之出处穷达,其所言所行均无敢出此范围,或违反此标准者也。此范围即家族乡里,此标准即仁义廉让。以此等范围标准为本为体。推广至于治民治军,为末为用。总而言之,本末必兼备,体用必合一也。孟德三令,大旨以为有德者未必有才,有才者或负不仁不孝贪诈之污名,则是明白宣誓士大夫自来所尊奉之金科玉律,已完全破产也。由此推之,则东汉士大夫儒家体用一致及周孔道德之堡垒无从坚守,而其所以安身立命者,亦全失其根据矣,故孟德三令,非仅一时求才之旨意,实标明其政策所在,而为政治社会道德思想上之大变革。顾亭林论此,虽极骇叹(《日知录》一三"正始"条),然尚未尽孟德当时之隐秘。盖孟德出身阉宦家庭,而阉宦之人,在儒家经典教义中不能取有政治上之地位。若不对此不两立之教义,摧陷廓清之则本身无以立足,更无从与士大夫阶级之袁氏等相竞争也。然则此三令者,可视为曹魏皇室大政方针之宣言。与之同者,即是曹党,与之异者,即是与曹氏为敌之党派,可以断言矣。①

陈寅恪还进一步讨论了曹操政策的重大影响:

夫曹孟德者,旷世之枭杰也。其在汉末,欲取刘氏皇位而代之,则必先摧破其劲敌士大夫阶级精神之堡垒,即汉代传统之儒家思想,然后可以成功。读史者于曹孟德之使诈使贪,唯议其私人之过失,而不知此实有转移数百年世局之作用,非仅一时一事之关系也。

宦官确实无鲜明、坚定的儒学信仰,但是,这还不足以解释曹操的文化个性。曹操在实际政策中没有贯彻儒家信仰,而追求实用主义,且这种实用性表现出一定的思想倾向或者说思维

---

① 陈寅恪:《书〈世说新语〉文学类钟会撰四本论始毕条后》,载《金明馆丛稿初编》,北京:生活·读书·新知三联书店,2001年。

特征,那就是道家思想。道家思想本来在汉末重新开始流行,并渐渐演变为时代思潮,但不可忽视的是,曹操故里也就是老庄思想产生、流行的原始区域,换言之,曹操对于老庄思想的接受,除了受时代思潮影响之外,更重要的是受家乡地区老庄文化思想的影响。

曹操施政策略的灵活多变,源自《老子》的生存智慧;在日常生活中重视养生,爱好逸乐,也是《庄子》最基本的思想;其不守礼法,简约随性,也是道家思想的基本特点。曹氏父子对于文艺的爱好与提倡,同样与老庄思想有关。众所周知,道家思想,特别是庄子思想,构成了中国古代纯文学思想的源头,但是,庄子思想在汉代儒学流行时期影响不大,而汉末特定的政治社会文化背景造成了其影响的扩大,影响及于文学。钱穆先生独具慧眼,早就指出:

> 文苑立传,事始东京,至是乃有所谓文人者出现。有文人,斯有文人之文。文人之文之特征,在其无意于人事上作特种之施用……其至者,则仅以个人自我作中心,以日常生活为题材,抒写心灵,歌唱感情,不复以世用攖怀。是惟庄周氏之所谓无用之用,荀子讥之,谓其知有天而不知有人者,庶几近之。循此乃有所谓纯文学。故纯文学作品之产生,论其渊源,不如谓其乃导始于道家。①

曹操之所以爱好文艺,这是他与家乡流行的老庄思想传统的密切接触有关。据记载,曹操"御军三十年,手不舍书,昼则讲武策,夜则思经传,登高必赋,及造新诗,被之管弦,皆成乐章"②。曹丕说曹操"雅好诗章,虽在军旅,手不释卷,每每定省

---

① 钱穆:《读文选》,见其著《中国学术思想史论丛》第三卷,合肥:安徽教育出版社,2004年。
② 陈寿:《三国志》卷一《魏书·武帝纪》注引《魏书》,北京:中华书局,1982年。

从容"①。钟嵘云："曹公父子，笃好斯文。"②曹操重视文学，固然有受到了儒家传统影响而借助振兴文教以巩固自己权势地位的目的，同时也无疑是基于其故里流行的道家思想与家族文化传统——真心爱好文学的缘故。将曹操集团与建安前期的袁绍集团、董卓集团对比，与建安后期的刘备集团、孙权集团对比，就会发现，曹操高度重视文艺，而其他集团却缺少文艺氛围，这显然与集团主要人物的文化信仰有关，这种差异的形成，我们觉得主要是地域文化的差异所造成的结果，换言之，曹操的思想与其受老庄思想的影响有关。

刘师培、鲁迅等所指出的建安时期士风与文风的尚"通脱"、"华丽"等③的特点，其实正是道家思想与文化观念的表现④。钱志熙先生还注意到汉末建安时期"诸子之学复兴"这一背景，并进一步认为"道家对建安诗人的影响，主要表现在启发他们建立自然、质朴的审美观，通过'真'这样一些概念，引导他们更好地理解自身的真实的内心世界和独特的个性。这与汉魏之际道家思想的主流是一致的"⑤。

总之，曹操受道家思想传统熏染很深，因此，借助、利用故乡这一思想传统资源是十分自然的事。

第五节　曹操集团构成及其与汝颍集团结盟的思想基础

从史籍及考古发现的曹氏家族墓刻石记载来看，曹氏家族

---

① 陈寿：《三国志》卷一《魏书·文帝纪》注引《典论·自叙》，北京：中华书局，1982年。
② 钟嵘：《诗品》，北京：人民文学出版社，1998年。
③ 详论参见刘师培：《中古文学史》和鲁迅：《魏晋风度及文章与药及酒之关系》(《而已集》)。
④ 关于道家之思想与美学观念，学界论述甚多，兹不暇论。参见徐复观：《中国艺术精神》(沈阳：春风文艺出版社，1987年)和李泽厚、刘纲纪：《中国美学史之先秦两汉编》(合肥：安徽文艺出版社，1999年)。
⑤ 钱志熙：《魏晋诗歌原论》，北京：北京大学出版社，1993年。

虽然拥有一定的经济实力,却缺乏文化素养,其崛起完全仰仗曹腾在中央政府的权威[1];其势力的扩大则必须得到一定集团的支持,其力量一是其故乡"谯沛集团",二是汝颍集团。从曹操的发展过程可以分析其团队成员的主要来历,以及这种联盟的文化基础,进而有助于我们把握曹操集团的地域文化属性。

董卓进入洛阳之后大肆屠戮,准备拉拢曹操,表荐为骁骑校尉,"欲与计事",曹操知道董卓多行不义必自毙,"遂不拜就","变易姓名,间行东归"[2],准备逃回乡里,自图发展。他在陈留,得到太守张邈、孝廉卫兹的支持,组织了5 000人的武装,其骨干则是其家族成员:同辈的夏侯惇为裨将,夏侯渊、曹仁、曹洪等为别部司马;子侄辈的曹休、曹真等统帅警卫部队。

曹操带队参加讨董联军,在荥阳汴水与董卓部将徐荣一战而败,不得不逃回家乡组织力量,仅曹洪一家出兵一千多人。随后他和曹洪、夏侯惇等到扬州募兵,刺史陈温、丹阳太守周昕给他四千余人,不过,在返回的路上,"兵谋叛,夜烧太祖帐,太祖手剑杀数十人,余皆披靡,乃得出营,其不叛者五百余人"[3]。他不得不又招兵千余人,他再次带领这三千余人进兵中原。

后来,曹操发现讨董联军各有所图,他听取鲍信的建议,没有参加袁绍等人的混战,而是乘乱保存实力,发展力量,"规大河之南,以待其变"[4]。曹操后来通过镇压农民起义,一方面磨炼了自己,扩大了影响;另一方面收编了农民起义军:初平三年十二月,曹操率军追击黄巾军到了济北,黄巾军被迫投降,曹操收降卒三十余万,男女百余万口,收其精锐者,号为"青州兵",得以立足于兖州,并得到谋士荀彧的扶助。以此为基础,曹操开始以一方势力逐鹿中原。

在群雄争霸的汉末建安时期,仅仅这点力量还是不够的。"随着势力的扩张,曹操不但在军队方面收编降兵,同时也成功

---

[1] 田昌五:《谈曹操宗族墓砖刻辞》,载《文物》,1978年第8期。
[2] 陈寿:《三国志·魏书·武帝纪》,北京:中华书局,1982年。
[3] 陈寿:《三国志·魏书·武帝纪》,北京:中华书局,1982年。
[4] 陈寿:《三国志·魏书·鲍勋传》注引《魏书》,北京:中华书局,1982年。

跳出单一武装集团的小圈圈,吸收当时社会中的另一类重要人物——士大夫阶级"①,其中首要的是豫州境内的颍川、汝南地区的大族名士,就是以荀彧为突出代表的"汝颍集团"②。

袁绍拒绝了沮授的建议,而曹操却采纳了荀彧的类似建议,迎帝都许,"挟天子以令诸侯",以汉献帝为旗号,师出有名,吸引人才,同时,选择许作为政治活动中心,这显然和荀彧的出生地有关。许昌所在的汝、颍地处中原腹地,距离政治中心洛阳很近,一直是名人辈出、文化发达的地区。荀彧就是颍川人。《三国志·魏书·郭嘉传》记载:

> 郭嘉字奉孝,颍川阳翟人也……先是时,颍川戏志才,筹画士也,太祖甚器之,早卒。太祖与荀彧书曰:"自志才亡后,莫可与计事者。汝颍固多奇士,谁可以继之?"彧荐嘉。

通过荀彧的荐举,一大批颍川才士如荀攸、荀悦、钟繇、陈群、杜袭、辛毗、赵俨等,以及汝南和洽、应场等先后进入曹操的幕下,并都受到曹操的重用。可见,曹操迎帝都许,正是为了获得汝颍集团的支持。

由于这一时期政治动荡,势力分割,人们"已无法像以前那样独立地生活了,而不得不组成各种不同性质的集团,以便寻求自存之道。正是这种集团,体现了那种濒临绝境的人们的生存方式,它是超越了瞬息万变的政局而建立的社会基层组织"③。在乱世,为了保护自己的利益,各地都拥戴自己的政治代言人。曹操的对手袁绍家族就是汝南的世家大族,但是,袁绍看重河北地区当时相对优越的物质条件,所以,和河北地区的士族地主、士人结成了利益共同体,而汝颍集团和曹操也是互相利用,结成了利益共同体。曹操早年就获得了颍川名士李膺之子李瓒的点评:"天下英雄,无过曹操。"当时,荀彧对曹操

---

① 毛汉光:《中国中古社会史论》,上海:上海人民出版社,2002年。
② 万绳楠:《魏晋南北朝史论稿》,合肥:安徽教育出版社,1983年。
③ (日)谷川道雄:《中国中世社会与共同体》,马彪译,北京:中华书局,2002年。

也是高度肯定,在官渡之战前夕,荀彧就认为曹操在度、谋、武、德四个方面胜过袁绍。曹操处心积虑,采取了一系列的举措,赢得了汝、颍士人的全力支持,在其幕下帮助其成就霸业的核心幕僚大多来自于汝颍①。对此曹丕非常清楚,如《三国志·魏书·文帝纪》注引《魏书》载黄初二年诏云:"颍川,先帝所由起兵征伐也。官渡之役,四方瓦解,远近顾望,而此郡守义,丁壮荷戈,老弱负粮。"

汤用彤先生认为:"(玄学)新义之生,源于汉代经学之早生歧异。远有今、古学之争,近则有荆州章句之后定。王弼之学与荆州盖有密切之关系……荆州之士踔厉不羁,守故之习薄,创新之意厚。"②其实,荆州之学来自于中原,只是由于当时中原军阀混战,大批士人流寓到相对安定的荆州,寄生于刘表政权,像荆州新学的代表人物宋忠,就是南阳章陵人。上述士风及其人生观念,首先在洛阳士子感性的歌唱中不约而同地出现了,如《古诗十九首》咏叹云:"荡涤放情志"(《东城高且长》),"为乐当及时"(《生年不满百》),"不如饮美酒,被服纨与素"(《驱车上东门》)。一石击水,其波纹呈现为随着时间的推移而从中心到边缘的运动形态,时代思潮的变化亦复如此。唐长孺先生指出,魏晋时代"清通简要"的"南人之学",其实就是以洛阳为中心的河"南"之学,当时的江南吴地延续的是汉代学风③;有学者循此路径进一步研究发现,三国、两晋时代学术文化之构成具有明显的地域性,河内、河南、南阳以及兖、豫二州,也就是以洛阳为中心的黄河、淮河之间的中原地区是玄学最早兴起、流行地区;青、徐一带,玄学、经学并重;北方的河东、太原与南方的吴地,三国时玄学还不流行,直到西晋才开始流行;幽州、冀州、关中、河西以及蜀地,基本上延续着两汉以来的重视经学的

---

① 柳新春:《汉末魏晋之际政治研究》,长沙:岳麓书社,2006年。
② 汤用彤:《王弼之〈周易〉〈论语〉新义》,载《汤用彤学术论文集》,北京:中华书局,1983年。另参王葆玹《正始玄学》,济南:齐鲁书社,1987年。
③ 唐长孺:《读〈抱朴子〉推论南北学风之异同》,载《魏晋南北朝史论丛》,北京:生活·读书·新知三联书店,1955年。

传统①。

　　汝颍地区正是新学兴起之地。由于处境不同,传统不同,同样是豪门大族,其信仰并非一成不变,而是互不相同的。以洛阳北河内郡为地域核心的司马氏出于政治目的一直信仰儒学,并以此为旗号。而大河之南、中原腹地的汝颍地区,在西汉时还不是中心,西汉儒学的洗礼及东汉政治中心的东移,汝、颍地区逐渐成长为文化中心,豪强地主与儒学文化的结合逐渐演变为士族,汝颍士人成为风气变革的领跑者②。东汉初年,儒家经学在这个地区非常流行,曾涌现出一批经学大师,如著名经学家许慎等。但是,到了顺帝之后,随着朝政日趋黑暗,广大士人反抗宦官外戚,"激扬名声,互相题拂,品覈公卿,裁量执政",遭受了党锢之祸,而时移世易,遭受到挫折的士风逐渐转向,由"清议"到"清谈"之转向,风气发生了明显的转变。前引严耕望先生说过,"道家地理中心,大抵在淮水以北之楚境,即陈、蔡故地,北至于宋,实陈、宋等国旧疆,涡、(西)泚、颍、汝流域,即今河南东南、安徽西北地区。"汝、颍和谯郡一带恰恰都属于道家发源地。汝、颍及其他豪族信仰的调整与转向,他们在不废儒的同时,对于玄学开始发生兴趣③。从政治层面看主要原因是政治压迫,而背后显然借鉴了道家思想资源。西晋豫州刺史解结曾经与僚佐讨论汝颍地域文化和士人风气,汉末张彦真"以为汝颍巧辩,恐不及青徐儒雅也",陈頵反驳云:"彦真与元礼不协,故设过言。老子、庄周生陈梁,伏羲、傅说、师旷、大项出阳

---

① 卢云:《汉晋文化地理》,西安:陕西人民教育出版社,1991年。

② 关于汝颍地区文化发展领先于全国的状况,参见卢云:《汉晋文化地理》,西安:陕西人民出版社,1991年。曹道衡注意到"东汉中叶以后在学术文艺方面出现的著名人士以当时的汝南、颍川、南阳及沛郡、济阴等地为多……其中汝南、颍川二郡所出的人物最多"(《东汉文化中心的东移及东晋南北朝学术文艺的差别》),载《文学遗产》,2006年第5期。

③ 这种豪族与寒族的政治冲突,表现在文化学术上就是儒学与非儒学的冲突,而当玄学兴起之后,在魏、晋之际则进一步表现为"名教"与"自然"之学术亦是政治集团的分野、冲突。参见陈寅恪《书〈世说新语〉文学类钟会撰四本论始毕条后》,载《金明馆丛稿初编》,北京:生活・读书・新知三联书店,2001年。

夏,汉魏二祖起于谯沛,准于诸州,莫之于比。"①陈颢已注意到了老子、庄周与此地的关联。

由上所论,可见曹操与"汝颍集团"的结盟,不仅是出自实际利益的结合,也是由于地域的接近性的原因,还有文化偏好的共同性——对老庄思想的认同。

第六节 曹氏政权的演变与士族、寒族及儒、道之争

陈寅恪先生曾指出:"服膺儒教的豪族的出现,在东汉时代,是一个较为普遍的现象。"曹操代表的是"非儒家的寒族",与袁绍等"地方上的豪族"的斗争,实际上是与"儒家的信徒"斗争;后来"魏、晋的兴亡递嬗,不是司马、曹两姓的胜败问题,而是儒家豪族与非儒家的寒族的胜败问题,"魏晋统治者的社会阶级是不同的。不同之处是:河内司马氏为地方上的豪族,儒家的信徒;魏皇室谯县曹氏则出生于非儒家的寒族。魏、晋的兴亡递嬗,不是司马、曹两姓的胜败问题,而是儒家豪族与非儒家的寒族的胜败问题"②。陈寅恪先生指出了曹操集团与袁绍集团、司马氏集团的斗争性质表现为两个层面:第一,从社会结构角度说,是寒族与士族的斗争;第二,从意识形态角度说,是儒家与非儒家思想观念的斗争。曹氏集团这种非儒家思想的本质,陈寅恪先生虽没有点明,其实就是吸收了道家思想并以道家思想为核心的新思想。

从汉武帝罢黜百家、独尊儒术到汉末,一直是儒家经学一统天下。随着东汉末年上层社会诸势力集团的争斗,特别是党锢之祸的发生、政局的动荡、政权的崩溃,造成知识分子仕进道路的阻断,由此造成思想的解放和观念的调整。现代学者马宗

---

① 房玄龄等:《晋书》卷七一,北京:中华书局,1974年。
② 万绳楠:《陈寅恪魏晋南北朝史讲演录》,合肥:黄山书社,1987年。另参见田余庆:《袁曹之争与世家大族》,载《秦汉魏晋史探微》,北京:中华书局,2004年。

霍在《中国经学史》中论述汉末经学思潮的衰退时说:"两汉经学之盛,初本在官学。官学掌之博士,博士传之太学诸生。及桓、灵间,党议祸起,太学首离其难,所诛党人,十九皆太学生也。官学之徒,一时几尽。党人既诛,其高名善士,多坐流废,或隐居乡里,闭门授徒。从初平之元,至建安之末,天下分崩,人怀苟且,纲纪既衰,儒道尤甚。"人们的思想价值观念逐渐从一个重德、尚名、重视社会价值的极端走向另一个极端——重视自我、重视感性享受,著名学者余英时将此概括为"个体自觉"①。这种源自老庄道家的注重自我、崇尚通脱的社会风气自然也表现在曹操这个政治集团中②,并且通过曹操巨大的政治影响力逐渐扩大为时代思潮③。

曹操集团的文化来源既有时代思潮因素,也有家乡地域文化因素,而且谯沛地区特定的地域文化本身是丰富的,如道家文化、尚武文化等,正是这些因素使得曹操及其政治集团摆脱了儒家经学的束缚,完成了一系列重大的政治变革和社会文化变革,如取刘氏天下而代之的革命思想、唯才是举的人才政策、屯田制的经济制度、九品中正制的选官政策、重视文艺,以及禁止宦官、后宫干政,打破门第限制的"魏氏三世立贱"的婚姻思

---

① 余英时:《汉晋之际士之新自觉与新思潮》,载《士与中国文化》,上海:上海人民出版社,1987年。

② 道家思想与以道家创始人老子、庄子为旗号的汉末形成的道教并不相同,曹操其实是排斥道教的。详论参见陈华昌:《曹操与道教及其游仙诗研究》,西安:陕西人民出版社,2002年。

③ 此处所言并不否认曹操还利用了其他思想。其实,统治者的思想总是因时而变的,曹操不少从实用出发的政策实际上是与儒家思想相抵触的,可是,他却以"浮艳"、"乱俗"而杀孔融;曹操深知"治平尚德行,有事赏功能",稳定其统治地位之后他也提倡讲忠心的儒家思想,其子曹丕称帝后为了维护自己的皇权权威就采取了兴儒的政策。如《三国志》卷二《文帝纪》注引《魏书》云:"帝常嘉汉文帝为君,宽仁玄默,务欲以德化民,有圣贤之风。"但曹丕之子明帝却以"破浮华交会"之名打击社会上通达之士,而这恰恰又被司马氏利用,以摧抑曹氏旧臣并扩张自己声势。东吴政权对待儒学同样也是这种实用的态度(参见王永平:《读〈三国志·吴书·孙和传〉、韦昭〈博弈论〉推论孙吴中期士风的变化与侨旧士风的差异》,载《孙吴政治与文化史论》,上海:上海古籍出版社,2005年)。

想,实行薄葬的观念等,在中古社会发展演进过程中都具有重大的影响。

从政治层面看,魏晋嬗代,曹氏家族最终失败,但是,曹氏家族所推动文化思想、社会风气的演变,在思想理论上演绎出玄学,并推动了魏晋风度的发展。

何晏是汉灵帝何皇后兄弟何进之孙,其父亲早逝,祖父何进在董卓之乱中被杀,曹操消灭董卓势力之后纳何晏母尹氏,何晏一并被曹操收为养子。何晏少时即聪慧卓异,深受曹操宠爱。曹丕、曹叡父子先后为帝,并不喜爱曹操这个"假子",何晏虽位列高官,并招为曹氏女婿,却并不受重用,"无所任事",他正好与一帮王孙公子夏侯玄、邓飏等臭味相投,读书闲游,甚至和荀粲、傅嘏、裴徽等互通声气,在京城洛阳造成了很大的社会影响:"是时何晏以材辩显于贵戚间,邓飏好变通,合党徒,鬻声名于闾阎,而夏侯玄以贵臣子,少有重名,为之宗主。"①由于何晏等不仅谈玄论道,而且聚徒结党,"好交通,结徒党",议论时政,"收名朝廷,京师翕然"②。大概在太和六年(232年),他遭受明帝曹叡等以"浮华不务道本"名义之打击,免官罢黜。明帝死,曹芳继位,改元正始(240~249),曹爽辅政,何晏被起用为吏部尚书,明帝时代被黜的"浮华"人物重新进入政界,并执掌政权,在政治上推行正始改革;玄学由被压制而转为公开发展,至此正始玄学已然成形。正始十年(249年),司马懿发动高平陵政变,曹爽、何晏及其羽翼被诛杀,而其时玄学已经成为社会风气。

何晏主政的正始时期,天才少年王弼进入了玄学理论的前沿。何晏初见王弼,就对他十分欣赏:"仲尼称后生可畏,若斯人者,可与言天人之际乎?"王弼的理论主要来自家学。汤用彤先生早就指出,东汉末期战前中原士人已经发生了轻儒向道的转向,战乱爆发后大批士人南依刘表,正是在刘表治下,经学发生裂变,趋向玄学:"(玄学)新义之生,源于汉代经学之早生歧

---

① 陈寿:《三国志·魏书·傅嘏传》注引《傅子》,北京:中华书局,1982年。

② 陈寿:《三国志·魏书·诸葛诞传》,北京:中华书局,1982年。

异。远有今、古学之争,近则有荆州章句之后定。王弼之学与荆州盖有密切之关系。"① 汉末董卓之乱,大族之后王粲与族兄王凯避乱至荆州,投奔荆州刺史刘表,参与了新学,王粲在荆州期间的学术文化活动代表了玄学生成过程的最新进展。王粲作风通脱,正是新学的现实表现。王粲貌寝体弱,不受刘表器重,而曹操平定荆州,王粲得以北归,其学其风亦北行。当初刘表欣赏王粲才华,想将女儿嫁给他,却嫌弃王粲其貌不扬,最后将女儿嫁给王粲族兄王凯,王凯生子王宏、王业,后来王粲子因谋反被杀,曹丕令王业过继王粲名下,王业即是王弼之父。王粲"博物多识,问无不对","善属文,举笔便成,无所改定"②,"强记洽闻,幽赞微言",而且,王粲曾得到汉末蔡邕的大量藏书,王粲子被杀后,王粲藏书传于王业。可见,在王弼思想的形成过程中,因为通过王粲这个中间环节,他同样受到曹氏家族的重要影响。

东晋范宁《王何论》批判王弼、何晏:"王、何蔑弃典文,不遵礼度,游辞浮说,波荡后生……遂令仁义幽沦,儒雅蒙尘,礼坏乐崩,中原倾覆。"他是站在儒家立场,将西晋覆亡、司马氏政权南迁的责任归咎于王弼、何晏。此后数千年学术界对于玄学及王弼、何晏的否定雷同一响,直到现代学者如章太炎、鲁迅、刘大杰、荣肇祖等,才予以拨乱反正,认为他们"以革命的态度,把前代腐化了的经学,转变了一个方向"③。值得注意的是玄学及王、何之学的背景,王晓毅就指出:"何晏与曹氏家族文化传统的承袭关系,不过是以曹操为代表的魏初名士与正始名士两代人之间思想发展的历史缩影。"④

总之,对于任何一位政治家而言,其言行举止及其政治、文化、军事等社会实践固然是他个体的活动,其经历、所接受的教

---

① 汤用彤:《王弼之〈周易〉〈论语〉新义》,载《汤用彤学术论文集》,北京:中华书局,1983年。
② 陈寿:《三国志·魏书》本传,北京:中华书局,1982年。
③ 刘大杰:《魏晋思想论》。
④ 王晓毅:《王弼评传》附录《何晏评传》,南京:南京大学出版社,1996年。

育、所处的社会环境使得他们还受到其他文化因素的影响,但其背后显然存在着浓厚的地域文化传统,且发挥着潜在的导向性作用。曹操及其谯郡政治军事集团的政治、文化活动,显然受到其家乡地域文化的导向作用,而这种特定的地域文化经过曹氏集团的放大,并在新的社会环境下加以改变,从而形成了一种新的文化,影响了整个时代的社会文化发展。